Ernst Siegfried Mittler und Sohn

Die deutsche Kolonial-Gesetzgebung

Sammlung der auf die deutschen Schutzgebiete bezüglichen Gesetze,

Verordnungen, Erlasse und internationalen Vereinbarungen, mit Anmerkungen

und Sachregister

Ernst Siegfried Mittler und Sohn

Die deutsche Kolonial-Gesetzgebung
*Sammlung der auf die deutschen Schutzgebiete bezüglichen Gesetze,
Verordnungen, Erlasse und internationalen Vereinbarungen, mit Anmerkungen und
Sachregister*

ISBN/EAN: 9783741173585

Hergestellt in Europa, USA, Kanada, Australien, Japan

Cover: Foto ©Andreas Hilbeck / pixelio.de

Manufactured and distributed by brebook publishing software
(www.brebook.com)

Ernst Siegfried Mittler und Sohn

Die deutsche Kolonial-Gesetzgebung

DIE DEUTSCHE

KOLONIAL-

GESETZGEBUNG:

SAMMLUNG DER

AUF DIE...

Germany, Riebow, Alfred
Zimmermann, ...

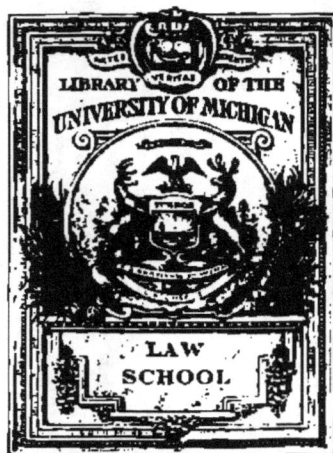

Die

deutsche Kolonial-Gesetzgebung

Sammlung

der auf die deutschen Schutzgebiete bezüglichen
Gesetze, Verordnungen, Erlasse und internationalen Vereinbarungen
mit Anmerkungen, Sachregister

———

Siebenter Teil
1903

-

Auf Grund amtlicher Quellen herausgegeben

Berlin 1904
Ernst Siegfried Mittler und Sohn
Königliche Hofbuchhandlung
Kochstraße 68—71

Vorwort

Für die „Deutsche Kolonialgesetzgebung" soll hinfort die Anordnung beibehalten werden, welche bereits dem Band VI zugrunde liegt und die darin besteht, daß in dem ersten Teil die auf alle Schutzgebiete bezüglichen allgemeinen Bestimmungen, im zweiten Teile die Bestimmungen für die afrikanischen und Südsee-Schutzgebiete und im dritten Teile die auf das Kiautschougebiet sich beziehenden Vorschriften zusammengestellt werden. Der Gleichmäßigkeit halber ist die Bezeichnung dieser drei Teile auch im vorliegenden Bande erfolgt, obgleich im Jahre 1903 allgemeine Rechtsnormen, welche in den ersten Teil fallen würden, nicht ergangen sind.

Im dritten Teile (Kiautschou-Gebiet) sind auch dieses Mal die Verordnungen von lediglich vorübergehender Geltungsdauer nur dem Inhalte und der Stelle ihrer amtlichen Publikation nach bezeichnet, um im Bedarfsfalle ihre Auffindung ohne weiteres zu ermöglichen. Hingegen sind alle anderen Verordnungen und Verfügungen vollständig zum Abdruck gelangt.

Berlin, im April 1904.

Die Herausgeber

Schmidt-Dargitz,
Geheimer Legationsrat im Auswärtigen Amt.

Prof. Dr. Köbner,
Admiralitätsrat im Reichs-Marine-Amt.

140423

Sachliches Inhaltsverzeichnis.

Erkin. = Bekanntmachung. R. E. = Runderlaß. Rk. = Reichskanzler. V. = Verordnung.
Verf. = Verfügung.

Erster Teil: Allgemeine Bestimmungen für sämtliche Schutzgebiete.

Im Jahre 1903 sind dergleichen Bestimmungen nicht erlassen.

Zweiter Teil: Bestimmungen für die afrikanischen und Südsee-Schutzgebiete.

I. Allgemeines.

A. Die Zentralverwaltung. Allgemeine Vorschriften für die Schutzgebietsverwaltungen.

B. Beamte.

Sachliches Inhaltsverzeichnis.

Erster Teil.

Allgemeine Bestimmungen für sämtliche Schutzgebiete

Im Jahre 1903 sind dergleichen Bestimmungen nicht erlassen.

———

Zweiter Teil.

Bestimmungen für die afrikanischen und die Südsee-Schutzgebiete.

1. Runderlaſs der Kolonial-Abteilung des Auswärtigen Amtes, betreffend
   den Amtsstil. Vom 14. Januar 1903.

Seine Majestät der Kaiser und König haben anläſslich eines Spezialfalles
zu befehlen geruht, daſs die Berichterstatter sich einer kurzen und klaren
Schreibweise befleiſsigen sollen. Seine Majestät wünschen insbesondere lange
schleppende Sätze und Einschachtelungen sowie das Stellen des Zeitworts an das
Ende des Satzes vermieden zu sehen.

Auch für die koloniale Korrespondenz gilt, was in seinem Handbuch des
Deutschen Konsularwesens (§ 24) v. K ö n i g sagt:

„Demgemäſs soll der Ausdruck in der Konsularischen Korrespondenz klar
und einfach, gemessen und ernst sein, sich von jedem Niedrigen, wie von rheto-
rischem Pathos fern halten. Unnütze Umschreibungen und Beiwörter, gesuchte
Ausdrücke und Fremdwörter einerseits, Gemeinplätze andererseits sind fernzu-
halten. Lange Perioden erschweren oft das Verständnis und sind daher zu vermeiden.“

B e r l i n , den 14. Januar 1903.

Auswärtiges Amt. Kolonial-Abteilung.
S t u e b e l .

2. Bekanntmachung der Kolonial-Abteilung des Auswärtigen Amtes,
   betreffend das Auſserkrafttreten des internationalen Abkommens wegen
   der Ein- und Ausfuhrzölle in der östlichen Zone des konventionellen
   Kongobeckens.   Veröffentlicht im Kol. Bl. vom 15. Januar 1903.
   (Reichsanz. vom 16. Januar 1903.)

Das am 22. Dezember 1890 zwischen Deutschland, England und Italien geschlossene Abkommen, betreffend die Ein- und Ausfuhrzölle in der östlichen Zone
des konventionellen Kongobeckens (Reichsanzeiger No. 53, vom 2. März 1891,
Kol. Bl. No. 5 vom 1. März 1891)*) ist nach erfolgter Kündigung seitens der
englischen Regierung am 2. April 1902 auſser Kraft getreten.

---

*) In der D. Kol. Gesetzgeb. nicht abgedruckt.

3. Verordnung des Gouverneurs von Deutsch-Neu-Guinea, wegen Ergänzung der Verordnung vom 20. Juni 1900, betreffend die Erhaltung der Disziplin unter den farbigen Arbeitern. Vom 16. Januar 1903.

Auf Grund der Verordnung des Reichskanzlers vom 1. April 1899 wird hiermit für das Schutzgebiet Deutsch-Neu-Guinea (Kaiser-Wilhelmsland und Bismarck-Archipel) verordnet, was folgt:

Die in der Verordnung vom 20. Juni 1900, betreffend die Erhaltung der Disziplin unter den farbigen Arbeitern,*) als Disziplinarstrafe vorgesehene körperliche Züchtigung darf gegen chinesische Arbeiter nicht angewendet werden.

Herbertshöhe, den 16. Januar 1903.

Der Kaiserliche Gouverneur.
I. V. Knake.

4. Verordnung des Bezirksamtmanns zu Swakopmund, betreffend Schonzeiten für Straufse, Antilopen und Gazellen im Bezirk Swakopmund (Deutsch-Südwestafrika). Vom 20. Januar 1903.

(Kol. Bl. S. 127.)

Auf Grund des § 3, Absatz 3 der Verfügung des Reichskanzlers, betreffend die Ausübung konsularischer Befugnisse und den Erlafs polizeilicher und sonstiger die Verwaltung betreffender Vorschriften in Deutsch-Südwestafrika, vom 25. Dezember 1900, und der hierzu erlassenen Gouvernementsverfügung vom 26. Februar 1901, betreffend den Erlafs polizeilicher Vorschriften, und des § 9 der Verordnung, betreffend Ausübung der Jagd im Deutsch-Südwestafrikanischen Schutzgebiete, vom 1. September 1902,**) wird hierdurch folgendes verordnet:

§ 1. Für den Umfang des Bezirks Swakopmund werden folgende Schonzeiten festgesetzt:

Für Straufseuhähne: vom 1. Oktober bis 28. Februar.

Für die der Jagdverordnung unterliegenden Antilopen und Gazellen, soweit nicht die Jagd auf sie nach § 3, Ziffer 1 e, schlechthin verboten ist: vom 1. Dezember bis 28. Februar.

§ 2. Die Verordnung tritt mit ihrer Veröffentlichung in Kraft.

Swakopmund, den 20. Januar 1903.

Kaiserliches Bezirksamt.
Dr. Hanemann.

5. Vorschriften der Kolonial-Abteilung des Auswärtigen Amtes, betreffend die Untersuchung auf Tropendiensttauglichkeit
Vom 29. Januar 1903.

Das tropische Klima an und für sich, sowie die besonderen Krankheiten, welche in unseren Kolonien verbreitet sind, stellen an die körperliche Widerstandskraft der dort lebenden Europäer erhöhte Anforderungen, es ist deshalb nicht jeder, der in der Heimat im allgemeinen gesund ist, auch tropendiensttauglich.

---

*) D. Kol. Gesetzgeb. VI, No. 157.
**) D. Kol. Gesetzgeb. VI, No. 846.

Im besonderen ist zu bemerken:

1. Das N e r v e n s y s t e m leidet in den Tropen wohl am häufigsten von allen Organsystemen. Die objektive Untersuchung wird selten über eine verminderte Widerstandsfähigkeit des Nervensystems Aufschluß geben, dagegen wird eine sorgfältige Anamnese nicht nur nach hereditärer Belastung, sondern auch nach leichten Störungen und nach dem Temperament zu forschen haben. Menschen, welche sich aus kleiner Ursache übermäßig aufregen oder welche schon in der Heimat bei gesteigerten dienstlichen Anforderungen nervös abgespannt werden und Erholungsurlaub bedürfen, passen ebensowenig in tropisches Klima wie allgemein Unzufriedene oder geistig Minderwertige. Neigung zu Melancholie und Hypochondrie steigert sich in den Tropen übermäßig. Cholerisches Temperament neigt in den Tropen zu Ausschreitungen.

2. An das H e r z - u n d B l u t s y s t e m werden in den Tropen besonders hohe Anforderungen gestellt, weil die häufigste Tropenkrankheit, die Malaria, eine Blutkrankheit ist, welche einerseits das Herz durch Anfälle von hohem Fieber schädigt, andererseits eine Verarmung an roten Blutkörperchen zur Folge hat. Herzkrankheiten bilden sich sehr häufig in den Tropen aus. Es machen deshalb nicht nur ausgesprochene Herzfehler tropendiensttuntauglich, sondern auch geringere Abweichungen, leichte Erweiterung, Fettherz usw. Berücksichtigung verdient auch eine hohe Pulsfrequenz bei kleinem Puls, besonders wenn zugleich Anzeichen von Blutarmut oder Neurasthenie nachweisbar sind.

3. Auch das V e r d a u u n g s s y s t e m hat in den Tropen gesteigerten Anforderungen zu genügen, einerseits weil die Nahrung im allgemeinen weniger gut zubereitet und einförmiger ist, andererseits weil der durch die vermehrte Transpiration veranlaßte Wasserverlust im Darmkanal Neigung zu Obstipation und Katarrhen schafft und solche leichte Störungen in den Tropen häufig die Grundlage für schwere Darmkrankheiten, besonders Dysenterie bilden. Auch in dieser Beziehung wird im allgemeinen die Anamnese bessere Anhaltspunkte geben als die objektive Untersuchung; Leute, welche gewisse Speisen nicht vertragen oder an Obstipation leiden oder schon häufiger an, wenn auch leichten, Störungen der Magen-Darmverdauung gelitten haben, sind vom Tropendienst auszuschließen.

Wichtig ist auch der Zustand der Z ä h n e. Angesteckte Zähne faulen in den Tropen weit rascher, auch bietet sich in den Kolonien selten Gelegenheit, die Schäden auszubessern. Es sollten deshalb schon in der Heimat vor der Ausreise die Zähne gründlich instand gesetzt werden. Leuten, welche ein künstliches Gebiß tragen, ist die Mitnahme eines Reservegebisses anzuraten.

4. An die A t m u n g s o r g a n e werden in den Tropen im allgemeinen keine besonderen Anforderungen gestellt. Im Gegenteil pflegt eine in unserem Klima bestehende Neigung zu Katarrhen in den Tropen zu verschwinden. Dagegen ist nach den bisher gemachten Erfahrungen dringend abzuraten, Personen, welche eine auch nur beginnende Lungentuberkulose haben, den Schädigungen der Malaria auszusetzen, da unter ihrem den ganzen Körper schwächenden Einfluß die Tuberkulose oft einen sehr raschen ungünstigen Verlauf nimmt.

5. Die H a u t hat in den Tropen eine weit ausgiebigere Transpiration zu leisten; Furunkulose, Ekzeme und andere Hautkrankheiten sind sehr häufig, es sind daher solche, welche zu diesen Affektionen neigen, wenig geeignet für die Tropen.

6. Die A u g e n werden in den Tropen infolge der intensiven Sonnenbestrahlung häufig von Bindehautkatarrhen und von Hornhautgeschwüren heim-

gesucht. Das Mitnehmen einer Schutzbrille ist jedem Ausreisenden anzuempfohlen.

7. Entzündungen des äufseren Gehörgangs, des Trommelfells und des Mittelohrs entstehen in den Tropen nicht selten und besonders, wenn schon ähnliche Erkrankungen in früherer Zeit vorangegangen sind. Dabei ist noch zu berücksichtigen, dafs der häufige Gebrauch von Chinin, welcher in Malariagegenden nicht zu umgehen ist, bei chronischen Entzündungen des Ohrs sowohl auf den Verlauf der Krankheit, als auch auf das Hörvermögen sehr ungünstig einzuwirken pflegt. Personen, welche schon einen chronischen Mittelohrkatarrh durchgemacht haben, werden daher zweckmäfsig nicht nach Malarialändern ausgesandt.

8. Nierenkrankheiten entstehen in den Tropen nicht selten.

9. Geschlechtskrankheiten, sowohl Syphilis als Tripper sind in den Tropen sehr häufig. Personen, die an Geschlechtskrankheiten leiden, sollten erst dann für tropendienstfähig erklärt werden, wenn ihre definitive Heilung gesichert ist, da die Heilung dieser Krankheiten in den Tropen oft sehr erschwert ist und nicht selten unheilbare Folgen zurückbleiben.

10. Gelenk- und Muskelrheumatismus ist in den Tropen häufig und hartnäckig. Ein schwerer oder wiederholte leichte Anfälle von Rheumatismus schliefsen daher die Tropendienstfähigkeit aus.

11. Allgemeine Konstitution. Sehr magere Personen eignen sich im allgemeinen für die Tropen schlecht, weil wenigstens anfangs die meisten Europäer in den Tropen an Körpergewicht verlieren und es deshalb gut ist, einen gewissen Überschufs mitzubringen; auch neigen magere Leute im allgemeinen mehr zu Nervosität, dem verbreitetsten Übel der Tropen. Sehr dicke Personen eignen sich aber auch nicht, besonders weil sie fieberhaften Krankheiten gegenüber zu wenig widerstandsfähig sind. Brünette Menschen leiden im allgemeinen weniger unter rotem Hund und Furunkulose, jedoch macht sich im allgemeinen in der Gewöhnung an tropisches Klima kein wesentlicher Unterschied zwischen Hell- und Dunkelhäutigen bemerkbar.

12. Der Alkohol ist im heifsen Klima weit schädlicher als im gemäfsigten, weil der chronische Alkoholgenufs in den Tropen viel rascher zu inneren Organerkrankungen, besonders Lebererkrankungen führt. Auch ist ein Malariaanfall für einen Alkoholisten eine weit ernstere Krankheit als für einen mäfsigen Menschen; schwere, selbst tödliche Malariaanfälle sind schon häufig in dem Depressionsstadium nach einer akuten Alkoholvergiftung (Kater) zum Ausbruch gekommen. Personen, welche gewöhnt sind, täglich ein grofses Quantum Alkohol zu geniefsen, sind daher nicht brauchbar zum Dienst in den Tropen. Auch übermäfsiger Nikotingenufs ist wegen der Einwirkung auf das Herz auszuschliefsen. Morphiophagen sind gänzlich unbrauchbar.

13. Um Personen, welche eine Idiosynkrasie gegen Chinin haben oder auch solche, welche Chinin nicht schlucken können, herauszufinden, ist es angezeigt, jedem Untersuchten und Brauchbargefundenen 1 Gramm Chinin zu geben. Da Europäer in tropischen Malariagegenden ohne Chinin nicht leben können, ist jeder, der Chinin nicht schlucken oder nicht vertragen kann, tropendienstunfähig.

14. Die Gefahr, mit Pockenkranken in Berührung zu kommen, ist in allen Kolonien weit gröfser als in der Heimat; eine nochmalige Schutzpockenimpfung ist deshalb angezeigt, falls die letzte Impfung des Tropenkandidaten schon länger als drei Jahre zurückliegt.

Berlin, den 29. Januar 1903.

Formular für ärztliche Zeugnisse, betreffend die Tropendiensttähigkeit.

Ärztliches Zeugnis

über

den (Beruf, Vor- und Zuname) . . . .

geboren am

zu . .

Zeitiger Aufenthaltsort:

Lebt der Vater noch?
Lebt die Mutter noch?
Wenn ja, wie alt, gesund?
Wenn nein, in welchem Alter
  und woran gestorben?

Wieviel Geschwister?
Wieviel am Leben?
    gesund?
Wenn Geschwister krank, An-
  gabe der Krankheit
Wieviel gestorben?
    woran?

Sind in der Familie (bis zu den
Großeltern) Lungenschwind-
sucht, Krebs, Schlaganfall, Herz-
leiden, Geisteskrankheiten,
Selbstmord, Gehirn- und
Rückenmarkkrankheiten vor-
gekommen?
    Bei wem?
Sind Angehörige nervös?

Wenn verheiratet, Frau gesund?
    Kinder?
Wieviel am Leben?
    gesund?
Wenn Kinder krank, Angabe der
  Krankheit
Wieviel gestorben?
    woran?

Welche Krankheiten hat der zu
Untersuchende bisher gehabt?
Auch geringfügige Störungen der
Verdauungstätigkeit und des
Nervensystems, leichte Anfälle
von Rheumatismus und Ohren-
leiden sowie Geschlechtskrank-
heiten sind zu berücksichtigen. ....
Wann und wie lange?   ....

Ist der zu Untersuchende Soldat
gewesen?
Wenn ja, wann? wie lange?
Wie entlassen (gesund und feld-
dienstfähig oder wie?) ?
Wenn nicht, warum nicht?

Neigt der zu Untersuchende zu
Kopfschmerzen,   Nervosität,
Herzklopfen, Durchfall, Ver-
stopfung? Hat er schon wegen
Überarbeitung Urlaub nehmen
müssen?
    Eßlust?
    Alkoholgenuß?
    Rauchen?
    Körperlänge?   cm
    Brustumfang bei Ausatmung: .   cm
        und bei tiefer Einatmung: . .   cm
    Bauchumfang in Höhe der
        Darmbeinstachel: cm
    Körpergewicht:

Zustand der Knochen, Gelenke,   .
    Muskulatur, Fettpolster.
Sind Blutadererweiterungen vor-
    handen?
Wenn ja, wo?
Gesichtsfarbe:
Färbung der Schleimhäute?
Temperament:
Regt sich der Untersuchte dienst-
    lich oder außerdienstlich über
    Kleinigkeiten leicht auf?
Stimme:

Befund der Zähne:
    (Füllungen, künstliches Gebiß)

Befund der Atmungsorgane:
Befund des Herzens:
    Spitzenstofs:
    Dämpfung:
Töne über der Spitze und den
   grofsen Gefäfsen:
Pulszahl in der Minute:
    a) in Ruhe:
    b) nach zehnmaliger tiefer
      Kniebeuge:
Schlagfolge regelmäfsig?
Beschaffenheit der Pulsadern?
Pulswelle:

Befund des Unterleibs:
    Magen:
    Leber:
    Milz:
    Därme:

Besteht irgend ein Bruch?
Genauer Untersuchungsbefund
   des Urins:
    Farbe, spez. Gewicht:
    Eiweifs:
    Zucker:

Untersuchungsbefund der Augen:
    Refraktionszustand:
    Sehvermögen rechts:
            links:

Untersuchungsbefund der Ohren?
    Hörfähigkeit rechts:
           links:

Untersuchungsbefund des Nervensystems:

Wird nach dem Untersuchungs-
   befunde der Untersuchte für
   körperlich tauglich zu Aufenthalt und Tätigkeit in tropischen
   Malariagegenden erachtet?

    Gleichzeitig wird bescheinigt, dafs der Untersuchte ein Gramm salz-
saures Chinin eingenommen hat, ohne wesentliche Beschwerden davon bekommen zu haben, sowie dafs derselbe von mir einer Schutzpockenimpfung
unterzogen worden ist (bezw. dafs er in den letzten drei Jahren gegen Pocken
geimpft worden ist).
    (Nur für den Fall, dafs die letzte Frage mit „Ja" beantwortet wurde,
sonst durchzustreichen.)

    , den   ....ten...   . 190 ..

           Unterschrift des Arztes.

6. Verordnung des Gouverneurs von Deutsch-Ostafrika, betreffend das Marktwesen im Bezirk Kilwa. Vom 30. Januar 1903.*)

Auf Grund des § 15, letzter Absatz des Schutzgebietsgesetzes (Reichs-Gesetzbl. 1900, S. 813) in Verbindung mit der Verfügung des Reichskanzlers vom 1. Januar 1891 (D. Kol. Gesetzgeb. I. S. 326) wird hierdurch für die Ortschaften Kilwa-Kiwinje, Cholo, Kirongwe (Mafia), Bueni (Mafia), Mohorro, Kilwa-Kisiwani, Samanga, Kiswere, Tumbo, Mymsati, Kikale und Pembe im Bezirk Kilwa und für einen Umkreis um dieselben von 2 km vom Weichbilde an gerechnet, hinsichtlich des Marktwesens verordnet, was folgt:

§ 1. Erzeugnisse der einheimischen Landwirtschaft, Viehzucht und Fischerei, sowie daraus hergestellte Lebensmittel, welche der Befriedigung täglicher Bedürfnisse der Bevölkerung dienen sollen, dürfen zum Zwecke des Kleinverkaufs an die Verbraucher nur in der Markthalle feilgeboten werden.

§ 2. Die Verkäufer der im § 1 bezeichneten Gegenstände haben Marktgebühren nach dem anliegenden Tarif an die von der örtlichen Polizeibehörde zu bezeichnende Stelle zu entrichten.

§ 3. Erzeugnisse der Landwirtschaft, Viehzucht und Fischerei, die zum eigenen Verbrauche der Produzenten bestimmt sind, müssen auf Verlangen der örtlichen Polizeibehörde ebenfalls in die Markthalle gebracht und dem Markthallenaufseher vorgezeigt werden, bleiben jedoch von den Vorschriften des § 2 unberührt.

§ 4. Auf Antrag des Verkäufers können alle in die Markthalle gebrachten Erzeugnisse durch einen amtlich zugelassenen Auktionator öffentlich versteigert werden.

Es ist dafür eine besondere Gebühr von 4 Pesa für jede Rupie und 1 Pesa für jede angefangene Viertelrupie des Erlöses zu zahlen.

---

*) Vgl. die weiter unten folgenden Marktverordnungen für Lindi, Pangani, Tanga, Morogoro, Udjidji, Bagamoyo, Rufiyi, Wilhelmstal. Bereits unterm 12. Dezember 1902 war für die Ortschaft Tabora folgende Gouvernementsverordnung ergangen (die wegen Verspätung der Bekanntgabe in Band VI der D. Kol. Gesetzgeb. noch nicht abgedruckt werden konnte):

Auf Grund des § 15, letzter Absatz des Schutzgebietsgesetzes (Reichs-Gesetzbl. 1900, S. 812) wird hiermit für die Ortschaft Tabora verordnet, was folgt:

§ 1. Erzeugnisse der Landwirtschaft und Viehzucht sowie daraus hergestellte Lebensmittel, welche zwecks Befriedigung täglicher Bedürfnisse der Bevölkerung zum Kleinverkauf in der Stadt und in einem Umkreise von 2 km um dieselbe bestimmt sind, dürfen nur auf dem Markte zu Tabora einschl. der Nebenmärkte in Kihara und Kilimani zum Verkauf gestellt werden.

§ 2. Die in § 1 genannten Produkte unterliegen der durch den anliegenden Tarif festgesetzten vom Verkäufer zu entrichtenden Marktgebühr.

§ 3. Der Ankauf und Verkauf von Eseln, Pferden, Maultieren, Kamelen und Zugochsen sowie von Kühen und Bullen, welche zur Zucht bestimmt sind, unterliegt den Vorschriften des § 1 nicht. Werden diese Tiere gleichwohl auf dem Markte gehandelt, so unterliegen sie auch den gemäß § 2 zur Erhebung gelangenden Gebühren.

§ 4. Erzeugnisse der Landwirtschaft und Viehzucht, die zum eigenen Verbrauch des Produzenten bestimmt sind, müssen auf Verlangen ebenfalls auf den Markt gebracht und vorgezeigt werden, unterliegen jedoch der Marktgebühr nicht.

§ 5. Die auf den Markt gebrachten Produkte können, falls sich das Bedürfnis herausstellt, durch einen amtlich zu bestellenden Auktionator öffentlich versteigert werden. Es ist dafür eine Gebühr von 4 Pesa für jede Rupie und 1 Pesa für jede angefangene Viertelrupie des Erlöses zu zahlen.

§ 6. In besonderen Fällen kann in Abweichung von den Vorschriften des § 1 gestattet werden, daß die dem Marktzwange unterworfenen Produkte auch im Umherziehen gehandelt werden dürfen, ohne daß dadurch die Gebührenpflicht derselben aufgehoben wird.

§ 5. Die Vorschriften des § 1 finden keine Anwendung:
1. auf den Handel mit Mtama, Mais, Reis, Sesam, Kopra und geschälten Erdnüssen,
2. auf den Handel mit Eseln, Pferden, Maultieren, Kamelen sowie mit Rindvieh und Kleinvieh, welches nicht zum Schlachten bestimmt ist,
3. auf den Gewerbebetrieb der Bäcker und Milchhändler.

Erfolgt trotzdem der Verkauf der vorstehend genannten Erzeugnisse in der Markthalle, so ist die Marktgebühr nach Maßgabe des § 2 zu entrichten.

§ 6. Verkäufer von Fleisch und Fleischwaren, Fischen, Gemüse und Obst, welche glaubhaft zu machen vermögen, daß sie die genannten Erzeugnisse zwecks Versorgung von Seeschiffen nicht eingeborener Bauart ausführen, sind hinsichtlich dieser Erzeugnisse von der nach § 2 zu entrichtenden Gebühr befreit.

Bereits gezahlte Marktgebühren werden auf den Nachweis der bewirkten Ausfuhr erstattet.

§ 7. Die örtliche Polizeibehörde kann bestimmten Personen die widerrufliche Erlaubnis zur Feilhaltung und zum Verkaufe von europäischem Gemüse, Geflügel, Eiern und Obst sowie von zubereiteten Eßwaren der Eingeborenen auf den Straßen oder im Umherziehen unbeschadet der Verpflichtung zur Entrichtung der nach § 2 für den Verkauf in der Markthalle zuständigen Marktgebühr und unter der Auflage zur Vorausbezahlung der letzteren gestatten.

Die Verkäufer haben den Erlaubnisschein und eine Bescheinigung über die Zahlung der Gebühr bei sich zu führen.

---

§ 7. Zuwiderhandlungen gegen die vorstehenden Bestimmungen werden, soweit nicht nach den bestehenden Strafgesetzen eine höhere Strafe verwirkt ist, mit Geldstrafe bis zu 50 Rupien bezw. entsprechender Freiheitsstrafe bestraft.

§ 8. Diese Verordnung tritt mit dem Tage ihrer Verkündigung in Kraft.

Daressalam, den 12. Dezember 1902.

Der Kaiserliche Gouverneur.
I. V. Stuhlmann.

Marktgebühren-Tarif.

		Rupie		Pesa
1. Für Verkaufsstände, an welchen Reis, Mehl, Zwiebeln, Mohogo, Viazi, Zuckerrohr, getr. Fische, Salz, Mtama, Mais, Früchte und sonstige Produkte feilgeboten werden, für jeden Korb des einzelnen Produktes		—	"	09
2. Für Tabak und Cigaretten pro Stand und Tag		—	"	03
3. Für Seife, einheimische pro Stand und Tag		—	"	03
4. Für Öl und Butter pro Stand und Tag		—	"	03
5. Für jeden Sack der unter 1 genannten Produkte		—	"	06
6. Für Haushaltungsgegenstände als:				
a) kleine Gefäße, Lampen, Töpfe, Holzlöffel einheimischer Arbeit für je 5 Stück		—	"	01
b) größere Gefäße, Mkungi pro Stück		—	"	01
7. Für Gebäck pro Korb		—	"	01
8. Für jeden Topf Pombe oder Honig		—	"	02
9. Für Feuerholz, große Last		—	"	02
Für Feuerholz, kleine Last		—	"	01
10. Für Vieh und Geflügel, wenn es auf den Märkten feilgeboten wird:				
a) für Großvieh pro Stück		1	"	—
b) für Kleinvieh pro Stück		—	"	04
c) Geflügel pro Stück		—	"	01

Daressalam, den 12. Dezember 1902.

Der Kaiserliche Gouverneur.
I. V. Stuhlmann.

§ 8. Zuwiderhandlungen gegen die Vorschriften dieser Verordnung werden, soweit nicht nach den bestehenden Gesetzen eine härtere Strafe verwirkt ist, mit Geldstrafe bis zu 20 (zwanzig) Rupien, an deren Stelle im Unvermögensfalle Haft — bei Eingeborenen Kettenarbeit — treten kann, bestraft.

Sofern eine Hinterziehung nach § 2 zu entrichtender Gebühren stattgefunden hat, kommt außerdem der vierfache Betrag der hinterzogenen Gebühr, mindestens jedoch 1 Rupie als Zusatzstrafe zur Erhebung.

§ 9. Diese Verordnung tritt mit dem 1. April 1903 in Kraft.

Mit dem gleichen Tage tritt die Verordnung vom 22. Juni 1897, betreffend die Markthallenordnung für den Bezirk Kilwa,*) außer Kraft.

Daressalam, den 30. Januar 1903.

Der Kaiserliche Gouverneur.
I. V. Stuhlmann.

<u>Anlage zu No. 6.</u>

Markthallen-Tarif.

I.

Gewerbsmäßige Verkäufer zahlen an Standgeldern für den Tag:

1. Für einen Fleischerstand . . . . 16 Pesa
2. Für einen Stand in der Fischhalle . . . . 12 Pesa
3. Für einen großen Verkaufsstand (2 qm) für allerhand Waren . . . . 8 Pesa
4. Für einen kleinen Verkaufsstand für allerhand Waren . . . . 4 Pesa

II.

Gelegentliche Verkäufer entrichten für jede Rupie des erzielten Kaufpreises 4 Pesa, für jede angefangene Viertelrupie 1 Pesa. Erlöse unter 16 Pesa bleiben frei.

III.

Verkäufer von Vieh entrichten:

1. Für ein Stück Großvieh (Rinder, Kamele, Maultiere, Esel) . . . . 64 Pesa
2. Für eine Ziege . . . . 16 Pesa
3. Für ein Schaf . . . . 16 Pesa
4. Für eine Ente . . . . 4 Pesa
5. Für ein Huhn . . . . 1 Pesa

7. **Verordnung des Gouverneurs von Deutsch-Ostafrika, betreffend das Marktwesen im Bezirk Lindi. Vom 30. Januar 1903.**

Auf Grund des § 15, letzter Absatz des Schutzgebietsgesetzes (Reichs-Gesetzbl. 1900, S. 813) in Verbindung mit der Verfügung des Reichskanzlers vom 1. Januar 1901 (D. Kol. Gesetzgeb. S. 326) wird hierdurch für die Ortschaften Lindi, Mchinga, Sudi und Mikindani im Bezirk Lindi und für einen Umkreis um dieselben von 2 km vom Weichbilde an gerechnet, hinsichtlich des Marktwesens verordnet, was folgt:

§ 1. Erzeugnisse der einheimischen Landwirtschaft, Viehzucht und Fischerei sowie daraus hergestellte Lebensmittel, welche der Befriedigung täg-

---
*) Nicht abgedruckt.

licher Bedürfnisse der Bevölkerung dienen sollen, dürfen zum Zwecke des Kleinverkaufs an die Verbraucher nur in der Markthalle feilgeboten werden.

§ 2. Die Verkäufer der im § 1 bezeichneten Gegenstände haben Marktgebühren nach dem anliegenden Tarif an die von der örtlichen Polizeibehörde zu
bezeichnende Stelle zu entrichten.

§ 3. Erzeugnisse der Landwirtschaft, Viehzucht und Fischerei, die zum
eigenen Verbrauche der Produzenten bestimmt sind, müssen auf Verlangen der
örtlichen Polizeibehörde ebenfalls in die Markthalle gebracht und dem Markthallenaufseher vorgezeigt werden, bleiben jedoch von den Vorschriften des § 2
unberührt.

§ 4. Auf Antrag des Verkäufers können alle in die Markthalle gebrachten
Erzeugnisse durch einen amtlich zugelassenen Auktionator öffentlich versteigert
werden.

Es ist dafür eine besondere Gebühr von 4 Pesa für jede Rupie und 1 Pesa
für jede angefangene Viertelrupie des Erlöses zu zahlen.

§ 5. Die Vorschriften des § 1 finden keine Anwendung:
1. auf den Handel mit Mtama, Mais, Reis, Sesam und geschälten Erdnüssen,
2. auf den Handel mit Eseln, Pferden, Maultieren, Kamelen sowie mit
Rindvieh und Kleinvieh, welches nicht zum Schlachten bestimmt ist,
3. auf den Gewerbebetrieb der Bäcker und Milchhändler.

Erfolgt trotzdem der Verkauf der vorstehend genannten Erzeugnisse in
der Markthalle, so ist die Marktgebühr nach Maßgabe des § 2 zu entrichten.

§ 6. Verkäufer von Fleisch und Fleischwaren, Fischen, Gemüse und Obst,
welche glaubhaft zu machen vermögen, daß sie die genannten Erzeugnisse
zwecks Versorgung von Seeschiffen nicht eingeborener Bauart ausführen, sind
hinsichtlich dieser Erzeugnisse von der nach § 2 zu entrichtenden Gebühr befreit.

Bereits gezahlte Marktgebühren werden auf den Nachweis der bewirkten
Ausfuhr erstattet.

§ 7. Die örtliche Polizeibehörde kann bestimmten Personen die widerrufliche Erlaubnis zur Feilhaltung und zum Verkaufe von europäischem Gemüse,
Geflügel, Eiern und Obst sowie von zubereiteten Eßwaren der Eingeborenen auf
den Straßen oder im Umherziehen unbeschadet der Verpflichtung zur Entrichtung der nach § 2 für den Verkauf in der Markthalle zuständigen Marktgebühr
und unter der Auflage zur Vorausbezahlung der letzteren gestatten.

Die Verkäufer haben den Erlaubnisschein und eine Bescheinigung über die
Zahlung der Gebühr bei sich zu führen.

§ 8. Zuwiderhandlungen gegen die Vorschriften dieser Verordnung
werden, soweit nicht nach den bestehenden Gesetzen eine härtere Strafe verwirkt ist, mit Geldstrafe bis zu 20 (zwanzig) Rupien, an deren Stelle im Unvermögensfalle Haft — bei Eingeborenen Kettenarbeit — treten kann, bestraft.

Sofern eine Hinterziehung nach § 2 zu entrichtender Gebühren stattgefunden hat, kommt außerdem der vierfache Betrag der hinterzogenen
Gebühr, mindestens jedoch 1 Rupie als Zusatzstrafe zur Erhebung.

§ 9. Diese Verordnung tritt mit dem 1. April 1903 in Kraft.

Mit dem gleichen Tage tritt die Verordnung vom 30. März 1900, betreffend
die Markthallenordnung für den Bezirk Lindi,*) außer Kraft.

Daressalam, den 30. Januar 1903.

Der Kaiserliche Gouverneur.
I. V. Stuhlmann.

---

*) Nicht abgedruckt.

Anlage zu No. 7.

Markthallen-Tarif.

I.

Gewerbsmäßige Verkäufer zahlen an Standgeldern für den Tag:

1. Für einen Fleischerstand . . . . 16 Pesa
2. Für einen Stand in der Fischhalle . . . . 12 Pesa
3. Für einen großen Verkaufsstand (2 qm) für allerhand Waren . . . . 8 Pesa
4. Für einen kleinen Verkaufsstand für allerhand Waren . . . . 4 Pesa

II.

Gelegentliche Verkäufer entrichten für jede Rupie des erzielten Kaufpreises 4 Pesa, für jede angefangene Viertelrupie 1 Pesa. Erlöse unter 16 Pesa bleiben frei.

III.

Verkäufer von Vieh entrichten:

1. Für ein Stück Großvieh (Rinder, Kamele, Maultiere, Esel) . . . . 64 Pesa
2. Für eine Ziege . . . . 16 Pesa
3. Für ein Schaf . . . . 16 Pesa
4. Für eine Ente . . . . 4 Pesa
5. Für ein Huhn . . . . 1 Pesa

8. Runderlaß des Gouverneurs von Deutsch-Ostafrika zu § 16 der Verpflegungsvorschriften. Vom 31. Januar 1903.

Gemäß § 16 der vom Herrn Reichskanzler genehmigten Vorschriften über die Verpflegung des europäischen Zivil- und Militärpersonals bei der Verwaltung von Deutsch-Ostafrika*) ist bei Dienstreisen an der Küste die Mitnahme eines einheimischen — farbigen — Dieners gestattet, bzw. es findet die Beförderung eines solchen auf einem Regierungsfahrzeug unentgeltlich statt.

Wird im Anschluß an die Dampferfahrt eine Dienstreise über Land angetreten, so ist die unentgeltliche Beförderung von 3 Dienern zulässig (vgl. Runderlaß vom 24. August 1900**)).

Der Wortlaut des § 6 der Bestimmungen, betreffend die Beförderung von Reisenden und Gütern auf den Küstendampfern des Kaiserlichen Gouvernements von Deutsch-Ostafrika, vom 1. September 1902, wird, soweit er den erwähnten Vorschriften entgegensteht, hiermit aufgehoben.

D a r e s s a l a m , den 31. Januar 1903.

Der Kaiserliche Gouverneur.
I. V. S t u h l m a n n.

9. Zollverordnung für das deutsch-südwestafrikanische Schutzgebiet. Vom Reichskanzler erlassen am 31. Januar 1903.

(Beilage zum Kol. Bl. vom 15. Mai 1903.)***)

Auf Grund des § 15 des Schutzgebietsgesetzes (Reichs-Gesetzbl. 1900, S. 813) und der Allerhöchsten Verordnungen vom 1. Juli 1902 und vom 7. November 1902 wird unter Aufhebung der Zollverordnung für das deutsch-südwest-

---

*) D. Kol. Gesetzgeb. VI, No. 65. **) Ebenda S. 120 zu g.
***) Vgl. die Ausführungsbestimmungen vom 10. 4. 1903, unten abgedruckt.

afrikanische Schutzgebiet vom 10. Oktober 1896 sowie der dazu erlassenen Ausführungs- und Abänderungs-Bestimmungen verordnet, was folgt:

Zollgebiet.

§ 1. Als Zollinland oder Zollgebiet gilt das deutsch-südwestafrikanische Festland nebst den dazu gehörenden Inseln. Als Zollausland werden alle nicht zu Deutsch-Südwestafrika gehörenden Gebiete angesehen. Die Zollgrenze wird gebildet landeinwärts durch die Landesgrenzen des deutsch-südwestafrikanischen Schutzgebiets, seewärts durch die jedesmalige den Meeresspiegel begrenzende Linie des Landes.

Allgemeine Bestimmungen über die Ein-, Aus- und Durchfuhr.

§ 2. Alle Erzeugnisse der Natur sowie des Kunst- und Gewerbefleißes dürfen, vorbehaltlich der in den §§ 4 und 5 vorgesehenen Ausnahmen, ein-, aus- und durchgeführt werden.

§ 3. Die Ein- und Ausfuhr darf nur an bestimmten, mit Zollstellen versehenen, öffentlich bekannt gemachten Plätzen stattfinden.

§ 4. Die Ein-, Aus- und Durchfuhr von Feuerwaffen, Schießbedarf und Sprengstoffen aller Art unterliegt den darüber erlassenen und noch zu erlassenden besonderen Verordnungen.

§ 5. Sonstige Ausnahmen von dem im § 2 ausgesprochenen Grundsatz können zeitweise für einzelne Gegenstände beim Eintritt außerordentlicher Umstände sowie aus gesundheits- oder sicherheitspolizeilichen Rücksichten für den ganzen Umfang oder einen Teil des Schutzgebietes durch den Gouverneur angeordnet werden.

Die Zölle.

§ 6. Die in das Schutzgebiet eingehenden sowie die aus demselben ausgehenden Gegenstände unterliegen einem Zoll nur insoweit, als der in der Anlage zu dieser Verordnung enthaltene Tarif für dieselben einen Eingangs- oder Ausgangszoll festsetzt. Der Gouverneur ist ermächtigt, auf dem Verordnungswege diesen Tarif abzuändern und die Abänderungen unter Einholung der Genehmigung des Reichskanzlers (Auswärtiges Amt, Kolonial-Abteilung) vorläufig in Kraft zu setzen.

Die durch das Schutzgebiet durchgeführten Waren können nach den vom Gouverneur darüber zu erlassenden Bestimmungen von Ein- und Ausfuhrzöllen frei gelassen werden.

§ 7. Die Zollpflicht wird begründet durch die Überschreitung der Zollgrenze durch die aus- oder eingehenden Gegenstände.

Zollstellen.

§ 8. Zur Sicherung, Feststellung und Erhebung der Ein- und Ausfuhrzölle sind die Zollämter, Zollstationen und Zollabfertigungsstellen bestimmt.

Zollbefreiungen.

§ 9. Gegenstände deutsch-südwestafrikanischen Ursprungs und bereits verzollte Gegenstände fremden Ursprungs, die von einem nach einem anderen Platze des deutsch-südwestafrikanischen Schutzgebiets durch das Zollausland auf dem Land- oder Seewege übergeführt werden, unterliegen weder dem Ausfuhr- noch dem Einfuhrzoll.

Frei von Ausfuhr- und Einfuhrzoll sind ferner Gegenstände, die aus dem Schutzgebiet in das Ausland zu vorübergehendem Gebrauch, zur Ausbesserung oder Abänderung verbracht werden, vorausgesetzt, daß die Wiedereinfuhr binnen

einer von der Zollbehörde festgesetzten Frist erfolgt, die zwölf Monate nicht überschreiten darf.

Auf Verlangen der Zollbehörde sind in den in Absatz 1 und 2 bezeichneten
Fällen bei der Ausfuhr die auf den betreffenden Gegenständen etwa ruhenden
Ausgangsabgaben in vollem Betrag oder zu einem Teilbetrage zu hinterlegen. Die
hinterlegten Ausgangsabgaben werden bei der Wiedereinfuhr zurückerstattet.

Erfahren die Gegenstände durch Ausbesserung oder Abänderung im Ausland eine derartige Umgestaltung, daſs sie unter eine mit einem höheren Zolle
belegte Tarifposition fallen, als für sie bei der Ausfuhr in Betracht kam, so ist
bei der Wiedereinfuhr der Mehrbetrag des Zolles zu entrichten.

§ 10. Frei von Einfuhr- und Ausfuhrzoll sind Gegenstände, die unter Anmeldung zur Wiederausfuhr in das Schutzgebiet eingeführt werden, vorausgesetzt,
daſs ihre Identität zollamtlich festgehalten wird, und daſs die Wiederausfuhr
binnen einer von der Zollbehörde festzusetzenden Frist erfolgt, die sechs Monate
nicht überschreiten darf. Auf Verlangen der Zollbehörde sind bei der Einbringung solcher Gegenstände die Eingangsabgaben im vollen Betrag oder zu
einem Teilbetrage zu hinterlegen. Die hinterlegten Eingangsabgaben werden bei
der Wiederausfuhr zurückbezahlt.

§ 11. Von den auf Grund des in der Anlage enthaltenen Tarifs zollpflichtigen Gegenständen sind vom Zolle befreit:*)

a) Bei der Einfuhr:
1. alle vom Gouvernement selbst eingeführten Gegenstände;
2. alle von der Kaiserlichen Marine und der Reichspostverwaltung zu
    dienstlichen Zwecken eingeführten Gegenstände;
3. alles zur persönlichen Ausrüstung bestimmte Einfuhrgut der Berufs-
    beamten des Gouvernements, der Offiziere und Mannschaften der
    Schutztruppe, der Berufsbeamten der Reichspost sowie der Schwe-
    stern und Krankenpflegerinnen der Lazarette, mit Ausnahme von
    Schußwaffen und Munition, Verzehrungsgegenständen, Spirituosen,
    Tabak und Tabakfabrikaten;
4. alle von christlichen Missionen, Kirchengesellschaften, Kranken- und
    Heilanstalten eingeführten Gegenstände, die unmittelbar den
    Zwecken des Gottesdienstes, des Unterrichts und der Krankenpflege
    dienen; ferner alle Gegenstände, die von Niederlassungen christ-
    licher Missionsgesellschaften für ihren eigenen Gebrauch, also nicht
    zu Handels- und Tauschzwecken, eingeführt werden, und zwar bis
    zum Gesamtzollbetrage von 600 Mark jährlich für jede Station; aus-
    genommen hiervon sind Waffen und Munition, alkoholhaltige Ge-
    tränke, Tabak und Tabakfabrikate;
5. Petroleum, andere Brennöle und Spiritus, sofern sie für motorische
    Zwecke bestimmt sind;
6. Anzugs- und Heiratsgut (wie Haushaltungsgegenstände, Beklei-
    dungsstücke, fertige Wäsche), welches zum Zweck dauernder Nieder-
    lassung und zum eigenen Gebrauche der in das Schutzgebiet ein-
    wandernden oder sich nach demselben verheiratenden Personen ein-
    geführt wird;
7. kleinere Mengen von Verzehrungsgegenständen und Genußmitteln,
    welche Reisende zu ihrem eigenen Gebrauch in ihrem Reisegepäck
    bei sich führen;

_____
*) Vgl. Bktm. d. G., betr. zollfreie Einfuhr von Spiritus, vom 26. 9. 1903, unten
abgedruckt.

8. Kleidungsstücke, Wäsche, Reisegerät und dergl., welche Reisende zum eigenen Gebrauche mit sich führen;

9. getragene Kleidungsstücke und getragene Wäsche, sofern sie nicht zum Verkauf eingehen;

10. Muster, die nur als solche zu gebrauchen sind.

b) Bei der Ausfuhr:

1. alle vom Gouvernement selbst ausgeführten Gegenstände;

2. alle von der Kaiserlichen Marine und der Reichspostverwaltung im dienstlichen Interesse ausgeführten Gegenstände.

§ 12. Der Gouverneur ist ermächtigt, von der Einziehung von Zöllen und sonstigen durch diese Verordnung und die zugehörigen Ausführungsverordnungen festgesetzten Abgaben bis zur Höhe von 5000 Mark für den Einzelfall abzusehen, sowie bereits vereinnahmte Beträge bis zu dieser Höhe ganz oder teilweise zurückzuzahlen, und zwar bis zur Höhe von 500 Mark selbständig, bei gröfseren Beträgen mit vorheriger Genehmigung des Reichskanzlers (Auswärtiges Amt, Kolonial-Abteilung).

Person des Zollpflichtigen.

§ 13. Zur Entrichtung des Zolls ist derjenige verpflichtet, welcher in dem Augenblick, in dem die Zollpflicht begründet wird (§ 7), Inhaber des zollpflichtigen Gegenstandes ist.

Dem Inhaber steht derjenige gleich, welcher den zollpflichtigen Gegenstand aus einer öffentlichen Niederlage (§ 38) entnimmt.

Bei der Ausfuhr haftet neben dem Inhaber auch der Versender für die Zollgefälle.

Haftung der zollpflichtigen Gegenstände.

§ 14. Die zollpflichtigen Gegenstände haften, ohne Rücksicht auf die Rechte Dritter, für die auf ihnen ruhenden Zollgefälle und können, solange der Zoll nicht der amtlichen Festsetzung entsprechend gezahlt ist, von der Zollbehörde zurückbehalten oder mit Beschlag belegt werden.

Das an den Inhaber des zollpflichtigen Gegenstandes von einem Zollbeamten ergehende Verbot der weiteren Verfügung über den Gegenstand hat die Wirkung der Beschlagnahme.

Die Verabfolgung von Gegenständen, auf welchen noch ein Zollanspruch ruht, kann in keinem Falle, auch nicht von den Gerichten, Gläubigern oder Konkursverwaltern, eher verlangt werden, als bis der auf den Gegenständen haftende Zoll bezahlt ist.

Wird der Zoll innerhalb einer von der Zollbehörde festzusetzenden Frist nicht entrichtet, so kann der Gegenstand zur Deckung der auf ihm ruhenden Zollabgaben und Kosten öffentlich meistbietend verkauft oder auf Kosten und Gefahr des Zollpflichtigen in eine Zollniederlage (§ 38) aufgenommen werden.

§ 15. Gegenstände, deren Empfänger nicht feststehen, werden von Amts wegen bis zur Dauer eines Jahres aufbewahrt, sofern dies nach den hierüber vom Gouverneur zu erlassenden Ausführungsbestimmungen zulässig ist. Nach Ablauf der Frist und nach erfolgter Revision, deren Ergebnis schriftlich niederzulegen und zu bescheinigen ist, hat eine zweimalige öffentliche Bekanntmachung in einer Zwischenzeit von vier Wochen zu erfolgen. Bleibt diese ergebnislos, so werden die Gegenstände zur Deckung der auf ihnen ruhenden Zollabgaben und Kosten öffentlich meistbietend versteigert. Der Erlös wird nach Abzug der Zollgefälle und der durch die Lagerung usw. entstandenen Kosten zugunsten des unbekannten Eigentümers für die Dauer eines Jahres aufbewahrt und verfällt dann dem Landesfiskus des südwestafrikanischen Schutzgebiets.

Verjährung der Zollgefälle.

§ 16. Alle Forderungen oder Nachforderungen von Zöllen, desgleichen alle Ansprüche auf Ersatz wegen zuviel oder zu Ungebühr entrichteter Zollgefälle verjähren binnen dreier Jahre von dem Tage an gerechnet, an welchem die Gegenstände in den freien Verkehr oder ins Ausland abgelassen worden sind. Der Anspruch auf Nachzahlung defraudierter Gefälle verjährt in fünf Jahren.

Die Vorschriften der §§ 198 ff. des Bürgerlichen Gesetzbuches über die Verjährung finden hierbei entsprechende Anwendung.

Ort der Zollabfertigung.

§ 17. Bei aufsergewöhnlichen und dringenden Umständen sind die Zollämter und Zollstationen befugt, die Ein- und Ausfuhr auch an solchen Plätzen, welche nicht Zollstellen (§ 3) sind, unter besonderen Kontrollmasregeln zu gestatten.

§ 18. Zum Löschen und Laden der seewärts ein- und ausgehenden Gegenstände ist die vorherige Erlaubnis der Zollbehörde einzuholen.

§ 19. Das Löschen und Laden von Gegenständen darf in den im § 3 bezeichneten Plätzen in der Regel nur an denjenigen Stellen geschehen, welche die Zollbehörde für diese Zwecke bestimmt. Das Löschen und Laden an anderen als den dafür bestimmten Stellen, sowie Abfertigung auserhalb der Zollhäuser bedürfen der Genehmigung der Zollbehörde und sind gebührenpflichtig (§ 45, Ziffer 3).

Anmeldung (Deklaration).

§ 20. Über die seewärts eingehenden Gegenstände ist von dem Schiffsführer der Zollstelle ein Manifest zu übergeben, welches aufser dem Namen, der Nationalität, dem Raumgehalt und dem Abgangshafen des Schiffes folgende Angaben über die in dem Hafen des Schutzgebiets zu löschenden Gegenstände zu enthalten hat:
1. die Namen der Empfänger der zu löschenden Gegenstände;
2. Zahl, Bezeichnung und Verpackungsart der Frachtstücke;
3. Gattung der Gegenstände nach ihrer handelsüblichen Benennung;
4. Gewicht, Mafs oder Stückzahl der Gegenstände;
5. Ort, Datum und Unterschrift des Schiffsführers.

§ 21. Gegenstände, welche ein- oder ausgeführt werden, sind ohne Rücksicht darauf, ob sie zollpflichtig oder zollfrei sind, der nächsten Zollstelle schriftlich auf einem amtlichen Formular anzumelden.
Die Anmeldung hat zu enthalten:
1. Zahl, Bezeichnung und Verpackungsart der Frachtstücke;
2. Gattung der Gegenstände nach ihrer handelsüblichen Benennung;
3. Gewicht, Mafs oder Stückzahl (bei zollpflichtigen Gegenständen nach Mafsgabe des Zolltarifs);
4. Wert der Gegenstände beim Überschreiten der Grenze, ausschliefslich des auf ihnen ruhenden Zollbetrags;
5. bei der Ausfuhr das Bestimmungsland und den Bestimmungsort sowie den Namen und Wohnort des Versenders; bei der Einfuhr das Herkunftsland und den Herkunftsort oder den Verschiffungshafen sowie den Namen und Wohnort des Empfängers. Dabei ist als Herkunftsland dasjenige Land zu betrachten, aus dessen Eigenhandel der Einfuhrgegenstand stammt, als Bestimmungsland dasjenige Land, in dessen Eigenhandel der Ausfuhrgegenstand übergeht;
6. die Unterschrift des Ausstellers der Anmeldung.
Enthält ein Frachtstück verschiedenartige Gegenstände, so sind dieselben getrennt nach Menge und Wert anzumelden.

§ 22. Zur Anmeldung verpflichtet ist bei der Einfuhr der Warenführer, bei der Ausfuhr der Warenversender. An Stelle des ersteren kann der Warenempfänger die Anmeldung erstatten.

Eine bereits abgegebene Anmeldung kann vervollständigt oder berichtigt werden, solange die zollamtliche Revision (§ 23) noch nicht begonnen hat.

Erklärt der Anmeldende sich außerstande, zuverlässige Angaben über die Gattung der Gegenstände, deren Gewicht und Wert zu machen, so hat er entweder mündlich oder schriftlich auf dem Anmeldungsformular die Feststellung durch die Zollbehörde zu beantragen.

Zollrevision.

§ 23. Die abgegebenen Zollanmeldungen unterliegen der Prüfung (Revision) durch die Zollbehörden. Sofern kein Anlaß zu dem Verdacht einer unrichtigen Zollanmeldung vorliegt, sind die revidierenden Beamten berechtigt, sich nach eigenem Ermessen mit einer probeweisen Revision zu begnügen sowie auch von einer Revision ganz abzusehen.

. § 24. Der Zollpflichtige hat die zu revidierenden Gegenstände in solchem Zustande darzulegen, daß die Beamten die Revision in der erforderlichen Art vornehmen können; auch muß er die dazu nötigen Handleistungen nach der Anweisung der Beamten auf eigene Gefahr und Kosten verrichten oder verrichten lassen.

Abfertigung.

§ 25. Die Verzollung der ein- und ausgehenden Gegenstände erfolgt nach Maßgabe des in der Anlage enthaltenen Tarifs.

Es bleibt der Wahl des Zollpflichtigen überlassen, bei denjenigen Gegenständen, für welche der Zoll nach dem Nettogewicht festgesetzt ist, die tarifmäßige Tara von dem Bruttogewicht in Abzug zu bringen oder das Nettogewicht durch Verwiegen ermitteln zu lassen. Die Zollbehörde ist befugt, ihrerseits die Ermittlung des Nettogewichts durch Verwiegen vorzunehmen, wenn das Gewicht der Umschließung von dem im Tarife festgesetzten Tarasatz augenscheinlich abweicht, sofern nicht in solchen Fällen der Zollpflichtige die Verzollung nach dem Bruttogewichte vorzieht.

Enthält ein und dasselbe Frachtstück zollpflichtige und zollfreie oder verschiedenen Zollsätzen unterworfene zollpflichtige Gegenstände, so sind die einzelnen Gegenstände nach dem Nettogewichte zu verzollen, sofern nicht der Zollpflichtige die Verzollung nach dem Bruttogewicht und dem höchsten der verschiedenen bei dem Frachtstück in Frage kommenden Tarifsätze besonders beantragt.

Wenn Gegenstände, deren Verzollung in Gemäßheit des Tarifs nach dem Bruttogewichte zu erfolgen hat, in einer Verpackung eingeführt werden, welche als eine handelsübliche nicht bezeichnet werden kann, oder wenn solche Gegenstände in einer im Handel nicht gebräuchlichen Weise mit anderen Gegenständen augenscheinlich zu dem Zwecke in einem Frachtstück zusammengepackt sind, um die Verzollung nach dem Bruttogewichte zu umgehen, so ist der Zollbetrag nach dem Nettogewichte mit einem Zuschlage von 20 % zu erheben. Auf die von Reisenden persönlich eingeführten oder in Postpaketen eingehenden Gegenstände findet diese Bestimmung keine Anwendung.

Bei der Ermittlung des Nettogewichts von Flüssigkeiten wird das Gewicht der unmittelbaren Umschließungen (Fässer, Flaschen, Kruken, Tins usw.) nicht in Abzug gebracht. Dasselbe gilt bei anderen Gegenständen für die zur unmittelbaren Sicherung nötigen Umschließungen, welche mit in die Hand des Käufers überzugehen pflegen (z. B. für die Kistchen, Schachteln und Blechumhüllungen, in denen Zigarren und Zigaretten eingehen, für Papier, Pappe, Bindfaden usw.).

§ 26. Die Entrichtung des Zolles findet nach demjenigen Tarifsatze statt, welcher zu der Zeit in Kraft ist, zu der die ein- und ausgehenden Gegenstände zur Verzollung gestellt werden.

Für Gegenstände, die in beschädigtem oder verdorbenem Zustand ankommen, ist auf Antrag des Zollpflichtigen der Zoll unter der Bedingung zu erlassen, daß dieselben unter zollamtlicher Aufsicht vernichtet werden.

Bei der Zollberechnung bleiben Beträge, welche volle 10 Pfennige nicht erreichen, außer Ansatz.

Zollabfertigung im Innern.

§ 27. Im Innern des Schutzgebietes ansässigen Personen und Firmen kann auf ihren Antrag durch das Gouvernement widerruflich gestattet werden, daß die Schlußabfertigung der für sie aus dem Ausland eingehenden Gegenstände sowie die Erhebung des auf denselben ruhenden Zolles nicht sogleich beim Überschreiten der Grenze, sondern bei einer Zollstelle im Innern stattfindet.

§ 28. Die gemäß § 27 zu verzollenden Gegenstände sind der Zollstelle des Eingangsorts nach den Vorschriften der §§ 21 und 22, jedoch in doppelter Ausfertigung, anzumelden und von dieser einer Revision in bezug auf die Zahl, Bezeichnung und Verpackungsart sowie das Bruttogewicht der Frachtstücke zu unterwerfen (allgemeine Revision). Zu einer Öffnung der Frachtstücke ist nur in Verdachtsfällen zu schreiten.

In Ausnahmefällen können Frachtstücke auch ohne Inhaltsbezeichnung und Revision einer Zollstelle im Innern zur Schlußabfertigung überwiesen werden. In solchen Fällen ist jedoch stets das Bruttogewicht amtlich zu ermitteln; ein zollamtlicher Verschluß der Frachtstücke kann seitens der Zollbehörde vorgenommen werden.

§ 29. Der Frachtführer haftet für die Vorführung der Gegenstände in unverändertem Zustande bei der Abfertigungsstelle des Binnenlandes. Findet eine Veränderung der Ladung oder des Bestimmungsortes während des Transportes statt (Wagenbruch, Versagen der Zugtiere usw.), so ist hiervon ohne Verzug der nächsten Zollstelle Anzeige zu erstatten, welche einen entsprechenden Vermerk auf der Anmeldung anbringt.

Der Warenführer und der Warenempfänger sind berechtigt, vor Beginn der Schlußrevision bei der Abfertigungsstelle die Zollanmeldung zu vervollständigen und zu berichtigen oder Revision unter Öffnung der Frachtstücke und Prüfung des Inhalts (spezielle Revision) zu beantragen. Geschieht dies nicht, so erkennen sie damit die Zollanmeldung als richtig an und haften für die Folgen einer unrichtigen Deklaration.

§ 30. Ergibt sich bei der im Innern vorgenommenen Schlußabfertigung oder bei der Aufnahme in eine öffentliche Niederlage ein Mindergewicht gegenüber dem von der Zollstelle des Eingangsortes ermittelten Gewicht, so bleibt das letztere unberücksichtigt, wenn das Mindergewicht auf natürliche Einflüsse zurückzuführen ist; andernfalls findet die Verzollung nach dem von der Zollstelle am Eingangsort ermittelten Gewichte statt, vorbehaltlich einer etwa wegen Schmuggels einzuleitenden Untersuchung.

Bei schadhaften und unsicheren Umschließungen hat die Zollberechnung auf jeden Fall nach dem von der Zollstelle des Eingangsortes festgestellten Revisionsbefunde zu erfolgen. Jedoch kann die Zollstelle des Eingangsortes die Überweisung solcher Frachtstücke zur Schlußabfertigung im Innern verweigern.

§ 31. Im Innern des Schutzgebietes ansässigen Personen und Firmen kann auf ihren Antrag durch das Gouvernement die Anmeldung und Verzollung von Ausfuhrgegenständen bei einer Zollstelle im Innern widerruflich gestattet werden.

Die Anmeldung bei der Zollstelle des Innern hat nach den Vorschriften der §§ 21 und 22, die Revision seitens der betreffenden Zollstelle hat nach den Vorschriften der §§ 23 und 24 dieser Verordnung zu erfolgen.

§ 32. Die Angehörigen des Gouvernements, der Schutztruppe und der Reichspostverwaltung sowie deren Kasinos und Kantinen, die Pastoren, Lehrer, Missionare und Krankenpflegerinnen der staatlichen Krankenhäuser geniefsen die nach den §§ 27 und 31 zulässigen Vergünstigungen ohne besonderen Antrag.

§ 33. Hinsichtlich derjenigen Gegenstände, welche unter Anwendung der in den §§ 27 und 31 gestatteten Vergünstigung mit der Eisenbahn unter Zollkontrolle befördert worden, finden die Vorschriften der §§ 26 bis 31 Anwendung, und zwar mit der Mafsgabe, dafs die dem Frachtführer obliegenden Verpflichtungen von der Eisenbahnverwaltung zu erfüllen sind.

Die Eisenbahn hat an den Stationen mit Zollabfertigungsstellen die zur einstweiligen Niederlegung und zollamtlichen Abfertigung der Gegenstände erforderlichen baulichen Einrichtungen der Zollbehörde zur Verfügung zu stellen.

Postsendungen.

§ 34. Die im Paketverkehre mittels der Reichspost ein- oder ausgehenden Gegenstände müssen mit einer schriftlichen Inhaltserklärung versehen sein, welche den Vorschriften des Weltpostvereins für den internationalen Paketverkehr zu entsprechen hat. Bei den ausgehenden Paketen haftet der Absender für die Richtigkeit und Vollständigkeit der Inhaltserklärung.

Die vom Ausland eingehenden Postpakete werden gegen Vorzeigung der Begleitadresse von der Zollabfertigungsstelle des Postbestimmungsortes dem Adressaten bezw. dessen Beauftragten nach geschehener Revision und Verzollung ausgehändigt.

Briefsendungen sind ohne Rücksicht auf das Gewicht vom Zolle und von jeder zollamtlichen Behandlung befreit.

Reisendenverkehr.

§ 35. Reisende, welche zollpflichtige Gegenstände mit sich führen, sind, wenn diese nicht zum Handel bestimmt sind, nur zu einer mündlichen Anmeldung verpflichtet. Auch steht es ihnen frei, sich ohne Anmeldung der Revision zu unterziehen; in diesem Falle sind sie nur für solche Gegenstände wegen Schmuggels oder wegen Kontrebande verantwortlich, die sie durch besondere Vorkehrungen der Kenntnisnahme der Zollbehörde zu entziehen gesucht haben.

Quittungsleistung und Ablassung.

§ 36. Über die erfolgte Zollzahlung wird Quittung erteilt.

§ 37. Nach Entrichtung der Zollgefälle und der sonstigen auf den Gegenständen etwa ruhenden Gebühren oder nach Feststellung der Abgabenfreiheit sind die zur Einfuhr bestimmten Gegenstände in den freien Verkehr des Zollinlandes, die zur Ausfuhr bestimmten Gegenstände in das Ausland abzulassen.

Zollfreie Niederlagen.

§ 38. Zur Erleichterung des Verkehrs können unter besonderen, vom Gouverneur festzusetzenden Bedingungen öffentliche Zollniederlagen errichtet sowie auf Antrag private, unter Mitverschlufs der Zollbehörde zu stellende Niederlagen genehmigt werden.

Überwachung usw.

§ 39. Außer den Zollbeamten sind alle Gouvernementsbeamten sowie die Angehörigen der Kaiserlichen Schutztruppe und die Beamten der Reichspost verpflichtet, nach näherer Anweisung des Gouverneurs Übertretungen der Zollvorschriften zu verhindern oder zur sofortigen Anzeige bei der nächsten Zollstelle zu bringen.

§ 40. Die Zollbeamten sind zur Revision eines jeden Warentransports im Schutzgebiet befugt, sobald hinsichtlich desselben der Verdacht einer Übertretung der Zollvorschriften besteht.

§ 41. Liegt gegen irgend jemand der begründete Verdacht der Kontrebande oder des Schmuggels oder der Mitwirkung bei diesen Vergehen durch Bergung verbotener oder zollpflichtiger Gegenstände vor, so können zur Ermittlung Nachsuchungen nach derartigen Gegenständen unter Erforderung des Nachweises der geschehenen Verzollung sowie Haussuchungen oder körperliche Durchsuchungen vorgenommen werden, wobei die diesbezüglichen Bestimmungen der Strafprozeß-Ordnung (§§ 102 ff.) zu beachten sind.

Die Zollbeamten sind berechtigt, in Ausübung ihres Dienstes auch solche Grundstücke und Wege zu betreten, zu denen der allgemeine Zugang verboten oder beschränkt ist.

Dienststunden.

§ 42. In der Regel darf die Löschung und Beladung von Schiffen nur an Wochentagen, und zwar in der Zeit von 6 Uhr morgens bis 6 Uhr abends, stattfinden. Die Zollbehörde kann Ausnahmen von dieser Bestimmung gestatten.

§ 43. Die Dienststunden für die Zollstellen werden durch den Gouverneur festgesetzt; sie sind durch öffentlichen Anschlag bei den Zollstellen bekannt zu machen.

§ 44. Auf Antrag können zollamtliche Dienstverrichtungen außerhalb der dafür angesetzten Zeit (auch an Sonn- und Feiertagen) sowie außerhalb der Zollstellen (z. B. in Privatlägern) vorgenommen werden.

Das Überschreiten der Binnengrenze mit zollpflichtigen Gegenständen ist auf den als Zollstraßen öffentlich bekannt gemachten Wegen zu jeder Tages- und Nachtzeit gestattet; jedoch kann der Gouverneur in Rücksicht auf die örtlichen Verhältnisse Beschränkungen verfügen, die öffentlich bekannt zu machen sind.

§ 45. Eine besondere Gebühr ist zu entrichten:

1. für die Beaufsichtigung der Entlöschung und Beladung von Fahrzeugen außerhalb der in § 42 genannten Tageszeit;
2. für die Abfertigung von Gegenständen außerhalb der gemäß § 43 festgesetzten Dienststunden;
3. für die Abfertigung von Gegenständen, wenn dieselbe von der Zollstelle entfernt stattfindet, sowie für die Beaufsichtigung der Entlöschung und Beladung von Fahrzeugen außerhalb der von der Zollbehörde dafür bestimmten Stellen (§ 19).

Diese Abfertigungsgebühren betragen für jede angefangene Stunde 1,50 Mark für jeden Beamten.

Die Gebühren für die außerhalb der Dienststunden (§ 43) vorgenommenen zollamtlichen Verrichtungen erhalten die Beamten vom Zolleinnehmer abwärts, welche den Dienst verrichtet haben, durch das Zollamt; die nicht an solche Beamte ausgezahlten Beträge kommen dem Landesfiskus zugute.

§ 46. Wenn über die Auslegung der Zollverordnung oder die Anwendung des Zolltarifs zwischen dem Zollpflichtigen und der Zollbehörde Meinungsverschiedenheit entsteht, so ist gegen die Entscheidung der Zollbehörde Beschwerde bei dem Gouverneur, in zweiter Instanz bei dem Reichskanzler (Auswärtiges Amt, Kolonial-Abteilung) zulässig. Die Beschwerde hat keine aufschiebende Wirkung.

Strafbestimmungen.

§ 47. Wer es unternimmt, Gegenstände, deren Aus- oder Einfuhr für das Schutzgebiet oder für einen Teil desselben verboten oder erst nach Erfüllung vorgeschriebener Bedingungen gestattet ist (§§ 4 und 5), diesen Bestimmungen zuwider aus- oder einzuführen, macht sich der Kontrebande schuldig. Er hat, sofern nicht in anderen Gesetzen oder Verordnungen eine höhere Strafe festgesetzt ist, neben der Einziehung der Gegenstände, in bezug auf welche das Vergehen begangen worden ist, eine Geldstrafe verwirkt, welche dem doppelten Werte jener Gegenstände gleichkommt, mindestens aber 30 Mark beträgt. Kann die Einziehung der kontrebandierten Gegenstände selbst nicht vollzogen werden, so ist auf Erlegung des Wertes der Gegenstände und, wenn sich dieser nicht genau ermitteln läfst, auf Erlegung einer als angemessener Wert festgestellten Geldsumme zu erkennen, daneben auf eine Geldstrafe, welche dem doppelten Betrage des Wertes der kontrebandierten Gegenstände gleichkommt.

§ 48. Die Kontrebande wird als vollendet angesehen, wenn Gegenstände der im § 47 bezeichneten Art unter Umgehung der Zollstelle über die Grenze gebracht sind, oder wenn verbotene Gegenstände unrichtig oder gar nicht deklariert oder bei der zollamtlichen Revision verheimlicht werden. Sind jedoch solche Gegenstände vorschriftsmäfsig bei einer Zollstelle zur Revision gebracht, so ist dem Einführer zu gestatten, diese Gegenstände wieder über die Grenze zurückzuschaffen; geschieht letzteres nicht, so können die Gegenstände beschlagnahmt oder auf Kosten des Einführers vernichtet werden.

§ 49. Wer es unternimmt, Ein- oder Ausfuhrzölle zu hinterziehen, macht sich des Schmuggels schuldig und hat neben der Einziehung der Gegenstände, in bezug auf welche das Vergehen verübt worden ist, eine dem vierfachen Betrage der vorenthaltenen Zollgefälle gleichkommende Geldstrafe verwirkt. Der Zoll selbst ist neben der Strafe zu entrichten, bei Ausfuhrgegenständen jedoch nur, wenn deren Ausfuhr wirklich stattgefunden hat.

Kann die Einziehung der geschmuggelten Gegenstände selbst nicht vollzogen werden, so ist auf Erlegung des Wertes der Gegenstände, und wenn sich dieser nicht genau feststellen läfst, auf Erlegung einer angemessenen Geldsumme zu erkennen. Dasselbe ist, falls die Höhe des hinterzogenen Zolles und infolgedessen die Höhe der verwirkten Geldstrafe nicht genau festgestellt werden kann, eine Geldstrafe bis zu 10 000 Mark zu verhängen.

§ 50. Der Schmuggel wird als vollendet angesehen:
1. wenn zollpflichtige Gegenstände entgegen den Bestimmungen dieser Verordnung ohne behördliche Erlaubnis an anderen als den für die Aus- und Einfuhr bestimmten Plätzen (§ 3) ein- oder ausgeführt oder an anderen als den dafür bestimmten Stellen (§ 19) gelöscht oder geladen werden;
2. wenn zollpflichtige Gegenstände dem Zollamt überhaupt nicht oder unrichtig angemeldet werden, so dafs sie einen geringeren als den auf ihnen ruhenden Zoll zu zahlen hätten. Kann jedoch der Angeschuldigte nachweisen, dafs eine Zollhinterziehung nicht beabsichtigt war, so ist nur eine Ordnungsstrafe gemäfs § 53 zu verhängen. Auf Warenführer, Spediteure, Zolldeklaranten usw. findet diese Bestimmung mit der Mafsgabe Anwendung, dafs dieser Nachweis aufser von ihnen selbst auch von ihren Auftraggebern zu führen ist. Unrichtige

Mengenangaben bleiben straffrei, wenn der Unterschied zwischen der angemeldeten und der bei der Revision ermittelten Menge 10 % nicht übersteigt;

3. wenn zollpflichtige Gegenstände bei der Zollrevision verheimlicht oder verborgen werden;

4. wenn über zollpflichtige Gegenstände, welche unter Zollkontrolle stehen und auf denen noch ein Zollanspruch ruht, ohne Genehmigung der Zollbehörde verfügt wird;

5. wenn Personen oder Gesellschaften, denen der Bezug an sich zollpflichtiger Gegenstände unter der Bedingung der Verwendung zu einem bestimmten Zwecke zollfrei oder gegen einen geringeren als den tarifmäfsigen Zoll gestattet ist, dieselben anderweitig verwenden oder unentgeltlich oder gegen Entgelt veräufsern, ohne vorher den vollen Betrag des Zolles nachgezahlt zu haben.

§ 51. Wenn verbotene oder zollpflichtige Gegenstände bei der Ein- oder Ausfuhr zum Zwecke der Umgehung des Verbots oder der Hinterziehung des Zolles in geheimen Behältnissen oder sonst auf künstliche und schwer zu entdeckende Art verborgen werden, so sind die in den §§ 47 und 49 festgesetzten Strafen um die Hälfte zu verschärfen.

§ 52. Im Wiederholungsfalle der Kontrebande oder des Schmuggels nach vorhergegangener rechtskräftiger Verurteilung wird aufser der Einziehung der Gegenstände des Vergehens die in den §§ 47 und 49 festgesetzte Strafe verdoppelt; im zweiten und in jedem weiteren Wiederholungsfalle wird diese Strafe verdreifacht. Eine Straferhöhung findet jedoch nicht statt, wenn seit dem Zeitpunkt, in welchem die Strafe für das zuletzt begangene frühere Vergehen bezahlt, verbüfst oder erlassen worden ist, drei Jahre verflossen sind.

§ 53. Alle Übertretungen dieser Verordnung und der zu ihrer Ausführung öffentlich bekannt gemachten Bestimmungen können, soweit nicht Kontrebande oder Schmuggel vorliegt, mit einer Ordnungsstrafe von 1 bis 150 Mark belegt werden.

§ 54. Wenn die in den §§ 47, 49, 51, 52 und 53 vorgesehenen Geldstrafen im Falle des Unvermögens des Verurteilten nicht beigetrieben werden können, so tritt an deren Stelle in Gemäfsheit des § 58 eine Freiheitsstrafe bis zu einem Jahre.

An Stelle der Geldbeträge, die nach den §§ 47 und 49 im Falle der Unmöglichkeit der Einziehung der kontrebandierten oder geschmuggelten Gegenstände als Werterlegung zu zahlen sind, kann auf eine Freiheitsstrafe nicht erkannt werden. Auch finden hinsichtlich dieser Geldbeträge die in den §§ 51 und 52 vorgesehenen Straferhöhungen nicht statt.

§ 55. Die Grundsätze über die Bestrafung des Versuchs, der Begünstigung, Beihilfe und Teilnahme sowie diejenigen über die Verjährung richten sich nach den Bestimmungen des Strafgesetzbuches.

§ 56. Für die Zollgefälle, Geldstrafen, Ersatz des Wertes kontrebandierter oder geschmuggelter Gegenstände (§§ 47 und 49) sowie für die Kosten, zu welchen Personen verurteilt werden, die unter der Gewalt, der Aufsicht oder im Dienste einer anderen Person oder einer Gesellschaft stehen, können diese letzteren im Falle des Unvermögens der Schuldigen haftbar gemacht werden, und zwar unabhängig von der Strafe, zu welcher sie selbst auf Grund dieser Verordnung etwa verurteilt werden. Dabei kann die Zollbehörde nach ihrer Wahl die verhängte Geldstrafe von den Mitverhafteten einziehen oder unter Verzicht hierauf an den

Schuldigen selbst die für den Unvermögensfall vorgesehene Freiheitsstrafe zur Vollstreckung durch das Gericht bringen.

Doch bleibt es den vorbezeichneten Personen und Gesellschaften vorbehalten, ihre Haftung durch den Nachweis auszuschließen, daß die Zuwiderhandlung nicht bei Ausführung der Verrichtungen verübt ist, die sie dem Täter übertragen oder ein für allemal überlassen hatten.

§ 57. Die in den §§ 47, 49, 51, 52 und 53 aufgeführten Vermögensstrafen werden durch die Zollstationen und Zollabfertigungsstellen durch Strafbescheid verhängt, soweit die Höhe der verwirkten Strafen einschließlich des Wertes der einzuziehenden Gegenstände 300 Mark nicht übersteigt und sich der Verurteilte bei der verhängten Strafe beruhigt. Zur Verhängung höherer Geldstrafen sind nur die Zollamtsvorsteher und der Vorstand der Zollverwaltung des Schutzgebiets befugt. Gegen diese Straffestsetzungen steht dem Beschuldigten binnen zweier Wochen vom Tage der Zustellung an die Beschwerde bei dem Gouverneur zu; an Stelle der Beschwerde kann der Beschuldigte den Antrag auf gerichtliche Entscheidung stellen. In der Einlegung des einen dieser beiden Rechtsmittel liegt der Verzicht auf das andere.

Die Beschwerde oder der Antrag auf gerichtliche Entscheidung sind bei der Zollstelle anzubringen, welche den Strafbescheid erlassen, oder bei derjenigen, welche ihn bekannt gemacht hat.

§ 58. Die Umwandlung nicht beizutreibender Geldstrafen in Freiheitsstrafen (§ 54) und die Vollstreckung der letzteren erfolgt auf Antrag der Zollstelle, welche den Strafbescheid erlassen hat, durch die Gerichte; wenn es sich um Eingeborene handelt, durch die Bezirksämter und Distrikte. Die Umwandlung erfolgt nach Maßgabe der §§ 28 und 29 des Strafgesetzbuchs.

§ 59. Der Gouverneur ist ermächtigt, die auf Grund der §§ 47, 49, 51, 52 und 53 durch Strafbescheid oder gerichtliches Erkenntnis verhängten Freiheits- und Geldstrafen sowie die Vertretungsverbindlichkeiten, Einziehungen und Wertersatzsummen und die Kosten des Verfahrens niederzuschlagen oder zu ermäßigen, ferner die Strafvollstreckung auszusetzen sowie Strafunterbrechung und Strafteilung zu gestatten, soweit es sich um Freiheitsstrafen bis zu 6 Monaten oder um Geldbeträge bis zu 600 Mark handelt.

§ 60. Bestechungen und Beleidigungen der Zollbeamten werden nach den Bestimmungen des Strafgesetzbuches bestraft.

§ 61. Hinsichtlich der Eingeborenen sind außer den vorgenannten Strafen alle Strafmittel zugelassen, welche in den die Eingeborenen-Strafgerichtsbarkeit regelnden Verordnungen vorgesehen sind.

§ 62. Unbekanntschaft mit den Vorschriften dieser Verordnung und der zu ihrer Ausführung bekannt gegebenen Bestimmungen soll niemand, auch Ausländern nicht, zur Entschuldigung gereichen.

§ 63. Der Gouverneur ist ermächtigt, die zu dieser Verordnung erforderlichen Ausführungsbestimmungen und Dienstvorschriften zu erlassen sowie den Zeitpunkt des Inkrafttretens dieser Verordnung durch öffentliche Bekanntmachung zu bestimmen.

Berlin, den 31. Januar 1903.

Der Reichskanzler.
Graf v. Bülow.

Anlage zu No. 9.

Zolltarif.

Tarif-nummer	Benennung der Gegenstände	Tarifsatz	Amtliche Tauverpackung bei Verpackung in Kisten und Fässern	Bemerkungen
	A. Einfuhrzölle.			
	I. Verzehrungsgegenstände und Genußmittel.			
A I a.	Kaffee, Kaffeesurrogate, Kakao . . .	brutto 1 kg 0,30 M		Zu A I a. Medizinische Tees sind zollfrei.
" b.	Buschtee	brutto 1 kg 0,40 M		
" c.	Sonstiger Tee	brutto 1 kg 0,80 M		
" d.	Gewürze aller Art	brutto 1 kg 0,50 M		
" e.	Zucker	brutto 1 kg 0,10 M		
" f.	Mit Zucker und Fett zubereitete Bäcker-, Konditor- und Zuckerwaren, Backpulver, Hefe, Sago, Erfrischungspastillen und -kapseln, Käse	brutto 1 kg 0,50 M		
" g.	Zigarren und Zigaretten	netto 1 kg 2,00 M	20 %	
" h.	Plattentabak	brutto 1 kg 2,00 M		
" i.	Rohe Tabaksblätter und anderer Rauch-, Kau- und Schnupftabak . . .	netto 1 kg 2,00 M	20 %	
" k.	Salz	brutto 1 kg 0,02 M		A I k. Salz zu landwirtschaftlichen und gewerblichen Zwecken ist zollfrei.
" l.	Fleisch und Fleischwaren jeder Art. Gesalzene, getrocknete, geräucherte und anderweit präservierte Fische, trockene oder in Flüssigkeit präservierte Gemüse, Backobst, Korinthen, Rosinen, Datteln und andere getrocknete Früchte. Alle anderweit nicht genannten präservierten Verzehrungsgegenstände	brutto 1 kg 0,30 M		Zu A I l. Grober Schiffszwieback, Hartbrot Nudeln und Makkaroni sind zollfrei.
" m.	Speisefette und Speiseöle	brutto 1 kg 0,50 M		
	II. Getränke.			
A II a.	Limonaden, Fruchtsäfte und andere nichtalkoholhaltige Getränke, außer Mineralwasser	brutto 1 kg 0,06 M		Zu A II a-f. Bei der Ermittlung des Literinhalts von Flaschen, Krügen usw. wird jedes Zehntelliter einer Flasche, Kruke usw. für ein volles Zehntel gerechnet und demnach der gesamte Literinhalt festgestellt. Branntwein und alkoholhaltige Essenzen zum Medizinalgebrauch sind zollfrei, desgleichen zum menschlichen Genuße unbrauchbar gemachter Spiritus und Spirtus in denaturierter Form.
" b.	Bier aller Art	brutto 1 kg 0,10 M		
" c.	Stille Weine	brutto 1 kg 0,20 M		
" d.	Schaumweine	brutto 1 kg 0,50 M		
" e.	Branntwein aller Art bis einschl. 70 % Alkoholgehalt nach Tralles . . .	1 Liter 2,00 M		
" f.	Branntwein aller Art über 70 % Alkoholgehalt nach Tralles, alkoholhaltige Essenzen	1 Liter 3,00 M		
	III. Mineralische und fossile Rohstoffe, Mineralöle.			
A III a.	Petroleum und andere Mineralöle . .	brutto 1 kg 0,05 M		
" b.	Andere Brenn- und Schmieröle . . .	netto 1 kg 0,10 M	10 %	

Tarif-nummer	Benennung der Gegenstände	Tarifsatz	Amtliche Zurverpackung und Verpackung in Kisten und Fässern	Bemerkungen
	IV. Fabrikate aus Wachs und Fetten.			
A IV a.	Wichse und Schuhcreme	brutto 1 kg 0,05 ℳ		
„ b.	Gewöhnliche Seifen (nicht parfümiert)	brutto 1 kg 0,05 ℳ		
„ c.	Parfümierte Seifen	netto 1 kg 0,10 ℳ	10 %	
„ d.	Lichte	netto 1 kg 0,10 ℳ	10 %	
	V. Chemische und pharmazeutische Erzeugnisse, Farbwaren.			
A V a.	Farben, Firnisse und Tinten . . .	brutto 1 kg 0,10 ℳ	—	
„ b.	Wohlriechende Fette und Öle sowie Parfümerien aller Art	netto 1 kg 0,40 ℳ	10 %	
	VI. Textil- und Filzwaren, Bekleidungsgegenstände.			
A VI a.	Seidene und halbseidene Stoffe und Waren daraus	netto 1 kg 3,00 ℳ	20 %	
„ b.	Fertige oder vorgerichtete Kleidungsstücke mit Ausnahme von solchen aus Seide, Halbseide und Kordstoff	netto 1 kg 1,50 ℳ	20 %	
„ c.	Kordstoff und Waren daraus, sowie Wäsche und Unterzeug, ausgenommen aus Seide und Halbseide . .	netto 1 kg 1,00 ℳ	20 %	
„ d.	Filz und Filzwaren, mit Zeugstoff umkleidete Puppen, Schirme, Kissen und Federbetten aller Art, mit Zeugstoff überzogene Knöpfe sowie alle anderen nicht genannten Zeugstoffe und Zeugwaren, mit Ausnahme von grober Segelleinwand zu Wagendecken, Zelten usw. und Waren daraus, Möbelbestandteilen und Matratzen, Binden und Gazen zum Medizinalgebrauch . . .	netto 1 kg 0,80 ℳ	20 %	
„ e.	Herren- und garnierte Frauenhüte aus Stoff oder Filz	1 Stück 1,00 ℳ		
„ f.	Ungarnierte Frauenhüte, Kinder-, Stroh- und andere Hüte und Mützen . .	1 Stück 0,50 ℳ		
	VII. Leder und Lederwaren, Wachstuch, Kürschnerwaren.			
A VII a.	Unverarbeitetes Leder	netto 1 kg 0,50 ℳ	10 %	
„ b.	Kinderschuhe und Pantoffeln . . .	1 Paar 0,50 ℳ		
„ c.	Lange Schaftstiefel	1 Paar 2,00 ℳ		
„ d.	Alle übrigen Schuhe und Stiefel . .	1 Paar 1,00 ℳ		
„ e.	Alle sonstigen Leder- und Sattlerwaren	netto 1 kg 1,00 ℳ	20 %	
„ f.	Öl- und Wachstuch sowie Waren daraus	netto 1 kg 0,80 ℳ	20 %	

Tarif-nummer	Benennung der Gegenstände	Tarifsatz	Amtliche Verpackung bei Verpackung in Kisten und Fässern	Bemerkungen
	VIII. Holzwaren, Flecht- und Schnitzwaren.			
A VIII.	Hölzerne Tabakpfeifen	1 Stück 0,10 ℳ		
	IX. Stein-, Ton- und Glaswaren.			
A IX a.	Porzellan und porzellanartige Tonwaren, Fayence-, Majolika- und ähnliche Waren	netto 1 kg 0,20 ℳ	20 %	Zu A IX a. Grobe ungefärbte, unbemalte usw. Steinund Tonwaren sind zollfrei.
„ b.	Glaswaren, mit Ausnahme von Fenster- und Spiegelglas sowie von gewöhnlichen Bier-, Wein- und anderen Flaschen	netto 1 kg 0,20 ℳ	20 %	
	X. Waffen und Munition.			
A X a.	Hinterladergewehre mit dem Kaliber 7,9 mm (Mod. 88, 97, 98 usw.) sowie deren Läufe	1 Stück 150,00 ℳ		
„ b.	Patronen und Patronenhülsen hierzu	brutto 1 kg 10,00 ℳ		
„ c.	Ein- und doppelläufige Hinterladergewehre sowie Einzel- und Doppelgewehrläufe für Hinterlader . .	1 Stück 20,00 ℳ		
„ d.	Drillinge und Läufe zu Drillingen .	1 Stück 50,00 ℳ		
„ e.	Teschings, Luftbüchsen und sonstige Schußwaffen, Stichwaffen, wie Säbel, Dolche, Hirschfänger usw., soweit sie nicht Kinderspielzeug sind	1 Stück 5,00 ℳ		
„ f.	Pulver aller Art, Zündhölzchen, Raketen und sonstige Feuerwerkskörper	brutto 1 kg 1,00 ℳ		
„ g.	Schrot	brutto 1 kg 0,10 ℳ		
„ h.	Nicht besonders genannte Patronen und Patronenhülsen	brutto 1 kg 0,20 ℳ		
	B. Ausfuhrzölle.			
B 1.	Weibliches Rindvieh	1 Stück 50,00 ℳ		
„ 2.	„ Kleinvieh (Schafe, Ziegen)	1 Stück 5,00 ℳ		
„ 3.	Robbenfelle, Robskins	1 Stück 1,00 ℳ		
„ 4.	Straußenfedern	netto 1 kg 2,00 ℳ	20 %	
„ 5.	Guano			
„ 5a.	mit einem Ammoniakgehalte bis 5½ %	1 Gewichtstonne 5,00 ℳ		
„ 5b.	mit einem Ammoniakgehalte über 5½ bis 7 %	1 Gewichtstonne 12,00 ℳ		
„ 5c.	mit einem Ammoniakgehalte über 7 bis 9 %	1 Gewichtstonne 16,00 ℳ		
„ 5d.	mit einem Ammoniakgehalte über 9 %	1 Gewichtstonne 20,00 ℳ		

10. Runderlafs der Kolonial-Abteilung des Auswärtigen Amtes, betreffend die Ausstattung der Dienstwohnungen. Vom 3. Februar 1903.

Unter den von den Kaiserlichen Gouvernements hier eingehenden Bestellungen auf Lieferungen für den Bedarf der Schutzgebietsverwaltung sind häufig Gegenstände mit aufgeführt, welche der A u s s t a t t u n g d e r W o h n u n g e n d e r B e a m t e n u n d M i l i t ä r p e r s o n e n im Schutzgebiete dienen sollen, aber nach den bestehenden Grundsätzen und Vorschriften für diesen Zweck amtlich nicht geliefert werden dürfen. Ich mache ergebenst darauf aufmerksam, dafs durch § 8 der über die Wohnungsansprüche des europäischen Zivil- und Militärpersonals bei der Verwaltung von Deutsch-Südwestafrika ergangenen vorläufigen Verfügung*) diejenigen Grenzen vorgezeichnet sind, innerhalb deren sich die amtlichen Leistungen nach der gedachten Richtung hin i n a l l e n S c h u t z g e b i e t e n zu halten haben. Eine Erweiterung dieser Grenzen ist inzwischen nur insoweit erfolgt, als nach dem Runderlafs vom 23. Juni 1902**) für die Dienstwohnungen fortan auch die Lieferung der Bettwäsche und Moskitonetze — jedoch, soweit es sich um verheiratete Funktionäre handelt, nicht auch für deren Familienmitglieder und Dienstboten — auf amtliche Rechnung zu bewirken ist. Demnach sind z. B. Tafelservice, Efsbestecke, Teller, Gläser u. dergl. von der amtlichen Lieferung an Beamte und Militärpersonen, mit Ausnahme des Herrn Gouverneurs, welcher mit der Mafsgabe des § 2 a, letzter Satz, jener Verfügung über ein vollkommen eingerichtetes Haus mit den erforderlichen wirtschaftlichen Nebengebäuden zu verfügen hat, auszuschliefsen. Eine mietsweise Überlassung weiterer Möbel und Kücheneinrichtungsgegenstände als der im § 8 für die einzelnen Beamten- usw. Klassen festgesetzten bestimmt sich zufolge § 9 jener Verfügung nach dem Umfange der jeweilig tatsächlich verfügbaren Vorräte, keinesfalls dürfen aber Beschaffungen nur zum Zwecke einer Vermietung der Gegenstände erfolgen.

Um bei Anträgen auf Beschaffung von Möbeln und Einrichtungsgegenständen die Zuständigkeit auch von hier aus prüfen zu können, ist in Zukunft bei Gegenständen, deren Zuständigkeit nicht ohne weiteres aus jener Verfügung sich ergibt, in jedem Falle der in Aussicht genommene Verwendungszweck (z. B. Ersatzbeschaffung für den Speiseraum der Soldaten in Südwestafrika, zur Verwendung auf Expeditionen usw.) anzugeben.

Anträge auf Beschaffung behufs Ausrüstung von Messen auf fiskalische Rechnung können nur insoweit berücksichtigt werden, als es sich um die erstmalige Einrichtung diesseits genehmigter amtlicher Messen handelt, während Ersatzbeschaffungen für von den Messen selbst, unter Heranziehung der von den Messemitgliedern zu leistenden Beiträge zu bewirken sind. Wird mit der Bestellung der Ausrüstungsgegenstände der Antrag auf Genehmigung einer amtlichen Messe verbunden, so ist letzterer eingehend zu begründen und ein Entwurf zu den Satzungen — siehe Vorgänge T e s c h s Handbuch S. 115 und 120 — beizufügen.

Die Bedarfsnachweisungen sind hiernach vor ihrer Einreichung einer genauen Prüfung und nötigenfalls Ergänzung in der Erläuterungsspalte zu unterziehen, damit nicht einzelne Gegenstände wegen mangelnder Begründung der Zulässigkeit ihrer Beschaffung auf amtliche Rechnung gestrichen werden, was in allen auch nur zweifelhaften Fällen geschehen mufs.

---

*) D. Kol. Gesetzgeb. V, No. 89.
**) Nicht abgedruckt.

Es mufs überhaupt auf eine allseitige genaue Befolgung der auf die Ausstattung der Dienstwohnungen bezüglichen Bestimmungen obenbezeichneter Verfügung der gröfste Wert gelegt werden. So wolle das Kaiserliche Gouvernemont dafür Sorge tragen, dafs die hier vorgesehene unterschiedliche Behandlung verheirateter und unverheirateter Funktionäre auch in der Praxis durchgeführt wird. Hiernach würde z. B. für den Fall, dafs an Stelle eines verheirateten Wohnungsinhabers ein Unverheirateter dessen Wohnräume bezieht, vorher eine Prüfung des augenblicklichen Bestandes an Ausstattungsgegenständen zu erfolgen haben, und es würden die dem letzteren Funktionär bestimmungsgemäfs nicht zustehenden Ausstattungsstücke dem Magazin einzuverleiben bezw. in einer den mehrfach erwähnten Bestimmungen entsprechenden Weise zu verwenden sein.

B e r l i n , den 3. Februar 1903.

Auswärtiges Amt. Kolonial-Abteilung.

I. V. H e l l w i g.

11. Verordnung des Bezirksamtmanns zu Saipan, betreffend die Bestellung der Privatgrundstücke im Amtsbezirke der Marianen.
Vom 4. Februar 1903.

Auf Grund des § 3 der Verfügung des Herrn Reichskanzlers vom 24. Juli 1899, betreffend die Regelung der Verwaltung und der Rechtsverhältnisse im Inselgebiete der Karolinen, Palau und Marianen, wird hiermit für den Amtsbezirk der Marianen bestimmt, was folgt:

§ 1. Jeder Besitzer eines kulturfähigen Grundstücks ist verpflichtet, bis spätestens zum 1. Dezember jeden Jahres eine zusammenhängende Fläche von mindestens einem Viertel Hektar, oder wenn sein Besitz diese Gröfse nicht erreicht, das ganze Grundstück mit Nährpflanzen zu bestellen. Ausgenommen von dieser Verpflichtung bleiben diejenigen Grundbesitzer, welche nach § 9 der Verordnung vom 17. Januar 1900, betreffend die Kopfsteuer und die Arbeitsleistung im Inselgebiet der Marianen,*) von der Leistung öffentlicher Arbeit befreit sind und zu deren Haushaltung auch kein anderes dieser Arbeitspflicht unterworfenes Mitglied gehört.

§ 2. Der Grundbesitzer, welcher der in § 1 ausgesprochenen Verpflichtung nicht völlig oder nicht rechtzeitig nachkommt, hat eine bestimmte Zahl von Tagen unentgeltlich auf dem Gemeindegrundstück zu arbeiten bezw. durch seine nach der Verordnung vom 17. Januar 1900*) arbeitspflichtigen Hausgenossen arbeiten zu lassen, und zwar sollen je 125 Quadratmeter der Fläche, welche entgegen der Bestimmung des § 1 nicht bestellt wurde, gleich einem Arbeitstag gerechnet werden.

§ 3. Die Ernte des Gemeindegrundstücks wird verkauft oder versteigert. Der Erlös fliefst nach Abzug der Unkosten in die Gemeindekasse.

S a i p a n , den 4. Februar 1903.

Der Kaiserliche Bezirksamtmann.

F r i t z.

—

*) D. Kol. Gesetzgeb. V, No. 17.

12. Runderlaſs des Gouverneurs von Deutsch-Ostafrika, betreffend die Bewirtschaftung der Fonds zu einmaligen Ausgaben. Vom 5. Februar 1903.

Im Anschluſs an den Erlaſs vom 26. Mai 1902, Amtlicher Anzeiger No. 23,*) wird in Betreff der Bewirtschaftung der Fonds zu einmaligen Ausgaben folgendes bestimmt:

Für die Verwendung der bewilligten Mittel bilden die Festsetzungen im Dispositiv des Etats und in den dazu gehörigen Erläuterungen die Grundlage. Ohne zuvorige ausdrückliche Genehmigung dürfen die tatsächlichen Aufwendungen weder die vom Gouvernement zur Verfügung gestellte Summe überschreiten, noch dürfen Ausgaben aus der Dispositionssumme bestritten werden, zu deren Befriedigung die Mittel nach dem Etat überhaupt nicht bestimmt sind. Vor Beginn eines Rechnungsjahres wird der Etat in der Fassung, in welcher er dem Reichstag zur Beschluſsfassung unterliegt, bekannt gegeben: Auſserdem ergeht über die im Laufe eines Rechnungsjahres zur Ausführung kommenden Neubauten regelmäſsig noch besondere Verfügung.

Tritt der Fall ein, daſs beim Ablauf eines Rechnungsjahres die Mittel eines e i n m a l i g e n F o n d s noch nicht erschöpft sind und zur Verwendung in einem nachfolgenden Rechnungsjahr bereit gehalten werden sollen, so ist der verfügbar bleibende Betrag — Restbestand — auf das nächste Rechnungsjahr als Restausgabe zu übertragen. Diese Übertragung wird jeweils durch das Gouvernement veranlaſst, den Dienststellen bleibt die Stellung entsprechender Anträge überlassen. Einer Berichterstattung bedarf es in allen denjenigen Fällen, in denen der als verfügbar ermittelte Restbestand zur Deckung der bis zur Beendigung eines Baues oder sonstigen Unternehmens noch erforderlichen Ausgaben sich als unzureichend erweisen sollte. Diese Unzulänglichkeit wäre in eingehender Weise und tunlichst unter Beischluſs einer entsprechenden Kostenaufstellung nachzuweisen. Die bezüglichen Anträge sind möglichst bald nach Schluſs eines Rechnungsjahres, jedenfalls aber so zeitig einzureichen, daſs dieselben Mitte August beim Gouvernement vorliegen.

Der Überblick über den Stand der Fonds zu einmaligen Ausgaben wird durch die mit Erlaſs vom 26. Mai 1902 angeordnete abgesonderte Buch- und Rechnungsführung gewonnen. Es erscheint indes nicht unbedingt nötig, die Verbuchung der geleisteten Ausgaben in der Weise vorzunehmen (Ziffer 1 a. a. O.), daſs sowohl der Tag, an welchem die Ausgaben fällig waren, wie derjenige, an welchem die Zahlung erfolgt ist, aus den Büchern zu ersehen sind. Es wird vielmehr genügen, wenn das Rechnungsjahr, in welchem die Ausgaben fällig waren, in den Kassenbüchern in der Weise ersichtlich gemacht wird, daſs die demselben Rechnungsjahr angehörigen, auf dasselbe Unternehmen bezüglichen Beträge unter je einem besonderen Abschnitt gebucht werden und dementsprechend dann zur Verrechnung gelangen.

Hinsichtlich der zu Lasten eines einmaligen Fonds beschafften Baumaterialien usw. kann ein nach Rechnungsjahren getrennter buchmäſsiger Nachweis unterbleiben. Über die nicht verwendeten Baumaterialien ist nach Fertigstellung eines Baues usw. eine Geldwertsberechnung dem Gouvernement einzureichen.

D a r e s s a l a m , den 5. Februar 1903.

Der Kaiserliche Gouverneur.
I. V. S t u h l m a n n.

*) Nicht abgedruckt.

13. Konzession des Reichskanzlers für den Kaufmann Paul Wilken zur Gewinnung von Mineralien in einigen Flufsbetten von Deutsch-Ostafrika. Vom 6. Februar 1903.

(Kol. Bl. S. 226, Reichsanz. vom 25. April 1903.)

Auf Grund des § 6, Satz 2, der Allerhöchsten Verordnung, betreffend das Bergwesen in Deutsch-Ostafrika, vom 9. Oktober 1608 (Reichs-Gesetzbl. S. 1045) und unter zeitweiser Übertragung derjenigen Gerechtsame, welche dem deutsch-ostafrikanischen Landesfiskus hinsichtlich der ausschliefslichen Aufsuchung und Gewinnung von Mineralien in den schiffbaren Teilen der Flufsbetten der in den Indischen Ozean mündenden Flüsse Pangani, Wami, Ruvu (Kingani), Rufiyi, Mandandu-Mgingera, Mavudji, Umbekuru und Rovuma nach der Verfügung vom 5. März 1902 (Deutscher Reichsanzeiger vom 15. März 1902, Deutsches Kolonial-blatt vom gleichen Tage, S. 137*)) zustehen, wird hierdurch dem in Durban wohn-haften Kaufmann Paul Wilken, für sich und seine Erben, nachstehend der Kon-zessionar genannt, folgende Konzession erteilt:

§ 1. Der Konzessionar erhält unter der Bedingung, dafs er binnen zwölf Monaten, vom Datum dieser Konzession an gerechnet, dem Kaiserlichen Gouver-neur von Deutsch-Ostafrika den Nachweis erbringt, dafs ihm für die in diesem Paragraphen bezeichneten Zwecke 150 000 Mark zur Verfügung stehen, für die im § 3 bestimmte Zeit die ausschliefsliche Berechtigung,

die Flufsbetten der im Eingange bezeichneten acht Flüsse, soweit die-selben schiffbar sind, innerhalb der Grenzen des Schutzgebiets und vorbehalt-lich wohlerworbener Rechte Dritter auf das Vorkommen von Gold, anderen Edelmetallen und Diamanten zu untersuchen.

§ 2. Die ausschliefsliche Berechtigung (§ 1) erstreckt sich während der ersten beiden Jahre, vom Tage der Erteilung der Konzession an gerechnet, auf sämtliche acht Flufsgebiete und kommt mit Ablauf eines jeden weiteren Jahres für je eines der Gebiete mit der Mafsgabe in Fortfall, dafs die Berechnung des betreffenden Gebiets jedesmal zunächst dem Konzessionar überlassen bleibt, jedoch durch den Kaiserlichen Gouverneur zu erfolgen hat, wenn diesem nicht binnen vier Wochen nach Ablauf eines jeden Jahres eine entsprechende Erklärung des Konzessionars zugeht.

Die Berechtigung kann, ohne dafs hierauf ein Entschädigungsanspruch irgend welcher Art begründet werden kann, entzogen werden, wenn der Kon-zessionar die Untersuchung nicht ernstlich, sachgemäfs und unausgesetzt betreibt und auf dieselbe in jedem Jahre, vom Tage der Erteilung der Konzession an ge-rechnet, im Schutzgebiete nicht mindestens zehntausend Mark verwendet, auch den Nachweis der Verwendung binnen vier Wochen nach Ablauf jedes Jahres dem Gouverneur gegenüber erbringt. In den erwähnten Betrag dürfen die Ge-hälter europäischer Angestellter nicht eingerechnet werden.

Falls nachweislich infolge höherer Gewalt oder anderweitiger, aufserhalb der Einwirkung des Konzessionars liegender wichtiger Gründe die Ausführung der Untersuchungsarbeiten zeitweilig hat unterbrochen werden müssen, wird der Gouverneur auf Antrag eine angemessene Nachfrist für die Verausgabung des auf das betreffende Jahr entfallenden Betrags gewähren.

Im Falle der Entziehung der Berechtigung (§ 1) tritt das Recht des Fiskus aus der Verfügung vom 5. März 1902 wieder entsprechend in Kraft.

---

*) D. Kol. Gesetzgeb. VI, No. 313.

§ 3. Der Konzessionar hat das Recht, in jedem der im § 1 bezeichneten Gebiete und innerhalb der im § 2 für die einzelnen Gebiete festgesetzten Fristen eine Strecke von nicht mehr als 100 km Länge auszuwählen und abzustecken, innerhalb deren er alsdann die Verleihung des ausschließlichen Rechtes, die im § 1 bezeichneten Edelmetalle und Diamanten, mittels Baggereibetriebe oder ähnlicher, gleichen Zwecken dienender Vorrichtungen in Gemäßheit der zur Zeit bestehenden oder später zu erlassenden bergrechtlichen Bestimmungen zu gewinnen, beanspruchen kann.

Die einzelne Strecke kann entweder zusammenhängend oder in Teilstrecken zerlegt ausgewählt werden, jedoch darf keine Teilstrecke weniger als 5 km Länge besitzen, sofern nicht nach endgültiger Entscheidung der Bergbehörde die örtlichen Verhältnisse eine kürzere Bemessung bedingen.

Die Absteckung erfolgt durch Bezeichnung der Anfangs- und Endpunkte jeder Strecke (Teilstrecke) mittels augenfälliger Merkmale, über deren Beschaffenheit und Instandhaltung der Gouverneur nähere Vorschriften erlassen kann.

Nach den Seiten wird die Strecke von den durch den jährlich als Regel wiederkehrenden Wasserstand gebildeten Uferlinien der Flüsse begrenzt.

Nach der Tiefe zu bildet das feste Gestein die Grenze.

§ 4. Der Konzessionar hat dem Gouverneur von der nach § 3 getroffenen Auswahl, unter Nachweis der erfolgten Absteckung und unter Vorlegung eines Lageplans, auf welchem der Standort der Merkmale eingezeichnet ist, Anzeige zu machen. Die Anzeige hat binnen einer Frist zu erfolgen, welche zunächst von der Errichtung der Merkmale am Anfangs- und Endpunkte jeder Strecke an gerechnet, vier Wochen beträgt, sich aber für je 100 km Entfernung zwischen der Strecke und dem Sitze des Gouverneurs (auf dem nächsten begangenen Wege und nach den amtlichen Routenlisten berechnet) um jedesmal zwei Wochen verlängert.

Wird die Anzeige nicht rechtzeitig erstattet oder entspricht sie nicht den vorstehenden Erfordernissen, so gilt die Auswahl als nicht bewirkt.

§ 5. Das ausschließliche Recht der im § 3 bezeichneten Art der Gewinnung von Edelmetallen und Diamanten wird dem Konzessionar erstmalig für die Dauer von fünfundzwanzig Jahren, vom Tage der Absteckung an gerechnet, gewährt werden. Auf den vor dem Ablauf dieser Frist zu stellenden Antrag des Konzessionars wird die Berechtigung unter den gleichen Bedingungen um zehn Jahre verlängert werden. Weitere Verlängerungen erfolgen auf besonderen, vor Ablauf der Frist zu stellenden Antrag für die Dauer von je zehn zu zehn Jahren und unter denselben Bedingungen.

§ 6. Für jedes der acht Konzessionsgebiete hat der Konzessionar, sobald er in denselben eine Strecke oder Teilstrecke nach § 3 in Besitz genommen hat, eine Gebühr von jährlich sechshundert Mark zu entrichten. Dieselbe ist je zur Hälfte am 31. März und 30. September bei der Gouvernements-Hauptkasse im voraus zahlbar. Die erste Zahlung erfolgt an dem auf den Zeitpunkt der Absteckung folgenden Termin. Bei mehr als vierwöchiger Verzögerung der Zahlung kann der Reichskanzler die Berechtigung hinsichtlich der betroffenen Strecke als zugunsten des Fiskus verfallen erklären, ohne daß hierauf ein Entschädigungsanspruch irgend welcher Art begründet werden kann.

Der Umstand, daß die abgesteckte Strecke weniger als 100 km lang ist, berechtigt zu keinem Gebührennachlaß.

Falls das Recht auf Gewinnung von Diamanten vom Konzessionar in Anspruch genommen wird, soll sich die jährliche Pachtsumme für jedes so in Anspruch genommene Gebiet von 600 Mark auf 1000 Mark erhöhen.

§ 7. Der Konzessionar hat:

a) binnen fünf Jahren, vom Tage der Erteilung der Konzession an gerechnet, auf mindestens einer Strecke oder Teilstrecke (§ 3, Abs. 1),

b) in der mit Ablauf der Frist zu a) beginnenden Folgezeit innerhalb je weiterer fünf Jahre gleichfalls mindestens auf je einer Strecke oder Teilstrecke den ordnungsmäßigen Betrieb zu eröffnen und von da an aufrecht zu erhalten.

Ein Betrieb soll nicht als vorhanden erachtet werden, wenn für denselben weniger als monatlich eintausend Mark für Arbeitslöhne (ausschließlich der Gehälter europäischer Angestellter) und Materialien ausgegeben werden.

Bei Nichteröffnung des ordnungsmäßigen Betriebs in den Fällen zu a) und b) können:

1. im Falle zu a) alle auf Grund der Konzession erworbenen Rechte,

2. im Falle zu b) die Berechtigung hinsichtlich einer von dem Gouverneur für den Reichskanzler nach freier Wahl zu bezeichnenden Strecke, als zugunsten des Fiskus verfallen erklärt werden, ohne daß hierauf ein Entschädigungsanspruch irgend welcher Art begründet werden kann.

Ingleichen können bei nicht ordnungsmäßiger Aufrechterhaltung des Betriebes die auf dieser Konzession beruhenden Rechte in dem in Frage kommenden Flußgebiet (§ 1) für verfallen erklärt werden.

Werden vom Konzessionar besondere Gründe dargetan, welche die Einhaltung der zur Eröffnung des ordnungsmäßigen Betriebs gesetzten Frist unmöglich gemacht haben, so kann die Frist angemessen verlängert werden.

Im Falle der Nichtaufrechterhaltung des ordnungsmäßigen Betriebs darf der Verfall erst dann ausgesprochen werden, wenn zwei mindestens ein Vierteljahr auseinanderliegende Aufforderungen zur Wiederaufnahme des ordnungsmäßigen Betriebs binnen einer vom Gouverneur festzusetzenden Frist nicht geführt haben.

Weist der Konzessionar überzeugenderweise nach, daß ihm die Einhaltung der Frist für die Eröffnung oder die Aufrechterhaltung des ordnungsmäßigen Betriebs durch höhere Gewalt unmöglich geworden ist, so ist im ersteren Fall die Frist angemessen zu verlängern, im letzteren Fall die Verfallserklärung ausgeschlossen, sofern der Konzessionar nach Beseitigung der durch die höhere Gewalt veranlaßten Störung binnen einer vom Gouverneur festzusetzenden Frist den ordnungsmäßigen Betrieb wieder aufnimmt.

Dem Falle der höheren Gewalt wird der Fall jeder außerhalb der Einwirkung des Konzessionars liegenden Ursache gleich geachtet.

§ 8. Der Konzessionar hat für die Leitung und Beaufsichtigung der Betriebe einen oder mehrere im Schutzgebiete sich aufhaltende Europäer zu bestellen und dem Gouverneur namhaft zu machen, welche für die Befolgung der allgemeinen gesetzlichen Vorschriften sowie derjenigen besonderen Bestimmungen, welche hinsichtlich der hier in Rede stehenden Betriebe etwa erlassen werden, verantwortlich sind.

Falls die Benennung unterblieben ist, oder falls der Betriebsleiter wegen Zuwiderhandlung gegen die gedachten Vorschriften wiederholt bestraft worden ist, erforderlichenfalls auch bei Gefahr im Verzuge, kann die Fortsetzung des

Betriebe untersagt werden, ohne dafs hierauf ein Entschädigungsanspruch irgend welcher Art begründet werden kann.

§ 9. Der Konzessionar ist berechtigt, das für die Unterhaltung seiner Baggereibetriebe und der damit in unmittelbarem Zusammenhang stehenden Betriebe erforderliche Holz aus den einem jeden Betriebspunkte zunächst gelegenen Waldungen, hinsichtlich deren dem Fiskus das Verfügungsrecht zusteht, gegen Entrichtung der ordnungsmäfsigen Holzschlaggebühr und unter Beobachtung der allgemeinen forstwirtschaftlichen Vorschriften zu entnehmen.

Als Betriebspunkt gilt jede den Mittelpunkt eines örtlichen Betriebsabschnitts bildende Niederlassung, welche als solche durch ihre Anlage und Einrichtung erkennbar ist. Die Holzschlaggebühr wird für jeden Betriebspunkt in einer jährlichen Pauschsumme, welche jedesmal für einen Zeitraum von fünf Jahren zu gelten hat, vom Gouverneur im Einverständnis mit dem Konzessionar festgesetzt.

§ 10. Der Konzessionar ist berechtigt, das zu seinen Betriebszwecken erforderliche Land, sofern es Kronland ist, nach Mafsgabe der §§ 66 bezw. 13 der Allerhöchsten Verordnung, betreffend das Bergwesen in Deutsch-Ostafrika, zu benutzen. Soweit es sich um die Benutzung des Grundeigentums Dritter handelt, kommen die Vorschriften der Abschnitte II und IV derselben Verordnung zur sinngemäfsen Anwendung.

Der Konzessionar ist ferner berechtigt, innerhalb eines Umkreises von 20 km um diejenigen Betriebspunkte (§ 9), welche mindestens 20 km voneinander entfernt liegen, vorbehaltlich der Rechte oder Ansprüche Dritter, die nach seiner Wahl käufliche oder pachtweise Überlassung von Land, über welches dem Fiskus die Verfügung zusteht, für die Anlegung von Werften, Wohnungen und Niederlageplätzen, sowie zu landwirtschaftlichen Zwecken für das Bedürfnis des Betriebspersonals, letzteres im Verhältnis von 2 ha für jede im Betriebe durchschnittlich beschäftigte Person, käuflich oder pachtweise zu verlangen. Soweit Anträge des letztgedachten Inhalts nicht binnen zwölf Wochen, vom Eingang beim Gouverneur gerechnet, befriedigt werden, wird dem Konzessionar das im § 12 der Allerhöchsten Verordnung, betreffend Kronland, vom 26. November 1895,*) bezeichnete Recht eingeräumt werden.

Für die ersten zwanzig Jahre nach Erteilung der Konzession soll der Kaufpreis für Land nicht mehr als 5 Rupien, der Pachtpreis nicht mehr als jährlich 1½ Rupie pro Hektar betragen.

§ 11. Der Konzessionar ist berechtigt, binnen zehn Jahren, vom Tage der Erteilung der Konzession an gerechnet, Maschinen, Geräte und Fahrzeuge, welche für die dieser Konzession entsprechenden, eröffneten oder zu eröffnenden Betriebe erforderlich sind, frei von Einfuhrzöllen und Umschlagsabgaben in das Schutzgebiet einzuführen.

§ 12. Der Konzessionar hat, soweit und solange er als Alleinunternehmer auftritt, in den ersten fünf Betriebsjahren von den auf Grund dieser Konzession gewonnenen Metallen und Diamanten an den Fiskus die gleichen Abgaben zu entrichten, welche von den Bergbautreibenden nach Mafsgabe der einschlägigen bergrechtlichen Vorschriften von der Förderung der gleichen Metalle jeweilig zu entrichten sind. Im 6. und 7. Betriebsjahre soll die vom Konzessionar zu entrichtende Förderungsabgabe 2 pCt., im 8. Jahre 3 pCt., im 9. Jahre 4 pCt., im 10. Jahr und später 5 pCt. des Wertes betragen, welchen die Erzeugnisse vor

---

*) D. Kol. Gesetzgeb. II, No. 181.

weiterer Verarbeitung am Gewinnungsorte haben. Für die Berechnung und Ab-
führung dieser Abgaben, sowie die an die nicht rechtzeitige Entrichtung ge-
knüpften Folgen sind die Vorschriften der §§ 55, 57, 58 der Verordnung, betreffend das Bergwesen in Deutsch-Ostafrika,*) maßgebend.

Wird zur Bildung einer oder mehrerer Gesellschaften geschritten, so haben
diese die vorstehend für die ersten fünf Betriebsjahre festgesetzten Abgaben
dauernd zu entrichten und außerdem, sofern das jährliche Reineinkommen die
Auszahlung einer Jahresdividende von mehr als fünf vom Hundert des eingezahlten und verwendeten Anteilskapitals gestatten würde, dem Landesfiskus
von Deutsch-Ostafrika von dem Mehrbetrage zwanzig vom Hundert zu zahlen.

§ 13. Der Konzessionar hat, sofern er sich nicht selbst im Schutzgebiete
aufhält, einen dort wohnenden Vertreter zu bestellen, welcher zur Wahrnehmung
des geschäftlichen Verkehrs mit den Behörden ermächtigt sein muß. Solange
der Konzessionar der vorstehenden Verpflichtung nicht entsprochen hat, kann die
Ausübung der Konzession untersagt werden, ohne daß hierauf ein Entschädigungsanspruch irgend welcher Art begründet werden kann.

§ 14. Der Konzessionar hat über den Betrieb des den Gegenstand dieser
Konzession bildenden Unternehmens besondere, von seiner sonstigen Vermögensverwaltung getrennte Bücher nach den Vorschriften des Deutschen Handelsgesetzbuchs zu führen, welche jederzeit eine Übersicht über den Stand des Unternehmens gestatten.

§ 15. Über Privatrechtsstreitigkeiten, die sich bei Ausführung dieser Konzession ergeben sollten, entscheiden, vorbehaltlich der nachstehenden Ausnahmen,
ausschließlich die Gerichte des Schutzgebiets.

Die Entscheidung von Meinungsverschiedenheiten über die Auslegung folgender Paragraphen:

§ 1, Abs. 1 zu a: Schiffbarkeit der Flußläufe,
§ 2, Abs. 2: ernstliche, sachgemäße und unausgesetzte Betreibung
der Untersuchung,
§ 3, Abs. 3: Beschaffenheit der Merkmale,
§ 3, Abs. 4 ff.: räumliche Ausdehnung der Berechtigung,
§ 4: Inhalt der Anzeige,
§ 7: ordnungsmäßiger Betrieb (Nichteröffnung, Nichtaufrechterhaltung),
§ 10, Abs. 1: Erforderlichkeit von Land zu Betriebszwecken,
§ 11: Erforderlichkeit von Maschinen, Geräten und Fahrzeugen,
erfolgt auf Antrag des Gouverneurs oder des Konzessionars unter Ausschluß des
ordentlichen Rechtswegs durch ein Schiedsgericht im Schutzgebiete. Das
Schiedsgericht wird, wie folgt, gebildet: Jeder Teil bestellt eine gleiche Zahl,
jedoch nicht mehr als zwei Schiedsrichter. Von sämtlichen Schiedsrichtern wird
ein Obmann gewählt. Für den Reichskanzler wird der Gouverneur die oder die
Schiedsrichter auswählen und dem Konzessionar benennen unter der gleichzeitigen
Aufforderung, den oder die zu wählenden Schiedsrichter binnen vier Wochen,
vom Tage der Zustellung der Aufforderung an gerechnet, zu bestellen und ihm
namhaft zu machen. Kommt der Konzessionar dieser Aufforderung nicht rechtzeitig nach, so wählt der Gouverneur auch die fehlenden Schiedsrichter. Als Ob-

*) D. Kol. Gesetzgeb. III, No. 60.

mann ist gewählt, wer die Mehrheit der abgegebenen Stimmen auf sich vereinigt. Bei Stimmengleichheit wird derselbe vom Kaiserlichen Konsul in Zanzibar ernannt. Für das schiedsrichterliche Verfahren gelten, soweit in diesem Paragraphen nichts anderes festgesetzt ist, die Vorschriften des zehnten Buches der Zivilprozefsordnung.

§ 16. Die völlige oder teilweise Übertragung dieser Konzession auf andere Personen oder Gesellschaften, sowie die Übertragung einzelner auf der Konzession beruhender Rechte auf Ausländer oder ausländische Gesellschaften bedarf zu ihrer Gültigkeit der Genehmigung des Reichskanzlers. Die Übertragung darf in jedem Falle nur unter Auferlegung der entsprechenden konzessionsmäfsigen Pflichten erfolgen.

Vor der Übertragung von Rechten an eine Gesellschaft mufs dem Gouverneur nachgewiesen werden, dafs der Gesellschaft wenigstens der vierte Teil ihres Nominalkapitals als Betriebskapital für die Zwecke der Verwendung im Schutzgebiete in barem Gelde oder in sicheren Wechseln oder Effekten zur Verfügung stehen wird.

Die Mitglieder des Aufsichtsrats oder der an dessen Stelle tretenden Organe der Gesellschaft müssen in ihrer Mehrzahl Reichsangehörige sein.

Auf die Gesellschaft finden, sofern nicht ein Bevollmächtigter im Schutzgebiete unterhalten wird, die Vorschriften des § 13 entsprechende Anwendung.

§ 17. Die Kosten dieser Konzession trägt der Konzessionar.

B e r l i n , den 6. Februar 1903.

Der Reichskanzler.

(L. S.) · Graf v. B ü l o w.

14. Ausführungsbestimmungen des Gouverneurs von Deutsch-Ostafrika zum Abschnitt II B (vom Schürffelde) der Allerhöchsten Verordnung vom 9. Oktober 1898, betreffend das Bergwesen in Deutsch-Ostafrika. Vom 7. Februar 1903.*)

Auf Grund der §§ 15, 17 und 23 der Allerhöchsten Verordnung, betreffend das Bergwesen in Deutsch-Ostafrika, vom 9. Oktober 1898 (Reichs-Gesetzblatt S. 1045) wird hierdurch bestimmt:

§ 1. Die Ausstellung der Schürfscheine (§ 15 der Allerhöchsten Verordnung vom 9. Oktober 1898) erfolgt, aufser durch die Bergbehörde, auch durch die Verwaltungsbehörde, jeden selbständigen Verwaltungsbezirk (Bezirksamtmann, Militärstationschef).

Für die Verlängerung der Gültigkeitsdauer eines Schürfscheins (§ 16 der Allerhöchsten Verordnung vom 9. Oktober 1898) ist jede zur Ausstellung ermächtigte Behörde zuständig, ohne Rücksicht darauf, ob der Schürfschein, dessen Gültigkeitsdauer verlängert werden soll, von ihr ausgestellt worden ist.

Der Antrag wegen Ausstellung des Schürfscheines oder wegen Verlängerung der Gültigkeitsdauer eines solchen kann schriftlich oder zu Protokoll

---

*) D. Kol. Gesetzg. III, No. 60.

gestellt werden. Der Antrag auf Verlängerung der Gültigkeitsdauer muß bei der Behörde vor dem Ablauf der Gültigkeitsdauer des Schürfscheines angebracht sein.

§ 2. Der Schürfschein hat auf den Namen e i n e r physischen oder juristischen Person zu lauten.

Wer die Ausstellung des Schürfscheins oder die Verlängerung eines solchen namens einer juristischen Person (Kolonialgesellschaft, Aktiengesellschaft, Kommanditgesellschaft, Gesellschaft mit beschränkter Haftung, offene Handelsgesellschaft) beantragt, hat der Behörde seine Vertretungsbefugnisse glaubhaft zu machen.

§ 3. Die nach § 23 der Allerhöchsten Verordnung vom 9. Oktober 1898 von der erfolgten Absteckung eines Schürffeldes zu erstattende Anzeige ist durch die Vermittlung der Verwaltungsbehörde des Bezirks, in welcher das Schürffeld belegen ist, an die Bergbehörde zu richten.

Die örtliche Verwaltungsbehörde wird die Anzeige auf ihre Vollständigkeit prüfen und sofern Mängel gefunden werden, davon den Schürfer, soweit tunlich, in Kenntnis setzen.

Aus der Anzeige müssen auch die Landschaft, in welcher das Schürffeld liegt, sowie die Namen der Ortschaften in der Umgebung des Schürffeldes unter Angabe ihrer ungefähren Entfernung von demselben ersichtlich sein.

§ 4. Das Schürffelderverzeichnis (§ 24, Absatz 2 der Allerhöchsten Verordnung vom 9. Oktober 1898) wird bei der Bergbehörde geführt.

§ 5. Die vorstehenden Bestimmungen treten mit ihrer Veröffentlichung in Kraft.

Gleichzeitig tritt die Verordnung, betreffend die Ausstellung von Schürfscheinen und die Führung von Schürfschein- und Schürffelderverzeichnissen, vom 12. Oktober 1899,*) außer Kraft.

D a r e s s a l a m , den 7. Februar 1903.

Der Kaiserliche Gouverneur.
I. V. S t u h l m a n n.

16. Auszug aus dem Runderlasse der Kolonial-Abteilung des Auswärtigen Amtes, betreffend die deutsche Rechtschreibung.
Vom 9. Februar 1903.

Nachdem die verbündeten Regierungen in der Sitzung des Bundesrats vom 18. Dezember 1902 die Einführung einer einheitlichen Rechtschreibung vereinbart haben, wird hierdurch angeordnet, daß auch in den Schutzgebieten für die amtliche Schreibweise die im Auftrage der Königl. Preußischen Regierung in der hiesigen Waidmannschen Buchhandlung erschienenen „Regeln für die deutsche Rechtschreibung nebst Wörterverzeichnis" von nun ab maßgebend sind.

Wegen Mitteilung der Regeln an die Angehörigen der Schutztruppen ergeht besondere Anweisung seitens des Oberkommandos der Kaiserlichen Schutztruppen.

B e r l i n , den 9. Februar 1903.

Auswärtiges Amt. Kolonial-Abteilung.
I. V. v. K ö n i g.

*) D. Kol. Gesetzgeb. IV, No. 113.

16. Bekanntmachung des Gouverneurs von Kamerun, betreffend die gesundheitliche Kontrolle der Schiffe. Vom 12. Februar 1903.

(Kol. Bl. S. 264.)

Im Nachgange zu meiner Bekanntmachung vom 17. Juli 1901,[*] betreffend Einführung neuer Vorschriften bezüglich der gesundheitlichen Kontrolle der einen Hafen des Schutzgebiets Kamerun anlaufenden Seeschiffe, bringe ich die nunmehr auch in bezug auf pockenverdächtige Schiffe ergänzten Vorschriften nochmals zur allgemeinen Kenntnis.[**])

Die ergänzten Vorschriften treten mit Wirkung vom 1. April 1903 in Kraft.

Buea, den 12. Februar 1903.

(L. S.)

Der Kaiserliche Gouverneur.
v. Puttkamer.

Anlage zu No. 16.

Änderungen bezw. Zusätze zu den Vorschriften, betreffend die gesundheitliche Kontrolle der einen Hafen des Kameruner Schutzgebiets anlaufenden Seeschiffe.

An Stelle der §§ 14 bis 19 tritt das Nachstehende:

§ 14 a. 1. Hat ein Schiff Pockenkranke an Bord, so sind sie, wenn irgend angängig, auszuschiffen und in einem Krankenhause oder in einem anderen geeigneten Unterkunftsraume abzusondern. Das Gleiche hat mit denjenigen Personen zu geschehen, welche die Krankheit während der Reise überstanden haben und nach dem Ermessen des beamteten Arztes noch Träger des Ansteckungsstoffes sind.

2. Die übrigen Personen sind, sofern sie nicht die Pocken überstanden haben oder in neuester Zeit mit Erfolg geimpft sind, der Impfung zu unterziehen.

3. Der Schiffsbesatzung (Schiffer, Schiffsoffiziere und Schiffsmannschaft) ist das Anlandgehen, soweit es nicht zum Zwecke der Abmusterung geschieht oder nicht Gründe des Schiffsdienstes entgegenstehen, zu verbieten.

4. Diejenigen Reisenden, welche mit den Kranken in unmittelbare Berührung gekommen sind und von welchen anzunehmen ist, dafs sie weder mit Erfolg geimpft sind, noch die Pocken überstanden haben, sind einer Absonderung zu unterwerfen, deren Dauer, von der letzten Ansteckungsgelegenheit an gerechnet, den Zeitraum von 14 Tagen nicht überschreiten darf. Zum Zwecke der Absonderung sind sie entweder am Verlassen des Schiffes zu verhindern oder, soweit nach dem Ermessen des beamteten Arztes ihre Ausschiffung tunlich und erforderlich ist, an Land in einem geeigneten Raum unterzubringen.

Die übrigen Reisenden sind einer Beobachtung, jedoch nicht länger als 14 Tage, von der letzten Ansteckungsgelegenheit an gerechnet, zu unterwerfen.

Farbigen Reisenden kann während der Beobachtungszeit ein bestimmter Aufenthaltsort oder eine bestimmte Arbeitsstätte angewiesen werden.

---

[*] D. Kol. Gesetzgeb. VI, No. 242.
[**] Nachstehend sind nur die Änderungen bezw. Zusätze abgedruckt.

§ 14 b. Die von den Kranken bewohnten Schiffsräume, ihre Wäsche, Kleider und alle mit ihnen in Berührung gekommenen Gebrauchsgegenstände sind zu desinfizieren. Dasselbe hat mit der Wäsche und den Kleidern derjenigen Personen, sowie mit denjenigen Schiffsräumen und Gegenständen zu geschehen, die nach dem Ermessen des beamteten Arztes als mit dem Ansteckungsstoff behaftet anzusehen sind.

§ 14 c. Das Löschen und Laden des Schiffes hat so zu geschehen, daß ein Verkehr mit dem Lande tunlichst vermieden wird.

§ 14 d. Über die geschehene Impfung ist dem Schiffer eine Bescheinigung auszustellen, welche er neben dem Gesundheitspaß dem beamteten Arzt oder dem Gesundheitsbeamten in den Häfen des Schutzgebiets vorzuzeigen hat.

§ 14 e. Nach Ausführung der gegen eine Weiterverbreitung der Pocken erforderlichen Maßregeln darf das Schiff den Hafen verlassen, hat jedoch bei der Küstenfahrt im Schutzgebiete noch bis zum Ablauf von 14 Tagen die gelbe Flagge zu führen.

§ 14 f. Die Zollbeamten haben die vom beamteten Arzt für nötig erachteten Verkehrsbeschränkungen und Desinfektionsmaßnahmen zu beobachten.

§ 14 g. Die Kosten der auf Grund des § 14a angeordneten Absonderung, Beobachtung und Impfung sowie der auf Grund des § 14b angeordneten Desinfektion haben die Reedereien zu tragen.

§ 15. Läuft ein Schiff, nachdem es in einem Hafen des Schutzgebietes der gesundheitspolizeilichen Kontrolle (§§ 5 bis 8, 12, 13) unterworfen und zum freien Verkehr zugelassen worden ist, demnächst einen weiteren inländischen Hafen an, so unterliegt es in diesem einer abermaligen Kontrolle nicht, es sei denn, daß seit der Ausfahrt aus dem zuletzt angelaufenen Hafen Fälle von Cholera, Gelbfieber, Pest oder Pocken an Bord sich ereignet haben, oder daß gegen Herkünfte aus diesem Hafen eine gesundheitspolizeiliche Kontrolle gemäß § 1 No. 2 angeordnet ist.

§ 16. Auf das Lotsen-, Zoll- und Sanitätspersonal, welches mit den der gesundheitspolizeilichen Kontrolle unterliegenden Schiffen in Verkehr zu treten hat, finden die in vorstehenden Bestimmungen angeordneten Verkehrsbeschränkungen und Desinfektionsmaßnahmen keine Anwendung. Die für dieses Personal erforderlichen Vorsichtsmaßregeln werden von der vorgesetzten Behörde bestimmt.

§ 17. Strandet ein der gesundheitspolizeilichen Kontrolle unterliegendes Schiff (§ 1) an der Küste des Schutzgebietes, so haben die betreffenden Verwaltungsbehörden die erforderlichen Maßnahmen im Sinne dieser Verordnung zu treffen.

Läuft ein solches Schiff einen Hafen des Schutzgebietes als Nothafen an, so kann es daselbst, um die erforderliche Hilfe zu erhalten, für die Dauer des Notfalles nach Hissung der gelben Flagge (§ 2) unter Bewachung und unter Beachtung der von der Hafenbehörde angeordneten Schutzmaßregeln liegen bleiben.

§ 18. Auf die Schiffe der Kaiserlichen Marine finden die Vorschriften dieser Verordnung nicht Anwendung.

17. Kaiserliche Verordnung über die Enteignung von Grundeigentum in den Schutzgebieten Afrikas und der Südsee. Vom 14. Februar 1903.

(Reichs-Gesetzbl. S. 27. Reichsanz. vom 2. März 1903. Kol. Bl. S. 121.) *K. 1758 / 103*

Wir Wilhelm, von Gottes Gnaden Deutscher Kaiser, König von Preußen usw., verordnen auf Grund des § 3 des Schutzgebietsgesetzes (Reichs-Gesetzbl. 1900, S. 813) in Verbindung mit den §§ 20, 21 des Gesetzes über die Konsulargerichtsbarkeit vom 7. April 1900 (Reichs-Gesetzbl. S. 213) für die Schutzgebiete Afrikas und der Südsee, was folgt:

I. Zulässigkeit und Voraussetzungen der Enteignung im allgemeinen.

§ 1. Das Eigentum und alle sonstigen Rechte an Grundstücken sowie das Bergwerkseigentum und das Recht der Besitzergreifung von herrenlosem Lande (Kronland) können aus Gründen des öffentlichen Wohles für Unternehmen, deren Ausführung die Ausübung des Enteignungsrechts erfordert, gegen Entschädigung entzogen oder beschränkt werden.

§ 2. Die Entschädigungspflicht liegt dem Unternehmer ob.

Die Entschädigung besteht, wenn ein Grundstück entzogen wird, in dem vollen Werte des Grundstücks. An Stelle der entsprechenden Geldleistung kann als Entschädigung die Überlassung eines Grundstücks bestimmt werden. Eine Werterhöhung, welche das entzogene Grundstück infolge des Unternehmens erfährt, wird bei der Bemessung der Entschädigung nicht in Anschlag gebracht. Eine Werterhöhung, welche ein dem Eigentümer verbleibendes Grundstück infolge des Unternehmens erfährt, wird auf die Entschädigung angerechnet.

Die Entschädigung für die Beschränkung des Eigentums sowie für die Entziehung oder Beschränkung anderer Rechte ist unter Berücksichtigung aller Umstände nach billigem Ermessen in Geld festzusetzen. Die Vorschriften des Abs. 2, Satz 3, 4 finden entsprechende Anwendung.

§ 3. Neben der Entschädigungspflicht liegt dem Unternehmer ob, Einfriedigungen, Bewässerungs-, Vorflutanstalten oder sonstige Anlagen insoweit einzurichten und zu unterhalten, als sie durch das Unternehmen für die benachbarten Grundstücke oder im öffentlichen Interesse gegen Gefahren und Nachteile notwendig werden.

II. Enteignungsverfahren.

a. Einleitung des Verfahrens und Verleihung des Enteignungsrechts.

§ 4. Auf den vom Unternehmer zu stellenden Antrag, zu dessen Begründung Zweck und Umfang des Unternehmens im allgemeinen darzulegen sind, entscheidet der Gouverneur (Landeshauptmann), ob das Enteignungsverfahren einzuleiten ist.

Der Gouverneur kann verlangen, daß innerhalb einer bestimmten Frist eine Beschreibung oder ein Plan des Unternehmens vorgelegt wird.

§ 5. Wird die Einleitung des Verfahrens bewilligt, so hat der Gouverneur eine Beschreibung des Unternehmens und, wenn ein Plan vorhanden ist, auch diesen durch das zuständige Bezirksamt (§ 31) während einer angemessenen Frist zu jedermanns Einsicht offen zu legen; die Frist soll nicht weniger als einen Monat betragen. Beginn, Dauer und Ort der Offenlegung sind vor dem Beginne der Frist in ortsüblicher Weise bekannt zu machen.

§ 6. Während der im § 5 vorgesehenen Frist kann jeder Beteiligte bei dem Bezirksamte schriftlich oder zu Protokoll Einwendungen erheben.

§ 7. Nach dem Ablaufe der Frist hat der Bezirksamtmann zur mündlichen Verhandlung über die Einwendungen einen Termin zu bestimmen.

Der Termin ist in ortsüblicher Weise öffentlich bekannt zu machen. Der Unternehmer und die bekannten Beteiligten sind zu dem Termine zu laden. Die Ladung soll den Hinweis enthalten, dafs ungeachtet des Ausbleibens eines Beteiligten über die Enteignung verhandelt werden würde.

Dem Bezirksamtmanne bleibt es überlassen, Zeugen und Sachverständige zuzuziehen.

Der Bezirksamtmann hat darauf hinzuweisen, dafs in diesem Termine zugleich eine Vereinbarung über die Entschädigung getroffen wird.

Über die Verhandlungen ist ein Protokoll aufzunehmen.

§ 8. Nach Abschlufs der Verhandlungen hat der Bezirksamtmann diese mit einer gutachtlichen Äuserung darüber, ob das Enteignungsrecht zu verleihen sei, dem Gouverneur vorzulegen.

Dieser trifft die Entscheidung, ob und in welchem Umfange das Enteignungsrecht verliehen wird.

Der die Verleihung aussprechende Beschlufs hat im einzelnen festzustellen:

a) den Gegenstand der Enteignung, insbesondere die Gröfse und die Grenzen des etwa abzutretenden Grundbesitzes, die Art und den Umfang der aufzulegenden Beschränkungen, auch die Zeit, innerhalb deren längstens vom Enteignungsrechte Gebrauch zu machen ist,

b) die Anlagen, zu deren Errichtung wie Unterhaltung der Unternehmer verpflichtet ist (§ 3).

Die Entscheidung ist schriftlich abzufassen, mit Gründen zu versehen und den Beteiligten zuzustellen, aufserdem aber in ortsüblicher Weise öffentlich bekannt zu machen.

b. Feststellung der Entschädigung.

§ 9. Nach Zustellung des das Enteignungsrecht verleihenden Beschlusses an den Unternehmer ist dieser durch den Bezirksamtmann, unter Stellung einer angemessenen Frist, zu einer Erklärung darüber aufzufordern, welche Entschädigung er zu gewähren bereit ist.

§ 10. Falls die Personen, deren Rechte durch das Enteignungsverfahren betroffen werden, noch nicht feststehen, hat der Unternehmer für die Herbeischaffung der erforderlichen Nachweise Sorge zu tragen.

Kommt er dieser Verpflichtung nicht nach, so kann ihm auf Antrag des Bezirksamtmanns durch den Gouverneur das Enteignungsrecht wieder entzogen werden.

§ 11. Zur Verhandlung über die Entschädigung hat der Bezirksamtmann einen Termin anzuberaumen.

Der Termin ist in ortsüblicher Weise öffentlich bekannt zu machen. Die Bekanntmachung soll die Androhung enthalten, dafs, soweit für ein Recht, das durch die Enteignung betroffen wird, bis zum Schlusse des Termins die Person des Berechtigten nicht bekannt geworden ist, der Anspruch des Berechtigten auf die Entschädigung nicht berücksichtigt werden würde. Der Unternehmer, der Eigentümer und die bekannten sonstigen Personen, deren Rechte von der Enteignung betroffen werden, sind zu dem Termine zu laden. Die Ladung soll den Hinweis enthalten, dafs ungeachtet des Ausbleibens eines der Beteiligten die Entschädigung festgestellt werden würde.

§ 12. Treffen die erschienenen Beteiligten eine Vereinbarung über die Entschädigung, so hat der Bezirksamtmann die Vereinbarung zu beurkunden.

§ 13. Zu dem Termin ist von Amts wegen nach Möglichkeit mindestens ein Sachverständiger zuzuziehen; außerdem sind in den Bezirken, für welche Gemeindevertretungen bestehen, diese gutachtlich zu hören, soweit das ohne erhebliche Verzögerung tunlich ist.

§ 14. Auf Grund der nach §§ 11 bis 13 gepflogenen Verhandlungen hat der Bezirksamtmann durch einen mit Gründen zu versehenden Beschluß die Entschädigung festzustellen.

In dem Beschluß ist auszusprechen, daß die Enteignung erst nach der Leistung oder Sicherstellung der Entschädigung erfolgen wird. Zugleich hat der Beschluß zu bestimmen, daß und in welcher Weise der Entschädigungsberechtigte wegen der Rechte, die anderen an dem enteigneten Grundstück oder Rechte zustehen, diesen aus der Entschädigung eine Zahlung oder Sicherheit zu leisten hat.*)

Der Beschluß ist den Beteiligten zuzustellen.

§ 15. Soweit nicht die Feststellung der Entschädigung auf einer Vereinbarung der Beteiligten beruht, steht den Beteiligten gegen den Beschluß des Bezirksamtmanns bis zum Ablauf eines Monats nach der Zustellung der Rechtsweg offen.

c. Vollziehung der Enteignung.

§ 16. Die Enteignung wird auf den Antrag des Unternehmers von dem Bezirksamtmann ausgesprochen, wenn der nach § 15 vorbehaltene Rechtsweg durch Ablauf der einmonatigen Frist oder durch rechtskräftiges Urteil oder durch Verzicht erledigt, und die Entschädigung erfolgt oder ihre Leistung sichergestellt ist.

Im Falle eines dringenden Bedürfnisses kann der Gouverneur auf Antrag des Unternehmers anordnen, daß vor Erledigung des Rechtsweges die Enteignung erfolgen soll, sobald die Entschädigung nach Maßgabe des sie feststellenden Beschlusses geleistet oder die Leistung sichergestellt ist.

§ 17. Der Enteignungsbeschluß ist dem Entschädigungsberechtigten und dem Unternehmer zuzustellen. Sofort nach erfolgter Zustellung hat der Bezirksamtmann von dem Beschluß und von dem Zeitpunkte der Zustellung an den Entschädigungsberechtigten dem Grundbuchamte Nachricht zu geben.

d. Verlust und Aufgabe des Enteignungsrechts.

§ 18. Wenn der Unternehmer von dem Enteignungsrechte binnen der im § 8 a vorgesehenen Frist keinen Gebrauch macht, oder wenn er von dem Unternehmen zurücktritt, bevor die Festsetzung der Entschädigung durch Beschluß des Bezirksamts erfolgt ist, so erlischt jenes Recht. Der Unternehmer haftet in diesem Falle den Entschädigungsberechtigten im Rechtswege für die Nachteile, welche ihnen durch das Enteignungsverfahren erwachsen sind.

Tritt der Unternehmer zurück, nachdem die Festsetzung der Entschädigung durch Beschluß des Bezirksamts erfolgt ist, so hat der Entschädigungsberechtigte die Wahl, ob er lediglich Ersatz für die Nachteile, welche ihm durch das Enteignungsverfahren etwa erwachsen sind, oder nach Maßgabe des Beschlusses Leistung der Entschädigung gegen Auflassung des Grundstücks oder Einräumung der dem Unternehmer in dem Beschlusse zugesprochenen Rechte verlangen will.

---

*) Vgl. § 20 dieser Verordnung. Art. 109 des Einführungsgesetzes zum B. G. B.

III. Wirkungen der Enteignung.

§ 19. Mit der Zustellung des Enteignungsbeschlusses an den Entschädigungsberechtigten erwirbt der Unternehmer das Eigentum an dem enteigneten Grundstück oder das sonstige ihm durch den Beschluß zugesprochene Recht.

§ 20. Das enteignete Grundstück oder Recht wird mit dem im § 19 bezeichneten Zeitpunkte von allen Rechten, die an dem Grundstück oder dem Rechte bestehen oder gegen den Eigentümer oder den sonstigen Berechtigten geltend gemacht werden können, frei, soweit nicht das Fortbestehen eines Rechtes in dem Enteignungsbeschlusse vorbehalten ist.

Die Entschädigung tritt hinsichtlich des Eigentums und der sonstigen Rechte an die Stelle des enteigneten Grundstücks oder Rechtes.*)

IV. Vereinfachungen des Verfahrens in besonderen Fällen.

a. Enteignung von Bodenmaterialien.

§ 21. Beschränkt sich die Enteignung darauf, daß zum Baue oder zur Unterhaltung öffentlicher Wege Materialien entnommen werden sollen, so ist der Antrag auf Einleitung des Enteignungsverfahrens bei dem Bezirksamtmann zu stellen oder vom Gouverneur diesem zu übermitteln. Der Bezirksamtmann hat alsdann geeignete Ermittlungen über die Höhe der voraussichtlich zu gewährenden Entschädigung zu bewirken.

Findet er, daß diese den Wert von eintausend Mark übersteigt, so hat er die Sache an den Gouverneur abzugeben, der alsdann gemäß §§ 4 ff. verfährt, gleich als ob der Antrag des Unternehmers bei ihm gestellt wäre.

Gewinnt der Bezirksamtmann die Überzeugung, daß die Entschädigung den Betrag von eintausend Mark nicht erreichen wird, so entscheidet er in einem mit Gründen zu versehenden Beschlusse gleichzeitig über die Verleihung des Enteignungsrechts und die Höhe der zu gewährenden Entschädigung.

§ 22. Gegen den Beschluß steht jedem Beteiligten binnen einem Monat, von der Zustellung an ihn, die Beschwerde an den Gouverneur offen.

Die Vollziehung des Beschlusses wird dadurch nicht aufgehalten.

Zur Vorbereitung der Entscheidung können der Bezirksamtmann und der Gouverneur Zeugen und Sachverständige hören.

Die Vorschrift des § 19 findet entsprechende Anwendung.

Das Recht zur Entnahme der Materialien erlischt, wenn der Unternehmer nicht binnen einer vom Bezirksamte zu setzenden Frist davon Gebrauch macht.

b. Eigentumsbeschränkungen von geringerer als einjähriger Dauer.

§ 23. Soll nach dem Antrage des Unternehmers das Eigentum an einem Grundstücke nur für eine bestimmte, ein Jahr nicht übersteigende Zeit einer Beschränkung unterworfen werden, so kann der Gouverneur die Erledigung des Antrags dem Bezirksamtmann überweisen.

Der Bezirksamtmann entscheidet sodann über die Verleihung des Enteignungsrechts und über die Höhe der zu gewährenden Entschädigung. Der Beschluß ist mit Gründen zu versehen. Die Vorschriften des § 22 Abs. 1 bis 3 und des § 19 finden entsprechende Anwendung.

*) Vgl. Art. 109 des Einführungsgesetzes zum B. G. B. Art. 52 f. ebenda.

c. Enteignung von Rechten Eingeborener.

§ 24. Soweit das Recht, gegen welches sich die Enteignung richtet, Eingeborenen zusteht, trifft auf Antrag des Unternehmers der Bezirksamtmann nach Vornahme geeignet scheinender Ermittlungen in einem mit Gründen zu versehenden Beschlusse die Entscheidung über die Verleihung des Enteignungsrechts, die Frist zu seiner Geltendmachung und die Art und Höhe der zu gewährenden Entschädigung. Die Vorschriften des § 22 Abs. 1 bis 3 und des § 19 finden entsprechende Anwendung.

V. Kosten.

§ 25. Für das gesamte Enteignungsverfahren vor den Verwaltungsbehörden hat der Unternehmer eine Gebühr nach dem Gebührensatz A des § 57 des preußischen Gerichtskostengesetzes (Gesetz-Samml. 1899, S. 325) zu entrichten.

Für den Wert des Gegenstandes ist die Höhe der endgültig festgesetzten Entschädigung maßgebend.

Für die Entscheidung in der Beschwerdeinstanz wird, wenn die Beschwerde gänzlich erfolglos bleibt, von dem Beschwerdeführer eine besondere Gebühr im Betrage von mindestens 1 Mark und höchstens 20 Mark, jedoch nicht mehr als die Hälfte der im Abs. 1 vorgesehenen Gebühr erhoben.

Außer den Gebühren nach Abs. 1, 3 werden die baren Auslagen erhoben, namentlich:

1. die Kosten, welche durch Reisen der Beamten entstehen,
2. die an Zeugen und Sachverständige zu zahlenden Gebühren,
3. die Schreibgebühren.

Die Gebühren der Zeugen und Sachverständigen bestimmen sich nach der Gebührenordnung für Zeugen und Sachverständige (Reichs-Gesetzbl. 1898, S. 689).

Für andere als die im Abs. 4 No. 1 bis 3 bezeichneten Auslagen ist eine Pauschalsumme anzusetzen.

Bei Unternehmungen der Regierung wird die im Abs. 1 bestimmte Gebühr nicht erhoben.

§ 26. Über die Höhe der Kosten und die Person des Zahlungspflichtigen hat nach endgültiger Feststellung der Entschädigung der Bezirksamtmann in einem besonderen Beschluß Entscheidung zu treffen.

Schon vorher kann der Bezirksamtmann von dem Unternehmer einen angemessenen Kostenvorschuß unter der Androhung erfordern, daß bei Nichteinzahlung binnen einer zu setzenden Frist die Einstellung des Verfahrens auf Kosten des Unternehmers erfolgen werde.

Mehrere Schuldner derselben Kostenforderung haften als Gesamtschuldner.

Die nach Abs. 1 und 2 ergangenen Entscheidungen können von jedem Beteiligten binnen einem Monat nach der Zustellung durch Beschwerde beim Gouverneur angefochten werden.

Die Beschwerde hat keine aufschiebende Wirkung. Der Bezirksamtmann und der Gouverneur können anordnen, daß die Vollziehung der angefochtenen Entscheidung auszusetzen ist.

VI. Zeugen und Sachverständige.

§ 27. Auf die Zuziehung und die Vernehmung von Zeugen und Sachverständigen finden die Vorschriften der Zivilprozeßordnung über den Beweis durch Zeugen und Sachverständige mit den folgenden Maßgaben Anwendung.

Als Partei im Sinne der Vorschriften der Zivilprozeßordnung ist jede Person anzusehen, der ein von der Enteignung betroffenes Recht zusteht.

Über die Beeidigung eines Zeugen oder Sachverständigen entscheidet, unbeschadet der §§ 393, 402 der Zivilprozeßordnung, das Ermessen der vernehmenden Behörde. Die Beeidigung findet nach dem Abschlusse der Vernehmung statt.

Die vernehmende Behörde bestimmt, ob das Zeugnis oder Gutachten schriftlich oder zu Protokoll abzugeben ist. Wird die Beeidigung angeordnet, so soll die Abgabe zu Protokoll der Behörde erfolgen; die Behörde hat einen Protokollführer zuzuziehen.

Eine Umwandlung der wegen Ausbleibens eines Zeugen oder Sachverständigen oder wegen Verweigerung des Zeugnisses oder des Gutachtens festgesetzten Geldstrafe in Freiheitsstrafe findet nicht statt. Im Falle wiederholter Weigerung kann nur die für den Fall der ersten Weigerung zulässige Geldstrafe noch einmal festgesetzt werden; weitere Zwangsmaßregeln finden nicht statt. Die Vollstreckung der Strafen erfolgt auf Anordnung der Behörde, welche die Strafe festgesetzt hat. Die Vorschriften des § 26 Abs. 4, 5 finden entsprechende Anwendung.

VII. Bekanntmachung.

§ 28. Die Zustellungen erfolgen mittels eingeschriebenen Briefes (Telegramm) oder durch Übergabe der Urschrift oder einer beglaubigten Abschrift des zuzustellenden Schriftstücks.

Die die Zustellung veranlassende Behörde ist befugt, ihr unterstellte Beamte mit der Beglaubigung oder Übergabe zu beauftragen, die Übergabe auch durch Ersuchen einer anderen Schutzgebietsbehörde zu bewirken.

Auf die Zustellung durch Übergabe eines Schriftstücks finden die Vorschriften des § 170 Abs. 1 und der §§ 171 bis 173, 180 bis 184, 168, 189 der Zivilprozeßordnung entsprechende Anwendung; in den Akten ist zu vermerken, in welcher Weise, an welchem Orte und an welchem Tage die Übergabe erfolgt ist.

Die Zustellung mittels eingeschriebenen Briefes nach dem Deutschen Reiche hin erfolgt gegen Rückschein.

Bei Zustellungen nach dem Auslande bestimmt der Gouverneur für den einzelnen Fall die Frist, nach deren Ablaufe die Zustellung als bewirkt anzusehen ist. In dem nach den §§ 21 bis 24 vor dem Bezirksamtmanne stattfindenden Verfahren bestimmt dieser die Frist. Der Gouverneur kann anordnen, daß auch in anderen Fällen die Frist durch den Bezirksamtmann bestimmt wird.

§ 29. Wohnt ein Beteiligter außerhalb des Bezirkes des für das Enteignungsverfahren zuständigen Bezirksamtmanns, so kann dieser anordnen, daß der Beteiligte innerhalb einer bestimmten Frist zur Empfangnahme von Zustellungen eine in dem Bezirke wohnhafte Person bevollmächtige. Leistet der Beteiligte der Anordnung nicht Folge, so bedarf es seiner Zuziehung zu dem weiteren Verfahren nicht. Bei der Anordnung soll auf den drohenden Nachteil hingewiesen werden.

§ 30. Wo der Beginn einer Frist an die öffentliche Bekanntmachung geknüpft ist, entscheidet die erste Bekanntmachung dieser Art. Bei späteren Bekanntmachungen ist auf die erste zu verweisen.

VIII. Zuständigkeit.

§ 31. Zuständig für das Enteignungsverfahren ist der Bezirksamtmann, in dessen Bezirke das Grundstück belegen ist, welches enteignet werden soll oder an welchem das von der Enteignung betroffene Recht besteht. Ist das Grundstück in den Bezirken verschiedener Bezirksämter belegen, so bestimmt der Gouverneur den zuständigen Bezirksamtmann; er kann auch die Teilung des Verfahrens nach den Bezirken anordnen.

Welche Behörde in den Gebieten, die zu keinem Bezirksamte gehören, die in dieser Verordnung den Bezirksamtmännern zugewiesenen Befugnisse wahrzunehmen hat, bestimmt der Reichskanzler (Auswärtiges Amt, Kolonial-Abteilung).

Derselbe ist allgemein ermächtigt, die Zuständigkeit der Behörden für das Enteignungsverfahren in einzelnen Schutzgebieten abweichend von dieser Verordnung zu regeln.

IX. Sonderbestimmungen zum Schutze der Rechte Eingeborener auf Eigentum und Besitz an Grundstücken.

§ 32. Der Reichskanzler ist ermächtigt, auch außer den Fällen des § 1 die Enteignung von Grundstücken, die aus der Herrschaft oder dem Besitz Eingeborener an Nichteingeborene übergegangen sind, zum Zwecke der Wiedereinsetzung der Eingeborenen in den Besitz insoweit zuzulassen, als die Enteignung nach dem Ermessen der Behörde notwendig ist, um den Eingeborenen die Möglichkeit ihres wirtschaftlichen Bestehens, insbesondere das Recht einer Heimstätte, zu sichern.*)

Die Entschädigung der gegenwärtigen Eigentümer oder Besitzer dieser Ländereien wird von dem Fiskus des Schutzgebiets geleistet. Die Entschädigung kann auf die Erstattung der Unkosten für den ersten Erwerb der Ländereien von den Eingeborenen beschränkt werden.

Die enteigneten Ländereien fallen als Kronland in das Eigentum des Fiskus des Schutzgebiets, welcher sie den Eingeborenen zur Nutzung überläßt.

Die Einzelheiten des Verfahrens hat für jeden Fall auf den Bericht des Gouverneurs der Reichskanzler anzuordnen. Der Gouverneur ist befugt, den Besitzstand bis zum Erlasse dieser Anordnung zu regeln oder die Regelung einer anderen Behörde zu übertragen.

X. Schlußbestimmungen.

§ 33. Die auf die Entziehung und Beschränkung des Grundeigentums im Interesse des Bergbaues sich beziehenden besonderen Vorschriften bleiben von dieser Verordnung unberührt.

§ 34. Diese Verordnung tritt am 1. Juni 1903 in Kraft.

Mit dem gleichen Zeitpunkte sind aufgehoben: die Verordnung des Kaiserlichen Gouverneurs von Deutsch-Ostafrika über die Enteignung von Grundeigentum vom 15. Januar 1894 (Kol. Bl. S. 970), § 6 der Verordnung des Gouverneurs von Kamerun, betreffend den Erwerb und Verlust sowie die Beschränkungen des Grundeigentums, vom 27. März 1888, und die Verordnung des Kaiserlichen Gouverneurs von Deutsch-Südwestafrika, betreffend den Grundstückserwerb an der Bahnlinie Swakopmund—Windhuk, vom 24. September 1901 (Kol. Bl. 1902, S. 4).**)

Urkundlich unter Unserer Höchsteigenhändigen Unterschrift und beigedrucktem Kaiserlichen Insiegel.

Gegeben Berlin, den 14. Februar 1903.

(L. S.)   **Wilhelm.**

Graf v. Bülow.

———
*) Vgl. die Verfügung des Reichskanzlers vom 12. Nov. 1903, unten abgedruckt.
**) D. Kol. Gesetzgeb. II, No. 64, I, No. 66, VI, No. 261.

18. Runderlaß der Kolonial-Abteilung des Auswärtigen Amtes, betreffend
die Ableistung militärischer Übungen bei den Schutztruppen.
Vom 16. Februar 1903.

Unter Allerhöchster Genehmigung ist an Stelle des Absatzes 2 und 3, Abschnitts III, § 9c der Organisatorischen Bestimmungen für die Kaiserlichen
Schutztruppen in Afrika (Schutztruppen-Ordnung*)) folgende Bestimmung getreten:

„Offiziere und Mannschaften des Beurlaubtenstandes der Armee können auf
begründeten Antrag die ihnen obliegenden oder freiwilligen Übungen bei den
Schutztruppen ableisten. Derartige Anträge unterliegen der Genehmigung des
betreffenden Kriegsministeriums unter Zustimmung des Oberkommandos der
Schutztruppen.

Bei Übungen der Offiziere ist das Zeugnis über die Befähigung zur Weiterbeförderung durch den Kommandeur der Schutztruppen auszustellen." (Vgl. Kol.
Bl. vom 1. Januar 1903.)

Seitens der Kolonial-Abteilung sind die Beamten usw. der Schutzgebiete
für unabkömmlich erklärt; sie haben sich daher vor Stellung der erforderlichen
Anträge des Einverständnisses ihrer vorgesetzten Dienstbehörde zu versichern
und auf dem vorgeschriebenen Dienstwege ein begründetes Gesuch zur Genehmigung an die Kolonial-Abteilung einzureichen. Letztere veranlaßt im Falle der
Genehmigung die Aufhebung der militärischen Unabkömmlichkeit.

Da im gesundheitlichen Interesse der Beamten usw. eine Herabsetzung der
Dienstzeit stattgefunden hat, kann aus dienstlichen Gründen die Genehmigung
zur Ableistung von Übungen im Schutzgebiet nur in besonderen Ausnahmefällen
erfolgen.

Berlin, den 16. Februar 1903.

Auswärtiges Amt. Kolonial-Abteilung.
I. V. Hellwig.

19. Verordnung des Gouverneurs von Deutsch-Neu-Guinea, betreffend
Anlegung eines Grundbuchs für den Grundbuchbezirk Neu-Pommern.
Vom 17. Februar 1903.
(Kol. Bl. S. 199.)

Auf Grund des § 1 der Verfügung des Reichskanzlers vom 30. Juli 1887 zur
Ausführung der Allerhöchsten Verordnung vom 20. Juli 1887, betreffend den
Eigentumserwerb und die dingliche Belastung der Grundstücke (Kol. Ggb. I,
Seite 475), wird hierdurch die Anlegung eines neuen Grundbuches für den Grund-
buchbezirk Neu-Pommern mit den vorgelagerten kleinen Inseln angeordnet. Die
Grenze nach dem Grundbuchbezirk Gazelle-Halbinsel wird vorbehaltlich späterer
genauerer Festsetzung gebildet durch eine gerade Linie von der Mündung des
Torio bis zur Mündung des Red River.

Herbertshöhe, den 17. Februar 1903.

Der Kaiserliche Gouverneur.
I. V. Knake.

---

*) D. Kol. Gesetzgeb. IV, No. 40.

20. Auszug aus dem Runderlaſs des Gouverneurs von Deutsch-Ostafrika, betreffend den Handel mit Elfenbeinzähnen. Vom 21. Februar 1903.

Im Anschluſs an den Runderlaſs vom 15. Januar 1902*) wird hierdurch die Ausfuhrerlaubnis für Elefantenzähne unter 11 Ratli ... bis zum 81. Dezember 1903 verlängert. Bis zu demselben Tage ist auch .... eine Entschädigung ... zu gewähren (.... wie bisher ½ ortsübl. Wert).

Nach dem 81. Dezember 1903 wird eine Entschädigung nicht mehr gewährt, bezw. wird lediglich nach dem § 3 der Verordnung vom 22. November 1900 verfahren.

Ausgenommen von vorstehenden Bestimmungen sind gefundene Zähne oder Teile von solchen, für die nach wie vor dem Finder ein Finderlohn gezahlt wird. Der Handel mit unter 11 Ratli schweren Zähnen bleibt untersagt.

Daressalam, den 21. Februar 1903.

Der Kaiserliche Gouverneur.
I. V. Stuhlmann.

21. Runderlaſs des Gouverneurs von Deutsch-Ostafrika, betreffend das Bergwesen. Vom 22. Februar 1903.

Nachdem die lokalen Verwaltungsbehörden durch Runderlaſs vom 26. Juni 1902**) angewiesen sind, der Bergbehörde unmittelbar nach dem 1. April und 1. Oktober jeden Jahres die im verflossenen fiskalischen Halbjahr bei Schürfarbeiten gewonnenen, bezw. beim Bergbau geförderten bergrechtlichen Mineralien unter Angabe der Menge und des Wertes der Mengeneinheit am Gewinnungsplatze mitzuteilen, erübrigt sich die gleichartige Berichterstattung auf Grund des Runderlasses vom 19. November 1900.***)

Der letztgenannte Runderlaſs wird daher, soweit die Berichterstattung über Feldessteuern und Förderungsabgaben in Frage kommt, hiermit aufgehoben.

Daressalam, den 22. Februar 1903.

Der Kaiserliche Gouverneur.
I. V. Stuhlmann.

22. Verordnung des Gouverneurs von Samoa, betreffend die Ausrottung von Lantanapflanzen. Vom 24. Februar 1903.

(Kol. Bl. S. 200.)

Auf Grund des § 2 der Verfügung des Reichskanzlers vom 17. Februar 1900, betreffend die Ausübung konsularischer Befugnisse und den Erlaſs polizeilicher und sonstiger die Verwaltung betreffender Vorschriften in Samoa, wird hierdurch verordnet, was folgt:

§ 1. Jeder Eigentümer oder Besitzer eines Grundstücks ist verpflichtet, die auf dem Grundstück wachsenden Lantanapflanzen auf seine Kosten auszurotten und zu vernichten.

§ 2. Der Polizeivorsteher von Apia hat jährlich mehrere Lantana-Inspektionen zu veranstalten und ihren Zeitpunkt vorher öffentlich und rechtzeitig bekannt zu machen.

---

*) D. Kol. Gesetzgeb. VI, No. 299.
) Nicht abgedruckt. — *) D. Kol. Gesetzgeb. V, No. 155.

Die inspizierenden Beamten sind befugt, jedes Grundstück in den Tagesstunden von 6 Uhr morgens bis 6 Uhr abends zu betreten.

§ 3. Der Eigentümer oder Besitzer eines Grundstücks, auf dem bei einer Inspektion Lantana gefunden wird, wird mit Geldstrafe bis zu 40 Mark und im Nichtbeitreibungsfalle mit Haft bestraft. — Auch kann in einem solchen Falle der Kaiserliche Bezirksrichter die Ausrottung der Lantana auf Kosten des Zuwiderhandelnden anordnen.

§ 4. Diese Verordnung tritt mit dem Tage ihrer Verkündung in Kraft. Zugleich werden sämtliche früheren Lantana-Verordnungen aufgehoben.

A p i a , den 24. Februar 1903.   Der Kaiserliche Gouverneur.
S o l f.

23. Verordnung des Gouverneurs von Samoa, betreffend die Ernennung einer Land- und Titelkommission. Vom 25. Februar 1903.

(Kol. Bl. S. 200.)

1. Zur Entscheidung samoanischer Land- und Titelstreitigkeiten tritt vorübergehend eine Kommission zusammen, die aus dem Kaiserlichen Bezirksrichter als Vorsitzendem und zwei Beisitzern besteht.

2. Die Beisitzer und deren Stellvertreter werden von dem Kaiserlichen Gouverneur ernannt, der auch für die Fälle der Behinderung des Vorsitzenden Bestimmung trifft.

3. Das Amt der Beisitzer ist ein Ehrenamt. Nicht beamtete Beisitzer erhalten eine Entschädigung für ihre Mühewaltung und Antrag Reisekosten, falls die Sitzungen der Kommission außerhalb Apias stattfinden.

4. Die Kommission hat die Streitsachen zu entscheiden, die ihr vom Kaiserlichen Gouverneur zur Entscheidung überwiesen werden. Das Verfahren wird durch eine besondere Instruktion geregelt.

5. Die Entscheidungen der Kommission sind endgültig.

6. Der Kaiserliche Gouverneur ernennt eine Kommission von Samoanern, die von der Land- und Titelkommission über samoanisches Recht und samoanische Sitten und Gewohnheiten gehört werden kann.

7. Den Zeitpunkt des Zusammentritts der Kommission bestimmt der Kaiserliche Gouverneur.

A p i a , den 25. Februar 1903.   Der Kaiserliche Gouverneur.
S o l f.

24. Instruktion des Gouverneurs von Samoa für das Verfahren der Land- und Titelkommission. Vom 25. Februar 1903.

(Kol. Bl. S. 200.)

In Ausführung des § 4 der Verordnung vom heutigen Tage, betreffend die Ernennung einer Land- und Titelkommission,*) ergeht folgende Instruktion:

1. Das Verfahren ist mündlich. Jedoch können zur Vorbereitung der mündlichen Verhandlung Schriftsätze der Parteien eingefordert werden.

2. Die Parteien müssen zur Verhandlung rechtzeitig geladen werden und selbst erscheinen. Eine Vertretung durch Fremde als Anwälte (Sachwalter) ist nicht gestattet, doch kann die Kommission von Amts wegen einer oder beiden Parteien einen Beistand bestellen.

---
*) Vorstehend unter No. 23.

3. Der Vorsitzende hat die auf die Prozeßleitung bezüglichen Verfügungen zu treffen. Die Beisitzer nehmen nur an der mündlichen Verhandlung und Urteilsfindung teil. Jedes Mitglied hat gleiches Stimmrecht. Die Entscheidungen werden nach Stimmenmehrheit gefaßt.

4. Der Kläger, der trotz gehöriger Ladung ohne vorherige genügende Entschuldigung ausbleibt, wird mit dem erhobenen Anspruch abgewiesen und ist von dem ergangenen Versäumnisurteil kurzerhand zu benachrichtigen. Bei nachträglicher Entschuldigung wird das Versäumnisurteil aufgehoben und die Verhandlung wieder eröffnet, wenn die Entschuldigung innerhalb dreier Monate nach der Benachrichtigung eingeht und für genügend erachtet wird.

5. Der Beklagte, der trotz gehöriger Ladung ohne vorherige genügende Entschuldigung ausbleibt, ist vorzuführen.

6. Zeugen, die trotz gehöriger Ladung ohne vorherige genügende Entschuldigung ausbleiben, können vorgeführt oder in Geldstrafe bis 500 Mark genommen werden.

7. Die Kommission ist befugt, Fälle von Ungehorsam und Ungebühr, die schriftlich oder mündlich während des Verfahrens begangen worden, vorbehaltlich der strafrechtlichen Verfolgung, mit Geldstrafe bis 300 Mark oder mit Haft bis drei Wochen zu ahnden.

8. Eine nicht beizutreibende Geldstrafe ist in Haft bis drei Wochen umzuwandeln.

9. Falls die Kommission die Einholung einer Auskunft von der Eingeborenen-Kommission für erforderlich erachtet, steht ihr die Auswahl eines oder mehrerer Mitglieder derselben oder die Befragung der gesamten Eingeborenen-Kommission frei.

10. Im übrigen ist die Kommission bezüglich der Erforschung der Wahrheit an keinerlei Formvorschriften gebunden und kann sich innerhalb der Grenzen der allgemeinen Gesetze jedes Mittels zur Bildung ihrer Überzeugung bedienen.

11. Die verlierende Partei hat die Kosten des Verfahrens und die entstandenen Auslagen zu tragen. Eine Erstattung der vom Kläger vor Einleitung des Verfahrens bezahlten Kopialien und der Gebühr von 50 Mark findet nicht statt, doch kann diese Summe dem unterliegenden Kläger auf die Gerichtskosten angerechnet werden. Die säumige Partei hat die durch die Säumnis entstandenen Auslagen zu tragen.

12. Das Register über die gefällten Entscheidungen hat zu enthalten: Namen und derzeitigen Wohnort der Parteien, Namen und Beschreibung des streitigen Landes und Titels, Inhalt und Datum der Entscheidung, Aktenzeichen sowie eine Rubrik für Bemerkungen. Die Entscheidungen sind chronologisch einzutragen und mit fortlaufenden Nummern zu versehen. Außerdem sind die Entscheidungen nach Distrikten zusammenzustellen. Versäumnisurteile sind erst einzutragen, wenn sie unanfechtbar geworden sind.

13. Die den Parteien zuzustellende Ausfertigung der Entscheidung ist von der Kommission zu unterzeichnen und dem Gouverneur zur Kenntnisnahme vorzulegen. Der Gouverneur versieht die Ausfertigung mit einem entsprechenden Vermerk. Versäumnisurteile sind in dieser Form erst zuzustellen, wenn sie unanfechtbar geworden sind.

14. Sämtliche Kosten und Gebühren werden bei der Kasse des Kaiserlichen Bezirksgerichts eingezahlt, von den sonstigen Einnahmen aber getrennt gehalten und getrennt gebucht. Es wird ein Einnahme- und Ausgabejournal sowie ein Kostenregister geführt.

15. Bei der Kommission ist ferner ein Register zu führen, in das die Klagen nach der Reihenfolge ihres Einganges und unter Bezeichnung der Parteien eingetragen werden. Bei Beginn eines Jahres beginnt eine neue Nummernfolge. Die Registernummer mit der Jahreszahl und den Buchstaben L. K. bildet das Aktenzeichen.

16. Die Festsetzung der Entschädigung für die nicht beamteten Beisitzer sowie der Reisegebühren erfolgt durch den Kaiserlichen Gouverneur.

A p i a , den 25. Februar 1903.

Der Kaiserliche Gouverneur.
S o l f .

25. Auszug aus dem Runderlaß des Gouverneurs von Deutsch-Ostafrika, betreffend die Kontrolle über Sprengstoffe. Vom 26. Februar 1903.

Es wird auf die im „Amtlichen Anzeiger" No. 5 von 1903 auszugsweise abgedruckten Vorschriften des Reichsgesetzes gegen den gemeingefährlichen und verbrecherischen Gebrauch vom 9. Juni 1884, welche auch im Schutzgebiet Anwendung finden, sowie auf meine auf Grund des gedachten Gesetzes erlassene, im „Amtlichen Anzeiger" No. 4 von 1903 abgedruckte Anordnung vom 22. November vorigen Jahres*) mit dem Ersuchen ergebenst aufmerksam gemacht, für die ortsübliche öffentliche Bekanntmachung beider gefälligst Sorge zu tragen.

*) Anordnung auf Grund des Sprengstoffgesetzes. Vom 22. November 1902.

Auf Grund des § 2 des Reichsgesetzes gegen den verbrecherischen und gemeingefährlichen Gebrauch von Sprengstoffen vom 9. Juni 1884 (Reichs-Gesetzbl. S. 61) wird hierdurch angeordnet, was folgt:

Art. 1. Über Gesuche um Gestattung der Einführung von Sprengstoffen aus dem Auslande, der Herstellung von Sprengstoffen im Inlande und des Vertriebes von Sprengstoffen im Handel entscheidet der Gouverneur.

Art. 2. Über Gesuche um Erteilung der Erlaubnis zum Besitze von Sprengstoffen zum Zwecke der eigenen Verwendung entscheidet die Verwaltungsbehörde (Bezirksamtmann, Militär-Stationschef) des Bezirks, in welchem die Verwendung stattfindet. Die Erlaubnis besitzt nur innerhalb des Verwaltungsbezirks Geltung.

Über die Erteilung der Erlaubnis zum Besitze von Sprengstoffen zum Zwecke des Transports derselben entscheidet die Verwaltungsbehörde des Bezirks, in welchem der Transport beginnt.

Art. 3. In der Bescheinigung über die Erteilung der Erlaubnis zum Besitze von Sprengstoffen wird die Art und Menge der Sprengstoffe, deren Besitz gestattet wird, bezeichnet.

Die Behörden sind befugt, die Genehmigung zum Besitze von Sprengstoffen für den diesselbe brauchenden persönlich oder gleichzeitig für dessen Angestellte und Beauftragte, ohne Namhaftmachung der letztern auszusprechen.

Die im Art. 2 bezeichneten Behörden sind über die Gründe zur Versagung der Genehmigung nur der Aufsichtsbehörde Aufschluß zu geben verpflichtet.

Art. 4. Für das gemäß § 1 Abs. 2 des Gesetzes zu führende Register ist ein Formular nach anliegendem Muster*) zu benutzen.

Art. 5. Die vorstehenden Anordnungen treten mit ihrer öffentlichen Verkündigung in Kraft.

Soweit die Erlaubnis zum Besitze von Sprengstoffen bereits anderweit erteilt worden ist, bleibt dieselbe noch bis zum Ablaufe von 3 Monaten nach der öffentlichen Verkündigung dieser Anordnungen in Kraft.

Daressalam, den 22. November 1902.

Der Kaiserliche Gouverneur.
I. V. Stuhlmann.

_____

*) Nicht abgedruckt.

Das Nähere über die dortseitige Zuständigkeit im Rahmen des gedachten Reichsgesetzes ergibt sich aus Art. 2 und 3 der Anordnung. Es wird sich empfehlen, Personen, welche um die polizeiliche Genehmigung zum Besitze von Sprengstoffen einkommen, auf die scharfen Vorschriften des Reichsgesetzes vom 9. Juni 1884 hinzuweisen. Der Inhalt der polizeilichen Erlaubnisscheine kann sich an die Form der im „Amtlichen Anzeiger" mehrfach abgedruckten einschlägigen Bekanntmachungen mit der Maßgabe anlehnen, daß die Menge des Sprengstoffs, dessen Besitz gestattet wird, und der räumliche Geltungsbereich der Erlaubnis ersichtlich sein müssen.

Die Niederlagen der Personen, welche nach § 1, Abs. 2, des Reichsgesetzes vom 9. Juni 1884 zur Registerführung verpflichtet sind, sind von Zeit zu Zeit polizeilich zu revidieren.

Die ausgestellten Erlaubnisscheine sind unter Angabe der aus dem Erlaubnisscheine ersichtlichen Einzelheiten in ein Verzeichnis nach beifolgendem Muster*) einzutragen und bei ihrem Ablauf oder bei Zurücknahme der Erlaubnis in demselben zu löschen.

Zum 1. Juli und 1. Januar jeden Jahres ist dem Gouvernement ein Auszug aus dem Verzeichnis einzureichen.

D a r e s s a l a m, den 26. Februar 1903.

Der Kaiserliche Gouverneur.
I. V. S t u h l m a n n.

26. Ergänzungs-Verordnung des Gouverneurs von Deutsch-Südwestafrika zu der Verordnung vom 18. Dezember 1900,**) betreffend die Einfuhr und den Vertrieb von geistigen Getränken in dem südwestafrikanischen Schutzgebiete. Vom 26. Februar 1903.

(Kol. Bl. S. 199.)

Auf Grund des § 15 des Schutzgebietsgesetzes (Reichs-GesetzbL 1900, S. 813) und des § 2, Absatz 1, der Verfügung des Reichskanzlers vom 25. Dezember 1900, betreffend die Ausübung konsularischer Befugnisse und den Erlaß polizeilicher und sonstiger die Verwaltung betreffender Vorschriften in Deutsch-Südwestafrika (Kol. Bl. 1901, S. 5), wird hiermit verordnet:

§ 1. Die Verordnung vom 18. Dezember 1900, betreffend die Einfuhr und den Vertrieb von geistigen Getränken in dem südwestafrikanischen Schutzgebiete, erhält zu § 11 als zweiten Absatz folgende Ergänzung:

„Erlaubnisscheine für die Verabfolgung der im gewerbsmäßigen Brauverfahren innerhalb des Schutzgebietes hergestellten einfachen oder obergärigen Biere werden gebührenlos ausgestellt."

§ 2. Diese Verordnung tritt mit ihrer Veröffentlichung in Kraft.

W i n d h u k, den 26. Februar 1903.

Der Kaiserliche Gouverneur.
I. V. T e c k l e n b u r g.

———

*) Nicht abgedruckt.
**) D. Kol. Gesetzgeb. V, No. 166, wo es übrigens in § 1, letzte Zeile, 1000 (eintausend), nicht 100 Liter heißen muß.

4*

27. Bekanntmachung und Polizeiverordnung des Gouverneurs von Kamerun für das Weichbild der Ortschaft Duala. Vom 1. März 1903.

Die anliegende Polizeiverordnung für das Weichbild der Ortschaft Duala vom 1. März 1903 bringe ich hiermit zur allgemeinen Kenntnis mit dem Bemerken, daß die Grenzen des Weichbildes der Ortschaft Duala auf der auf dem Bureau des Bezirks Duala aufliegenden Kartenskizze eingesehen werden.

Buea, den 1. März 1903.

Der Kaiserliche Gouverneur.
v. Puttkamer.

Anlage zu No. 27.

Polizeiverordnung des Gouverneurs von Kamerun für das Weichbild der Ortschaft Duala. Vom 1. März 1903.

Auf Grund des § 15 des Schutzgebietsgesetzes (Reichs-Gesetzbl. 1900, S. 813) in Verbindung mit § 9 der Verfügung des Reichskanzlers vom 29. März 1889 wird verordnet, was folgt:

§ 1. Wer beabsichtigt, im Weichbilde der Ortschaft Duala eine neue Niederlassung zu gründen, einen Neubau zu errichten oder einen Umbau auszuführen, hat hierzu vor Beginn der diesen Zweck dienenden Arbeiten die Genehmigung des Bezirksamts einzuholen. Das Bezirksamt ist befugt, Skizzen oder Pläne der beabsichtigten Anlagen einzufordern. Bei Stellung des Antrags ist gleichzeitig eine Gebühr von fünfundzwanzig Mark zu entrichten.

§ 2. Stehen der Anlage aus bau-, feuer- oder gesundheitspolizeilichen Gründen oder mit Rücksicht auf die Innehaltung der Straßenzüge und den weiteren Ausbau des Straßennetzes Bedenken entgegen, so darf dieselbe je nach der Entscheidung des Bezirksamts entweder gar nicht oder nur unter Beobachtung der angeordneten Abänderungen ausgeführt werden.

§ 3. Dem Bezirksamt bleibt überlassen, die Genehmigung zur Ausführung der Anlage nur für eine bestimmte Frist zu erteilen, welche auf Antrag aus besonderen Gründen verlängert werden kann.

§ 4. Die Entscheidung des Bezirksamts erfolgt schriftlich. Gegen dieselbe ist binnen vier Wochen, vom Tage der Zustellung an gerechnet, Beschwerde an den Kaiserlichen Gouverneur zulässig.

§ 5. Von der Fertigstellung der Anlage ist innerhalb eines Monats dem Bezirksamt Anzeige zu erstatten.

§ 6. Jeder Hauseigentümer oder Hausmieter im Weichbilde der Ortschaft Duala ist verpflichtet, in der Länge seines Hauses bezw. Grundstücks die bereits angelegten oder neu anzulegenden Straßen bis zur Mitte und, wenn kein Gegenüber vorhanden, bis zur vollen Breite von Gras und Schmutz freizuhalten und dauernd in diesem Zustand zu erhalten.

§ 7. Die Verrichtung der großen Notdurft im Freien innerhalb des Weichbildes der Ortschaft Duala ist verboten. Die in den Häusern befindlichen Aborte sind jeden Morgen vor 6 Uhr in den Fluß zu entleeren.

§ 8. Abfallstoffe sind mit Ausnahme von Glas, welches mindestens 2 Fuß tief vergraben werden muß, täglich vor 6 Uhr morgens in den Fluß abzuführen, und zwar an tiefer Stelle.

§ 9. Es ist verboten, ohne Genehmigung des Bezirksamts zwischen 11 Uhr nachts und 6 Uhr morgens Spiele im Freien abzuhalten, zu trommeln oder sonstigen ruhestörenden Lärm zu verursachen. Für die Erteilung der Genehmigung ist eine Gebühr von zehn Mark zu entrichten.

§ 10. Es ist verboten, Schweine, Schafe, Ziegen, Rinder und dergleichen in der Ortschaft frei umherlaufen zu lassen.

§ 11. Gras- und Strohhäuser und sonstige bauliche Anlagen mit Wänden oder Dächern aus Gras, Stroh oder ähnlichem feuergefährlichen Material dürfen in Zukunft nicht mehr errichtet und Reparaturen an den bestehenden derartigen Baulichkeiten nicht vorgenommen werden. Die Wände haben aus Stein, Lehm, Holz, Wellblech, die Dächer aus Wellblech, Dachpappe, Dachziegeln oder ähnlichem, weniger feuergefährlichem Material zu bestehen.

§ 12. Es ist verboten, an einem anderen als dem vom Bezirksamt bezeichneten Platz Markt abzuhalten.

§ 13. Zuwiderhandlungen gegen die Bestimmungen dieser Verordnung werden mit Geldstrafe von einer bis einhundertfünfzig Mark für sich allein oder in Verbindung mit Haft bestraft.

§ 14. Die Verordnung tritt mit dem Tage der Verkündigung in Kraft.

Bue s , den 1. März 1903.

Der Kaiserliche Gouverneur.
v. Puttkamer.

28. Verordnung des Gouverneurs von Samoa, betreffend die Einwanderung und Niederlassung von Chinesen in Samoa.
Vom 1. März 1903.
(Kol. Bl. S. 170.)

Auf Grund des § 9 der Verfügung des Reichskanzlers vom 17. Februar 1900, betreffend die Ausübung konsularischer Befugnisse und den Erlaß polizeilicher und sonstiger die Verwaltung betreffender Vorschriften in Samoa, wird hierdurch verordnet, was folgt:

§ 1. Chinesen dürfen nur mit Genehmigung des Gouverneurs in das Schutzgebiet einwandern und sich daselbst niederlassen.

§ 2. Der Betrieb eines Handwerks oder die Pachtung von Land ist ihnen gleichfalls nur mit Genehmigung des Gouverneurs gestattet.

§ 3. Den Chinesen ist nicht gestattet, im Schutzgebiete Land zu erwerben oder Handel zu treiben.

§ 4. Chinesen, die den Bestimmungen der §§ 1—3 zuwiderhandeln, werden mit Geldstrafe oder mit Gefängnis bis zu 3 Monaten bestraft.

§ 5. Wer entgegen der Bestimmung des § 1 Chinesen im Schutzgebiete landet, wird mit Geldstrafe von 500 Mark für jeden gelandeten Chinesen bestraft.

§ 6. Die in den §§ 1 und 2 vorgesehene Genehmigung ist jederzeit widerruflich.

§ 7. Diese Verordnung bezieht sich nicht auf die zur Zeit ihres Erlasses im Schutzgebiete ansässigen Chinesen.

§ 8. Das Gesetz des Königs Malietoa Laupepa, relating to the immigration of Chinese into Samoa, aus dem Jahre 1880, veröffentlicht in der Samoa Royal Gazette — Vol. I, No. 9 vom 15. September 1902 — wird aufgehoben.

Apia, den 1. März 1903.

Der Kaiserliche Gouverneur.
Solf.

29. Verordnung des Gouverneurs von Samoa, betreffend den Verkehr mit alkoholartigen Getränken. Vom 2. März 1903.

(Kol. Bl. S. 170.)

Auf Grund des § 2 der Verfügung des Reichskanzlers vom 17. Februar 1900, betreffend die Ausübung konsularischer Befugnisse und den Erlaß polizeilicher und sonstiger die Verwaltung betreffender Vorschriften in Samoa, wird hierdurch verordnet, was folgt:

Abschnitt I. (§§ 1—4.)

§ 1. Das Verabfolgen alkoholartiger Getränke an Eingeborene ist verboten.

§ 2. Eingeborene dürfen alkoholartige Getränke weder in Besitz haben, noch genießen.

§ 3. Das Verbot der §§ 1 und 2 bezieht sich nicht

1. auf Geistliche und Religionsdiener, die zu rituellen Zwecken Wein verabfolgen,
2. auf die Verabfolgung von alkoholhaltigen Getränken zu Heilzwecken,
3. auf Eingeborene, die von einem Fremden mit dem Einkauf oder Transport alkoholhaltiger Getränke beauftragt sind.

§ 4. Zuwiderhandlungen gegen Abschnitt I dieser Verordnung werden bei Fremden mit Geldstrafe bis zu 600 Mark, bei Eingeborenen mit Geldstrafe bis zu 100 Mark bestraft. Im Wiederholungsfalle tritt bei Fremden Geldstrafe von mindestens 100 Mark oder 1 Monat Gefängnis, bei Eingeborenen Gefängnis ein.

Abschnitt II. (§§ 5—8.)

§ 5. Wenn infolge von Trunksucht jemand sich oder seine Familie der Gefahr des Notstandes aussetzt oder zum öffentlichen Ärgernis wird, so kann der Polizeivorsteher auf Antrag die Verabfolgung alkoholhaltiger Getränke an ihn verbieten.

§ 6. Das Verbot ist auf die Dauer eines Jahres vom Tage des Erlasses an wirksam. Es ist dem Betroffenen zuzustellen und in den Gastwirtschaften an einer sichtbaren Stelle anzuheften, auch soll es mindestens dreimal in der in Apia erscheinenden Zeitung veröffentlicht werden.

§ 7. Gegen das Verbot steht dem Betroffenen binnen zwei Wochen nach der Zustellung die Beschwerde an den Kaiserlichen Bezirksrichter zu.

§ 8. Wer einem nach §§ 5—7 erlassenen Verbot zuwider alkoholartige Getränke verabfolgt, wird mit Geldstrafe bis zu 150 Mark oder mit Haft bestraft.

Abschnitt III. (§§ 9—12.)

§ 9. Die Ausübung des Schankgewerbes sowie der Kleinverkauf alkoholhaltiger Getränke ist nur mit Konzession gestattet. Die Übertragung einer Konzession auf eine andere Person bedarf in jedem Falle der vorherigen Genehmigung des Gouverneurs.

§ 10. Schankräume dürfen an Wochentagen von 6 Uhr morgens bis 12 Uhr nachts, an Sonntagen von 1 Uhr nachmittags bis 12 Uhr nachts offen sein. Die

Verabfolgung von Getränken in der Zwischenzeit ist verboten. Ausnahmen sind mit besonderer Erlaubnis des Polizeivorstandes zulässig.

§ 11. Gastwirte dürfen im Betriebe ihrer Schankwirtschaft an trunkene Personen alkoholhaltige Getränke nicht verabfolgen.

§ 12. Zuwiderhandlungen gegen die Bestimmungen des Abschnittes III dieser Verordnung werden mit Geldstrafe bis zu 150 Mark bestraft.

Gastwirten, die dreimal wegen Zuwiderhandlung gegen die Bestimmungen dieser Verordnung bestraft sind, kann die Konzession entzogen werden.

Abschnitt IV. (§ 13.)

§ 13. Diese Verordnung tritt mit dem Tage ihrer Verkündung in Kraft. Zugleich werden sämtliche nachstehende gesetzlichen Vorschriften außer Kraft gesetzt:

die Liquor Prohibition Ordinance (1691),

die Habitual Drunkards Ordinance (1893), No. IX, XII, CVIII, CXXXII der „Regulations of the former Municipality 1879—1886, re-enacted by resolution of July 16th 1891".

die Resolutions of the Municipal Council vom 20. August 1891, betreffend „the former Municipal Regulation No. XI", und vom 20. Januar und 16. September 1892, betreffend „transfer of license".

Apia, den 2. März 1903.

Der Kaiserliche Gouverneur.

Solf.

30. Auszug aus dem Zusatzabkommen zu dem Vertrage zwischen dem Auswärtigen Amt und der Jaluitgesellschaft vom 21. Januar 1888, betreffend die Verwaltung des Schutzgebiets der Marshall-, Brown- und Providence-Inseln.*) Vom 2. März 1903.

1. Die Jaluit-Gesellschaft erklärt sich bereit, sobald die Ausbeutung der Guanolager auf der Insel Nauru begonnen hat, jährlich eine Pauschalsumme von 7500 Mark als Beitrag zu den Umzugs-, Reise-, Stellvertretungs- und Ruhegehalts- und Reliktenkosten der Reichsbeamten zu bezahlen.

2. Über die Gewährung von Urlaubsbeihilfen an die Reichsbeamten seitens der Jaluit-Gesellschaft soll in jedem einzelnen Falle durch besondere Verhandlung zwischen dem Auswärtigen Amt, Kolonial-Abteilung, und der Jaluit-Gesellschaft entschieden werden.

3. Die Jaluit-Gesellschaft erklärt ihre Bereitwilligkeit, die etwaige Pensionierung der Lokalbeamten in jedem einzelnen Falle in Erwägung zu ziehen.

Berlin, den 2. März 1903.

(Unterschriften.)

*) D. Kol. Gesetzgeb. I, No. 222.

31. Auszug aus dem Runderlaß des Gouverneurs von Deutsch-Ostafrika zur Ausführung der Verordnung, betreffend das Bergwesen. Vom 5. März 1903.

Unter Bezugnahme auf die im „Amtlichen Anzeiger" No. 5 von 1903 zum Abdruck gelangten Ausführungsbestimmungen*) zum Abschnitt II B. der Allerhöchsten Verordnung vom 9. Oktober 1898, betreffend das Bergwesen in Deutsch-Ostafrika, wird hierdurch unter Aufhebung des Runderlasses vom 12. Oktober 1899**) als Dienstvorschrift bestimmt:

1. Die örtliche Verwaltungsbehörde jedes selbständigen Verwaltungsbezirks (§ 1, Abs. 1, der obenbezeichneten Ausführungsbestimmungen) führt ein Verzeichnis in drei Abteilungen, nämlich für:

    a) Ausstellung von Schürfscheinen (§ 15, 16 der Bergverordnung, § 1, Abs. 1 und 3, § 2 der vorbezeichneten Ausführungsbestimmungen),

    b) Verlängerung von Schürfscheinen (§ 16, Abs. 2 und 3, der Bergverordnung, § 1, Abs. 2 und 3, der vorbezeichneten Ausführungsbestimmungen),

    c) Übertragung von Schürfscheinen (§ 18 der Bergverordnung),

in welches die Vornahme einschlägiger bergrechtlicher Akte unter fortlaufender Nummer (jeder Abteilung) eingetragen wird. Für die Ausführung der unter b und c gedachten Verrichtungen ist die Vorlegung des ursprünglichen Schürfscheines zu verlangen.

Von jeder Eintragung ist der Bergbehörde mit der nächsten sich bietenden Gelegenheit unter Angabe der Verzeichnisnummern Meldung zu machen.

Formulare für die Schürfscheine und das vorbezeichnete Verzeichnis sowie Antragsformulare werden nach beendeter Drucklegung übersandt werden. Die Gebühren für die Ausstellung, Verlängerung und Übertragung von Schürfscheinen (§ 16, Abs. 2 und 3, § 18 der Bergverordnung) sind beim Einnahmekapitel 1, Titel 3 (für 1903 Ziffer 9) zu verrechnen.

2. Die örtliche Verwaltungsbehörde hat einlaufende Anzeigen von der erfolgten Absteckung eines Schürffeldes (§ 23 der Bergverordnung, § 3 der vorbezeichneten Ausführungsbestimmungen) auf den Stücken selbst mit dem Datum der Präsentation zu versehen. Der Präsentationsvermerk ist mit Rücksicht auf die Folgen des Fristablaufs (§ 26 der Bergverordnung) von dem Verwaltungschef oder dessen Stellvertreter durch Unterschrift zu bescheinigen.

Durch die Prüfung des Inhalts der Anzeige (§ 3, Abs. 2, der vorbezeichneten Ausführungsbestimmungen) wird der Lauf der Anzeigefrist gemäß § 25 der Bergverordnung nicht berührt.

Die mit dem Präsentatum versehenen Anzeigen sind mit nächster sich bietender Gelegenheit an die Bergbehörde weiterzusenden. Im Falle des § 25, Abs. 2, der Bergverordnung hat die örtliche Verwaltungsbehörde sich gleichzeitig darüber zu äußern, ob die a. a. O. festgesetzte Frist gewahrt worden ist. Falls in der Anzeige bei der Bezeichnung der Lage des Feldes (§ 23, Abs. 2, Ziffer 5) oder auf der beizufügenden Handzeichnung Tagesgegenstände, wie Berge, Flüsse, Seen oder Ortschaften, erwähnt werden, welche auf den veröffentlichten Karten

---

*) Vom 7. Februar 1903, s. oben No. 14.
**) D. Kol. Gesetzgeb. IV, No. 113.

nicht oder nicht richtig vorgezeichnet sind, hat die örtliche Verwaltungsbehörde sich auch zu den Angaben in der Anzeige und auf der Handzeichnung nach ihrer Kenntnis der örtlichen Verhältnisse zu äußern.

D a r e s s a l a m , den 5. März 1903.

Der Kaiserliche Gouverneur.
L. V. S t u h l m a n n.

32. Beschluß des Bundesrates, betreffend die Deutsche Togogesellschaft zu Berlin, nebst Auszug aus den Gesellschaftssatzungen.
Vom 5. März 1903.

(Kol. Bl. S. 196, Reichsans. vom 2. Mai 1903.)

Der Bundesrat hat in seiner Sitzung vom 5. März d. Js. beschlossen, der Deutschen Togogesellschaft mit dem Sitze in Berlin auf Grund ihrer vom Reichskanzler genehmigten Satzungen die Fähigkeit beizulegen, unter ihrem Namen Rechte, insbesondere Eigentum und andere dingliche Rechte an Grundstücken, zu erwerben, Verbindlichkeiten einzugehen, vor Gericht zu klagen und verklagt zu werden.

A u s z u g a u s d e n S a t z u n g e n.

Auf Grund des Schutzgebietsgesetzes wird unter der Firma „Deutsche Togogesellschaft" eine Kolonialgesellschaft errichtet, die ihren Sitz in Berlin hat.

Der Zweck der Gesellschaft ist der Erwerb und die Verwertung von Grundbesitz, der Betrieb von Land- und Plantagenwirtschaft, der Betrieb von Handel und Gewerbe wie überhaupt wirtschaftliche Unternehmungen jeder Art sowie die Beteiligung an solchen Unternehmungen im deutschen Togogebiete und den benachbarten Kolonien. Die Dauer der Gesellschaft ist unbeschränkt.

Die Gesellschaft kann Zweigniederlassungen im In- und Auslande errichten. Die Gesellschaft ist befugt, auf Beschluß der Hauptversammlung Schuldverschreibungen auf Namen oder — vorbehaltlich staatlicher Genehmigung — auf Inhaber auszugeben und überhaupt Anleihen aufzunehmen.

Das Grundkapital der Gesellschaft beträgt 750 000 Mark, eingeteilt in Anteile zu je 100 Mark. Innerhalb der ersten drei Jahre nach Konstituierung der Gesellschaft kann das Grundkapital durch Beschluß des Aufsichtsrates bis zum Betrage von einer Million Mark erhöht werden. Spätere oder weitergehende Erhöhungen bedürfen des Beschlusses der Hauptversammlung. Die Anteilscheine lauten auf den Inhaber. Sie sind unteilbar und haben die rechtlichen Eigenschaften beweglicher Sachen.

Die Zeichner von Anteilen haben 25 % des Stammbetrages binnen 14 Tagen nach Zeichnung zu entrichten, den Rest auf Beschluß und Aufforderung des Aufsichtsrates.

Die geleisteten Teilzahlungen werden auf Interimsscheinen vermerkt; dieselben lauten auf Namen und werden nach Vollzahlung gegen die Anteilscheine umgetauscht.

Wird die Zahlung einer ausgeschriebenen Teilzahlung zu der festgesetzten Frist nicht geleistet, so kann der Säumige zur Zahlung der fälligen Beträge nebst Zinsen vom Fälligkeitstage ab im Rechtswege angehalten werden. Außerdem kann nach zweimaliger Zahlungsaufforderung, welche durch eingeschriebene

Briefe unter Androhung des Ausschlusses stattzufinden hat, durch Beschlufs des Aufsichtsrats der Säumige seines Anteils zugunsten der Gesellschaft für verlustig und der über den Anteil ausgestellte Interimschein für kraftlos erklärt werden. Diese Erklärung wird dem Säumigen schriftlich mitgeteilt; sein Anteil verfällt der Gesellschaft, die berechtigt ist, ihn wieder zu veräußern.

Die Interimsscheine sind übertragbar. Die Übertragung erfolgt durch Vermerk seitens der Gesellschaft auf dem betreffenden Interimsschein auf Grund einer Übertragungserklärung des alten und einer Annahmeerklärung des neuen Besitzers. Für den richtigen Eingang der Restbeträge bleibt der alte Besitzer mit verhaftet, soweit die Zahlung von dem neuen Besitzer nicht zu erlangen ist. Dies ist bis zum Beweise des Gegenteils anzunehmen, wenn der neue Besitzer die Zahlung nicht bis zum Ablauf eines Monats geleistet hat, nachdem an ihn eine zweite Zahlungsaufforderung ergangen ist. Der alte Besitzer erwirbt gegen Zahlung des rückständigen Betrages den Anteil des säumigen neuen Besitzers zurück. Die Haftpflicht des alten Besitzers erlischt binnen fünf Jahren vom Tage des Übertragungsvermerks gerechnet.

Der Zeichner eines Anteils haftet nur für die Zahlung des vollen Stammbetrags; über diesen Betrag hinaus hat derselbe keine Verpflichtung.

Für die Verbindlichkeiten der Gesellschaft haftet nur das Gesellschaftsvermögen.

Die Mitglieder der Gesellschaft unterwerfen sich für alle Streitigkeiten mit der Gesellschaft aus dem Gesellschaftsvertrage dem Amts- bezw. Landgericht I Berlin.

Die Organe der Gesellschaft sind:
der Vorstand,
der Aufsichtsrat,
die Hauptversammlung.

Der Vorstand besteht aus einer oder mehreren Personen.

Die Ernennung und Absetzung der Mitglieder des Vorstandes steht dem Aufsichtsrat zu und erfolgt zu notariellem Protokoll. Auch können stellvertretende Mitglieder bestellt werden. Der Vorstand vertritt die Gesellschaft nach aufsen in allen Rechtsgeschäften und Angelegenheiten derselben, ernennt und entläfst die Beamten der Gesellschaft und leitet die Unternehmungen der Gesellschaft, insoweit ihm in diesen Befugnissen nicht durch den Aufsichtsrat oder die Hauptversammlung oder durch die Statuten Beschränkungen auferlegt werden.

Dritten Personen gegenüber haben nur die durch die Statuten festgesetzten Beschränkungen rechtliche Wirkung. Mitglieder des Vorstandes können nicht gleichzeitig Mitglieder des Aufsichtsrats sein. Zum Stellvertreter eines Mitgliedes des Vorstandes — einerlei, ob der Vorstand aus einer oder mehreren Personen besteht — können für einen im voraus begrenzten Zeitraum auch Mitglieder des Aufsichtsrats bestellt werden; doch scheiden dieselben für die Dauer ihrer Bestellung zu stellvertretenden Vorstandsmitgliedern aus dem Aufsichtsrate aus. Erklärungen oder Unterschriften sind für die Gesellschaft verbindlich, wenn sie unter dem Namen der Gesellschaft abgegeben werden, und zwar, wenn nur ein Vorstandsmitglied ernannt ist, von diesem oder seinem Stellvertreter und, wenn mehrere Vorstandsmitglieder ernannt sind, von zwei Vorstandsmitgliedern oder einem Vorstandsmitglied und einem Stellvertreter oder zwei Stellvertretern.

Der Aufsichtsrat besteht aus mindestens fünf Mitgliedern. Die Zahl der Mitglieder wird von der Hauptversammlung festgesetzt, welcher auch die Wahl derselben zusteht. Die Wahl erfolgt in der konstituierenden und später in den ordentlichen Hauptversammlungen. In jeder ordentlichen Hauptversammlung scheiden die drei Mitglieder aus, welche die längste Amtsdauer haben, im Zweifelsfalle entscheidet das Los. Die ausscheidenden Mitglieder sind wieder wählbar. Wenigstens zwei Drittel der Mitglieder des Aufsichtsrats müssen deutsche Reichsangehörige sein. Scheidet ein Aufsichtsratsmitglied während seiner Amtsdauer aus, so kann für ihn in der nächsten ordentlichen Hauptversammlung eine Ersatzwahl stattfinden. Bis dahin kann der Aufsichtsrat ein Ersatzmitglied kooptieren.

Der Aufsichtsrat hat das Recht und die Pflicht, die gesamte Geschäftsführung zu überwachen. Er kann jederzeit von dem Vorstande oder den Beamten der Gesellschaft Bericht über die Angelegenheiten der Gesellschaft verlangen und durch von ihm zu bestimmende Mitglieder, auch durch dritte Sachverständige die Bücher und Schriften der Gesellschaft einsehen und prüfen sowie den Bestand der Gesellschaftskasse und die sonstigen Aktivbestände untersuchen.

Dem Aufsichtsrate sind vorbehalten:
1. die Anstellung und Absetzung des Vorstandes oder einzelner Mitglieder desselben,
2. die Feststellung von Anweisungen für die Geschäftsführung des Vorstandes,
3. die Beschlußfassung über Erwerb, Veräußerung oder Belastung von Grundstücken,
4. die Inanspruchnahme von Bankkredit,
5. die Einforderung von weiteren Einzahlungen auf die Anteile,
6. die Erhöhung des Grundkapitals der Gesellschaft innerhalb der ersten drei Jahre nach Maßgabe des § 6, Absatz 2,
7. die Einberufung der Hauptversammlung und die Festsetzung ihrer Tagesordnung.

Der Aufsichtsrat wählt aus seiner Mitte einen Vorsitzenden und einen stellvertretenden Vorsitzenden jedesmal bis zur ersten Sitzung nach der nächsten ordentlichen Hauptversammlung.

Er regelt seine Tätigkeit durch eine von ihm selbst beschlossene Geschäftsordnung.

Die Hauptversammlung vertritt die Gesamtheit der Gesellschaftsmitglieder. Ihre Beschlüsse und Wahlen sind für alle Gesellschaftsmitglieder verbindlich. Die Hauptversammlungen finden in Berlin statt. Die Einberufung erfolgt durch den Aufsichtsrat mittels öffentlicher Bekanntmachung, welche mindestens 14 Tage vor dem betreffenden Termine zu erfolgen hat. In der Bekanntmachung muß die Tagesordnung sowie die Stellen, an welchen Anteils- bezw. Interimscheine hinterlegt werden können, angegeben werden. Anträge von Gesellschaftsmitgliedern (§ 80, Abs. 2) müssen mindestens acht Tage vor der Hauptversammlung angekündigt werden. Über Gegenstände, welche nicht auf der Tagesordnung stehen, können gültige Beschlüsse nicht gefaßt werden.

Jeder Gesellschafter, der einen Anteilschein bei der Gesellschaft hinterlegt, kann verlangen, daß ihm auf seine Kosten die Berufung der Hauptversammlung und die Gegenstände der Verhandlung, sobald deren öffentliche Bekanntmachung erfolgt, durch eingeschriebenen Brief besonders mitgeteilt werden. Die gleiche Mitteilung kann er über die in der Hauptversammlung gefaßten Beschlüsse verlangen. Zur Teilnahme an der Hauptversammlung ist jedes Mitglied der Gesellschaft ohne Rücksicht auf die Anzahl seiner Anteile berechtigt, falls es sich durch eine Hinterlegungsquittung einer der vorerwähnten Hinterlegungsstellen als Mitglied ausweist. Mitglieder, welche Scheine auf ihren Namen hinterlegt haben, können sich in der Hauptversammlung durch einen Bevollmächtigten vertreten lassen. Der Aufsichtsrat kann eine genügende Beglaubigung der Unterschrift der Vollmacht verlangen. Der Aufsichtsrat hat das Recht, auch Personen, welche weder Mitglieder noch Bevollmächtigte sind, die Teilnahme an der Hauptversammlung zu gestatten.

In den Hauptversammlungen berechtigt jeder hinterlegte Anteil ohne Rücksicht darauf, welcher Betrag auf ihn einbezahlt worden ist, zu einer Stimme.

Über die Verhandlungen ist notariell Protokoll zu führen; dasselbe ist vom Vorsitzenden der Versammlung zu vollziehen.

Die Hauptversammlungen sind ordentliche und außerordentliche.

Dem Beschlusse einer Hauptversammlung sind vorbehalten:

1. die Aufnahme von Anleihen durch Schuldverschreibungen (§ 5),
2. die Erhöhung des Grundkapitals, soweit nicht § 6, Absatz 2, zutrifft,
3. Statutenänderungen,
4. die Auflösung der Gesellschaft.

Der jährlich innerhalb der letzten vier Monate des Kalenderjahres stattfindenden ordentlichen Hauptversammlung sind vorbehalten:

1. die Beschlußfassung über den von dem Vorstande und Aufsichtsrate zu erstattenden Jahresbericht, die Genehmigung der Bilanz nebst Gewinn- und Verlustrechnung für das abgelaufene Geschäftsjahr, die Beschlußfassung über die Entlastung des Vorstandes und Aufsichtsrats,
2. die Beschlußfassung über die Verwendung des Reingewinns (vgl. jedoch § 37),
3. die Neuwahlen zum Aufsichtsrat.

Außerordentliche Hauptversammlungen können jederzeit berufen werden; sie müssen berufen werden, und zwar auf Verlangen innerhalb längstens vier Wochen

1. wenn die Aufsichtsbehörde es verlangt,
2. wenn Mitglieder, welche nachweislich mindestens 20 % des Gesellschaftskapitals besitzen oder vertreten, es unter Einreichung eines formulierten Antrages verlangen.

Die Beschlüsse der Hauptversammlung werden mit absoluter Majorität der abgegebenen Stimmen gefaßt.

Zu Beschlüssen über Statutenänderungen oder über die Auflösung der Gesellschaft ist jedoch erforderlich, daß in der Versammlung mindestens die Hälfte des Grundkapitals vertreten ist und wenigstens zwei Drittel der abgegebenen Stimmen für den betreffenden Antrag sind. Falls in der Versammlung die Hälfte des Grundkapitals nicht vertreten ist, wird eine zweite Hauptversammlung einberufen, welche in jedem Falle beschlußfähig ist. Bei der Einberufung der zweiten Versammlung ist hierauf hinzuweisen.

Im Falle einer Auflösung der Gesellschaft ernennt die Hauptversammlung die Liquidatoren.

Ergibt sich bei der Aufstellung der Jahresbilanz oder einer Zwischenbilanz, daß die Hälfte des Grundkapitals verloren ist, so ist unverzüglich eine Hauptversammlung zu berufen und dieser davon Anzeige zu machen.

Glaubt der Vorstand, daß die Voraussetzung der vorstehenden Bestimmung vorliegt, so hat er unverzüglich die Berufung einer Aufsichtsratssitzung zu beantragen.

Das Geschäftsjahr läuft vom 1. Mai bis 30. April. Das erste Geschäftsjahr schließt am 30. April 1903.

Der nach Abzug der Abschreibungen und Rücklagen verbleibende Reingewinn wird, unbeschadet der dem Vorstande oder den Angestellten der Gesellschaft vertragsmäßig zustehenden Tantiemen, wie folgt, verteilt:

Zunächst werden 10 % des Reingewinns dem Reservefonds zugeführt, bis dessen Betrag 20 % des Grundkapitals erreicht hat bzw. wieder erreicht hat, nachdem er angegriffen war; sodann erhalten die Mitglieder der Gesellschaft eine Dividende von 4 % auf das von ihnen eingezahlte Grundkapital; hierauf erhalten die Mitglieder des Aufsichtsrats 15 % des verbleibenden Restes als Tantieme, über den alsdann noch verbleibenden Überschuß entscheidet die Hauptversammlung.

Über die Art der Anlegung des Reservefonds entscheidet der Aufsichtsrat; er ist befugt, den Reservefonds für die Geschäfte der Gesellschaft zu verwenden.

Innerhalb vier Jahre nach Fälligkeit nicht erhobene Dividenden verfallen zugunsten der Gesellschaft.

Im Falle der Auflösung der Gesellschaft wird nach Tilgung ihrer Schulden das Vermögen nach Verhältnis der auf die Anteile geleisteten Einzahlungen unter die Mitglieder verteilt. Die Verteilung darf nicht eher vollzogen werden als nach Ablauf eines Jahres, von dem Tage an gerechnet, an welchem die Auflösung der Gesellschaft unter Aufforderung der Gläubiger, sich bei ihr zu melden, in den Gesellschaftsblättern bekannt geworden ist.

Bis zur Beendigung der Liquidation verbleibt es bei der bisherigen Organisation der Gesellschaft und ihrem Gerichtsstande.

Die Bekanntmachungen der Gesellschaft erfolgen im ,,Deutschen Reichsanzeiger und Königlich Preußischen Staatsanzeiger". Der Aufsichtsrat kann noch andere Publikationsblätter bestimmen.

Die Aufsicht über die Gesellschaft wird von dem Reichskanzler geführt, welcher zu diesem Behufe einen oder mehrere Kommissare bestellen kann. Die Aufsicht erstreckt sich auf die satzungsmäßige Führung der Geschäfte für die Erreichung des Gesellschaftszwecks.

Der Kommissar ist berechtigt, an jeder Versammlung des Aufsichtsrats und an jeder Hauptversammlung teilzunehmen, von dem Aufsichtsrate jederzeit Bericht über die Angelegenheiten der Gesellschaft zu verlangen und die Bücher und Schriften derselben einzusehen sowie auf Kosten der Gesellschaft, wenn dem Verlangen der dazu berechtigten Mitglieder der Gesellschaft nicht entsprochen wird, oder aus sonstigen wichtigen Gründen eine außerordentliche Hauptversammlung einzuberufen.

Der Genehmigung der Aufsichtsbehörde sind insbesondere die Beschlüsse der Gesellschaft, nach welchen eine Änderung oder Ergänzung dieser Statuten erfolgen, die Gesellschaft aufgelöst, mit einer anderen vereinigt oder in ihrer rechtlichen Form umgewandelt werden soll, unterworfen.

33. Runderlaß der Kolonial-Abteilung des Auswärtigen Amtes, betreffend die Kontrolle über das Inventar von amtlichen Expeditionen.
Vom 7. März 1903.

Aus Anlaß eines Sonderfalles mache Ich die Kaiserlichen Gouvernements noch besonders darauf aufmerksam, daß die von ihnen ressortierenden deutschen Grenzexpeditionen ihrer Dienstaufsicht auch bezüglich des zum Bereich der Expeditionen gehörigen fiskalischen Eigentums unterliegen.

In dieser Beziehung findet § 12 der „Vorschriften für die Verwaltung der Inventarien und Materialien bei dem Kaiserlichen Gouvernement*") mit der Maßgabe entsprechende Anwendung, daß die speziell für die Zwecke der Expedition neu beschafften Gegenstände hinsichtlich ihres weiteren Nachweises und der Kontrolle der Rückgabe seitens der Expedition denjenigen Gegenständen gleichzuachten sind, welche der Expedition aus Gouvernementsbeständen verabfolgt werden. Die Expeditionsführer sind dafür verantwortlich, daß eine Auflösung der Expedition nicht früher stattfindet, bevor nicht die Rückgabe der empfangenen Sachen ordnungsmäßig erfolgt ist.

Zu einer Kontrolle der Neubeschaffungen, über welche die Expeditionsführer ein Verzeichnis anzulegen und auf dem laufenden zu erhalten haben, werden die Kaiserlichen Gouvernements, soweit die Kostenverrechnung bei der Legationskasse erfolgt, durch die regelmäßig mit den Monatsnachweisungen der Legationskassen-Zahlungen dorthin gelangenden Duplikat-Rechnungen in den Stand gesetzt. Im übrigen ist die Kontrolle durch die Belege zu den Expeditions-Abrechnungen gegeben.

Ich darf bitten, die jeweiligen Expeditionsführer und die nachgeordneten Dienststellen in vorstehendem Sinne mit Weisung zu versehen.

Berlin, den 7. März 1903.

Auswärtiges Amt.   Kolonial-Abteilung.
I. V.   Hellwig.

34. Verordnung des Gouverneurs von Deutsch-Neu-Guinea, betreffend die Erlaubnis zur Ausübung einiger Gewerbebetriebe. Vom 14. März 1903.

(Kol. Bl. S. 266.)

Auf Grund des § 2 der Verfügung des Reichskanzlers zur Ausführung der Allerhöchsten Verordnung, betreffend die Übernahme der Landeshoheit über das Schutzgebiet von Deutsch-Neu-Guinea durch das Reich, vom 27. März 1899, wird für dieses Schutzgebiet verordnet, was folgt:

§ 1. Der ausdrücklichen Genehmigung des Gouverneurs oder des durch diesen zu bezeichnenden Beamten unterliegt:

a) der Betrieb der Fischerei auf Perlmutterschalen und Perlen, sowie auf Trepang, ohne Unterschied, ob derselbe mit Netzen, tauchenden Eingeborenen oder Taucherapparaten ausgeübt wird,

b) die Ausbeutung des Bodens auf Erze, Erdöle und brennbare Mineralien, jedoch unbeschadet der Vorschriften der Verordnung, betr. den Betrieb des Bergbaus auf Edelmetalle und Edelsteine, vom 23. September 1897/29. August 1899,**)

c) die Gewinnung von Guano, Phosphaten oder anderweitigen Düngungsmitteln,

d) die Ausbeutung von nicht in privatem Besitz oder Eigentum befindlichen Beständen an Kokospalmen und an gutta- oder kautschukhaltigen Pflanzen,

e) der Erwerb der unter a bis mit d bezeichneten Gegenstände von Eingeborenen, welche dieselben zum Zwecke des Handelsbetriebes gewinnen und zubereiten,

*) Diese Vorschriften sind in der für Deutsch-Ostafrika gültigen Form in der D. Kol. Gesetzgeb. VI, No. 68 abgedruckt.

**) D. Kol. Gesetzgeb. IV, No. 102, 103.

f) der Betrieb der Küstenfischerei, insoweit derselbe nicht die Versorgung des eigenen Hausstandes mit Nahrungsmitteln bezweckt,

g) das Schlagen von Holz für gewerbliche und Handelszwecke auf allen nicht in privatem Besitz oder Eigentum befindlichen Landstrecken,

h) der Betrieb des Gastwirts- und Schankgewerbes,

i) der Handelsbetrieb in solchen Bezirken des Schutzgebiets, für welche dies durch öffentliche Bekanntmachung des Gouverneurs fest-gesetzt wird.

§ 2. Die Bedingungen, unter denen die in § 1 erwähnte Genehmigung erteilt wird, werden in jedem einzelnen Falle festgesetzt.

§ 3. Zuwiderhandlungen gegen den § 1 werden mit Gefängnisstrafe bis zu einem Monat, Haft oder Geldstrafe bis zu 1000 Mark bestraft. Auch kann auf Einziehung der verwendeten Gegenstände und der bereits gewonnenen Erträge erkannt werden, und zwar ohne Unterschied, ob die ersteren dem Täter gehören oder nicht.

§ 4. Die Verordnung, betreffend die Erlaubnis zur Ausübung einiger Gewerbebetriebe, vom 13. Januar 1887,[*)]

die Verordnung zur Ergänzung der Verordnung, betreffend die Erlaubnis zur Ausübung einiger Gewerbebetriebe, vom 4. August 1902,[**)] und

der § 11 der Verordnung, betreffend die vorläufige Regelung der Verwaltung in dem Inselgebiet der Karolinen, Palau und Marianen, vom 26. September 1899,[***)] werden aufgehoben.

Herbertshöhe, den 14. März 1903.

Der Kaiserliche Gouverneur.

I. V. Knake.

35. Bekanntmachung des Gouverneurs von Deutsch-Ostafrika, betreffend die Aufhebung gewisser Frachtfreiheiten im Betrieb der Gouvernementsdampfer. Vom 21. März 1903.

Im Einverständnis mit dem Auswärtigen Amt, Kolonial-Abteilung, wird hierdurch angeordnet, daß den dienstlich reisenden Postbeamten sowie dem evangelischen Pfarrer und den Mitgliedern der Missionsgesellschaften auf den Gouvernementsdampfern freie Fahrt n i c h t mehr gewährt wird.

Diese Bestimmung findet auch auf etwa zur Beförderung gelangende Frachtgüter der bezeichneten Interessenten entsprechende Anwendung.

Von einem Ausgleich der bisher zurückgezahlten Fahrgelder usw. wird Abstand genommen.

Daressalam, den 21. März 1903.

Der Kaiserliche Gouverneur.

I. V. Stuhlmann.

---

*) D. Kol. Gesetzgeb. I, No. 192. — **) Ebenda VI, No. 336. — ***) Ebenda VI, No. 131.

36. Verordnung des Gouverneurs von Kamerun, betreffend den Schutz von Telephon- und Telegraphenanlagen. Vom 23. März 1903.

(Kol. Bl. S. 199.)

Auf Grund des § 15 des Schutzgebietsgesetzes (Reichs-Gesetzbl. 1900, S. 813) in Verbindung mit § 2 der Verfügung des Reichskanzlers vom 29. März 1889 wird verordnet, wie folgt:

§ 1. Die Verordnung zum Schutz der Telephonanstalt Victoria-Buša vom 10. Dezember 1901 (Kol. Bl. von 1902, S. 108)*) wird hiermit auf die Telephon- und Telegraphenanlage Duala-Buša, sowie auf die fernerhin im Schutzgebiet Kamerun zu errichtenden gleichen Anlagen ausgedehnt.

§ 2. Diese Verordnung tritt mit dem Tage ihrer Verkündigung in Kraft.

Buša, den 23. März 1903.

Der Kaiserliche Gouverneur.

v. Puttkamer.

37. Bekanntmachung des Gouverneurs von Deutsch-Ostafrika, betreffend die Tarife der Usambarabahn. Vom 24. März 1903.

(Kol. Bl. S. 289.)

Vom 1. April d. Js. treten bei der Usambara-Eisenbahn die nachstehenden Bestimmungen in Kraft:

A. Tarife.

Ia. Personenverkehr.

	Einfache Fahrt		Hin- und Rückfahrt	Bemerkungen
	2. Klasse für das Kilometer Pesa	3. Klasse für das Kilometer Pesa	2. Klasse für das Kilometer Pesa	
Für Weiße	6	—	9	Fahrkarten 2. Klasse und Rückfahrkarten 3.Klasse für Farbige und Halbfarbige werden nicht ausgegeben.
Für Farbige und Halbfarbige	—	0,75	—	

Kinder bis zu vier Jahren haben freie Fahrt. Kinder vom vollendeten vierten bis zum vollendeten zehnten Lebensjahre, falls für sie ein Platz beansprucht wird, werden bei Lösung von einfachen und Rückfahrkarten zu halben Preisen befördert.

Für den Verkehr zwischen Tanga und Steinbruch werden Zeitkarten zu ermäßigten Preisen ausgegeben, und zwar:

für die 2. Klasse zum Preise von monatlich 6 Rupien,
für die 3. Klasse zum Preise von monatlich 1 Rupie.

b. Gepäckverkehr.

Für Reisegepäck werden 2 Pesa für das Kilometer und 100 kg (gewöhnlicher Gütertarifsatz) berechnet.

---

*) D. Kol. Gesetzgeb. VI, No. 291.

Auf jede Fahrkarte 2. Klasse werden 30 kg Freigepäck gewährt. Auf Fahr-karten 3. Klasse darf nur Handgepäck bis zu 30 kg unentgeltlich befördert werden.

c. Beförderung von Hunden.

Für die Beförderung von Hunden sind, ohne Rücksicht auf das Alter oder die Gröfse derselben, 2 Pesa für den Kilometer zu zahlen. Den Zuschlag von 1 Rupie, also aufser dem tarifmäfsigen Preise einer Hundekarte, hat der Reisende zu zahlen, welcher unterlassen hat, für einen mitgenommenen Hund eine Fahr-karte zu lösen.

II. Güterverkehr.
A. Tarif.

	Stückgut			Wagenladung		
Allgemeine Stückgut-klasse	Spezialtarif I	Spezialtarif II	Allgemeine Wagen-ladungsklasse	Spezialtarif I	Spezialtarif II
Für 100 kg und 1 km	Für 100 kg und 1 km	Für 100 kg und 1 km	Für 100 kg und 1 km	Für Güter des Spezialtarifs I der Stückgut-klasse für 100 kg und 1 km	Für Güter des Spezialtarifs II der Stückgut-klasse für 100 kg und 1 km
Pesa	Pesa	Pesa	Pesa	Pesa	Pesa
2	1	0,5	1,0	0,8	0,4

1. Grundzüge für die Frachtenberechnung.
A. Stückgut.

1. Die Fracht wird nach Kilogramm berechnet. Sendungen unter 20 kg werden für 20 kg, das darüber hinausgehende Gewicht wird mit 10 kg steigend so berechnet, dafs je angefangene 10 kg für voll gelten. Die Fracht wird von 4 zu 4 Pesa nach oben abgerundet.

2. Der Mindestbetrag ist 40 Pesa für jede Frachtsendung.

3. Die nachstehend unter den Spezialtarifen I und II der Stückgutklassen nicht aufgeführten Güter werden nach dem gewöhnlichen Tarifsatz berechnet.

4. Der Spezialtarif I kommt in Anwendung in der Richtung Tanga—Inneres und umgekehrt bei Aufgabe von Kohlen, europäischem Bauholz, Well-blech, Zement, landwirtschaftlichen Geräten, Geräten und Materialien für Wege-und Wasserbauten, Walz- und Stabeisen, Maschinen jeder Art, zur Aussaat be-stimmten Saatfrüchten, künstlichen Düngungsmitteln, lebenden Bäumen und Sträuchern und Gebrauchsgegenständen für Eingeborene.

5. Der Spezialtarif II kommt nur für die Richtung Inneres—Tanga und nur für Erzeugnisse des Feld- und Gartenbaues, der Viehwirtschaft und Forst-wirtschaft in Anwendung.

6. Werden Güter der Spezialtarife mit solchen, der gewöhnlichen Stück-gutklasse in getrennter Verpackung mit einem Frachtbrief aufgegeben, so wird die Fracht nach den Sätzen der gewöhnlichen Stückgutklasse berechnet, sofern nicht bei getrennter Aufgabe des Gewichts die Einzelberechnung sich billiger stellt.

7. Werden Güter des Spezialtarifs mit solchen der gewöhnlichen Stückgut-klasse zu einem Frachtstück vereinigt, so wird die Fracht für das ganze Gewicht zu den Sätzen der gewöhnlichen Stückgutklasse berechnet.

8. Für sperrige Güter, d. h. solche Güter, welche im Verhältnis zu ihrem Gewicht einen ungewöhnlich grofsen Laderaum in Anspruch nehmen, wird bei Aufgabe als Stückgut die Fracht für das um 50 pCt. erhöhte wirkliche und alsdann vorschriftsmäfsig abgerundete Gewicht nach dem gewöhnlichen Tarifsatz für Stückgut bezw. nach den Spezialtarifen I und II erhoben.

Für teils aus sperrigem, teils aus nichtsperrigem Gut bestehende Stück-gutladungen wird für das sperrige Gut das 1½fache, für das nichtsperrige Gut das wirkliche Gewicht in Ansatz gebracht. Unter Vorbehalt weiterer diesbezüglicher Bestimmungen gilt zunächst als sperrig:

a) Bäume, Gesträuche — unverpackt oder nicht in fester Verschnürung —, lebende Pflanzen und Blumen — unverpackt und unverhüllt —;
b) Hohlgefäfse, leere, nicht ineinandergesetzt;
c) Fässer, leere;
d) Fafsreifen;
e) Kisten, nicht ineinandergesetzt und nicht zerlegt in Bündeln;
f) Korbwaren, leere;
g) Möbel, unzerlegte.

9. Für Verpackungsgegenstände, Emballagen, leere Flaschen, Säcke u. dergl., welche leer nach der Abgangsstation zurückgesandt werden, wird ein Drittel der Sätze der allgemeinen Stückgutklasse berechnet.

b. Wagenladung.

10. Zu den Sätzen der Wagenladungsklasse werden diejenigen Güter befördert, welche der Absender mit einem Frachtbrief für einen Wagen als Wagen-ladung aufgibt.

11. Die Güter werden eingeteilt in drei Klassen: Güter der allgemeinen Wagenladungsklasse, Güter des Spezialtarifes I und Güter des Spezialtarifes II.

Zu den Gütern der allgemeinen Wagenladungsklasse zählen die Güter der allgemeinen Stückgutklasse, zu den Gütern des Spezialtarifes I die Güter des Spezialtarifes I der Stückgutklasse und zu den Gütern des Spezialtarifes II die Güter des Spezialtarifes II der Stückgutklasse.

12. Der Frachtberechnung nach den Sätzen der Wagenladungsklassen wird je nach der Art des Wagens ein Gewicht von 5000 bezw. 7000 bezw. 12500 kg zugrunde gelegt. Es können also die Wagenladungssätze nur bei Aufgabe von Wagenladungen im Gewichte von 5000 bezw. 7000 bezw. 12500 kg oder bei Bezahlung dieses Gewichts Anwendung finden. Ergibt jedoch die Berechnung bei Zugrundelegung des wirklichen Gewichts und des entsprechenden Stückgutsatzes eine billigere Fracht, so ist diese Berechnungsweise in Anwendung zu bringen, sofern nicht die Gestellung eines besonderen Wagens verlangt ist.

13. Im Falle der Zusammenladung ungleich tarifierter Güter wird die Fracht für die ganze Sendung auf Grund des höchsten für einen Teil der Sendung geltenden Tarifsatzes ermittelt, sofern nicht bei getrennter Gewichtsangabe die Einzelberechnung sich billiger stellt.

2. Nebengebühren.

1. Für Auf- und Abladen der Stückgüter sind für je 100 kg 2 Pesa zu zahlen.

Das Be- und Entladen der Wagenladungen hat der Absender bezw. der Empfänger zu besorgen.

Wagen werden zum Beladen bezw. Entladen 24 Stunden zur Verfügung gestellt. Diese Zeit rechnet von dem Augenblick ab, wo dem Absender bezw. Empfänger die Bereitstellung des Wagens mitgeteilt ist.

Nach Ablauf der Be- bezw. Entladungsfrist wird für je angefangene 24 Stunden erhoben:

a) für einen zweiachsigen Wagen:

für die ersten 24 Stunden	2 Rupien,
für die zweiten 24 Stunden	3 „
für jede weitere 24 Stunden	4 „

b) für einen vierachsigen Wagen:

für die ersten 24 Stunden.	3 Rupien,
für die zweiten 24 Stunden	4 „
für jede weitere 24 Stunden	5 „

Nach Ablauf der Be- bezw. Entladefrist wird auch für Sonn- und Feiertage Standgeld erhoben.

2. Für das Bereitstellen leerer Wagen am Hafenpier kommen folgende Gebühren in Anwendung:

für einen Wagen von 5000 kg Ladegewicht 1 Rupie,
für einen Wagen von 7000 kg Ladegewicht 1 „ 32 Pesa,
für einen Wagen von 12500 kg Ladegewicht 2 Rupien 32 „

3. Für die Überführung eines beladenen Wagens vom Bahnhofe Tanga zum Pier sowie für die Überführung eines beladenen Wagens vom Pier zum Bahnhofe Tanga kommen zur Erhebung:

für einen Wagen von 5000 kg Ladegewicht 2 Rupien,
für einen Wagen von 7000 kg Ladegewicht 3 „
für einen Wagen von 12500 kg Ladegewicht 5 „

4. Für die Benutzung der Kräne am Hafenpier wird eine Krangebühr im Betrage von 2 Rupien für die Arbeitsstunde erhoben.

5. Wägegeld:

a) für Stückgüter sind für 100 kg 2 Pesa zu erheben. Diese Gebühr ist zu zahlen:

α) für die Ermittlung des Gewichts von Frachtstückgut, wenn der Frachtbrief eine Gewichtsangabe nicht enthält, oder das angegebene Gewicht unrichtig ist;

β) wenn der Absender nach erfolgter bahnseitiger Verwiegung die Wiederholung derselben beantragt hat und eine sich dabei etwa ergebende Differenz nicht mehr als 2 pCt. beträgt;

γ) wenn der Empfänger die Verwiegung beantragt hat und die Nachwiegung kein von der Eisenbahn zu vertretendes Mindergewicht ergeben hat.

b) Für Wagenladungsgüter:

α) für Verwiegung einzelner Frachtstücke sind für je 100 kg 2 Pesa zu entrichten;

β) für die Verwiegung mittels der Güterwage für jeden Wagen 1 Rupie.

5*

6. Lagergeld wird erhoben, wenn das Gut in bedeckten Räumen lagert, für einen Tag und 100 kg 4 Pesa, wenn das Gut im Freien lagert, für einen Tag und 100 kg 2 Pesa.

7. Deckenmiete beträgt für das Stück, ohne Rücksicht auf die Gebrauchszeit und die Entfernung, 2 Rupien.

8. An Desinfektionsgebühren werden berechnet für einen Wagen 1 Rupie 32 Pesa.

9. Der Verkaufspreis der Frachtbriefe beträgt per Stück 1 Pesa, bei Abnahme von mindestens 100 Stück für je 100 Stück 1 Rupie.

10. Für die Ausfüllung der Frachtscheine durch einen Eisenbahnbediensteten wird für je einen Frachtschein berechnet 2 Pesa.

11. Für die Signierung der Frachtstücke wird nur unter Hergabe des Materials per Stück eine Gebühr berechnet von 4 Pesa.

12. Wenn der Absender oder Empfänger die Feststellung der Stückzahl bei Wagenladungsgütern beantragt, so ist dafür eine Zählgebühr zu entrichten, und zwar:

für je angefangene 20 Stück . . . . . . 4 Pesa,
mindestens für einen Wagen . . . . . 1 Rupie,
höchstens für einen Wagen . . . . . . 2 Rupien.

13. Für Hilfeleistung bei Revisionen wird an Gebühren berechnet:
für Öffnen und Verschließen von Frachtstücken per Stück 5 Pesa,
für Öffnen und Verschließen, Aus- und Einpacken 10 Pesa.

14. Bei Zustellung einer Benachrichtigung durch einen Boten der Eisenbahn innerhalb des Stationsortes wird eine Gebühr bezogen von 2 Pesa.

Außerhalb des Stationsortes gilt die Gebührvorschrift für die diesbezügliche Telegramm-Zustellung (siehe IV). Das unter dieser Nummer Gesagte gilt auch für die Zustellung von einem oder mehreren Briefen.

3. Geldbeförderung.

Für Geldbeförderung — immer auf Gefahr des Absenders — sind, unabhängig von der Transportlänge, für je 100 Rupien in Silber 10 Pesa zu zahlen, wobei auch für angefangene Hunderte dieser Betrag berechnet wird.

Die Geldsendungen dürfen nur in versiegelten Paketen oder in versiegelten Säcken und Kisten abgeliefert werden. Kupfergeldbeförderung wird nach dem Stückguttarif berechnet.

III. Viehverkehr.

Bezeichnung	Gewöhnlicher Tarifsatz für 1 Stück und km Pesa	Wagenladungssatz für 1 Stück und km Pesa	Mindestsätze bei Einzelsendungen Rap.	Bemerkungen
1. Pferde und europäische Zuchttiere	10	6	8	Das Verladen usw. Entladen des Viehs ist Sache des Versenders bzw. des Empfängers. Die Eisenbahnverwaltung übernimmt keine Gewähr für Unfälle irgendwelcher Art, die dem Vieh während der Fahrt oder beim Verladen oder Entladen zustoßen. Der Tarif für Wagenladung kommt in Anwendung bei Verfrachtung von 12 Stück Vieh und mehr. Der Transport einzelner Tiere kann nur nach Maßgabe des vorhandenen Platzes im Zuge erfolgen.
2. Rindvieh, Maultiere und Maulesel	6	3	2	
3. Esel, Füllen, Kälber . . .	4	2	1	
4. Kleinvieh bis 30 kg . . .	1	0,5	1	
5. Kleinvieh bis 90 kg . . .	2	1	1	
6. Kleinvieh über 90 kg . .	3	1,5	1	

IV. Depeschenverkehr.

Die Gebühren für Depeschen sind:

für zehn oder weniger Worte . . . . . . 32 Pesa,

für jedes weitere Wort . . . . 3 „

Die Wortlänge ist auf 15 Buchstaben oder fünf Ziffern festgesetzt.

Innerhalb der Ankunftsstation werden Depeschen unentgeltlich ausgetragen. Nach auswärts ist der Botenlohn jedesmal besonders festgesetzt.

B. Kilometertafel.

Für die Berechnung der Gebühren ist die nachstehende Kilometertafel maßgebend.

Von	Kilometer 7	Steinbruch	Pongwe	Ngomeni	Muheza	Bombuera	Kihuhwi	Mayuzi	Korogwe
0 Tanga	7	11	14	29	40	51	58	60	84
7 Kilometer 7	—	4	7	22	33	44	50	62	77
11 Steinbruch	4	—	3	18	29	40	46	58	73
14 Pongwe	7	3		15	26	37	42	55	70
29 Ngomeni	22	18	15	—	11	22	27	40	55
40 Muheza	33	29	26	11	—	11	16	29	44
51 Bombuera	44	40	37	22	11		5	18	33
56 Kihuhwi	49	45	42	27	16	5	—	13	28
69 Mayuzi	62	58	55	40	29	18	13	- -	15
84 Korogwe	77	73	70	55	44	33	25	15	—

Daressalam, den 24. März 1903.

Der Kaiserliche Gouverneur.

I. V. Stuhlmann.

38. Auszug aus dem Runderlaß des Gouverneurs von Deutsch-Ost-afrika, betreffend die Aufbewahrung der Kassengelder und Schlüssel. Vom 24. März 1903.

Ich ersuche, darüber zu berichten, wie die fiskalischen Geldbestände bei jeder Dienststelle verwahrt werden, insbesondere, ob die Räume gegen Diebes- und Feuersgefahr genügend gesichert erscheinen, ob Duplikat- und Reserve-schlüssel zu den Kassenschlössern und eventuell auch zu den Vorhängeschlössern an den Geldmagazinräumen vorhanden sind, wo diese Schlüssel aufbewahrt werden, bezw. wie dieselben unter das Kassenpersonal verteilt sind. Sofern dauernd oder zeitweise eine Bewachung des Kassenraumes oder Geldmagazins durch einen Posten stattfindet, würde dies ebenfalls zu berichten sein.

Die Vorhängeschlösser, durch welche Kassenschränke und Geldmagazine verschlossen gehalten werden, müssen einer gründlichen Prüfung daraufhin unterzogen werden, ob sich dieselben nicht etwa mit anderen Schlüsseln öffnen lassen. Es sind nur Schlösser vorzüglicher Qualität zu verwenden, und sind solche im Bedarfsfalle durch das Zentralmagazin unter Angabe des Zwecks ihrer Verwendung zu bestellen.

Die aus Anlaß eines Wechsels in dem verantwortlichen Kassenpersonal dem Gouvernement einzureichenden Protokolle über die Kassenübergabe und die damit zu verbindende Revision des ganzen Kassenbetriebes sind mit ehester Post-

gelegenheit einzusenden. Von jetzt an sind diese Protokolle nach dem beiliegenden Schema abzufassen und dabei zu beachten, dafs die Protokolle auch
eine Angabe über die Bestände an Inventarien, Materialien und Handelsmunition
enthalten müssen.

Sofern es sich um eine Kassenübergabe aus Anlafs eines Wechsels der verantwortlichen Funktionäre handelt, ist diese Verhandlung im Original dem Gouvernement einzureichen.

Die Protokolle bezw. Abschriften sind von jeder Dienststelle in einem besonderen Aktenstück zu sammeln.

D a r e s s a l a m , den 24. März 1903.

Der Kaiserliche Gouverneur.
I. V. S t u h l m a n n.

Anlage zu No. 88.

V e r h a n d e l t

. . . . , den 19

Aus Anlafs . . . .

. . . .

wurde am heutigen Tage in Gemäfsheit der Vorschrift unter A IV b 3 der
Geschäftsanweisung für Bezirks- und Stationskassen eine Prüfung des Kassenbestandes vorgenommen und damit eine den ganzen Kassenbetrieb um-
fassende Revision verbunden.

Nach dem zunächst abgeschlossenen Kassenjournal betrug der buch-
mäfsige Sollbestand der . . . . Kasse . . . . . Rp . . . . . P.

Die Buchungen im laufenden Monat wurden mit den Einnahme- und
Ausgabebelegen verglichen; hierbei fand sich . . . . . zu erinnern . . . . . .

. . . .

Sodann fand die Feststellung des Kassenbestandes statt.

Es wurden vorgefunden:

a) in dem mit sicherem Verschlufs versehenen und in gutem Zustande befindlichen Kassenschrank, welcher in dem . . . . Raum untergebracht ist:

In v e r s i e g e l t e n B e u t e l n :
. . . . . . Stück à 2000 Rupien   = ... Rp . . . . . P.
. . . . . . „ à 1000 „   = ... „ . . . . . „
. . . . . . „ à 500 „   = ... „ . . . . . „
In v e r s i e g e l t e n R o l l e n :
. . . . . . Rollen à 50 Rupien   = ... „ . . . . . „
. . . . . . „ à 25 „   = ... „ . . . . . „
. . . . . . „ à 10 „   = ... „ . . . . . „
. . . . . . „ — „   32 P. = ... „ . . . . . „
In l o s e n M ü n z e n : . . . .
b) ferner sind Geldbeträge untergebracht:

. . . .

. . . .

Ergibt einen Istbestand von   . . . . Rp . . . . . P.,
welcher mit dem vorzeitig ermittelten Sollbestand von   . . . . Rp . . . . P.
. . . . . . übereinstimmt;
es ist vielmehr ein Fehlbetrag — Mehrbetrag — von   . . . . Rp . . . . . P.
vorhanden.

Das vorhandene Kassenplus wurde im Kassenjournal Blatt . . , No. . .
vereinnahmt.
Der festgesetzte Fehlbetrag wurde vom . . . . sofort der Kasse
ersetzt.

Zu a. Die zu einem Schloß des Kassenschrankes a gehörigen Schlüssel
— befinden sich in Händen des . . . . — wurden in . . . Exemplaren
dem . . . . übergeben. Die Schlüssel zum 2. Schloß dieses
Kassenschrankes befinden sich in . . . . Exemplaren in Händen des

. . . .
Weitere Reserveschlüssel werden . . . .

. . . . aufbewahrt.
Zu b. Die Schlüssel zu . . . .

. . . .

. . . .

. . . .

. . . .

. . . .

. . . . Der im Anschluß hieran vorgenommene Kassensturz der Kommunalkasse ergab den buchmäßigen Sollbestand von . . . . Rp. . . . . P.
und wurde richtig übergeben bezw. übernommen.

Hierauf wurden die Bestände an Inventarien, Materialien und Handelsmunition an der Hand der abgeschlossenen Konten übergeben bezw. übernommen; hierbei fand sich . . . . zu erinnern. . . . . . .

39. Verordnung des Gouverneurs von Togo, betreffend Anmeldung der zur Ausfuhr kommenden Gegenstände. Vom 25. März 1903.

(Kol. Bl. S. 255.)

Auf Grund des § 15 des Schutzgebietsgesetzes (Reichs-Gesetzbl. 1900,
S. 813) in Verbindung mit § 9 der Verfügung des Reichskanzlers behufs Übertragung konsularischer Befugnisse sowie des Rechtes zum Erlasse polizeilicher
und sonstiger, die Verwaltung betreffender Strafvorschriften, vom 29. März 1889,
bestimme ich hierdurch, was folgt:

§ 1. Vom 1. April 1903 ab kommen die von den Exportfirmen vierteljährlich einzureichenden Nachweisungen über die Ausfuhr in Fortfall.

§ 2. Vom 1. April 1903 ab hat jeder, welcher einen Gegenstand aus dem
Schutzgebiete seewärts ausführt, spätestens drei Tage nach der erfolgten Ausfuhr eine Ausführungsanmeldung nach beifolgendem Muster der zuständigen
Zollstelle einzureichen. Formulare zu diesen Anmeldungen werden von den Zollstellen gegen Entgelt abgegeben.

§ 3. Zuwiderhandlungen gegen diese Verordnung werden mit einer Geldstrafe bis zu 150 Mark oder im Falle der Zahlungsunfähigkeit mit entsprechender
Haft bestraft.

§ 4. Die Verordnung tritt mit dem Tage ihrer Verkündung in Kraft.

Lome, den 25. März 1903.

Der Kaiserliche Gouverneur.
I. V. Dr. Graef.

Anlage zu No. 39.

Anmeldung zur Ausfuhr.

(Lebende Tiere, lebende Pflanzen und Feuerwaffen sind nach Stückzahl,
Flüssigkeiten mit Ausnahme von Palmöl nach Litern, alle übrigen Waren
nach Kilogramm anzugeben.)

Lfde. No.	Der Ausfuhr			Der Waren					Bemer- kungen
	Monat	Tag	Gattung	Menge			Wert		Bestimmungs- land
				kg	l	Stück	ℳ	Pf.	

40. Auszug aus dem Runderlaß des Auswärtigen Amtes der Kolonial-
Abteilung, betreffend die ethnographischen und naturwissenschaftlichen
Sammlungen der Beamten und Militärpersonen in den Schutzgebieten.
Vom 30. März 1903.

(Kol. Bl. S. 169).

Die Bestimmungen des Runderlasses der Kolonial-Abteilung des Auswärtigen Amtes vom 13. Oktober 1896, betreffend die ethnographischen und naturwissenschaftlichen Sammlungen der in den Schutzgebieten befindlichen Beamten
und Militärpersonen (Kol. Bl. 1890, S. 669),[*] sind in neuerer Zeit mehrfach
nicht beachtet worden.

Derartige Sammlungen sind vor etwaiger Entäußerung an das „Königliche
Museum für Völkerkunde, Kolonial-Abteilung, Berlin SW., Königgrätzerstr. 120“,
zu senden, damit zunächst den heimischen wissenschaftlichen Instituten Gelegenheit zum Erwerb gegeben wird.

Diese Bestimmung wird hierdurch auch auf die Angehörigen der Schutztruppen und auf die in den Schutzgebieten befindlichen kommandierten Offiziere ausgedehnt.

Berlin, den 30. März 1903.

Auswärtiges Amt.   Kolonial-Abteilung.

Stuebel.

---

*) D. Kol. Gesetzgeb. II, No. 230.

41. Verordnung des Gouverneurs von Samoa, betreffend Gebühren der Rechtsanwälte. Vom 31. März 1903.

(Kol. Bl. S. 294.)

Auf Grund des § 3 der Verfügung des Reichskanzlers, betreffend die Regelung des gerichtlichen Kostenwesens in den Schutzgebieten Afrikas und der Südsee, vom 28. November 1901,[*) wird hiermit verordnet, was folgt:

Den Rechtsanwälten stehen Gebühren im doppelten Betrage der Sätze zu, die in den im § 19 des Gesetzes über die Konsulargerichtsbarkeit bezeichneten Vorschriften bestimmt sind.

Apia, den 31. März 1903.

Der Kaiserliche Gouverneur.

Solf.

42. Bekanntmachung des Reichskanzlers, betreffend die kommunalen Verbände Rufiyi und Morogoro in Deutsch-Ostafrika. Vom 1. April 1903.[**)   *K. 3625/03.*

Nachdem das bisherige Bezirksnebenamt Rufiyi in ein Bezirksamt umgewandelt ist, sind die zu diesem Bezirksamt gehörigen Wohnplätze zu einem kommunalen Verbande vereinigt worden, welcher den Namen „Bezirk Rufiyi" zu führen hat.

Die Grenzen des Kommunalverbandes „Bezirk Kilossa" haben dadurch eine Änderung erfahren, daß der Verwaltungsbezirk Kisakki nach Anhörung des Bezirksamts dem Bezirk Kilossa einverleibt worden ist. Gleichzeitig ist der Sitz des Bezirksamts von Kilossa nach Morogoro verlegt worden. Der bisherige Bezirk Kilossa wird in Zukunft den Namen „Bezirk Morogoro" führen.

Vorstehendes wird hiermit auf Grund des § 1 der Allerhöchsten Verordnung, betreffend die Vereinigung von Wohnplätzen in den Schutzgebieten zu kommunalen Verbänden, vom 3. Juli 1899,[***) mit dem Hinzufügen bekannt gemacht, daß die Verordnung des Reichskanzlers, betreffend die Schaffung kommunaler Verbände in Deutsch-Ostafrika, vom 20. März 1901,[†) auf die Bezirke Rufiyi und Morogoro Anwendung findet.

Berlin, den 1. April 1903.

In Vertretung des Reichskanzlers.

Graf v. Posadowsky.

[*) D. Kol. Gesetzgeb. VI, No. 282.

[**) Vgl. hierzu die Bekanntmachung des Gouverneurs vom 16. Dezember 1903: Bis zur endgültigen Übersiedelung des Bezirksamtes von Kilossa nach Morogoro ist in letzterem Orte eine Bezirksnebenstelle eingerichtet worden; der Sitz des Bezirksamtes Morogoro ist bis auf weiteres noch in Kilossa.

[***) D. Kol. Gesetzgeb. IV, No. 75.

[†) Ebenda VI, No. 203.

43. Bestimmungen der Kolonial-Abteilung des Auswärtigen Amtes über die Aufnahme und Behandlung von Erholungsbedürftigen auf der Erholungsstation Suellaba (Kamerun). Vom 1. April 1903.

(Kol. Bl. S. 340.)

§ 1. Die Erholungsstation ist bestimmt, Erholungsbedürftige des Gouvernements (einschließlich der Schutztruppe) und, soweit Platz vorhanden, auch Angehörige der Reichspostverwaltung, der Kaiserlichen Marine, der Faktoreien und Missionen aufzunehmen.*) Die Bewirtschaftung der Station erfolgt seitens des Gouvernements.

§ 2. Für die Aufnahme in die Erholungsstation ist unter Vorlegung einer ärztlichen Bescheinigung die Erlaubnis des Gouvernements nachzusuchen. Der Aufenthalt darf bei Gouvernementsangehörigen die Dauer von 70 Tagen (§ 7 der Urlaubsordnung**) nicht überschreiten. Die erteilte Erlaubnis kann sowohl Gouvernementsangehörigen als auch anderen Personen gegenüber jederzeit zurückgezogen werden. Der Erholungsbedürftige hat sich bei seiner Aufnahme in die Anstalt durch Abgabe einer entsprechenden schriftlichen Erklärung den vorliegenden Bestimmungen und der Hausordnung zu unterwerfen.

§ 3. Das Eckzimmer des rechten Flügels ist im allgemeinen dem Arzt als Konsultations- und Schlafzimmer bei seinen Besuchen vorbehalten und wird nur ausnahmsweise von Erholungsbedürftigen belegt. Das zweite Zimmer des rechten Flügels ist für einen Pensionär, nötigenfalls für zwei Pensionäre der ersten Klasse, die beiden Zimmer des linken Flügels sind für je zwei Pensionäre der ersten Klasse bestimmt.

§ 4. Die zum Gouvernement oder zur Schutztruppe gehörigen Pensionäre erhalten freie ärztliche Behandlung und Arzneiverpflegung. Die weißen Post- und Telegraphenbeamten erhalten freie ärztliche Behandlung; für die übrigen Pensionäre wird ärztliches Honorar nur ausnahmsweise bei besonderer Veranlassung berechnet. Soweit die Arzneiverpflegung hiernach nicht frei gewährt wird, ist eine nach den Selbstkosten der Verwaltung, loco Suellaba, mit 10 pCt. Aufschlag zu berechnende Vergütung n e b e n den Pensionspreisen zu entrichten.

§ 5. Die zum Gouvernement oder zur Schutztruppe gehörigen Pensionäre, desgleichen die Reichs-Post- und -Telegraphenbeamten sowie Missionare zahlen für Verpflegung in der ersten Klasse pro Tag 6 Mk., in der zweiten Klasse pro Tag 3,50 Mk.

§ 6. Kaufleute, Pflanzer usw. zahlen in der ersten Klasse 10 Mk. pro Tag, in der zweiten Klasse 7,50 Mk. pro Tag. Wird ein ganzes Zimmer beansprucht, so werden pro Tag 15 Mk. bezahlt.

§ 7. Jeder Pensionär der ersten und zweiten Klasse zahlt 3 Mk. pro Woche für das Besorgen der Wäsche.

§ 8. Für Getränke haben die Pensionäre selbst zu sorgen. Nur im Notfall bei schweren Erkrankungen darf ein auf der Erholungsstation deponierter kleiner Vorrat an Wein und Sauerbrunnen vom Verwalter angegriffen werden. Die Selbstkosten der Verwaltung, loco Suellaba mit 10 pCt. Aufschlag, hat in diesem Falle der Patient zu tragen.

---

*) Für die Zeit des Aufenthalts auf der Erholungsstation sind für Angehörige des Gouvernements und der Schutztruppe Tagegelder n i c h t zuständig.
**) D. Kol. Gesetzgeb. VI, No. 272.

§ 9. Jeder Pensionär hat das Recht, einen farbigen Diener zu seiner persönlichen Bedienung mitzunehmen, für dessen Verpflegung er selbst Sorge zu tragen hat.

§ 10. Gelegentliche Besucher der Erholungsstation haben, sofern sie ihre Verpflegung nicht selbst mitbringen, für Beköstigung ohne Getränke 6 Mk. pro Tag, bei Genuß nur einzelner Mahlzeiten 3,50 Mk. für jede zu entrichten.

§ 11. Die Pensionäre haben pünktlich zu den Mahlzeiten zu erscheinen. Nachservieren ist nicht gestattet.

§ 12. Die Pensionäre der zweiten Klasse sind verpflichtet, an den gemeinsamen Mahlzeiten im Mittelraum teilzunehmen, sofern sie nicht bettlägerig krank sind.

§ 13. Die Pensionäre der ersten Klasse haben das Recht, sich in ihren Zimmern oder auf der Veranda davor servieren zu lassen, sind aber an die festgesetzten Zeiten gebunden.

§ 14. Um 11 Uhr abends sind die Lampen und Lichter im Mittelraum und auf der Veranda zu löschen, ebenso in den Zimmern auf Wunsch eines der Mitbewohner.

§ 15. Es wird verabreicht:

1. Tee, Kaffee oder Kakao . . . . um 6 bis 7 Uhr,
2. Grütze, Milch, event. kalter Aufschnitt, Eier,
Brot usw. . . . . „ 9 „
3. Suppe nebst 2 Gängen (2. Klasse: 1 Gang) . „ 1 „
4. Kaffee oder Tee mit Brot und Butter . . . „ 4 „ 5 „
5. Suppe, nach Möglichkeit ein warmer Gang
und Aufschnitt mit Brot und Butter . . . . „ 7 „

Bis auf Ziffer 3 ist die Verpflegung für sämtliche Pensionäre die gleiche.

§ 16. Der Verwalter hat über den Empfang und die tägliche Ausgabe von Provisionen usw. genau Buch zu führen. Er hat ferner für jeden Tag Speisezettel anzulegen, diese zu sammeln und dem Arzt bei seinen Besuchen vorzulegen, so daß dieser daraus ersehen kann, was die Pensionäre erhalten haben. Über den Viehbestand ist besonders Buch zu führen. Ab- und Zugänge sind regelmäßig zu notieren.

Die Abrechnungen sind nach näherer Anweisung dem Gouvernement einzureichen.

§ 17. Die Benutzung der Badezimmer erfolgt morgens nach Verabredung. Während des übrigen Tages können Bäder auf Wunsch stets bereitet werden.

§ 18. Die Benutzung des seitens des Frauenvereins, Abteilung Leipzig, gestifteten Vergnügungsbootes „Leipzig" ist für die Pensionäre nur mit Zustimmung des Verwalters gestattet.

Letzterer ist für ordnungsmäßige Unterbringung des Bootes nach Rückkehr von Ausflügen verantwortlich.

Zum Verkehr mit Duala ist das Boot nicht zu benutzen.

§ 19. Die Verbindung mit Suellaba findet tunlichst jeden Mittwoch statt.

§ 20. Es ist verboten, in unmittelbarer Nähe der Erholungsstation, besonders von der Veranda des Hauses aus, zu schließen.

§ 21. Das Mitbringen von Hunden ist verboten.

B e r l i n , den 1. April 1903.

Auswärtiges Amt. Kolonial-Abteilung.
S t u e b e l .

44. Verordnung des Bezirksamtmanns zu Jap, betreffend das Verbot der Einfuhr getragener Kleidungsstücke. Vom 1. April 1903.

(Kol. Bl. S. 466.)

§ 1. Mit Rücksicht auf die Gefahr einer Einschleppung ansteckender Krankheiten wird die Einfuhr getragener Kleidungsstücke zum Zwecke des Verkaufes an die Eingeborenen im Bezirk der Westkarolinen und Palaus verboten.

§ 2. Zuwiderhandlungen gegen diese Verordnung werden mit Geldstrafe bis zu 1000 (tausend) Mark oder Gefängnis bis zu drei Monaten bestraft. Auch kann auf Einziehung der eingeführten Kleidungsstücke erkannt werden.

§ 3. Diese Verordnung tritt mit dem Tage der Verkündigung in Kraft.

J a p , den 1. April 1903.

Der Kaiserliche Bezirksamtmann.
I. V. Dr. B o r n.

45. Runderlaß des Gouverneurs von Deutsch-Ostafrika, betreffend die Handelsstatistik. Vom 2. April 1903.*)

Den Dienststellen lasse ich anbei die Dienstanweisung zur Aufstellung einer Handelsstatistik für das deutsch-ostafrikanische Schutzgebiet nebst Warenverzeichnis**) zugeben.

Die Aufstellung der Statistik nach Gattung, Gewicht und Wert der Waren erfolgt wie bisher durch die Zollämter auf Grund der Zollanmeldungen, welche die Verzoller für die Zollabfertigung vor der Güterentnahme aus dem Zollgewahrsam abzugeben haben.

Um ein bei allen Dienststellen gleiches Verfahren für die Anmeldung von Regierungsgütern einzuführen (vgl. § 23 der Zollordnung***)), das gleichzeitig die Richtigkeit und Vollständigkeit der Warenstatistik des Schutzgebiets gewährleistet, werden die Dienststellen hiermit angewiesen, ihre ein- und auszuführenden Gegenstände s o auf den Zollformularen — dieselben sind bei den Zollämtern erhältlich — anzumelden, daß die Gegenstände von den Zollämtern auch unter eine der mit arabischen Ziffern bezw. griechischen Buchstaben benannten Warenbezeichnungen des Warenverzeichnisses untergebracht werden können.

Hierbei ist darauf zu sehen, daß das Reingewicht möglichst in englischen Pfunden eingetragen wird und als Zollwert

a) b e i   d e r   E i n f u h r

entweder der hiesige Marktwert oder, wenn letzterer nicht festgestellt wird, der Einkaufspreis mit sämtlichen Unkosten (Eisenbahnfracht, Seefracht, Kommission usw.) zuzüglich eines zehn vom Hundert des Gesamtwertes betragenden Zuschlags, und

*) Vgl. D. Kol. Gesetzgeb. VI, No. 348.
**) Nicht abgedruckt. Das Verzeichnis entspricht demjenigen in Anlage A, Spalte Ostafrika, zu No. 348 des VI. Bandes der D. Kol. Gesetzgeb. Nur sind einzelne Positionen dort weiter eingeteilt, so B I c in a) Bier, β) Rum, γ) andere Gegenstände; B II a 3 in a) Maskat- und Halbblutesel, β) Waniamweziesel; B II a 4 in a) männliches, β) weibliches Rindvieh; B II c 8 in a) Hörner von Büffeln, Elen-, Kudu- und Rappantilopen, β) Nashornhörner, γ) andere Hörner; bei B III ist als weitere Nummer hinzugefügt: 8. Gold: a) Golderz, β) Goldstaub, γ) anderes Gold. Endlich hebt es unter B IV von No. 9 ab: 9. Metallwaren, 10. Seifen aller Art, 11. Kuriositäten, 12. Eis.
***) D. Kol. Gesetzgeb. IV, No. 16.

b) bei der Ausfuhr
der hiesige Marktwert angemeldet wird.

Die Zollämter erteilen über einschlägige Fragen vorschriftsmäßige Auskunft. Gleichwohl werden hier in den beiden Anlagen*) zwei Musterbeispiele zu vorbildlichen Zwecken mitgeteilt.

Damit bei der Empfangnahme oder Aufgabe von Gütern auf den Zollämtern Konnossemente (Ladescheine) und Rechnungen gleich zur Stelle sind, weil hierdurch ein rasches Abfertigungsverfahren gewährleistet ist, ersuche ich die Dienststellen ergebenst, gleich bei ihren Bestellungen im Auslande den Warenlieferern zur Bedingung zu machen, daß Konnossemente und Rechnungen am Lieferungsorte nicht später eintreffen dürfen als die bestellten Waren selbst.

Daresslam, den 2. April 1903.

Der Kaiserliche Gouverneur.
I. V.   Stuhlmann.

Anlage zu No. 65.

Dienstanweisung zur Aufstellung einer Handelsstatistik für das deutsch-ostafrikanische Schutzgebiet.

§ 1. In die Handelsstatistik sind nach Maßgabe des anliegenden statistischen Warenverzeichnisses nach Gattung, Menge, Wert, und getrennt nach Einfuhr und Ausfuhr sämtliche zur Einfuhr und Ausfuhr gelangenden Waren, gleichviel ob sie verzollt oder freigelassen worden sind, aufzunehmen mit Ausnahme der in § 2 aufgeführten Waren.

§ 2. Ausgeschlossen von der Aufnahme in die Statistik sind:
1. Waren, die auf zollfreie Niederlagen gebracht werden, vor ihrer Überführung in den freien Verkehr des Zollinlandes;
2. die unter Zollkontrolle von einem Orte des deutsch-ostafrikanischen Gebietes auf dem Seewege oder durch das Ausland nach einem anderen übergeführten, aus dem freien Verkehr stammenden und wieder in den freien Verkehr zurückgehenden Waren;
3. Waren, die mit der Bestimmung zur Wiederausfuhr eingeführt oder mit der Bestimmung zur Wiedereinfuhr ausgeführt werden;
4. die unter Zahl 7 und 11a der Anlage D zur Zollordnung von 1899 aufgeführten Gegenstände.

§ 3. Die statistischen Anschreibungen geschehen bei den Zollstellen, denen die Befugnis zur Ein- und Ausfuhrabfertigung erteilt ist, d. h. den Hauptzollämtern, den Zollämtern 1. und 2. Klasse und den mit der Zollerhebung betrauten Zollämtern 3. Klasse (gegenwärtig Moa, Kwale, Mohoro, Simbra-Uranga, Kionga).

§ 4. Die Anschreibung der Waren hat tunlichst nach dem Gewicht zu erfolgen, und zwar nach dem Reingewicht. Soweit jedoch der Ermittlung des Gewichts bei einzelnen Warengruppen unverhältnismäßig viel Schwierigkeiten entgegenstehen, sind Abweichungen von dieser Regel in der Weise statthaft, daß die Menge bei Flüssigkeiten nach Litern, bei lebenden Tieren, lebenden Pflanzen und bei Feuerwaffen nach Stückzahl angeschrieben werden darf.

Bei Flüssigkeiten zählt die innere Umschließung mit zum Reingewicht.

§ 5. Der Anschreibung des Wertes ist der Marktpreis zugrunde zu legen, den die ein- bezw. ausgeführten Waren am Eingangs- bezw. Ausgangsorte des Schutzgebietes haben.

---

*) Nicht abgedruckt.

§ 6. Die für Rechnung der Regierung erfolgende Ein- und Ausfuhr ist nach Menge und Wert für jede einzelne Unterabteilung des statistischen Warenverzeichnisses mit roter Tinte besonders anzuschreiben.

§ 7. Als Herkunftsland ist dasjenige Land anzusehen, aus dessen Eigenhandel der Einfuhrgegenstand stammt, als Bestimmungsland dasjenige Land, in dessen Eigenhandel der Ausfuhrgegenstand übergeht.

§ 8. Als Herkunfts- bezw. Bestimmungsländer sind bei der Ein- und Ausfuhr nachzuweisen:
Deutschland, England, übriges Europa, Sansibar, übriges Afrika, Indien, übrige Länder.

§ 9. Die Zollstellen führen für Ein- und Ausfuhr je ein Anschreibebuch nach anl. Muster 2. Diese verbleiben bei den Zollstellen und werden bis zu ihrer Füllung fortgeführt.

Jedes Anschreibebuch kann so eingerichtet werden, dafs es ebensoviele Unterabteilungen enthält wie das statistische Warenverzeichnis.

Die einzelnen Unterabteilungen des Warenverzeichnisses sind hierbei als Überschrift in den leeren Raum am Kopf der Formulare zu setzen.

Für die Herkunfts- bezw. Bestimmungsländer sind besondere Spalten vorgesehen.

Täglich werden aus den erledigten Zollanmeldungen getrennt nach Ein- und Ausfuhr die Eintragungen des Gewichts bezw. der Stückzahl (§ 4) und des Wertes (§ 5) nach Mafsgabe des Kopfes der Anschreibbücher in die betreffenden Länderspalten gefertigt.

Das in englischen Pfund auszuschreibende Gewicht und der Wert sind auf volle Einheiten abzurunden.

§ 10. Am Monatsschlufs sind die Summen der einzelnen Spalten zu ziehen, wobei unter der Gesamtsumme der Ein- bezw. Ausfuhr einer jeden Spalte die Summe der für Rechnung der Regierung ein- und ausgeführten Güter in roter Tinte zu vermerken ist.

§ 11. Auf Grund dieser Anschreibungen sind seitens der Zollstellen (Hauptzollämter, Zollämter 1. und 2. Klasse) nach Abschlufs eines jeden Vierteljahres der Zollinspektion bis zum 15. des folgenden Monats — mit einem Bericht über die Ursachen der wichtigsten in der Ein- und Ausfuhr eingetretenen Veränderungen — zwei Nachweisungen nach den anliegenden beiden Mustern 3 und 4 einzureichen, und zwar in doppelter Ausfertigung je für Ein- und Ausfuhr. Die in § 3 genannten Zollämter 3. Klasse senden diese Nachweisungen an die vorgesetzten Zollämter.

Menge und Wert sind in diesen Nachweisungen nach Kilogramm und Mark aufzunehmen.

Zu diesem Zwecke ist bei sämtlichen Unterabteilungen das nach englischen Pfund angegebene Gewicht in Kilogramm umzurechnen, indem 112 Pfund englisches Gewichts 50 kg gleichzurechnen sind.

Der Umrechnung von Rupie in Mark ist der durchschnittliche Vierteljahrskurs zugrunde zu legen. Dieser Kurs wird von der Zollinspektion den Zollstellen jeweils mitgeteilt.

§ 12. Aus den Nachweisungen der einzelnen Zollstellen fertigt die Zollinspektion vier Übersichten an, von denen die ersten zwei — gleichfalls auf Grund der Muster Anl. 3 und 4 — die gesamte Ein- und Ausfuhr des Schutzgebiets nach Herkunfts- und Bestimmungsländern darstellen und gleichzeitig die Regierungsgüter besonders nachweisen. Die beiden folgenden Übersichten, die nach anliegendem Muster 5 aufzustellen sind, unterscheiden die Einfuhr und Ausfuhr des Schutzgebiets nach den einzelnen Grenzbezirken.

Diese vier Übersichten sind der Kolonial-Abteilung unter Beifügung der Doppelschriften der von den einzelnen Zollstellen der Zollinspektion eingereichten Nachweisungen vorzulegen.

Diese Anweisung tritt mit dem 1. Januar 1903 in Kraft.

D a r e s s a l a m , den 10. Dezember 1902.

Der Kaiserliche Gouverneur.

I. V.   S t u h l m a n n.

46. Ausführungsbestimmungen des Gouverneurs von Deutsch-Südwestafrika zur Zollverordnung vom 31. Januar 1903. Vom 10. April 1903.*)

(Beilage zum Kol. Bl. vom 15. Mai 1903, S. 18.)

Auf Grund des § 62 der Verordnung des Reichskanzlers vom 31. Januar 1903 (Zollverordnung für das deutsch-südwestafrikanische Schutzgebiet) wird verordnet, was folgt:

Überwachung.

§ 1. Die den Zollämtern, Zollstationen und Zollabfertigungsstellen obliegende Überwachung der Befolgung der Zollvorschriften wird ausgeübt durch Grenzpatrouillen und durch Revision der Warentransporte.

Zollanmeldung.

§ 2. Die vorgeschriebene Anmeldung sowohl zollpflichtiger als auch zollfreier Gegenstände, die über die Grenzen des Schutzgebiets ein- oder ausgeführt werden (§ 21 der Zollverordnung), hat auf Formularen nach den angeschlossenen Mustern A und B, die von der Zollbehörde bezogen werden können, zu erfolgen. Der Anmelder hat auf diesen Formularen die Spalten 1 bis 6 auszufüllen.

Die Anmeldungen sind in deutscher Sprache und nach deutschem Maß, Gewicht und Geld auszustellen; sie sollen deutlich und sauber geschrieben sein und dürfen keine Rasuren enthalten. Anmeldungen, welche diesen Bedingungen nicht entsprechen, können zurückgewiesen werden.

Auf Wunsch des Verzollers und bei des Schreibens unkundigen Personen bewirkt die Zollstelle gegen eine Gebühr von 50 Pfg. pro Anmeldung die Ausfertigung der Anmeldungen auf Grund der mündlichen Angaben des Verzollers; dieselbe hat in diesem Falle die Anmeldung mit seiner Unterschrift, falls er nicht schreiben kann, mit seinem zu beglaubigenden Handzeichen zu versehen.

§ 3. Für die Ausfertigung der Zollanmeldungen können nach Bedürfnis Privatpersonen als Zolldeklaranten bestellt werden; dieselben haben auf Antrag der Verzoller die Zollanmeldungen gegen eine 50 Pfg. für jede Anmeldung nicht übersteigende Gebühr auszufertigen.

Ausfuhr zur Wiedereinfuhr und Einfuhr zur Wiederausfuhr.

§ 4. Gegenstände, die nach Maßgabe des § 9, Absatz 1, der Zollverordnung von einem nach einem anderen Platze des Schutzgebiets durch das Ausland oder

---

*) Vgl. oben No. 9.

auf dem Seewege übergeführt werden, sind unter Vorlegung der zugehörigen Frachtbriefe oder Konnossemente der Zollstelle des Ausgangsorts anzumelden; diese hat die Papiere abzustempeln und sie, mit einer entsprechenden Bescheinigung versehen, dem Warenführer behufs Legitimation zur zollfreien Wiedereinfuhr der Gegenstände zurückzugeben.

§ 5. Gegenstände, die nach § 9, Absatz 2, der Zollverordnung behufs späterer Wiedereinfuhr ausgeführt oder nach § 10 der Zollverordnung behufs späterer Wiederausfuhr eingeführt werden, sind gemäß der Vorschrift im § 2 dieser Ausführungsbestimmungen anzumelden. Auf den Anmeldungsformularen ist der Revisionsbefund sowie der Zeitpunkt, bis zu welchem die Wiedereinfuhr bezw. Wiederausfuhr zu erfolgen hat, zu vermerken; ein Exemplar ist dem Warenführer behufs Legitimation zur zollfreien Wiedereinfuhr bezw. Wiederausfuhr der Gegenstände zurückzugeben.

§ 6. Von der Hinterlegung des vollen Betrages des Ausfuhr- bezw. Einfuhrzolles kann abgesehen werden.

Die Rückerstattung des hinterlegten Zollbetrages erfolgt, falls die Wiedereinfuhr bezw. Wiederausfuhr der Gegenstände an einem anderen als dem ursprünglichen Ausgangs- bezw. Eingangsorte erfolgt, auf Grund einer Bescheinigung der Wiedereingangs- bezw. Wiederausgangszollstelle.

§ 7. Für eingeführte Gegenstände, welche, ohne aus dem Gewahrsam der Zoll-, Eisenbahn- oder Postbehörde gekommen zu sein, wieder nach dem Auslande zurückgebracht werden, ist der Zoll auf Antrag des Zollpflichtigen auch dann zu erlassen, wenn die betreffenden Gegenstände bei ihrer Einbringung nicht zur Wiederausfuhr angemeldet worden sind.

Dasselbe gilt für Gegenstände, welche in Seenot an Land gebracht werden, soweit sie wieder zur Ausfuhr gelangen.

Zollrevision.

§ 8. Die Zollrevision (§ 23 der Zollverordnung) soll sich nur so weit erstrecken, als sie zur Feststellung der Richtigkeit der Zollanmeldungen unbedingt erforderlich ist.

Das Handgepäck von Reisenden ist nur dann einer Revision zu unterziehen, wenn der Verdacht unrichtiger Inhaltsangabe vorliegt.

§ 9. Bei der Abfertigung zur Verzollung sind seitens der Zollstelle auf den Anmeldungsformularen (Muster A und B) die Spalten 7 bis 15 auszufüllen. Bei dieser Eintragung muß die Benennung der Gegenstände tarifarisch richtig, d. h. so vollständig und verständlich sein, daß eine Einreihung der Gegenstände unter eine andere Tarifposition ausgeschlossen ist. Der angemeldete Wert der Gegenstände ist von dem abfertigenden Beamten zu prüfen und gegebenenfalls zu berichtigen.

Bei der Zollberechnung sind die unter eine und dieselbe Tarifposition fallenden Gegenstände einer jeden Zollanmeldung zusammenzuziehen.

Der abfertigende Beamte hat seine Eintragung mit dem Datum und seiner Unterschrift zu versehen.

Bei den mit mehreren Beamten besetzten Zollstellen haben sich an der Revision, soweit angängig, zwei Beamte zu beteiligen und den Befund zu unterschreiben. In zweifelhaften Fällen hat der Vorsteher der Zollstelle für die Tarifierung zu unterzeichnen.

Zollabfertigung im Innern.

§ 10. Für diejenigen Einfuhrgegenstände, deren Schlußabfertigung bei einer Zollstelle im Innern erfolgen soll (§ 27 der Zollordnung), hat die Zollstelle des Eingangsortes die beiden Ausfertigungen der Zollanmeldung mit der Revisionsbescheinigung zu versehen. Eines der bescheinigten Exemplare ist dem Frachtführer zu übergeben, der dieses Papier auf dem Transporte mit sich zu führen und der Abfertigungsstelle im Innern vorzulegen hat. Der zugehörige Frachtbrief ist von der Zollstelle des Eingangsortes abzustempeln und mit dem Vermerk zu versehen: „Zu Zollanmeldung No. .... gehörig". Das zweite Exemplar der Zollanmeldung ist per Post an die Schlußabfertigungsstelle zu senden.

§ 11. Findet während des Transports vom Eingangsorte nach der Schlußabfertigungsstelle eine Veränderung des Bestimmungsortes statt, so hat der Frachtführer umgehend die nächste Zollstelle zu benachrichtigen. Die letztere hat der Zollstelle des ursprünglichen Bestimmungsortes eine entsprechende Mitteilung zu machen, nach deren Empfang diese das per Post erhaltene Duplikat der Zollanmeldung an die Zollstelle des neuen Bestimmungsortes weiterzugeben hat. Auf dem Begleitpapier wird der neue Bestimmungsort nach Streichung des alten vermerkt.

§ 12. Nach der Abfertigung im Innern wird das Duplikat der Anmeldung, mit der Nummer des Haberegisters oder des Niederlagregisters bezw. mit dem Vermerk „zollfrei" versehen, an die Zollstelle des Eingangsortes zurückgesandt, welche nunmehr die Nummer im Anmelderegister als erledigt zu löschen hat.

§ 13. Bei der Abfertigung von Ausfuhrgegenständen bei einer im Innern gelegenen Zollstelle bildet eines der beiden Exemplare der Anmeldung Beleg zu dem Register der betreffenden Zollstelle; das zweite Exemplar ist, abgestempelt und mit dem Revisionsvermerke versehen, dem Frachtführer zu übergeben, der dasselbe auf dem Transporte mit sich führen und der Zollstelle des Ausgangsortes vorzulegen hat. Diese hat die Ausfuhr zu kontrollieren. Die dabei vorzunehmende Revision hat sich im allgemeinen auf eine Vergleichung der Zahl, Bezeichnung, Verpackungsart und des Bruttogewichts der Gegenstände mit den Eintragungen der vorgelegten Anmeldung zu beschränken; eine spezielle Revision unter Öffnung der Frachtstücke und Nachprüfung des Inhalts ist seitens der Zollstelle des Ausgangsortes nur auf Antrag des Frachtführers oder in Fällen vorzunehmen, in denen Verdacht vorliegt, daß während des Transports eine Vertauschung von Frachtstücken stattgefunden hat.

Eisenbahn-Güterverkehr.

§ 14. Gegenstände, welche nach Maßgabe des § 38 der Zollverordnung auf Eisenbahnen unter Zollkontrolle befördert werden, müssen auf dem Eisenbahnfrachtbriefe durch die zollamtliche Abstempelung und einen entsprechenden Vermerk als Zollgüter ausdrücklich bezeichnet sein. Die Eisenbahnverwaltung darf solche Güter zur Beförderung nur annehmen, wenn ihr zugleich die zugehörigen, mit dem Revisionsvermerke versehenen Zollanmeldungen ausgehändigt werden.

§ 15. Einfuhrgegenstände, deren Schlußabfertigung nach Maßgabe des § 27 der Zollverordnung bei einer Zollstelle im Innern erfolgen soll, dürfen mit der Eisenbahn nur nach solchen Stationen befördert werden, an denen sich Zollabfertigungsstellen befinden. Die Eisenbahnverwaltung hat diese Gegenstände unter Vorlegung der Zollanmeldungen der betreffenden Zollabfertigungsstelle vorzuführen. Je nach der Bestimmung der Gegenstände nimmt diese Zollabfertigungsstelle entweder die Schlußabfertigung vor, oder sie bewirkt die Aufnahme der Gegenstände in eine Zollniederlage, oder sie überweist dieselben der Zollabfertigungsstelle ihres endgültigen Bestimmungsortes, falls dieser nicht an der Bahn gelegen ist.

§ 16. Die vom Gouvernement mit der Kontrolle des Eisenbahnverkehrs beauftragten Zollbeamten haben das Recht, die Verladung und Ausladung der unter Zollkontrolle stehenden Eisenbahngüter zu beaufsichtigen. Die in den Zügen oder auf den Stationen und Haltestellen anwesenden Angestellten der Bahn sind verpflichtet, den Zollbeamten auf Verlangen Auskunft zu erteilen und nach Möglichkeit Hilfe zu leisten sowie den Oberbeamten der Zollverwaltung Einblick in die Frachtbriefe, Frachtkarten und in die auf den Güterverkehr bezüglichen Bücher zu gewähren. Dabei ist die Verursachung von fahrplanwidrigen Verzögerungen nach Möglichkeit zu vermeiden.

Die Zollbeamten sind ferner befugt, den Bahnkörper und während der Betriebsdauer auf der Bahnstrecke auch die dort vorhandenen Gebäude und Räume, soweit sie den Zwecken des Güterverkehrs dienen, zu betreten und die von ihnen für nötig erachteten Nachforschungen vorzunehmen.

Die mit der Kontrolle des Bahnzolldienstes beauftragten Oberbeamten der Zollverwaltung sind mit allen Zügen unentgeltlich zu befördern; als Ausweis dient ihnen eine vom Gouverneur ausgestellte Legitimationskarte.

Postpaketverkehr.

§ 17. Die Zollabfertigung der ein- und ausgehenden Postpakete findet nur an denjenigen Plätzen statt, an denen sich eine für den Paketverkehr geöffnete Postanstalt und eine Zollstelle befindet.

§ 18. Die Zollabfertigung der nach dem Auslande gehenden Pakete ist durch Abstempelung der Inhaltserklärungen zu beurkunden.

§ 19. Die Zollstellen haben den Postanstalten auf Verlangen über die erfolgte Ablieferung der eingegangenen Postpakete Quittung zu erteilen. Über die an die Postanstalten zurückgegebenen Pakete haben die letzteren Quittung, die Beleg für die Anmelderegister wird, auszustellen.

Bei Dienststellen mit erheblichem Postpaketverkehr wird seitens der Postanstalt eine Kopie des Postlagerbuches der zuständigen Zollstelle übergeben. Die Kopie ersetzt für diese Postpakete bei der Zollstelle das Zollanmelderegister.

§ 20. Die Zollstellen liefern die eingegangenen Postpakete gegen Vorzeigung und Aushändigung der zugehörigen Begleitadressen aus. Die Begleitadressen werden von der Zollstelle aufbewahrt und von Zeit zu Zeit der zuständigen Poststelle zurückgegeben. Wird bei der Vorlage der Begleitadressen von der Zollstelle wahrgenommen, daß die Postwertzeichen abgelöst worden sind, so ist die Herausgabe der Pakete so lange zu versagen, bis die Postanstalt durch Vermerk auf der Begleitadresse die Herausgabe genehmigt hat. Gehen Postpakete ohne Begleitadressen ein, so werden von der Post Notadressen ausgestellt, welche zur Empfangnahme der Pakete berechtigen.

§ 21. Fehlt bei den eingehenden Paketen die zugehörige Zollanmeldung, so ist eine Revisionsnote auszustellen, welche den Vermerk trägt: „Ohne Post-Zollanmeldung eingegangen". Die Revisionsnote ist, wie die Zolldeklaration, in das Anmelderegister einzutragen, und auf derselben ist der Revisionsbefund zu vermerken.

§ 22. Bei Postpaketen, die in äußerlich beschädigter Verpackung eingehen, oder bei solchen, deren Inhalt beschädigt oder verdorben ist, ist stets ein

Postbeamter zu der Zollrevision hinzuzuziehen, wenn nicht der Empfänger auf eine Reklamation wegen der Beschädigung usw. ausdrücklich schriftlich Verzicht leistet.

§ 23. Bleiben zollpflichtige Postpakete, zu welchen der Adressat die Paketadresse angenommen hat, bei der Zollbehörde unabgeholt, so hat diese die Postanstalt zu benachrichtigen, welche das Weitere veranlaßt. Im übrigen greifen auch für solche Pakete die Niederlagevorschriften statt.

§ 24. Postpakete, deren Annahme der Adressat verweigert, oder deren Adressat nicht zu ermitteln ist, sind der Postbehörde mit den Inhaltserklärungen, die mit einem entsprechenden Vermerk zu versehen sind, gegen Quittung zur Rücksendung zurückzugeben.

§ 25. Unrichtige oder unvollständige Zollinhaltserklärungen bei den vom Auslande eingehenden Postpaketen bleiben straffrei, wenn nicht nach den obwaltenden Umständen der Verdacht einer beabsichtigten Zolldefraude begründet erscheint.

§ 26. Postpakete, welche aus einem Orte des Schutzgebietes durch das Ausland nach einem anderen Orte des Schutzgebiets gesandt werden, sind von jeder zollamtlichen Behandlung befreit.

Dienststunden.

§ 27. Die durch öffentlichen Anschlag bei den Zollstellen bekannt zu machenden Dienststunden sind für die Zollämter und Zollstationen: an Wochentagen von 8 bis 12 Uhr vormittags und von 3 bis 5 Uhr nachmittags. Die Dienststunden an den Zollabfertigungsstellen im Innern richten sich nach den Dienststunden des Gouvernementsbureaus an dem betreffenden Platze, soweit nicht in Rücksicht auf örtliche Verhältnisse besondere Bestimmungen erlassen werden.

Buch- und Registerführung.

§ 28. Bei den Zollstellen sind folgende amtliche Register zu führen:
1. das Zollanmelderegister (Muster C),
2. das Zollheberegister (Muster D),
3. das Zollkassenbuch (Muster E).

§ 29. Alle Zollanmeldungen sind in das nach der Zeitfolge zu führende Anmelderegister (Muster C) einzutragen, und zwar:
   a) die Zollanmeldungen der vom Auslande eingehenden Frachtstücke bei dem Grenzeingangsamte,
   b) die Zollanmeldungen über die vom Auslande eingehenden Postpakete und alle Ausfuhrzollanmeldungen bei denjenigen Zolldienststellen an der Grenze oder im Innern, welchen sie vorgelegt werden,
   c) alle Zollanmeldungen über Weiterversendungen von Gegenständen aus einer Zollniederlage unter Zollkontrolle an eine andere Zollniederlage bei der Niederlage-Zollstelle.

Die durch das Rechnungsjahr fortlaufenden Nummern des Zollanmelderegisters sowie die Bezeichnung des Ausfertigungsamts ist auf der Zollanmeldung zu vermerken.

Am Monatsschlusse ist das Register abzuschließen; die etwa noch nicht erledigten Anmeldungen sind in das Register des nächsten Monats zu übertragen. Die Übertragung ist in Spalte 6 des abgelaufenen Registers, wo die ursprüngliche Nummer der Zollanmeldung anzugeben ist, und am Schlusse desselben zu bescheinigen.

In dem Register des neuen Monats ist in Spalte 2 das ursprüngliche Ausfertigungsdatum und in Spalte 6 die Nummer, welche die Zollanmeldung am Kopfe führt, anzugeben.

§ 30. Das Zollheberegister (Muster D) wird laufend geführt. Die Nummern desselben laufen durch das Rechnungsjahr. Die einzelnen Spalten des Registers sind seitenweise aufzurechnen und zu übertragen.

In das Zollheberegister sind aufzunehmen:

1. alle Ein- und Ausfuhrzölle. Die Ausfuhrzölle sind blau zu unterstreichen. Bei den schriftlich angemeldeten Waren bleibt Spalte 5 frei, bei den vom Reisenden mündlich angemeldeten Waren ist hier der Revisionsbefund zu notieren;
2. alle sonstigen Nebengebühren, wie Niederlagegeld, Deklarations- und Abfertigungsgebühren;
3. alle Nacherhebungen und Herauszahlungen auf Zölle, die auf Grund spezieller Anweisungen oder auf Grund von Revisionserinnerungen erfolgen (§ 34).

Am Monatsschluß ist das Register abzuschließen; dabei sind die Summen der verschiedenen Einnahmen (Einfuhr- bezw. Ausfuhrzölle, Niederlage-, Deklarations- und Abfertigungsgebühren) getrennt nachzuweisen.

§ 31. Das Kassenbuch (Muster E) wird nur bei den Zollämtern und den Zolldienststellen mit größerem Geschäftsumfange geführt. In dasselbe sind die Tagessummen des Zollheberegisters sowie sonstige Einnahmen und Ausgaben (Zollstrafgelder, Erlöse aus dem Verkaufe herrenloser Gegenstände usw.) einzutragen. Am Monatsschluß ist das Kassenbuch in Einnahme und Ausgabe abzuschließen und der verbleibende Bestand, soweit er nicht an die Bezirkskasse abgeführt wird (§ 33), auf den nächsten Monat zu übertragen.

§ 32. Alle Ausgaben aus Zollgeldern bedürfen einer allgemeinen oder speziellen Zahlungsanweisung der hierfür zuständigen Dienststelle. Jede Ausgabe muß außerdem mit einer vorschriftsmäßigen Quittung belegt sein.

§ 33. Am Monatsschlusse sind das Anmelde- und Heberegister mit den zugehörigen Belegen der zuständigen Gouvernementskasse (Bezirks-, Distrikts- usw. Kasse) zur Aufnahme der Zolleinnahmen in ihre Abrechnungen einzureichen. Zugleich sind hierbei die monatlichen Zolleinnahmen abzuliefern. Bei den Zollämtern und den Zolldienststellen mit größerem Geschäftsumfange ist den Registern eine Abrechnung der Einnahmen und Ausgaben beizufügen (Muster F). Im Laufe eines Monats sind größere Darbestände, spätestens, wenn deren Höhe bei den Zollämtern 6000 Mark, bei den übrigen Zollstellen 1000 Mark übersteigt, an die betreffende Gouvernementskasse abzuführen, soweit nicht ausdrücklich andere Bestimmung getroffen ist.

§ 34. Die Zollregister nebst Belegen, welche von der Gouvernementshauptkasse sogleich nach Eintreffen an die Zollbehörde weitergegeben wird, werden von der letzteren geprüft. Die sich dabei herausstellenden Unrichtigkeiten werden durch Nacherhebung bezw. Herauszahlung ausgeglichen. Hierbei gilt als Grundsatz, daß

1. zu wenig erhobene Beträge unter 1 Mark unerhoben bleiben, von 1 Mark und darüber durch Nacherhebung ausgeglichen werden,
2. zu viel erhobene Zollbeträge unter 3 Mark nur auf Antrag, von 3 Mark und darüber von Amts wegen zurückgezahlt werden.

Die Nacherhebungen und Rückzahlungen von Zollbeträgen werden in dem Zollheberegister verbucht. Dabei sind die Rückzahlungen durch Eintragungen mit roter Tinte von der Einnahme abzusetzen.

Strafverfahren und Strafbescheid.

§ 35. Wird jemand der Übertretung der Zollvorschriften beschuldigt, so sind über den Tatbestand und die zum Beweise dienenden Umstände Verhandlungen aufzunehmen. Die Verhandlungen haben zu enthalten:

Datum und Ort der Aufnahme, die Namen und den Wohnort der Personen, mit denen verhandelt wird, deren Stand, Alter und die Bemerkung, ob wegen Übertretung der Zollbestimmungen vorbestraft oder nicht, die Erzählung des Herganges, die Unterschrift desjenigen, mit dem verhandelt worden ist, und des verhandelnden Beamten.

Ergeben die Verhandlungen die Schuld des Angeklagten, so ist die Höhe der verwirkten Strafe festzustellen und der Strafbescheid zu erlassen (Muster G).

§ 36. Die Strafbescheide der Zollstellen wegen Zuwiderhandlungen gegen die Zollvorschriften dürfen nur Geldstrafen sowie etwa verwirkte Einziehungen von Gegenständen festsetzen, jedoch keine Freiheitsstrafen androhen.

Der Strafbescheid muß ferner aufser dem Namen, Stand und Wohnort des Verurteilten die strafbare Handlung, die angewendete Strafbestimmung und die Beweismittel bezeichnen, auch die Eröffnung enthalten, dafs es dem Beschuldigten freisteht, binnen zweier Wochen Beschwerde bei dem Gouverneur einzulegen oder binnen einer Woche auf gerichtliche Entscheidung bei der Dienststelle, welche den Strafbescheid erlassen oder ihn bekannt gemacht hat, anzutragen.

Strafbescheide der Zollstellen, welche diesen Vorschriften nicht entsprechen, sind ungültig.

§ 37. Die Akten über die erledigten Zollprozesse sind am Monatsschlusse der Zollverwaltung des Gouvernements einzureichen. Den Zollstellen wird von Zeit zu Zeit ein Verzeichnis derjenigen Personen, welche im Schutzgebiete wegen Zuwiderhandlungen gegen die Zollvorschriften bestraft worden sind, zugestellt werden, um die Zollstellen in den Stand zu setzen, erforderlichenfalls die für Wiederholungen vorgesehenen Strafverschärfungen eintreten zu lassen.

§ 38. Zollbeamte, welche eine Zuwiderhandlung gegen die Zollvorschriften entdeckt haben, können nach rechtskräftiger Verurteilung des Schuldigen eine Belohnung erhalten, welche jedoch ein Drittel des Strafgeldes einschliefslich des Wertes der etwa einzuziehenden Gegenstände nicht übersteigen darf und aus diesem zu bestreiten ist. Die Höhe der Belohnung wird auf Vorschlag der Zollverwaltung vom Gouvernement in jedem Einzelfalle festgesetzt.

§ 39. Diese Verordnung tritt mit dem 1. Juli 1903 in Kraft.

Windhuk, den 10. April 1903.

Der Kaiserliche Gouverneur.
I. V. Tecklenburg.

Urthei.
Duplikat.

Muster A zu No. 46.
(Mit Probebelegung.)

Zoll-Eingangs-Anmeldung No. 714.

Ausfertigungsstation Swakopmund.   Empfangsstation Swakopmund.

Die Firma Wecke & Voigts aus Swakopmund führte heute nachstehende Waren vor, welche für sie selbst in Swakopmund bestimmt sind.

Der Kolli		Von Anmelder auszufüllen				Der Kolli	Tarifmäßige Benennung der Ware	Von der Zollstation auszufüllen		Tarifsatz M Pf	Zollbetrag M Pf	Der Zoll ist vereinnahmt von der Station No.	Bemerkungen
Anzahl und Verpackung der Kolli	Zeichen und Nummer	Handelsübliche Benennung der Ware	Gewicht, Maß oder Stückzahl	Wert M	Herkunftsort und Herkunftsland			Amtlich ermittelte Bruttogewicht kg	Netto-gewicht, Maß oder Stückzahl				
1	2	3	4	5	6	7	9	10	11	12	13	14	16
1 Kiste	K. S. 17	Hinterlade-gewehr	1 Stück	150	Hamburg/Deutschland				1 Stück	20	20		Erhebnisbeleg von das mit vorgelegt.
10 Kisten	S. P. 2/12	Wein, stiller	400 kg	350	" "			416,0		20	83,20		
2 Säcke	"	1/6 Zucker	180 "	80	" "			178,0		10	17,80		
1 Stück	"	Ochsenwagen	1 Stück	1200	" "						zollfrei		
1 Kiste	O. N. 3	Möbel	90 kg	40	" "								
10 Kisten	W. 1/10	Gin	120 Ltr.	60	" "		Trinkbranntwein		120 ltr.	2	240		120 Fl. à 1 Ltr.
1 Kiste	" 11	Kleider	125 kg	360	" "		baumw. Kleider		46,00 kg	1,50	69		Wert 180 M
							lein. Leibwäsche		32,50 "	1	32,50		" 168 "
							Hemdknöpfe		6,00 "		zollfrei		" 32 "
											Sammtverzoll. 462,60 mand 56		

Swakopmund, den 11. Januar 1902.

p. Wecke & Voigts.
Kassier.

Swakopmund, den 11. Januar 1902.

N.
Zollamts-Vorsteher.

F.
Bezirks-Inspektor.

Urthal.
Duplikat.

Muster A zu No. 46.
(Mit Probeeintragung.)

Ausfertigungsstation Swakopmund,   Empfangsstation Karibib.

Zoll-Eingangs-Anmeldung No. 718.

Die Firma Erhard aus Swakopmund führte heute nachstehende Waren vor, welche für Erhard in Karibib bestimmt sind.

Vom Anmelder auszufüllen						Von der Zollstation auszufüllen								
Der Kolli		Benennung der Ware	direkt. Maß oder Stückzahl	Wert	Markenart und Herkunftsland	Der Kolli	Tarifmäßige Benennung der Ware	Amtlich ermittelte		Tarif- satz	Zoll- betrag	Der Zoll ist vereinnahmt von der Stelle	Bemerkungen
Anzahl und Verpackung	Zeichen und Nummer			ℳ		gegen Leckage ... versicherte Frachtguter		Brutto- gewicht kg	Netto- gewicht Maß oder Stückzahl		ℳ Pf.	No.	
1	2	3	4	6	6	7	8	9	10	11	12	13	14	15
10 Kisten K.P. ¹⁄₁₀	Bier	806 kg	306	Hamburg Deutschland				746,0		10	78 60		
1 Sack	11	Kaffee	55 "	80	"			52,5		30	15 75		
1 Kiste	12	Schuhwaren	60 "	220	"		Männerschuhe		30 Paar	1 "	30 "		
1 "	13	Papier	35 "	96	"						zollfrei		
											124 35	Karibib 46	

Swakopmund, den 11. Januar 1902.

f. Erhard,
Meyer.

Karibib, den 16. Januar 1902.
gez. X.

Gegen, der Zoll ist unter Verführung der Waren
in unverändeter Gestalt bei der Zollabfertigungsstelle in
Karibib zu entrichten.

Swakopmund, den 11. Januar 1902.

(L. S.)   Kaiserl. Zoll-Amt.
gez. X.   gez. Z.

Muster B zu No. 44.
(Mit Probeeinlegung.)

Unliat.
Duplikat.

Zoll-Ausgangs-Anmeldung No. 317.

Ausfertigungsstation Windhuk.   Ausgangsstation Swakopmund.

Der Kfm. Schmerenbeck aus Windhuk führte heute nachstehende Waren vor, welche für C. Meyer in Berlin bestimmt sind.

Vom Anmelder auszufüllen									Von der Zollstation auszufüllen					
Der Kolli		Benennung der Ware	Gewicht, Maß oder Stückzahl	Wert M	Bestimmungsort und Bestimmungsland	Der Kolli	Tarifmäßige Benennung der Waren	Amtlich ermitteltes		Tarif- satz M Pf	Zoll beträgt M Pf	Der Zoll ist verrechnet von der Station No.	Bemerkungen
Anzahl und Ver- packung	Zeichen und Nummer							Brutto- gewicht kg	Netto- gewicht Maß oder Stückzahl				
1	2	3	4	5	6	7	8	10	11	12	13	14	16
1 Kiste	M. P. 1	Streichzünd- hölzer	69	1600	Hamburg Deutschland		Wie nebenstehend	61,5	30,7	2	61 40	Wind.	
5 Kisten	„	1/4 Gehörne	287	600	„		„	285,0	.	.	zollfrei	Wind.	lat. 215
											61 40		

Windhuk, den 11. Januar 1902.

gez. C. F. A. Schmerenbeck.

Windhuk, den 11. Januar 1902.

(L. S.)   gez. X.

Dieses Register enthält:

Muster C zu No. 46.

Blätter.

Windhuk, den ___ _____ 190 .

Die Zollverwaltung.

Zoll-Anmelderegister

de.

Zoll $\frac{amtes}{abfertigungsstelle}$ zu

für den Monat _____ **190**

Geführt von:.

Laufende Nummer	Datum der Abgabe der Zollanmeldung		Des Warenführers		Des Warenempfängers		Der Zoll ist vereinnahmt		Bemerkungen
	Monat	Tag	Name	Wohnort	Name	Wohnort	von der Station	unter Nummer	
1	2		3		4		5		6

Das Register enthält:

Muster D zu No. 46.

Blätter.

Windhuk, den ___ . . 190

Die Zollverwaltung.

Zoll-Heberegister

de

Zoll $\frac{amtes}{station}$ zu .

für den Monat _____ **190**

Geführt von: . . .

Laufende No.	Datum der Zollentrichtung		Laut Zollanmeldung der		Des Zollzahlers		Gegenstand der Zahlung	Gebühren für Abfertigung außerhalb der	des	Niederlage- Gebühren	Zollbetrag	Tagessumme Spalte 6 bis 9
	Monat	Tag	Station	No.	Name	Wohnort		Dienststunden	Amtslokals			
								$\mathcal{M}$	Pf.	$\mathcal{M}$ Pf.	$\mathcal{M}$ Pf.	$\mathcal{M}$ Pf.
1	2		3		4		5	6	7	8	9	10

Muster E zu No. 46.

1. Seite.

Dieses Register enthält:

Blätter.

Windhuk, den   ten   190

Die Zollverwaltung.

Kassenbuch

des

Zollamtes zu ......

für das Rechnungsjahr 190   /

Geführt von: . ..

2. Seite.   **Einnahme.**

Laufende Nummer	Datum	Erläuterung der Einnahme	Geldbetrag	
			.ℳ	Pf.
1	2	3	4	

3. Seite.   **Ausgabe.**

Laufende Nummer	Datum	Erläuterung der Ausgabe	Geldbetrag	
			.ℳ	Pf.
1	2	3	4	

1. Seite.

Abrechnung

des

Zollamtes zu......

für den Monat   190
_____

Aufgestellt von:

2. Seite.   Einnahmen.

Laufende Nummer	Nummer der Belege	Nummer des Kassenbuches	Erläuterung der Einnahme	Geldbetrag	
				ℳ	Pf.
1	2	3	4	5	

3. Seite.   Ausgaben.

Laufende Nummer	Nummer der Belege	Nummer des Kassenbuches	Erläuterung der Ausgabe	Geldbetrag	
				ℳ	Pf.
1	2	3	4	5	

Muster G zu No. 16.
(L Probeansfüllung.)

Strafbescheid.

Der Bur N. N. aus Omaruru wird wegen Übertretung des § 29 der Zollverordnung gemäß § 53 derselben zu einer Ordnungsstrafe von 10 (zehn) Mark verurteilt, weil er über eine unter Zollkontrolle stehende Kiste Bier eigenmächtig verfügt hat.

Gründe.

Der Bur N. N. hat von der Zollabfertigungsstelle in Karibib laut Zoll-anmeldung No. 417 vom 20. Juli 1903 20 Kisten Bier zur Vorführung bei der Zollstelle in Omaruru in unveränderter Gestalt übernommen. In Epukiro hat er auf Bitten des Kaufmanns X. eine Kiste abgeladen (siehe Verhandlung Blatt 6 usw.). Da er diese Veränderung der Ladung sofort bei Eintreffen in Omaruru angemeldet hat, so ist nicht anzunehmen, daß er eine Zoll-defraude hat verüben wollen, er ist daher gemäß § 58 der Zollverordnung zu oben angegebener Ordnungsstrafe verurteilt worden.

Gegen diesen Strafbescheid steht dem Beschuldigten frei, bei der unterzeichneten Amtsstelle binnen zweier Wochen Beschwerde an den Gouverneur einzureichen o d e r binnen einer Woche Antrag auf gerichtliche Entscheidung zu stellen.

O m a r u r u , den 31. Juli 1903.

K a i s e r l i c h e   Z o l l a b f e r t i g u n g s s t e l l e.

(L. S.)

gez. X.

Der Verurteilte erklärte, sich bei der festgesetzten Strafe beruhigen zu wollen, und zahlte den Betrag bar ein.

Datum und Unterschrift des Verurteilten.

10 Mark Zollstrafe vereinnahmt am 31. Juli 1903 im Zollheberegister unter No. . . .

gez. X.

Strafbescheid.

Der Kaufmann N. N. aus Swakopmund wird wegen unrichtiger Zollanmeldung, Übertretung des § 50, Ziff. 2 der Zollverordnung, gemäfs § 49 der Zollverordnung mit einer Geldstrafe von 209 Mark 60 Pf. und Konfiskation der geschmuggelten Waren bestraft.

Gründe.

Der Kaufmann N. N. hat laut Zollanmeldung No. 1170 d. d. Swakopmund, den 26. Juli 1903 10 Kisten gez. E. ¹/₁₀ Wein brutto 420 kg zur Verzollung angemeldet. Bei der amtlichen Zollrevision am 27. Juli wurde festgestellt, dafs 5 Kisten, und zwar E. 1. 3. ⁴/₁₀ brutto 210 kg Wein, die übrigen 5 Kisten, gez. E. 2. ⁴/₇, jedoch Kognak, und zwar 59 Flaschen à 0,8 Liter = 47,2 Liter enthielten; eine Flasche war zerbrochen.

Der protokollarischen Aussage des N. N., dafs er es nicht gewufst habe, dafs in den 5 Kisten Kognak sei, und dafs ein Irrtum des Absenders bei Ausfertigung des Konnossements vorliegen müfste, kann Glauben nicht beigemessen werden.

Der Tarifsatz für stille Weine (A II c des Einfuhrzolltarifs) ist 0,20 Mark für 1 kg brutto.

Das Zollangebot des Zollpflichtigen für die ganze Sendung betrug also 420 × 0,20 . . . . 84,00 Mark.

Der wirklich fällige Zoll berechnet sich dagegen auf:

für brutto 210 kg stille Weine nach
dem Tarifsatze von 0,20 Mark für
1 kg brutto (Pos. A II c) . . . . 42,00 Mark,

für 47,2 Liter Branntwein nach dem
Tarifsatze von 2 Mark für 1 Liter
(Pos. A II e) . . . . 94,40 „ 136,40 „

Das oben berechnete Zollangebot von . . . . . . 84,00 „

bleibt also um . . . . 52,40 Mark hinter dem fälligen Zollbetrage zurück, diese 52,40 Mark sind daher als hinterzogen anzusehen. Die Strafe berechnet sich daher gemäfs § 49 der Zollverordnung auf 52,4 × 4 = 209,6 Mark.

Der Wert der beschlagnahmten 59 Flaschen Kognak wird zu 3 Mark pro Flasche, mithin zu 177 Mark festgestellt.

Der einfache Zoll mit 136,40 Mark ist aufserdem zu entrichten.

Gegen diesen Strafbescheid steht dem Beschuldigten frei, bei der unterzeichneten Amtsstelle binnen zweier Wochen Beschwerde an den Gouverneur einzureichen oder binnen einer Woche Antrag auf gerichtliche Entscheidung zu stellen.

Swakopmund, den 27. Juli 1903.

Kaiserliches Zollamt.

(L. S.)

gez. N.

Der Verurteilte reichte heute Antrag auf gerichtliche Entscheidung ein.

Swakopmund, den 30. Juli 1903.

gez. N.

47. Verordnung des Gouverneurs von Deutsch-Südwestafrika, betreffend die öffentlichen Zollniederlagen und die unter zollamtlichem Mitverschluſs stehenden Privatniederlagen. Vom 10. April 1903.

(Beilage zum Kol. Bl. vom 15. Mai 1903, S. 34.)

Auf Grund des § 38 der Verordnung des Reichskanzlers vom 31. Januar 1903 (Zollverordnung für das deutsch-südwestafrikanische Schutzgebiet) wird verordnet, was folgt:

§ 1. Gegenstände, welche unter Zollaufsicht stehen, und auf denen noch ein Zollanspruch haftet, können auf Antrag in eine öffentliche Zollniederlage oder in eine unter zollamtlichem Mitverschluſs stehende Privatniederlage aufgenommen werden.

§ 2. Von Amts wegen werden den Zollniederlagen überwiesen alle diejenigen unter Zollaufsicht stehenden Gegenstände, welche aus irgend einem Grunde innerhalb einer örtlich zu bemessenden Frist nicht verzollt bezw. nicht in Empfang genommen sind (§§ 14 und 15 der Zollordnung).

§ 3. Ausgeschlossen von der Aufnahme in die Niederlage sind alle feuergefährlichen Gegenstände sowie solche, welche schnellem Verderben ausgesetzt sind.

§ 4. Bei Gegenständen, welche in beschädigten Verpackungen eingehen, müssen diese vor Aufnahme in die Niederlage ausgebessert werden (Fässer, welche Leckage zeigen, Säcke mit Löchern, zerbrochene Kisten usw.).

§ 5. Von auswärtigen Niederlegern ist ein am Ort der Niederlage wohnhafter Vertreter zu bestellen, der im Niederlageregister als solcher zu vermerken ist.

Bei Gegenständen, deren Empfänger nicht feststehen, kann die Bestellung eines Vertreters von Amts wegen erfolgen.

§ 6. Die Lagerfrist soll in der Regel einen Zeitraum von drei Jahren nicht überschreiten.

Wenn Gegenstände länger als drei Jahre lagern oder in Fäulnis überzugehen oder auf eine andere Weise zu verderben drohen, hat die Zollstelle, zu deren Amtsbezirk die Niederlage gehört, den Niederleger zur Entnahme der Gegenstände aufzufordern; bleibt die Aufforderung ergebnislos, so werden die Gegenstände öffentlich meistbietend versteigert. Über den Erlös ist nach Maſsgabe der Bestimmungen im § 12 der Zollverordnung zu verfügen.

§ 7. Über die in eine öffentliche Zollniederlage oder unter zollamtlichem Mitverschluſs stehende Privatniederlage aufgenommenen Gegenstände wird ein Niederlageregister (Muster A) geführt.

Das Register muſs vor Ingebrauchnahme foliiert werden. Das Register ist kontenweise zu führen, das heiſst, für jeden Niederleger ist ein besonderes, je nach Bedarf mehrere Blätter umfassendes Konto anzulegen, in welches die in die Niederlage aufgenommenen Gegenstände in der Zeitfolge der Einlagerung eingetragen werden.

Das Register muſs vor dem ersten Konto mit einem Inhaltsverzeichnisse versehen sein, aus welchem die Namen der Niederleger und die Seite des Registers, die deren Konto enthält, zu ersehen sind.

§ 8. Die Aufnahme in die Niederlage erfolgt auf Grund eines auf einer in § 21 der Zollverordnung vorgeschriebenen Zollanmeldung schriftlich gestellten Antrages.

§ 9. Bei der Aufnahme in die Niederlage ist nach Prüfung der Bezeichnung, Verpackung und Anzahl der Kolli das Bruttogewicht derselben festzustellen, worauf die Anschreibung nach diesem amtlichen Befunde im Niederlageregister erfolgt.

Die Feststellung des Bruttogewichts kann durch probeweises Verwiegen erfolgen; von der Verwiegung kann gänzlich Abstand genommen werden, wenn das Gewicht bereits zollamtlich festgestellt war.

Zu einer Öffnung der Kolli und Feststellung des Inhalts ist nur auf Antrag des Niederlegers oder in Fällen begründeten Verdachts zu schreiten.

§ 10. Die Zolleingangsanmeldungen der Grenzämter, mit denen die Gegenstände zur Schlußabfertigung nach dem Innern überwiesen sind, werden bei der Aufnahme der Gegenstände in die Zollniederlage durch den darauf zu setzenden, mit Ort, Datum und Unterschrift zu versehenden Vermerk: „In die Zollniederlage zu . . . aufgenommen, Konto . . . Seite . . . No. . . . des Niederlageregisters" erledigt.

Das eine Exemplar der Zollanmeldung wird Beleg zum Niederlageregister, das mit der Post eingetroffene wird dem Ausfertigungsamte zurückgesandt, welches dasselbe dem Anmelderegister als Beleg beifügt und in Spalte 5 den Vermerk macht:

„In die Zollniederlage zu . . . . aufgenommen, Konto . . . . Seite . . . No. . . . des Niederlageregisters."

§ 11. Über die in öffentliche Niederlagen aufgenommenen Gegenstände ist dem Niederleger ein Niederlageschein (Muster B) auszuhändigen, welcher der Zollbehörde gegenüber ohne nähere Prüfung als Ausweis der Berechtigung, über die Gegenstände zu verfügen, gilt. Falls ein Niederlageschein verloren geht, wird derselbe auf Antrag beim Gouvernement für ungültig erklärt, worauf die Ausfertigung eines Duplikats erfolgt und die Aushändigung der Gegenstände nur auf Grund desselben stattfinden darf.

§ 12. Auf Antrag des Niederlegers kann unter Vorlage des Niederlagescheins eine Umschreibung der Gegenstände, welche in einer öffentlichen Niederlage lagern, auf das Konto eines anderen Niederlegers erfolgen.

§ 13. Jede Entnahme von Gegenständen aus einer öffentlichen Niederlage ist auf dem zugehörigen Niederlagescheine durch Durchstreichen oder besondere Notiz unter Beischrift des Datums und des Namens des den entnommenen Gegenstand abfertigenden Zollbeamten zu vermerken. Sind sämtliche auf einem Niederlagescheine angeschriebenen Gegenstände abgemeldet, so ist der Schein zu durchstreichen; er bleibt an der Amtsstelle als Beleg zu dem Niederlageregister.

§ 14. Die Eigentümer der Niederlagen haben für die wirtschaftliche Erhaltung derselben in Dach und Fach Sorge zu tragen und haften für Beschädigungen der Gegenstände, welche aus einer ihnen zur Last fallenden Unterlassung oder Vernachlässigung dieser Fürsorge entstehen.

Für Schäden, welche durch Feuer oder durch Naturereignisse entstehen, haftet die Niederlageverwaltung nicht, es ist vielmehr dem Niederleger überlassen, seine Gegenstände selber gegen solche Schäden zu versichern.

Das Ein- und Auslagern, das Verstauen und Umlagern in öffentlichen Niederlagen unter Beachtung der Anordnungen der Zollstelle ist von dem Niederleger zu bewirken, desgleichen das Ausschreiben der vorgeschriebenen Papiere. Erforderlichenfalls werden diese Verrichtungen auf Kosten des Niederlegers durch einen von der Zollstelle damit beauftragten Spediteur vorgenommen.

§ 15. Wenn Gegenstände aus einer öffentlichen Zollniederlage oder aus einer unter Mitverschluß der Zollbehörde stehenden Privatniederlage entnommen werden sollen, so ist darüber von dem Niederleger eine Abmeldung (Muster C) abzugeben, deren Spalten 1—7 von dem Niederleger auszufüllen sind. Bei der Entnahme aus öffentlichen Niederlagen ist gleichzeitig der Niederlagescheln vorzulegen. Die Übereinstimmung dieser Abmeldung mit der Eintragung im Niederlageregister ist zu prüfen und zu bescheinigen.

Es dürfen nur ganze Kolli auf einmal entnommen werden; eine Teilung der Kolli ist nicht gestattet.

§ 16. Die Abmeldung hat den Antrag des Niederlegers zu enthalten, ob die zur Entnahme kommenden Gegenstände zu verzollen oder wieder auszuführen oder auf eine andere Zollstelle zu überweisen sind.

Bei der Überweisung auf eine andere Zollstelle ist die Abmeldung doppelt auszufertigen; die beiden Exemplare sind ebenso zu behandeln wie die Zollanmeldungen nach § 10—13 der Ausführungsbestimmungen zur Zollverordnung.

§ 17. Das Lagergeld wird nach dem bei der Einlagerung festgestellten Bruttogewichte berechnet und beträgt in staatlichen Niederlagen für jede angefangenen 100 kg einer jeden mit einer Abmeldung entnommenen Warenpost 0,20 Mark für jeden auch nur angefangenen Kalendermonat.

In Privatniederlagen wird das Lagergeld im Einverständnis mit dem Eigentümer besonders festgesetzt.

Die festgesetzten Gebühren werden durch den Niederlage-Eigentümer bezw. durch die betreffende Zollstelle für dessen Rechnung erhoben.

§ 18. Die in der Niederlage aufgenommenen Gegenstände haften für die Zollgefälle und Niederlagegebühren ohne Rücksicht auf die Rechte eines Dritten und können, solange die Entrichtung dieser Zollgefälle und Niederlagegebühren nicht erfolgt ist, zurückbehalten werden.

§ 19. Von zollamtlicher Seite werden Gegenstände aus einer nicht staatlichen Niederlage nur abgelassen, wenn eine allgemeine oder besondere Entnahme-Vollmacht des Niederlage-Eigentümers vorgelegt wird.

§ 20. Am 1. Januar jeden Jahres wird das Niederlageregister in dem für die Anschreibung vorgesehenen Teile abgeschlossen; alle nach diesem Zeitpunkte erfolgenden Einlagerungen werden im Niederlageregister für das neue Jahr eingetragen. Das Niederlageregister bleibt noch bis zum 1. April jeden Jahres für Abschreibungen offen. In der Zeit vom 1. Januar bis 1. April werden also zwei Niederlageregister nebeneinander geführt.

Am 1. April jeden Jahres sind die noch nicht zur Abschreibung gekommenen Gegenstände in das neue Niederlageregister zu übertragen.

Die Übertragung ist bei jedem einzelnen Konto durch Vermerk, aus dem Konto sowie Seite und Nummer des neuen Registers hervorgeht, ersichtlich zu machen und für alle Konten unter dem Inhaltsverzeichnis als richtig zu bescheinigen.

In dem neuen Niederlageregister sind Konto, Seite und Nummer des alten Registers, aus dem die Gegenstände übertragen worden sind, blau unterstrichen in der Bemerkungsspalte anzugeben.

Das erledigte Niederlageregister nebst den erledigten Lagerscheinen ist am 1. Mai jeden Jahres zur Revision an das Gouvernement einzusenden.

§ 21. Diese Verordnung tritt mit dem 1. Juli 1903 in Kraft.

Windhuk, den 10. April 1903.

Der Kaiserliche Gouverneur.
I. V. Tecklenburg.

1. Seite,   **Muster A zu No. 47.**

Das Register enthält:
. . . . . Blätter.

Windhuk, den ten . 190
Die Zollverwaltung.

Niederlage-Register
de .
Kaiserlichen ...
zu .

für das Jahr ..

Geführt von: . . . .

Inhalts-Verzeichnis.

Konto   zu .   Blatt..
„   ·   „   „
„   „   „
„   „   „

2. Seite.   **Konto**

Lfde. No.	Datum der Einlagerung	Bezeichnung und No. dem zollamtlichen Vor-papiers	Der Kolli Zahl und Art der Ver-packung	Der Kolli Zeichen und Nummer	Be-nennung der Waren	Einlage-rungs-gewicht brutto	Datum der Aus-lage-rung	Der Kolli Zahl und Art der Ver-packung	Der Kolli Zeichen und Nummer	Be-nennung der Waren
1	2	3	4	5	6	7	8	9	10	11

Ansohreibung — **Ab-schreibung**

3. Seite.   zu .   Blatt

Auslagerungs-gewicht brutto	Auslagerungs-gewicht netto	Tarifsatz	Zollbetrag ℳ	Zollbetrag Pf.	Lagerzeit nach Monaten	Erhobenes Lagergeld ℳ	Erhobenes Lagergeld Pf.	Weiter nach-gewiesen in Re- unter gister No.	Bemer-kungen
12	13	14	15		16	17		18	19

Muster B zu No. 17.

Niederlage-Schein

des   Konto   Blatt   Nummer   des Niederlage-Registers pro 19

			Anschreibung						Abschreibung			
			Der Kolli						Der Kolli			
Lfd. No.	Datum der Einlagerung	Bezeichnung der Vorpapiere	Zahl und Art der Verpackung	Zeichen und Nummer	Benennung der Waren	Einlagerungsgewicht brutto	Datum der Auslagerung	Zahl und Art der Verpackung	Zeichen und Nummer	Auslagerungsgewicht brutto	Namensbeschrift des Ablagerungs-Beamten und Bemerkungen
1	2	3	4	5	6	7	8	9	10	11	12

Muster C zu No. 17.

Abmeldung

Verzollung
Weitermeldung nach Wiederausfuhr

von Waren aus der Zollniederlage zur Weitermeldung nach Wiederausfuhr

Vom Abmelder nach dem Niederlage-Schein anzufüllen.										Revisionsbefund				
Des Niederlage-Registers Konto Blatt No.	Datum der Einlagerung	Der Kolli Zahl und Art der Verpackung	Zeichen und Nummer	Benennung der Waren	Einlagerungsgewicht brutto	Wert der Waren	Herkunftsort und Herkunftland	Auslagerungsgewicht brutto netto	Tarifnummer	Kolli befund	Lagerzeit nach Monaten	Lagergeld M Pf	Weiter nachgewiesen in Be... weiter No.	Bemerkungen
1	2	3	4	5	6	7	8	9	10	11	12	13	14	15

Mit dem Niederlage-Register übereinstimmend.

48. Verfügung des Reichskanzlers, betreffend das Zollwesen der Schutzgebiete Kamerun und Togo. Vom 15. April 1903. *K. J 798.*

(Kol. Bl. S. 225.)

Auf Grund der Allerhöchsten Verordnung, betreffend das Zollwesen der Schutzgebiete in Afrika und der Südsee, vom 7. November 1902,[*]) wird für die Schutzgebiete Kamerun und Togo verordnet, was folgt:

Einziger Paragraph.

Für die Zollgefälle, Geldstrafen, Ersatz des Wertes konterbandierter oder geschmuggelter Gegenstände sowie für die Kosten des hierauf bezüglichen Verfahrens, zu welchen Personen verurteilt werden, die unter der Gewalt, der Aufsicht oder im Dienste einer anderen Person oder einer Gesellschaft stehen, können diese letzteren im Falle des Unvermögens der Schuldigen haftbar gemacht werden, und zwar unabhängig von der Strafe, zu welcher sie selbst auf Grund der bestehenden Zollverordnungen etwa verurteilt werden. Dabei kann die Zollbehörde nach ihrer Wahl die verhängte Geldstrafe von den Mitverhafteten einziehen oder unter Verzicht hierauf an den Schuldigen selbst die für den Unvermögensfall vorgesehene Freiheitsstrafe zur Vollstreckung durch die Gerichte bringen.

Doch bleibt es den vorbezeichneten Personen und Gesellschaften vorbehalten, ihre Haftung durch den Nachweis auszuschließen, daß die Zuwiderhandlung nicht bei Ausführung der Verrichtungen verübt ist, die sie dem Täter übertragen oder ein für allemal überlassen hatten.

Sorreut, den 15. April 1903.

Der Reichskanzler.
Graf v. Bülow.

49. Runderlaß des Gouverneurs von Deutsch-Ostafrika, betreffend das Verfahren bei vorläufigen Festnahmen. Vom 17. April 1903.

Es ist in letzter Zeit zweimal der Fall vorgekommen, daß von einer Behörde im Innern ein Europäer wegen eines Vergehens festgenommen und mit großen Kosten hierher transportiert wurde, obwohl ein Fluchtverdacht offenbar nicht begründet war. Ich nehme daher Veranlassung, die Behörden zur Vermeidung unzulässiger Eingriffe in das hohe Gut der persönlichen Freiheit und im eigenen Interesse der Beamten, welche bei ungerechtfertigter Festnahme event. gerichtlich in Anspruch genommen werden können, auf folgendes hinzuweisen:

Nach § 127, Abs. 2, der Strafprozeßordnung sind die Behörden, an welche dieser Erlaß gerichtet ist, als Polizei- und Sicherheitsorgans zur vorläufigen Festnahme von Weißen befugt, wenn die Voraussetzungen eines Haftbefehls vorliegen (Vorhandensein dringender Verdachtsgründe der Begehung einer strafbaren Handlung u n d entweder Fluchtverdacht oder Gefahr der Verdunkelung des Tatbestandes, §§ 112, 113 St. P. O.), und wenn a u ß e r d e m Gefahr im Verzuge obwaltet. Eine Fluchtgefahr wird bei der für einen Weißen bestehenden Unmöglichkeit, in der schwarzen Bevölkerung zu verschwinden, und bei dem Mangel raschgehender Beförderungsmittel nur unter ganz besonderen Umständen gegeben sein. Ferner ist zu berücksichtigen, daß in der Heimat ein Festgenommener binnen wenigen Stunden oder Tage dem Richter vorgeführt wird, welcher im Falle einer nicht hinreichend begründeten Festnahme in der Lage ist, die Frei-

[*]) D. Kol. Gesetzgeb. VI, No. 361.

lassung zu verfügen, während bei den Verhältnissen des Schutzgebietes ebensoviele Wochen oder gar Monate verstreichen, bis der im Innern festgenommene Beschuldigte sich vor dem ordentlichen Richter verantworten kann.

Im Hinblick auf diese Gesichtspunkte wird die vorläufige Festnahme eines Weifsen — abgesehen von dem Falle, dafs die Anordnung eines Richters vorliegt, welcher unter allen Umständen Folge zu leisten ist — nur dann als gerechtfertigt zu erachten sein, wenn es sich

1. um eine schwere Straftat handelt und dringende Verdachtsgründe für die Begehung dieser Tat vorhanden sind, und wenn gleichzeitig

2. eine dringende Fluchtgefahr (Gefahr im Verzuge!) vorliegt. Dabei genügt nicht eine Gefahr, dafs der Verdächtige von seinem gegenwärtigen Aufenthaltsorte, sondern nur die Gefahr, dafs er, ohne noch ergriffen werden zu können, aus dem Schutzgebiete entflieht. Liegt diese Gefahr nicht vor, so kann die Festnahme erfolgen, wenn bestimmte Tatsachen bekannt sind, aus denen zu schliefsen ist, dafs der Verdächtige Spuren der Tat verwischen oder dafs er Zeugen oder Mitschuldige zu einer falschen Aussage oder Zeugen dazu verleiten werde, sich der Zeugnispflicht zu entziehen (§ 112 St. P. O.).

Treffen die Voraussetzungen zu 1 und 2 zu und wird der Verdächtige festgenommen, so ist vor allen Dingen unverzüglich dem zuständigen Bezirksgericht unter Beifügung etwaiger Akten ausführliche Mitteilung zu machen. Ferner ist der Festgenommene, wenn irgend möglich, nicht sofort zur Küste, sondern zunächst nur bis zur nächsten Telegraphenstation zu verbringen und von dort telegraphisch eine Weisung des Bezirksgerichts darüber, was mit dem Festgenommenen geschehen soll, einzuholen.

Treffen die Voraussetzungen zu 1 und 2 nicht zu und hält die Behörde trotzdem eine Festnahme für angebracht, so ist stets, event. durch Eilboten oder telegraphisch von der nächsten Telegraphenstation, beim Bezirksgericht über die zu ergreifenden Schritte anzufragen. In diesem Fall wäre auch bis zum Eingange der Antwort des Gerichts der jeweilige Aufenthalt des Verdächtigen möglichst im Auge zu behalten, und wenn letzterer sich nach einem anderen Bezirke begibt, die benachbarte Station entsprechend zu verständigen.

D a r e s s a l a m , den 17. April 1903.

Der Kaiserliche Gouverneur.
L. V. S t u h l m a n n.

50. Rundschreiben des Gouverneurs von Deutsch-Neu-Guinea, betreffend Bestellung von Prozefs- oder Zustellungsbevollmächtigten für die Berufungsinstanz. Vom 21. April 1903.

(Kol. Bl. S. 365.)

In Zivilprozefssachen entstehen häufig Verzögerungen dadurch, dafs die Parteien es unterlassen, für die Berufungsinstanz einen in Herbertshöhe wohnhaften Prozefs- oder Zustellungsbevollmächtigten zu bestellen.

Indem ich den jeweiligen Bezirksrichter und dessen Stellvertreter gemäfs § 1, Ziffer 4, der Reichskanzler-Verordnung vom 25. Dezember 1900*) hierzu ermächtige, ersuche ich, in Zukunft stets, sobald gegen ein Zivilprozefsurteil Berufung eingelegt wird, gemäfs § 4, Ziffer 4 a. a. O., in meinem Namen anzuordnen, dafs jede Partei eine im Gerichtsbezirk Herbertshöhe wohnhafte Person zum

Empfange der für sie bestimmten Schriftstücke bevollmächtige. Ich ersuche ferner, in jedem einzelnen Falle die Parteien darauf aufmerksam zu machen, welche Nachteile es mit sich bringt, wenn sie für die Berufungsinstanz nur einen Zustellungs-, aber keinen Prozeßbevollmächtigten in Herbertshöhe bestellen. Falls eine Partei eine Blankovollmacht einreicht, wird dieselbe einer möglichst geeigneten Persönlichkeit übergeben werden.

Herbertshöhe, den 21. April 1903.

Der Kaiserliche Gouverneur und Oberrichter.

Hahl.

51. Bahnordnung für die Usambara-Eisenbahn, genehmigt durch Erlaß der Kolonial-Abteilung des Auswärtigen Amtes vom 29. April 1903.*)

I. Zustand der Bahn.

§ 1. Spurweite.

1. Die Spurweite beträgt 1 Meter.

2. Ausnahmen hiervon sind zulässig mit Genehmigung der Aufsichtsbehörde.

§ 2. Längsneigung.

Die Längsneigung der Bahn soll auf freier Strecke das Verhältnis von 30°/₀₀ (1:33⅓) in der Regel nicht überschreiten. Für die Anwendung stärkerer Neigungen ist die Genehmigung der Aufsichtsbehörde erforderlich.

§ 3. Krümmungen.

Der Halbmesser der Krümmungen auf freier Strecke soll nicht kleiner als 100 Meter sein. In Krümmungen — mit Ausnahme derjenigen von Weichen — soll die äußere Schiene um so viel höher liegen als die innere, daß bei der größten für die betreffende Strecke vorgeschriebenen Fahrgeschwindigkeit die Krümmungen mit Sicherheit durchfahren werden können. Die Überhöhung soll in den Übergangsbögen oder in den anschließenden geraden Strecken auf eine Länge auslaufen, welche mindestens das 200fache der Überhöhung beträgt. Verschiedene Krümmungen und Querneigungen sind stetig ineinander überzuführen.

§ 4. Spurerweiterung.

In Krümmungen darf die Spurerweiterung das Maß von 20 Millimeter nicht überschreiten.

§ 5. Fahrbarer Zustand der Bahn.

1. Die Bahn ist fortwährend in einem solchen baulichen Zustande zu halten, daß jede Strecke, soweit sie sich nicht in Ausbesserung befindet, ohne Gefahr mit der von der Aufsichtsbehörde für die betreffende Strecke festgesetzten größten Geschwindigkeit (§ 26) befahren werden kann.

2. Bahnstrecken, auf welchen zeitweise die sonst für dieselben zulässige Fahrgeschwindigkeit ermäßigt werden muß, sind durch Signale als solche zu kennzeichnen und unfahrbare Strecken, auch wenn kein Zug erwartet wird, durch Signale abzuschließen.

§ 6. Umgrenzung des lichten Raumes.

1. Sämtliche Gleise, auf denen Züge bewegt werden, sind von baulichen Anlagen und lagernden Gegenständen mindestens bis zu derjenigen Umgrenzung

---

*) An Stelle der Bahnordnung vom 12. November 1895 getreten. S. Kol. Gesetzgeb. II, No. 176.

des lichten Raumes freizuhalten, welche in der Anlage A dargestellt ist. Dabei ist in Krümmungen auf die Spurerweiterung und die Überhöhung der äußeren Schiene Rücksicht zu nehmen.

2. Inwieweit bei Ladegleisen Einschränkungen dieser Umgrenzung zulässig sind, bestimmt in jedem Einzelfalle die Aufsichtsbehörde.

3. Bei Gleisen müssen die bis zu 50 Millimeter über Schienenoberkante hervortretenden unbeweglichen Gegenstände außerhalb des Gleises im allgemeinen mindestens 150 Millimeter von der Innenkante des Schienenkopfes entfernt bleiben; bei unveränderlichem Abstand derselben von der Fahrschiene darf dies Maß auf 135 Millimeter eingeschränkt werden. Innerhalb des Gleises muß ihr Abstand von der Innenkante des Schienenkopfes mindestens 67 Millimeter betragen, jedoch kann dieser Abstand bei Zwangsschienen nach dem mittleren Teile hin allmählich bis auf 36 Millimeter eingeschränkt werden. In gekrümmten Strecken mit Spurerweiterung muß der Abstand der innerhalb des Gleises hervortretenden unbeweglichen Gegenstände von der Innenkante des Schienenkopfes um den Betrag der Spurerweiterung größer sein als die vorgenannten Maße.

§ 7. Einfriedigungen der Bahn.

Ob und an welchen Stellen Schutzwehren oder andere Sicherheitsvorrichtungen an Wegen erforderlich sind, welche unmittelbar neben einer mit Lokomotiven befahrenen Bahn herlaufen oder über die letztere führen, bestimmt die Aufsichtsbehörde.

§ 8. Abteilungszeichen, Neigungszeiger, Merkzeichen.

1. Die Bahn muß mit Abteilungszeichen versehen sein, welche Entfernungen von ganzen Kilometern angeben.

2. Bei mehr als 500 Meter langen Neigungen von mehr als 40°/oo (1 : 100) sind an den Gefällwechseln Neigungszeiger anzubringen.

3. Vor den in Schienenhöhe liegenden, unbewachten Wegübergängen soll in genügender Entfernung auf der mr Fahrtrichtung rechts gelegenen Seite der Bahn ein Kennzeichen vorhanden sein, welches dem Lokomotivführer eines die Strecke befahrenden Zuges die Annäherung an einen derartigen Übergang anzeigt. Inwieweit Abweichungen stattfinden können, bestimmt die Aufsichtsbehörde.

4. Zwischen zusammenlaufenden Schienensträngen muß ein Merkzeichen angebracht sein, welches die Stelle angibt, über die hinaus auf dem einen Gleise Fahrzeuge mit keinem ihrer Teile vorgeschoben werden dürfen, ohne daß der Durchgang von Fahrzeugen auf dem anderen Gleise gehindert wird.

II. Zustand, Unterhaltung und Untersuchung der Betriebsmittel.

§ 9. Zustand der Betriebsmittel.

Die Betriebsmittel müssen fortwährend in einem solchen Zustande gehalten werden, daß die Fahrten mit der größten für die letzteren zulässigen Geschwindigkeit (§ 26) ohne Gefahr stattfinden können.

§ 10. Einrichtung der Lokomotiven.

1. Für jede Lokomotive ist nach Maßgabe ihrer Bauart eine Fahrgeschwindigkeit vorzuschreiben, welche in Rücksicht auf die Sicherheit niemals überschritten werden darf. Diese Geschwindigkeit muß an der Lokomotive angezeichnet sein.

2. An jedem Lokomotivkessel muß sich eine Einrichtung zum Anschluß eines Prüfungsmanometers befinden, durch welche die Belastung der Sicherheitsventile und die Richtigkeit der Federwagen und Manometer geprüft werden kann.

3. Jede Lokomotive muß versehen sein:

a) mit mindestens zwei zuverlässigen Vorrichtungen zur Speisung des Kessels, welche unabhängig voneinander in Betrieb gesetzt werden können, und von denen jede für sich während der Fahrt imstande sein muß, das zur Speisung erforderliche Wasser zuzuführen. Eine dieser Vorrichtungen muß geeignet sein, auch beim Stillstande der Lokomotive dem Kessel Wasser zuzuführen;

b) mit mindestens zwei voneinander unabhängigen Vorrichtungen zur zuverlässigen Erkennung der Wasserstandshöhe im Innern des Kessels. Bei einer dieser Vorrichtungen muß die Höhe des Wasserstandes vom Stande des Führers ohne besondere Proben fortwährend erkennbar und eine in die Augen fallende Marke des niedrigsten zulässigen Wasserstandes angebracht sein;

c) mit wenigstens zwei Sicherheitsventilen, von welchen das eine so eingerichtet sein soll, daß die Belastung desselben nicht über das bestimmte Maß gesteigert werden kann. Die Sicherheitsventile sind so einzurichten, daß sie vom gespannten Dampfe nicht weggeschleudert werden können, wenn eine unbeabsichtigte Entlastung derselben eintritt. Die Einrichtung der Sicherheitsventile muß denselben eine senkrechte Bewegung von 3 Millimetern gestatten;

d) mit einer Vorrichtung (Manometer), welche den Druck des Dampfes zuverlässig und ohne Anstellung besonderer Proben fortwährend erkennen läßt. Auf den Zifferblättern der Manometer muß der höchste zulässige Dampfüberdruck durch eine in die Augen fallende Marke bezeichnet sein;

e) mit einer Dampfpfeife.

§ 11. Abnahmeprüfung und wiederkehrende Untersuchungen der Lokomotiven und Tender.

1. Neue oder mit neuen Kesseln versehene Lokomotiven dürfen erst in Betrieb gesetzt werden, nachdem sie einer technisch-polizeilichen Abnahmeprüfung unterworfen und als sicher befunden sind. Der hierbei als zulässig erkannte höchste Dampfüberdruck, sowie der Name des Fabrikanten der Lokomotive und des Kessels, die laufende Fabriknummer und das Jahr der Anfertigung müssen in leicht erkennbarer und dauerhafter Weise an der Lokomotive bezeichnet sein.

2. Nach jeder umfangreichen Ausbesserung des Kessels, im übrigen in Zeitabschnitten von höchstens drei Jahren, sind die Lokomotiven nebst den zugehörigen Tendern in allen Teilen einer gründlichen Untersuchung zu unterwerfen, mit welcher eine Kesseldruckprobe zu verbinden ist. Diese Zeitabschnitte sind vom Tage der Inbetriebsetzung nach beendeter Untersuchung bis zum Tage der Außerbetriebsetzung zum Zweck der nächsten Untersuchung zu bemessen.

3. Bei den Druckproben ist der Kessel vom Mantel zu entblößen, mit Wasser zu füllen und mittels einer Druckpumpe zu prüfen. Der Probedruck soll den höchsten zulässigen Dampfüberdruck um fünf Atmosphären übersteigen.

4. Kessel, welche bei dieser Probe ihre Form bleibend ändern, dürfen in diesem Zustande nicht wieder in Dienst genommen werden.

5. Bei jeder Kesselprobe ist gleichzeitig die Richtigkeit der Manometer und Ventilbelastungen der Lokomotiven zu prüfen.

6. Der angewendete Probedruck ist mittels eines Prüfungsmanometers zu messen, welches in angemessenen Zeitabschnitten auf seine Richtigkeit untersucht werden muß.

7. Längstens sechs Jahre nach Inbetriebsetzung eines Lokomotivkessels muß eine innere Untersuchung desselben vorgenommen werden, bei welcher die Siederohre zu entfernen sind. Nach spätestens je fünf Jahren ist die Untersuchung zu wiederholen.

8. Über die Ergebnisse der Kesseldruckproben und der sonstigen mit den Lokomotiven und Tendern vorgenommenen Untersuchungen ist Buch zu führen.

§ 12. Läutevorrichtungen der Lokomotiven.

Sofern auf einer Bahnstrecke unbewachte Wegeübergänge vorkommen, sind die Lokomotiven, welche die Bahnstrecke befahren, mit einer Vorrichtung zum Läuten auszurüsten.

§ 13. Bahnräumer, Aschkasten, Funkenfänger.

1. An der Stirnseite der Lokomotiven und an der Rückseite der Tender und Tenderlokomotiven müssen Bahnräumer angebracht sein.

2. Jede Lokomotive muß mit einem verschließbaren Aschkasten und mit Vorrichtungen versehen sein, welche den Auswurf glühender Kohlen aus dem Aschkasten und dem Schornstein zu verhüten bestimmt sind.

§ 14. Bremsen der Lokomotiven und Tender.

Tenderlokomotiven und Tender müssen ohne Rücksicht auf etwa vorhandene anderweite Bremsvorrichtungen mit einer Handbremse versehen sein, die jederzeit leicht und schnell in Tätigkeit gesetzt werden kann.

§ 15. Federn, Zug- und Stoßvorrichtungen.

Sämtliche Wagen, mit Ausnahme der nur in Arbeitszügen laufenden, müssen mit Tragfedern, sowie an beiden Stirnseiten mit federnden Zug- und Stoßvorrichtungen versehen sein.

§ 16. Spurkränze.

Sämtliche Räder müssen Spurkränze haben.

§ 17. Stärke der Radreifen.

Die Stärke der Radreifen der Lokomotiven und Tender muß mindestens 16 Millimeter, die der Wagen mindestens 14 Millimeter betragen.

§ 18. Untersuchung der Wagen.

1. Neue Wagen dürfen erst in Gebrauch genommen werden, nachdem sie untersucht und als sicher befunden sind.

2. Jeder Wagen ist von Zeit zu Zeit einer gründlichen Untersuchung zu unterwerfen, bei welcher die Achsen, Lager und Federn abgenommen werden müssen. Diese Untersuchung hat spätestens drei Jahre nach der ersten Ingebrauchnahme oder nach der letzten Untersuchung zu erfolgen.

§ 19. Bezeichnung der Wagen.

Jeder Wagen muß Bezeichnungen haben, aus welchen zu ersehen ist:

a) die Eisenbahn, zu welcher er gehört;

b) die Ordnungsnummer, unter welcher er in den Werkstätten geführt wird;

c) das eigene Gewicht einschließlich der Achsen und Räder und ausschließlich der losen Ausrüstungsgegenstände;

d) bei Güter- und Gepäckwagen das Ladegewicht und die Tragfähigkeit;

e) der Zeitpunkt der letzten Untersuchung.

III. Einrichtungen und Maßregeln für die Handhabung des Betriebes.

§ 20. Bewachung der Bahn.

1. Die Bahnstrecke muß mindestens einmal an jedem Fahrtage auf ihren ordnungsmäßigen Zustand untersucht werden, sofern die zulässige Geschwindigkeit mehr als 20 Kilometer in der Stunde beträgt.

2. An Stellen, deren Befahrung in Rücksicht auf die örtlichen Verhältnisse besondere Vorsicht erfordert, insbesondere auch bei verkehrsreichen, in Schienenhöhe liegenden Wegeübergängen, ist bei Anwendung einer Geschwindigkeit von mehr als 15 Kilometer in der Stunde eine Bewachung der Bahn erforderlich.

3. Bei Annäherung eines Zuges oder einer einzeln fahrenden Lokomotive an einen in Schienenhöhe liegenden unbewachten Wegeübergang hat der Lokomotivführer von der nach § 8, 3 gekennzeichneten Stelle an bis nach Erreichung des Überganges die Läutevorrichtung in Tätigkeit zu halten. Außerdem ist die Läutevorrichtung in Tätigkeit zu setzen, wenn Menschen oder Fuhrwerke auf der Bahn oder in gefahrdrohender Nähe derselben bemerkt werden.

4. Beim Schieben der Züge (§ 30) liegt die Verpflichtung zum Läuten in den vorbezeichneten Fällen dem wachthabenden Beamten oder Arbeiter auf dem vordersten Wagen des Zuges ob. Bei Zügen von 20 Achsen und weniger genügt es, wenn die Läutevorrichtung der Lokomotive in Tätigkeit gesetzt wird.

§ 21. Rechtsfahren der Züge.

Auf doppelgleisigen Strecken der freien Bahn sollen die Züge in der Regel das in ihrer Fahrtrichtung rechts liegende Gleis befahren.

§ 22. Stärke der Züge.

Mehr als 80 Wagenachsen sollen in keinem Zuge befördert werden.

§ 23. Zahl der Bremsen eines Zuges.

1. In jedem Zuge sollen außer den Bremsen am Tender und an der Lokomotive so viele Bremsen bedient sein, daß mittels derselben mindestens die aus nachstehendem Verzeichnisse zu entnehmenden Prozente des Gesamtgewichts der Wagen bezw. der Anzahl der Achsen bremsbar sind.

1	2	3	4	5
Auf Neigungen von		Bremsprozente für eine Zuggeschwindigkeit von		
°/₀₀	1 : x	20 und weniger	25	30
		Kilometer in der Stunde		
0	1 : ∞	6	6	6
2,5	1 : 400	6	6	6
5,a	1 : 200	6	6	7
7,5	1 : 133	6	8	10
10	1 : 100	8	10	13
12,5	1 : 80	10	13	15
15	1 : 66	12	15	18
17,5	1 : 57	15	18	21
20	1 : 50	17	20	23
22,5	1 : 44	19	22	26
25	1 : 40	21	25	29
30	1 : 33	26	30	34

2. Für die Berechnung der Bremsprozente nach diesem Verzeichnisse ist maßgebend:

a) diejenige größte Geschwindigkeit, welche bei dem Zuge auf der betreffenden Strecke in Anwendung kommen darf;

b) diejenige Bahnneigung — Steigung oder Gefälle —, welche dargestellt wird durch die Gerade, die zwei auf der betreffenden Strecke in 1000 Meter Entfernung liegende, den größten Höhenunterschied zeigende Punkte des Längenschnittes der Bahn miteinander verbindet;

c) daß bei der Berechnung der Bremsprozente nach Achsen eine unbeladene Güterwagenachse stets gleich einer halben Achse, daß ferner der sich etwa ergebende überschießende Bruchteil stets als ein Ganzes gerechnet wird, und daß die Achsen von Personen-, Post- und Gepäckwagen stets als voll in Ansatz gebracht werden;

d) daß für Geschwindigkeiten unter 20 Kilometer in der Stunde die für 20 Kilometer in der Stunde angeführten Bremsprozente gelten;

e) daß bei der Verwendung von Schiebelokomotiven die Geschwindigkeit von 20 Kilometern in der Stunde angenommen wird.

3. Für Züge und Wagen, welche auf längeren Strecken ausschließlich durch die Schwerkraft oder mit Hilfe stehender Maschinen sich bewegen, werden die erforderlichen Sicherheitsvorschriften von der Aufsichtsbehörde erlassen. Das gleiche gilt für Strecken von außergewöhnlicher Bauart.

4. Den Stationsvorstehern sowie den Lokomotiv- und Zugführern ist bekannt zu geben, der wievielte Teil der Wagenachsen auf jeder Strecke bei den vorgeschriebenen Fahrgeschwindigkeiten muß gebremst werden können.

§ 24. Bildung der Züge.

Bei Bildung der Züge ist darauf zu achten, daß die Wagen gehörig zusammengekuppelt sind, die Belastung in den einzelnen Wagen tunlichst gleichmäßig verteilt ist, die nötigen Signalvorrichtungen angebracht und die nach § 23 erforderlichen Bremsen bedient und tunlichst gleichmäßig im Zuge verteilt sind.

§ 25. Erleuchtung der Wagen.

Das Innere der zur Beförderung von Personen benutzten Wagen ist während der Fahrt bei Dunkelheit und in Tunneln, zu deren Durchfahrung mehr als zwei Minuten gebraucht werden, angemessen zu erleuchten.

§ 26. Größte zulässige Fahrgeschwindigkeit.

1. Die größte zulässige Fahrgeschwindigkeit für Züge und einzeln fahrende Lokomotiven wird durch die Aufsichtsbehörde festgestellt. Größere Geschwindigkeiten als 30 Kilometer in der Stunde sind nur für Personenzüge ausnahmsweise gestattet, welche nicht mehr als 26 Wagenachsen führen und mit durchgehender Bremse versehen sind. Am Schlusse eines solchen mit durchgehender Bremse versehenen Zuges dürfen innerhalb der vorbezeichneten Zugstärke einzelne Wagen ohne durchgehende Bremse bis zu höchstens 12 Achsen angehängt werden; in diesem Falle muß auf Neigungen von mehr als 5‰ (1 : 200) in einer ununterbrochenen Länge von 1000 Meter oder darüber der letzte Wagen eine bediente Bremse haben.

2. Wird bei einem Zuge mit durchgehender Bremse letztere unterwegs ungangbar, so darf die Fahrt ohne Verminderung der sonst dafür zugelassenen Geschwindigkeit fortgesetzt werden, sofern die Bedienung der nach § 23 erforderlichen Anzahl von Bremsen mit der Hand bewirkt wird.

§ 27. Langsamfahren.

1. Wenn ein Signal zum Langsamfahren gegeben ist oder ein Hindernis auf der Bahn bemerkt wird, muß die Fahrgeschwindigkeit in einer den Umständen angemessenen Weise ermäßigt werden.

2. Auf Strecken, in welchen eine Drehbrücke liegt oder welche aus einem sonstigen Grunde stets mit besonderer Vorsicht befahren werden müssen, ist die größte zulässige Geschwindigkeit für die einzelnen Zuggattungen besonders festzusetzen.

§ 28. Abfahrt der Züge.

1. Kein Zug darf eine Station verlassen, bevor die Abfahrt von dem zuständigen Beamten gestattet ist.

2. Bei einer Fahrgeschwindigkeit von mehr als 15 Kilometer in der Stunde darf ein Zug einem anderen in derselben Richtung abgelassenen Zuge nur in Stationsabstand folgen.

§ 29. Sonderzüge.

Sonderzüge und einzeln fahrende Lokomotiven, welche den beteiligten Stationen sowie dem Bahnbewachungspersonal nicht vorher angekündigt sind, dürfen mit keiner größeren Geschwindigkeit als 15 Kilometer in der Stunde befördert werden.

§ 30. Schieben der Züge.

Das Schieben von Zügen, an deren Spitze sich eine führende Lokomotive nicht befindet, ist nur dann zulässig, wenn die Stärke derselben nicht mehr als 50 Wagenachsen beträgt und die Geschwindigkeit 15 Kilometer in der Stunde nicht übersteigt. Der vorderste Wagen muß alsdann mit einem wachthabenden Beamten oder Arbeiter besetzt sein, welcher eine weithin tönende Glocke bei sich zu führen hat (§ 30).

§ 31. Begleitpersonal.

Das Begleitpersonal darf während der Fahrt nur e i n e m Beamten untergeordnet sein. Derselbe hat einen Fahrbericht zu führen, in welchem die Abgangs- und Ankunftszeiten auf den einzelnen Anhaltepunkten und außergewöhnliche Vorkommnisse genau zu verzeichnen sind.

§ 32. Stillstehende Lokomotiven und Wagen.

1. Bei angeheizten Lokomotiven muß, solange sie stillstehen, der Regulator geschlossen, die Steuerung in Ruhe gesetzt und die Bremse angezogen sein. Die Lokomotive muß dabei stets unter Aufsicht stehen.

2. Die ohne ausreichende Aufsicht, wie die über Nacht auf den Gleisen verbleibenden Wagen sind durch geeignete Vorrichtungen festzustellen.

§ 33. Mitfahren auf der Lokomotive.

Ohne Erlaubnis der zuständigen Beamten darf außer den durch ihren Dienst dazu berechtigten Personen niemand auf der Lokomotive mitfahren.

§ 34. Gebrauch der Dampfpfeife.

1. Der Gebrauch der Dampfpfeife, sowie das Öffnen der Zylinderhähne ist auf die notwendigsten Fälle zu beschränken.

2. In der Nähe einer dem öffentlichen Verkehr dienenden Straße soll unter möglichster Vermeidung des Gebrauchs der Dampfpfeife vorzugsweise die Läutevorrichtung zur Anwendung kommen (§ 12).

§ 35. Führung der Lokomotive.

1. Die Führung der Lokomotiven darf nur solchen Personen übertragen werden, welche mindestens 21 Jahre alt und unbescholtenen Rufes sind und ihre Befähigung als Lokomotivführer unter Beachtung der von der Aufsichtsbehörde darüber erlassenen Vorschriften nachgewiesen haben.

2. Heizer müssen mit der Handhabung der Lokomotiven mindestens so weit vertraut sein, um dieselben erforderlichenfalls still- oder zurückstellen zu können.

IV. Signalwesen.

§ 36. Streckensignale.

1. Auf der Bahn müssen die Signale gegeben werden können:
der Zug soll langsam fahren und
der Zug soll halten.

2. Bewegliche Brücken, mit Ausschluß derjenigen, welche nur ausnahmsweise bei vorübergehender Außerbetriebsetzung der betroffenden Gleise geöffnet werden, sind nach beiden Richtungen durch Signale abzuschließen, welche mit der Verriegelungsvorrichtung der Brücke dergestalt in gegenseitiger Abhängigkeit stehen, daß das Fahrsignal nur bei genauer und völlig sicherer Feststellung der Brücke erscheinen kann.

§ 37. Weichensignale.

Die jedesmalige Stellung der Einfahrtsweichen muß dem Lokomotivführer durch Signale kenntlich sein, wenn nicht die Weichen durch einen sicheren Verschluß unverrückbar festgestellt sind.

§ 38. Zugsignale.

Jeder geschlossene fahrende Zug muß mit Signalen versehen sein, welche bei Tage den Schluß, bei Dunkelheit aber die Spitze und den Schluß desselben erkennen lassen; gleiches gilt für einzeln fahrende Lokomotiven.

§ 39. Signale des Lokomotivpersonals.

Das Lokomotivpersonal muß die Signale geben können:
Achtung,
Bremsen anziehen und
Bremsen loslassen.

§ 40. Elektrische Verbindungen.

Die Bahnhöfe müssen zur Verständigung untereinander mit elektrischen Schreibtelegraphen oder Fernsprechern ausgerüstet sein. Ausnahmen sind mit Genehmigung der Aufsichtsbehörde zulässig.

§ 41. Signalordnung.

Im übrigen bleibt die Einrichtung des Signalwesens von der Eigenart des Betriebes abhängig und dem Ermessen der Aufsichtsbehörde anheimgestellt.

V. Bestimmungen für das Publikum.

§ 42. Allgemeine Bestimmungen.

Die Eisenbahnreisenden und das sonstige Publikum müssen den allgemeinen Anordnungen nachkommen, welche von der Bahnverwaltung behufs Aufrechthaltung der Ordnung innerhalb des Bahngebietes und bei der Beförderung von Personen und Sachen getroffen werden, und haben den dienstlichen Anordnungen der in Uniform befindlichen oder mit einem Dienstabzeichen oder einem sonstigen Ausweis über ihre amtliche Eigenschaft versehenen Bahnpolizeibeamten (§ 47) Folge zu leisten.

§ 43. Betreten der Bahnanlagen und der Stationen. Bahnbeschädigungen und Betriebsstörungen sowie Verhalten der Reisenden beim Ein- und Aussteigen und während der Fahrt.

1. Das Betreten der Bahn, soweit sie nicht zugleich als Weg dient, sowie das Betreten der zur Bahn gehörigen Böschungen, Dämme, Gräben, Brücken und sonstigen Anlagen ist nur der Aufsichtsbehörde, deren Vertretern und den in der Ausübung ihres Dienstes befindlichen Beamten und Offizieren des Gouvernements gestattet. Die bezeichneten Personen haben, sofern sie nicht durch ihre Uniform kenntlich sind, sich durch eine Bescheinigung ihrer vorgesetzten Dienstbehörde auf Erfordern auszuweisen.

2. Das Publikum darf die Bahn, soweit sie nicht zugleich als Weg dient, nur an den zu Übergängen bestimmten Stellen betreten, und zwar nur so lange, als dieselben nicht abgesperrt sind oder sich kein Zug nähert.

3. In allen Fällen ist jeder unnötige Verzug zu vermeiden.

4. Für das Betreten der Bahn und der dazu gehörigen Anlagen, soweit dieselben nicht zugleich als Weg dienen, durch Vieh, bleibt derjenige verantwortlich, welchem die Aufsicht über dasselbe obliegt.

5. Sobald sich ein Zug nähert, müssen Fuhrwerke, Reiter, Fußgänger, Treiber von Vieh und Lasttieren in angemessener Entfernung von der Bahn, und zwar, sofern Warnungstafeln vorhanden sind, an diesen halten, bezw. die Bahn schnell räumen.

6. Es ist untersagt, die Schranken oder sonstigen Einfriedigungen eigenmächtig zu öffnen, zu überschreiten oder zu übersteigen, oder etwas darauf zu legen oder zu hängen.

7. Jede Beschädigung der Bahn und der dazu gehörigen Anlagen mit Einschluß der Telegraphen, sowie der Betriebsmittel nebst Zubehör, imgleichen das Auflegen von Steinen, Holz und sonstigen Sachen auf das Planum, oder das Anbringen sonstiger Fahrthindernisse ist verboten, ebenso die Erregung falschen Alarms, die Nachahmung von Signalen, die Verstellung von Ausweichevorrichtungen und überhaupt die Vornahme aller den Betrieb störenden Handlungen.

8. Solange ein Zug sich in Bewegung befindet, ist das Ein- und Aussteigen verboten.

9. Es ist untersagt, Gegenstände, durch welche Personen oder Sachen beschädigt werden können, während der Fahrt aus dem Wagen zu werfen.

§ 44.

Feuergefährliche, sowie andere Gegenstände, die auf irgend eine Weise Schaden verursachen können, insbesondere geladene Gewehre, Schießpulver, leicht entzündliche Stoffe und dergleichen, sind von der Mitnahme ausgeschlossen. Die Eisenbahnbediensteten sind berechtigt, sich von der Beschaffenheit der mitgenommenen Gegenstände zu überzeugen. Jägern und im öffentlichen Dienste stehenden Personen ist die Mitführung von Handmunition gestattet.

§ 45. Bestrafung von Übertretungen.

Wer den Bestimmungen der §§ 42, 43 und 44 zuwiderhandelt, wird, sofern nicht nach den allgemeinen Strafbestimmungen eine härtere Strafe verwirkt ist, mit Geldstrafe bis zu einhundert Mark, an deren Stelle im Nichtbeitreibungsfalle eine nach §§ 28 und 29 des Reichs-Strafgesetzbuches festzusetzende Freiheitsstrafe tritt, bestraft.

§ 46. Anshang von Vorschriften, Beschwerdebuch.

Ein Abdruck der §§ 42 bis 46 dieser Vorschriften in Deutsch-Kisuaheli ist in jedem Warteraum auszuhängen. Bei jedem Stationsvorstande ist ein dem Publikum zugängliches Beschwerdebuch aufzulegen, welches zunächst der Eisenbahnverwaltung einzureichen ist. Wenn Abänderungen grundsätzlicher Art hierbei in Frage kommen, so ist dasselbe dem Gouvernement vorzulegen.

VI. Bahnpolizeibeamte.

§ 47. Bezeichnung und Befugnisse der Bahnpolizeibeamten.

1. Zur Ausübung der Bahnpolizei sind zunächst berufen diejenigen Personen, welche mit den Verrichtungen betraut sind, der
    1. Betriebsleiter,
    2. Vertreter des Betriebsleiters,
    3. Bahnhofsverwalter,
    4. Bahnmeister,
    5. Weichensteller,
    6. Streckenvorarbeiter,
    7. Zugführer,
    8. Stationsdiener,
    9. Nachtwächter,
sowie deren Stellvertreter.

2. Die Bahnpolizeibeamten müssen bei Ausübung ihres Dienstes die vorgeschriebene Dienstuniform oder das festgestellte Dienstabzeichen tragen oder mit einem sonstigen Ausweis über ihre amtliche Eigenschaft versehen sein.

§ 48. Dienstanweisung.

Allen im § 47 genannten Bahnpolizeibeamten sind von der Eisenbahnverwaltung über ihre Dienstverrichtungen und ihr gegenseitiges Dienstverhältnis schriftliche oder gedruckte Anweisungen zu erteilen.

§ 49. Befähigung.

1. Alle zur Ausübung der Bahnpolizei berufenen Beamten müssen mindestens 21 Jahre alt und unbescholtenen Rufes sein und die sonst zu ihrem besonderen Dienste erforderlichen Eigenschaften besitzen.

2. Die Bahnpolizeibeamten werden von der Bahnverwaltung vereidigt. Sie treten alsdann in Beziehung auf die ihnen übertragenen Dienstverrichtungen dem Publikum gegenüber in die Rechte der öffentlichen Polizeibeamten.

§ 50. Verhalten der Bahnpolizeibeamten. Personalakten.

1. Diejenigen Bahnpolizeibeamten, welche sich als zur Ausübung ihres Dienstes ungeeignet zeigen, müssen sofort von der Wahrnehmung polizeilicher Verrichtungen entfernt werden.

2. Die Bahnverwaltung ist verbunden, über jeden Bahnpolizeibeamten Personalakten anzulegen und fortzuführen.

§ 51. Bezirk der Amtstätigkeit.

Die Amtstätigkeit der Bahnpolizeibeamten erstreckt sich, ohne Rücksicht auf den ihnen angewiesenen Wohnsitz, auf die ganze Bahn, die dazu gehörigen Anlagen und soweit, als solches zur Handhabung der für den Eisenbahnbetrieb geltenden Polizeiverordnungen erforderlich ist.

§ 52. Gegenseitige Unterstützung der verschiedenen Polizeibeamten.

Die sonstigen Polizeibeamten sind verpflichtet, die Bahnpolizeibeamten auf deren Ersuchen in der Handhabung der Bahnpolizei zu unterstützen. Ebenso sind die Bahnpolizeibeamten verbunden, den übrigen Polizeibeamten bei der Ausübung ihres Amtes innerhalb des im vorhergehenden Paragraphen bezeichneten Gebiets Beistand zu leisten, soweit es die den Bahnbeamten obliegenden besonderen Pflichten zulassen.

VII. Aufsichtsbehörde.

§ 53.

Aufsichtsbehörde im Sinne dieser Bahnordnung ist das Kaiserliche Gouvernement für Deutsch-Ostafrika.

Anlage zu No. 51.

Umgrenzung des lichten Raumes für die Usambara-Eisenbahn
mit 1,00 m Spurweite.

Maßstab: 1:42.

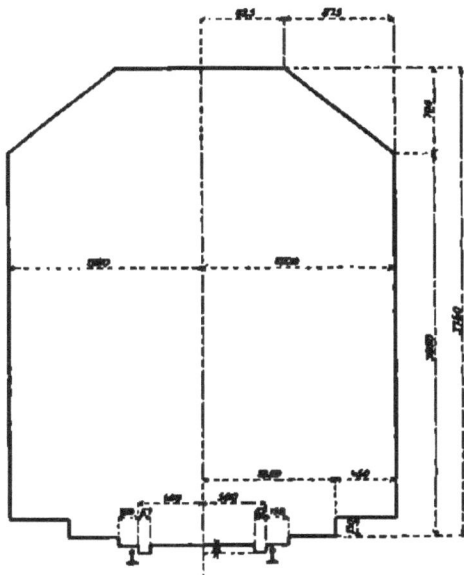

52. Runderlaß des Gouverneurs von Deutsch-Ostafrika, betreffend Beglaubigungen. Vom 15. Mai 1903.

Die Dienststellen weise ich darauf hin, daß die Befugnis zur Erteilung
öffentlicher Beglaubigungn ausschließlich den Gerichten (und Notaren), anderen Behörden oder Personen aber nur insoweit zusteht, als ihnen die Ausübung
dieser Handlungen der freiwilligen Gerichtsbarkeit ausdrücklich übertragen ist.
Die Zuständigkeit der Bezirksämter und Militärstationen zu öffentlichen Beglaubigungen auf dem Gebiete der Eingeborenen-Rechtspflege wird hierdurch
nicht berührt.

Daressalam, den 15. Mai 1903.

Der Kaiserliche Gouverneur.
Graf v. Götzen.

53. Verordnung des Gouverneurs von Kamerun, betreffend Erhebung einer Kopfsteuer im Verwaltungsbezirke Duala. Vom 16. Mai 1903.

Auf Grund des § 15 des Schutzgebietsgesetzes in Verbindung mit § 2 der Verfügung des Reichskanzlers vom 29. März 1889 bezw. § 1 der Allerhöchsten Verordnung vom 19. Juli 1886 wird hiermit verordnet, was folgt:

§ 1. Vom 1. Juli d. Js. ab wird im Verwaltungsbezirk Duala von der farbigen Bevölkerung eine Kopfsteuer erhoben.

§ 2. Steuerpflichtig ist jeder arbeitsfähige erwachsene eingeborene Mann sowie jedes arbeitsfähige unverheiratete erwachsene farbige Weib.

§ 3. Die Höhe der Steuer beträgt für den Kopf und das Jahr 3 Mark. Sie ist zahlbar im voraus zur Hälfte je am 1. April und am 1. Oktober des Jahres.

§ 4. Verheiratete Männer, welche mehrere Frauen haben, haben für jede zweite usw. Frau einen Zuschlag von 2 Mark für den Kopf und das Jahr zu zahlen, dessen Höhe von Jahr zu Jahr unter Berücksichtigung der besonderen Verhältnisse des Bezirks von dem Gouverneur besonders festgesetzt wird.

§ 5. Das Steuerjahr umfaßt die Zeit vom 1. April bis 31. März eines jeden Jahres.

§ 6. Die Veranlagung zur Steuer und Eintragung in die Steuerlisten erfolgt bezirksweise durch eine Kommission, welche aus drei Mitgliedern besteht.

Vorsitzender der Kommission ist der Bezirksamtmann bezw. dessen Stellvertreter. Die beiden übrigen Mitglieder werden auf Vorschlag des Bezirksamtmannes aus der farbigen Bevölkerung des Bezirks durch den Gouverneur ernannt.

§ 7. Gegen die Entscheidung der Veranlagungskommission ist Beschwerde an den Gouverneur zulässig.

Die Beschwerde hat keine aufschiebende Wirkung. — Sie ist einzulegen binnen einer Frist von vier Wochen nach Empfang des Steuerzettels oder der öffentlichen Auslegung der Steuerliste oder der mündlichen Mitteilung über die Veranlagung zur Steuer.

§ 8. Die Erhebung der Steuer erfolgt gleichfalls bezirksweise.

Mit der Erhebung der Steuer können die Stammeshäuptlinge betraut werden, denen dafür ein verhältnismäßiger Anteil an dem Steuerertrage als eigene Einnahme überwiesen werden kann. An Stelle der Stammeshäuptlinge können für einzelne Bezirke auch besondere Steuererheber bestellt werden.

§ 9. Über die erfolgte Zahlung ist dem Steuerpflichtigen eine mit dem Stempel des Bezirksamtes versehene Empfangsbescheinigung auszustellen.

§ 10. Im Falle der Zahlungsunfähigkeit hat der Steuerpflichtige den Steuerbetrag durch Arbeitsleistung zu ersetzen.

Die Art der Arbeitsleistung und die Höhe des auf die Steuer zu verrechnenden Tagelohnes bestimmt der Bezirksamtmann. Eine Stundung der Steuer findet nicht statt.

§ 11. Wer sich der Eintragung in die Steuerlisten arglistig entzieht, hat den fünffachen Steuerbetrag für das Steuerjahr, in welchem die Hinterziehung erfolgt ist, zu zahlen.

Daneben kann auf Geldstrafe bis zu 500 Mark und Gefängnis bis zu drei Monaten allein oder in Verbindung miteinander erkannt werden.

Die gleiche Strafe trifft denjenigen, welcher eine Steuerhinterziehung arglistig versucht oder einen Steuerpflichtigen bei der Hinterziehung der Steuer wissentlich unterstützt.

Buea, den 16. Mai 1903.

Der Kaiserliche Gouverneur.
v. Puttkamer.

54. Verordnung des Gouverneurs von Samoa, betreffend die polizeilichen Strafverfügungen. Vom 20. Mai 1903.

Auf Grund des § 2 der Verfügung des Reichskanzlers vom 17. Februar 1900, betreffend die Ausübung konsularischer Befugnisse und den Erlaß polizeilicher und sonstiger die Verwaltung betreffender Vorschriften in Samoa, wird hierdurch verordnet, was folgt:

Einziger Paragraph.

Die Gouvernementsverordnung vom 16. November 1900[*]) wird folgendermaßen geändert:

Das Strafverfügungsrecht des jeweiligen Vorstehers der Stadtpolizei von Apia wird auf die Inseln Upolu, Manono und Apolima ausgedehnt.

Die Frist des Paragraph 2 beträgt zwei Wochen.

Apia, den 20. Mai 1903.

Der Kaiserliche Gouverneur.
Solf.

55. Ausführungsbestimmungen des Gouverneurs von Deutsch-Südwestafrika zu der Kaiserlichen Verordnung, betreffend die Rechte an Grundstücken in den deutschen Schutzgebieten, vom 21. November 1902 (Reichs-Gesetzbl. S. 283),[**]) und der hierzu erlassenen Verfügung des Reichskanzlers vom 30. November 1902.[***]) Vom 23. Mai 1903.

(Kol. Bl. S. 357.)

Auf Grund der §§ 1 und 26 der Kaiserlichen Verordnung, betreffend die Rechte an Grundstücken in den deutschen Schutzgebieten, vom 21. November 1902 (Reichs-Gesetzbl. S. 283) wird hierdurch mit Genehmigung des Reichskanzlers folgendes bestimmt:

§ 1. (Zu § 2 Abs. 2 der Kaiserlichen Verordnung.)

Auf die Zwangsversteigerung oder Zwangsverwaltung eines Grundstücks finden die in § 1 Abs. 1 der Kaiserlichen Verordnung bezeichneten Vorschriften Anwendung, sobald das Grundstück in das Grundbuch oder Landregister eingetragen worden ist.

Auf die Zwangsversteigerung und Zwangsverwaltung von Grundstücken, die in das Grundbuch oder Landregister noch nicht eingetragen sind, finden die für den bisherigen Geltungsbereich des Preußischen Allgemeinen Landrechts bestimmten Vorschriften des vierten Abschnitts des Preußischen Gesetzes, betreffend die Zwangsvollstreckung in das unbewegliche Vermögen, vom 13. Juli 1883 (Gesetz-Samml. S. 131) mit der Maßgabe Anwendung, daß, soweit darin

[*]) D. Kol. Gesetzgeb. VI, No. 174.
[**]) D. Kol. Gesetzgeb. VI, No. 2. — [***]) Ebenda VI, No. 3.

auf andere Vorschriften desselben Gesetzes verwiesen wird, an deren Stelle die
entsprechenden Vorschriften der Gesetze treten, die nach Absatz 1 für die in das
Grundbuch oder Landregister eingetragenen Grundstücke gelten.

§ 2. (Zu den §§ 5 und 6 Abs. 1 der Kaiserlichen Verordnung.)

Zur Besitzergreifung oder Erwerbung von Rechten an herrenlosem Lande
sowie zu Verträgen, die den Erwerb des Eigentums oder dinglicher Rechte an
Grundstücken Eingeborener oder die Benutzung solcher Grundstücke durch
Nichteingeborene betreffen, bedarf es innerhalb des Schutzgebiets der Genehmigung des Gouverneurs. Die Genehmigung kann an Bedingungen geknüpft
werden. Die Verordnungen, betreffend den Erwerb von Grundeigentum, vom
1. Oktober 1888 und die Nachtragsverordnung, betreffend den Abschluß von
Pachtverträgen, vom 1. Mai 1892*) treten außer Kraft.

§ 3. (Zu § 6 No. 9 der Kaiserlichen Verordnung.)

Inwieweit Eingeborene zur Eintragung ihrer Grundstücke in das Grundbuch oder das Landregister berechtigt sind oder hierzu angehalten werden
können, bestimmt in jedem einzelnen Falle der Gouverneur.

§ 4. (Zu § 8 Abs. 2 der Kaiserlichen Verordnung.)

Die Eigentümer von Grundstücken, welche von der Regierung oder mit
Genehmigung des Gouverneurs von Eingeborenen erworben sind, können auf
Antrag des Gouvernements von dem Grundbuchrichter durch Geldstrafen bis zu
300 Mark zur Stellung des Antrages auf Anlegung eines Grundbuchblattes, binnen
einer vom Richter zu bestimmenden Frist, angehalten werden, sobald die Vermessung erfolgt ist.

§ 5.

Personen, für welche Rechte an Grundstücken des Schutzgebiets in das
Grundbuch eingetragen werden sollen, haben, wenn sie weder im Schutzgebiete
wohnen, noch sich dauernd daselbst aufhalten, auf Erfordern des Grundbuch-
richters einen Vertreter im Schutzgebiete für alle die erste Anlegung des Grundbuchblattes betreffenden Angelegenheiten zu bestellen und dem Richter zu bezeichnen. Das Gleiche gilt für Gesellschaften, die im Schutzgebiete nicht ihren
Sitz haben.

Die Erfüllung dieser Verpflichtung kann durch Ordnungsstrafen bis einhundert Mark erzwungen werden. Auch kann der Richter in Fällen, in denen
ungeachtet der Verhängung von Ordnungsstrafen die Bestellung eines Vertreters
binnen einer der Partei bekannt zu gebenden Frist nicht erfolgt, einen Vertreter
von Amts wegen bestellen.

Gegen die in den §§ 4 und 5 bezeichneten Verfügungen findet Beschwerde
nach den für Grundbuchsachen geltenden Vorschriften statt.

§ 6. (Zu den §§ 7 und 9 der Kaiserlichen Verordnung.)

Als gültig im Sinne der §§ 7 und 9 der Kaiserlichen Verordnung sind nur
solche Vermessungen und Karten anzusehen, die im Vermessungsbureau des Gouvernements angefertigt oder dort geprüft und amtlich beglaubigt sind.

§ 7.

Die Vermessungskosten trägt stets der Antragsteller. Dieselben betragen
bei der Ausführung der Vermessung durch Vermessungsbeamte des Gouvernements:

*) D. Kol. Gesetzgeb. I, No. 102, 103.

a) bei Grundstücken innerhalb von Ortschaften: bei einer Fläche bis zu 2500 qm einen Pfennig, für die weitere Fläche einen Viertelpfennig für jeden Quadratmeter;

b) bei Grundstücken auſserhalb von Ortschaften: bei einer Fläche bis einschlieſslich 10 ha eine Mark für jeden angefangenen Hektar, für die weitere Fläche bis einschlieſslich 100 ha fünfzig Pfennig für jeden angefangenen Hektar, für die 100 ha übersteigende Fläche fünf Pfennig für jeden angefangenen Hektar.

Ob ein Grundstück als innerhalb oder auſserhalb einer Ortschaft gelegen anzusehen ist, entscheidet im Zweifelfalle das zuständige Bezirksamt.

§ 8.   (Zu § 2 der Verfügung des Reichskanzlers.)

Grundbücher werden angelegt für den Umfang des gesamten Schutzgebietes. Die Bestimmung der Ortschaften oder Bezirke, für welche die einzelnen Bände des Grundbuches anzulegen sind, bleibt den Beamten, denen die Bearbeitung der Grundbuchsachen nach § 1 der Verfügung des Reichskanzlers obliegt, überlassen.

§ 9.

Als amtliche Verzeichnisse der Grundstücke im Sinne des § 2 Abs. 2 der Grundbuchordnung dienen bis auf weiteres die Vermessungsakten des Gouvernements.

W i n d h u k , den 23. Mai 1903.

Der Kaiserliche Gouverneur.
L e u t w e i n.

56. Verordnung des Gouverneurs von Samoa, betreffend den Ladenschluſs. Vom 25. Mai 1903.

Auf Grund des § 2 der Verfügung des Reichskanzlers vom 17. Februar 1900, betreffend die Ausübung konsularischer Befugnisse und den Erlaſs polizeilicher und sonstiger die Verwaltung betreffender Vorschriften in Samoa, wird hierdurch verordnet, was folgt:

§ 1. Ladenbesitzer sind gehalten, ihre Läden an Wochentagen spätestens um 6 Uhr abends, Sonnabends spätestens um 7 Uhr abends zu schlieſsen.

An Sonntagen und öffentlichen Feiertagen sind die Läden geschlossen zu halten.

Ausnahmen sind mit besonderer Erlaubnis des Polizeivorstehers zulässig.

§ 2. Öffentliche Feiertage sind:
Neujahr (der 1. Januar).
Kaisers Geburtstag.
Karfreitag.
Ostern (Sonntag und Montag).
Himmelfahrtstag.
Pfingsten (Sonntag und Montag).
Weihnachten (25. und 26. Dezember).

§ 3. Zuwiderhandlungen gegen diese Verordnung werden als Übertretung bestraft.

A p i a , den 25. Mai 1903.

57. Bestimmungen des Reichskanzlers wegen Vernichtung der Rechnungen und Kassenbücher sowie der Belege berichtigter Rechnungen
über die Einnahmen und Ausgaben des Reichs. Vom 25. Mai 1903.

I. Vernichtung der Rechnungen und Kassenbücher.

§ 1. Urschriften der Rechnungen sowie Manuale, welche deren Stelle vertreten, können nach Ablauf von zehn Jahren seit Entlastung des Rechnungsführers vernichtet werden, falls außer der an den Rechnungshof eingesandten
Reinschrift der Rechnung eine zweite Ausfertigung an die die Rechnung ab-
nehmende Stelle eingereicht und bei dieser noch vorhanden ist. Trifft diese
Voraussetzung nicht zu, so darf die Vernichtung erst nach dreißig Jahren seit
dem Ablaufe des Rechnungsjahrs, für welches die Rechnungen und Manuale aufgestellt sind, erfolgen. Nach Ablauf der letzteren Frist sind auch die zweiten
Rechnungsausfertigungen, welche bei der die Rechnung abnehmenden Stelle aufbewahrt werden, zur Vernichtung geeignet.

§ 2. Die Urschriften und Reinschriften derjenigen Rechnungen, hinsichtlich deren die Prüfung und Entlastung den Reichsverwaltungen überlassen ist,
sowie Manuale, welche die Stelle solcher Rechnungen vertreten, sind nach dreißig
Jahren seit dem Ablaufe des Rechnungsjahrs, für welches sie aufgestellt sind,
zur Vernichtung geeignet.

§ 3. Die Bestimmungen unter § 1 und 2 finden auch auf diejenigen nicht
mit der Rechnung verbundenen Rechnungsunterlagen (Verzeichnisse und Zu-
sammenstellungen) Anwendung, welche die einzelnen Rechnungsposten enthalten und die Grundlage für die in die Rechnung selbst aufgenommene Gesamtsumme bilden, mithin ein wesentlicher Bestandteil der Rechnung
selbst sind.

§ 4. Die Vernichtung der Kassenbücher und zugehörigen Listen kann,
soweit nicht die Bestimmungen der §§ 1, 2, 5 und 6 Anwendung finden, nach Ablauf von zehn Jahren erfolgen. Die Frist rechnet von dem Zeitpunkte der dem
Rechnungsführer über die betreffende Jahresrechnung erteilten Entlastung an.

§ 5. Zur Vernichtung nach dreißig Jahren sind geeignet die Manuale,
soweit sie nicht unter § 1 Satz 1 fallen, ferner die Konten über Pfand- und Ver-
wahrgelder sowie über Vorschüsse, ebenso die Verzeichnisse über Verwahrgüter
und die Hauptjournale. Die Frist beginnt mit dem Ablaufe des Rechnungsjahrs,
für welches die Bücher und Verzeichnisse geführt sind.

§ 6. Lassen besondere Gründe eine längere Aufbewahrung von Rechnungen oder Büchern angemessen erscheinen, so können sie von der Vernichtung
ausgeschlossen werden. Die Bestimmung hierüber bleibt bei Zentralkassen den
zuständigen Zentralbehörden, bei den übrigen Kassen den zuständigen Mittelbehörden überlassen. Der Ausschluß von der Vernichtung wird sich in der Regel
empfehlen:

a) für die Hauptrechnungen,
b) für alle diejenigen Rechnungen, welche sich auf dauernde Verhältnisse,
   insbesondere auf die Verwaltung von Grundstücken, auf umfangreiche
   Bauten und Meliorationen sowie auf die Vermögensangelegenheiten von
   Instituten, Kirchen, Pfarren, Schulen und Stiftungen beziehen,
c) für diejenigen Rechnungen und Kassenbücher, welche erheblichen geschichtlichen oder statistischen Wert haben.

§ 7. Die Vernichtung von Rechnungen und Kassenbüchern bedarf der Genehmigung derjenigen Stelle, welche nach § 6 Rechnungen und Kassenbücher von der Vernichtung ausschliefsen kann. Vor Erteilung der Genehmigung hat eine sorgfältige Prüfung seitens eines damit beauftragten Beamten stattzufinden.

Über das hierbei zu beobachtende Verfahren bleibt die nähere Bestimmung den einzelnen Reichsverwaltungen vorbehalten.

II. Vernichtung der Belege.

§ 8. Die zu den Rechnungen gehörigen Belege (vergl. jedoch § 3) können nach Ablauf von fünf Jahren seit Entlastung des Rechnungsführers vernichtet werden.

§ 9. Den Zentralbehörden bleibt überlassen, für bestimmte Arten von Belegen eine längere als fünfjährige Aufbewahrungsfrist allgemein anzuordnen und hierzu im Bedarfsfall auch die Mittelbehörden zu ermächtigen. Die Anordnungen der letzteren bedürfen indessen der Genehmigung der zuständigen Zentralbehörden.

§ 10. Dauernd sind folgende Rechnungsbelege aufzubewahren:

a) Bauanschläge und Revisions-Kostenzusammenstellungen über mehr als 30 000 Mark, deren Aufbewahrung nach dem Ermessen der Behörde besonderen Wert hat, sowie zugehörige Zeichnungen,

b) Schlufsabrechnungen über gröfsere, von Unternehmern ausgeführte Bauten, sofern sich darin Angaben befinden, die auf die Konstruktion und Dauer des Bauwerkes bezügliche wesentliche Angaben enthalten,

c) Verträge über Erwerb und Verlust des Eigentums an Grundstücken nebst den etwa zugehörigen Vermessungsschriftstücken und Lageplänen sowie Anweisungen und Quittungen über den gezahlten Kaufpreis,

d) Verträge über den Erwerb und die Aufhebung von Rechten an Grundstücken und von sonstigen dauernden Rechten sowie Verträge über dauernde Lasten und Verbindlichkeiten mit den dazugehörigen Anweisungen und Quittungen,

e) Schuldverschreibungen und andere Urkunden und Schriften, deren Vernichtung möglicherweise von Nachteil für die Reichskasse sein könnte,

f) Urkunden über Sonder- und Gewohnheitsrechte sowie über Familien- und Erbrechte und

g) Schriftstücke, die erheblichen geschichtlichen Wert haben,

soweit vorstehende Arten von Belegen der Rechnung in Urschrift beigefügt sind.

§ 11. 1. Die dauernd aufzubewahrenden Belege (§ 10) sind in der Zufertigungsverfügung an die Kasse oder die rechnunglegende Stelle mit dem Buchstaben A zu bezeichnen und seitens der Kasse usw. in einem besonderen Hefte mit der Aufschrift

„Nicht zu vernichtende Belege"

der Rechnung beizufügen.

2. Die nicht dauernd, aber länger als fünf Jahre aufzubewahrenden Belege (§ 9) sind in der Zufertigungsverfügung an die Kasse oder die rechnunglegende Stelle mit dem Buchstaben B zu bezeichnen und seitens der Kasse usw. ebenfalls in einem besonderen Hefte mit der Aufschrift

„Länger als fünf Jahre aufzubewahrende Belege"

der Rechnung beizufügen.

3. Der mit der Abnahme der Rechnung beauftragte Beamte hat bei der ihm obliegenden Durchsicht der Belege sein Augenmerk zugleich darauf zu richten, dafs die dauernd oder länger als fünf Jahre aufzubewahrenden Belege als solche bezeichnet sind. Ist dies bei der Zufertigung an die Kasse oder die rechnunglegende Stelle übersehen, so sind die Nummern der betreffenden Belege am Schlusse der Abnahmeverhandlung oder in einer besonderen Beilage anzugeben. In der Abnahmeverhandlung ist stets seitens des die Rechnung abnehmenden Beamten zu vermerken, dafs die Belege von ihm auch in bezug auf ihre Aufbewahrungszeit geprüft sind.

§ 12. Der die Rechnung abnehmenden Stelle bleibt die Bestimmung darüber überlassen, welche von den nach fünf Jahren zu vernichtenden Belegen nach Entlastung des Rechnungsführers der Kasse oder der rechnunglegenden Stelle zuzufertigen sind. Von welchen Dienststellen die übrigen Belege nach Entlastung des Rechnungsführers aufzubewahren sind, bestimmen die zuständigen Zentralbehörden. Vor der Vernichtung der nicht dauernd, aber länger als fünf Jahre aufzubewahrenden Belege wird es sich empfehlen, die unter ihnen etwa befindlichen Verträge, Personalpapiere und ähnliche Schriftstücke, deren weitere Aufbewahrung im Dienstinteresse liegt, zu den Akten zu nehmen.

Über die Art der Aufbewahrung der von der Vernichtung ausgeschlossenen Belege bleibt die Verfügung der zuständigen Zentralbehörde vorbehalten.

Allgemeine Bestimmungen.

§ 13. In welchen Zwischenräumen die Vernichtung stattzufinden hat, bestimmt die zuständige Zentralbehörde.

§ 14. Die Veräufserung der zur Vernichtung bestimmten Rechnungen, Bücher und Belege darf nur zum Einstampfen in Papiermühlen oder zu ähnlichen Zwecken an zuverlässige Personen stattfinden.

Berlin, den 25. Mai 1903.

Der Reichskanzler.
I. V. Frhr. v. Thielmann.

58. Wichtigere Deckblätter zu den Organisatorischen Bestimmungen für die Kaiserlichen Schutztruppen in Afrika (Schutztruppen-Ordnung), gemäfs den Anordnungen des Reichskanzlers herausgegeben vom Oberkommando der Schutztruppen. Vom Mai 1903.

(Vgl. D. Kol. Gesetzgeb. III, No. 40. Die Seitenzahlen im nachfolgenden Text beziehen sich auf die in der bei E. S. Mittler & Sohn erschienenen amtlichen Ausgabe.)

Deckbl. 42.

Seite 3, § 3, Zeile 5 bis 0*) sind zu streichen und dafür zu setzen:

Unteroffiziere — mit bezw. ohne Portepee —

Zu den Unteroffizieren gehören:

a) Deckoffiziere (Zahlmeisteraspiranten, Oberfeuerwerker, Unterrofsärzte), ⎫ Unteroffiziere mit
b) Feldwebel, Sanitätsfeldwebel, ⎬ Portepee.
c) Sergeanten, Sanitätssergeanten, Feuerwerker, ⎫ Unteroffiziere ohne
d) Unteroffiziere, Sanitätsunteroffiziere. ⎬ Portepee.

*) Vgl. D. Kol. Gesetzgeb. III, No. 40, S. 60.

Deckbl. 43, 44.

Seite 3, § 6. Der erste Absatz von „afrikanische" bis „vorher" (Beginn der Seite
bis Schluß des Absatzes) ist zu streichen und dafür zu setzen:*)

Schutztruppen von Kamerun und Togo den Zeitraum von zwei Jahren, für die
ostafrikanische Schutztruppe den Zeitraum von 2½ Jahren, für die südwestafrikanische Schutztruppe den Zeitraum von 3½ Jahren zu umfassen. In die
Zeit ist der Rest einer mit dem bisherigen Truppenteil bezw. der Marine noch
vorhandenen Kapitulation oder der noch nicht abgeleisteten aktiven Dienstzeit
(bei Südwestafrika) eingeschlossen. Die Dienstverpflichtungen sind unabhängig
von der Dauer der bereits zurückgelegten Gesamtdienstzeit der Betreffenden
jedesmal nach Ablauf auf denselben Zeitraum zu erneuern. Anspruch auf Heimaturlaub siehe § 18 a.

Deckbl. 47.

Seite 9, § 11.**) Besondere Obliegenheiten der Sanitätsoffiziere, erhält folgende
Fassung:

Die den Schutztruppen zugeteilten Sanitätsoffiziere sind verpflichtet, auch
die Familien der Schutztruppenangehörigen sowie die Beamten und sonst im
Dienste des Reiches oder des Schutzgebietes angestellten Personen, welche sich
an ihren Standorten aufhalten, und deren Familien unentgeltlich zu behandeln,
sofern nicht ein anderer zur Behandlung der Beamten usw. und der Familien
vertraglich verpflichteter Arzt am Orte ist.

Deckbl. 48.

Seite 11, § 18 a.***) Heimaturlaub, der erste Satz des dritten Absatzes bis zu den
Worten „erteilt wird" ist zu streichen und dafür zu setzen:

Wird die Dienstverpflichtung verlängert, so hat als Regel zu gelten, daß
der Urlaub nach einem jedesmaligen Aufenthalt von 1½ Jahren in Kamerun und
Togo, von zwei Jahren in Ostafrika und von drei Jahren in Südwestafrika erteilt wird.

Deckbl. 49.

Seite 12, § 18 b.†) Urlaub in Afrika. Hinter „2. Der Kommandeur bis zu
30 Tagen" ist einzufügen:

Der Kommandeur der Schutztruppe für Südwestafrika hat außerdem die
Befugnis, diejenigen Schutztruppenangehörigen, welche sich zur Ansiedelung im
Schutzgebiet nach Ablauf ihrer Dienstperiode verpflichten, mit Zustimmung des
Gouverneurs sechs Monate vor dem letztgenannten Zeitpunkte ohne Gebührnisse
zu beurlauben.

Deckbl. 50.

Seite 19, § 29.††) Hinter dem ersten Absatz ist als zweiter Absatz einzufügen:

Diejenigen in den Schutztruppendienst übernommenen deutschen Militärpersonen, welche vor ihrer ersten Ausreise in das Schutzgebiet zu irgend einer
Ausbildung — Infanterie-Schießschule, Maschinengewehr-Abteilung, Rekruten-
aufnahmen usw. — kommandiert werden, erhalten für die Dauer solcher Kommandos die Gebührnisse (Gehalt, Tagegelder usw.), wie sie solche ihrem Dienst-
grade entsprechend in der heimischen Armee beziehen würden. Erst mit dem
Antritt der Ausreise wird das für diese Personen im Etat der Schutztruppe vorgesehene Gehalt zuständig.

---

*) Vgl. D. Kol. Gesetzgeb. III, No. 10, S. 51, § 6 Zeile 8 ff. — **) Ebenda S. 53. —
***) Ebenda S. 54. — †) Ebenda S. 51. — ††) Ebenda S. 58.

Deckbl. 51.

Seite 22, § 31ᵃ) ist als neuer, letzter Absatz hinzuzufügen:

Die gemäß § 9 e 2. und 3. Absatz zu Übungen bei den Schutztruppen zugelassenen Offiziere und Mannschaften des Beurlaubtenstandes der Armee haben für die aus diesem Anlaß etwa erforderliche Reise nach dem betreffenden Schutzgebiete und eintretendenfalls für die Rückreise nach Beendigung der Übung eine Vergütung aus öffentlichen Fonds nicht zu beanspruchen.

Deckbl. 64.

Seite 37 und 38, Anlage 3 zu § 7 ist zu entfernen und durch anliegenden Neudruck zu ersetzen.

Anlage zu Deckbl. 64.

Anlage 8 zu § 7 der Schutztruppenordnung.

Anforderungen an die körperlichen Eigenschaften der in den afrikanischen Dienst einzustellenden Militärpersonen.

1. Die in den afrikanischen Dienst einzustellenden Militärpersonen sollen in bezug auf körperliche Brauchbarkeit zu diesem besonderen Dienst militärärztlich untersucht werden. Die Untersuchung ist mit aller Gründlichkeit vorzunehmen und über den Befund ein militärärztliches Zeugnis unter Berücksichtigung des § 90 der D. A. vom 1. Februar 1894 auszustellen; dasselbe muß enthalten:

   a) Angaben über in der Familie des Untersuchten vorgekommenen Erkrankungen. Geisteskrankheiten und Störungen des Nervensystems sind besonders zu berücksichtigen;

   b) eine Aufzählung der von dem Untersuchten überstandenen Krankheiten, wobei auch leichte Störungen des Verdauungskanals und Nervensystems aufzuführen sind (z. B. Neigung zu Verstopfung, Kopfschmerzen, Urlaub wegen Überanstrengung oder Nervosität);

   c) eine Angabe über Alkohol-, Tabaks- und etwaigen Morphium- oder Kokaingenuß**) sowie über das Temperament des Untersuchten;

   d) bei dem Untersuchungsbefund ist Körpergröße, Körpergewicht, Brustumfang, Bauchumfang (in Höhe der Darmbeinstachel) und allgemeiner Körperbau anzugeben, ferner:

   e) Herzgrenzen, Beschaffenheit der Herztöne, Anzahl und Beschaffenheit der Pulsschläge in Ruhe und nach leichter körperlicher Anstrengung (10 Kniebeugen);

   f) Sehschärfe ohne Brillengläser und nach Verbesserung etwaiger Brechungsfehler auf jedem einzelnen Auge,***) Zustand des Gehörorgans, Beschaffenheit der Zähne;

   g) etwaige Fehler oder Abweichungen an sonstigen Körperteilen.

---

*) Vgl. D. Kol. Gesetzgeb. III, No. 40, S. 60.

**) Von einer Verwendung bezw. Wiederverwendung in dem afrikanischen Dienst sind auszuschließen diejenigen Militärpersonen, welche sich nachweislich dem chronischen Morphium-, Kokain- oder Alkoholgenuß hingegeben haben oder noch hingeben.

***) Von einer Verwendung bezw. Wiederverwendung in dem afrikanischen Dienst sind auszuschließen diejenigen Militärpersonen, deren Sehschärfe ohne Brillengläser auf einem Auge weniger als 1/2 der normalen beträgt, ferner Kurzsichtige, die mit einer Linse von 33 1/3 cm negativer Brennweite, d. h. mit einem sphärischen Konkavglase bis zu 3 Dioptrien (= 1/33") volle Sehschärfe nicht erreichen. Ferner sind solche Militärpersonen, welche auf den Gebrauch von Konvexgläsern oder von Zylindergläsern angewiesen sind, zum Dienste in den Schutztruppen in der Regel nicht geeignet.

Volle Sehschärfe ist dann vorhanden, wenn Reihe 6 nach Snellen in sechs Meter Entfernung mit jedem Auge einzeln gelesen wird.

2. Diejenigen Militärpersonen, bei welchen nach vorstehender Ziffer 1 Bedenken gegen die Brauchbarkeit zum afrikanischen Dienst nicht bestehen, würden

a) nach vorheriger Einholung ihres Einverständnisses ein Gramm salzsaures Chinin einzunehmen haben, um festzustellen, daß sie diesen für tropische Malarialänder unentbehrliche Mittel vertragen können;

b) sich einer nochmaligen Schutzpockenimpfung zu unterziehen haben.

Die Einnahme des Chinins ist so wie die Impfung in dem militärärztlichen Zeugnis zu bescheinigen. Etwaige nach dem Einnehmen von Chinin auftretende Beschwerden sind anzuführen.

Eine nochmalige Schutzpockenimpfung kann unterbleiben, wenn der Untersuchte den Nachweis einer innerhalb eines Jahres vor der Untersuchung stattgehabten Impfung zu erbringen vermag.

59. Jagdschutzverordnung für das deutsch-ostafrikanische Schutzgebiet. Vom 1. Juni 1903.

(Kol. Bl. S. 351.)

Auf Grund des § 15 letzter Absatz des Schutzgebietsgesetzes (Reichs-Gesetzbl. 1900, S. 812) in Verbindung mit der Verfügung des Reichskanzlers vom 1. Juni 1891 (Kol. Gesetzgeb. S. 326) wird hierdurch unter gleichzeitiger Aufhebung aller früheren einschlägigen Vorschriften verordnet, was folgt:

A. Allgemeine für Nichteingeborene und Eingeborene gültige Bestimmungen.

§ 1. Zum Schutz des Wildstandes werden möglichst innerhalb jeden Bezirksamtes und Militärbezirks ein oder mehrere für jede Art Jagd und für jedermann geschlossene Jagdreservate bestimmt. Die Bekanntgabe derselben erfolgt durch den amtlichen Anzeiger für Deutsch-Ostafrika und außerdem innerhalb jeden Bezirks in landesüblicher Weise. In einzelnen Bezirken kann ferner die Elefantenjagd in einem bestimmten Gebiet zeitweise verboten werden. Das Verbot bedarf der vorherigen Genehmigung des Gouverneurs und ist durch den amtlichen Anzeiger bekannt zu machen.

§ 2. Auf angebauten Flächen, Feldern, Pflanzungen und Schonungen ist die Jagd nur mit Genehmigung des Besitzers gestattet. Innerhalb der Gebiete, welche der Gouverneur nach Bekanntmachung im amtlichen Anzeiger bestimmten Personen zur ausschließlichen Ausübung des Tierfangs überlassen hat (§ 13), darf die Jagd nur im Einverständnis mit dem Tierfangberechtigten ausgeübt werden. Zur Ausübung der Jagd und des Tierfangs bedarf es einer polizeilichen Erlaubnis, welche durch Ausstellung eines Jagdscheins erteilt wird. Für den Jagdschein ist eine Gebühr von 10 Rupien zu entrichten.

§ 3. Zur Ausstellung von Jagdscheinen sind die Kaiserlichen Bezirksämter, Militärstationen und Offizierposten befugt.

§ 4. Die Jagdscheine haben nur für dasjenige Kalenderjahr Gültigkeit, in welchem sie gelöst sind; sie werden auf den Namen des Berechtigten ausgestellt und sind nicht übertragbar.

§ 5. Der Jäger hat den Jagdschein bei sich zu führen.

§ 6. Der Jagdschein ist auf Verlangen vorzuzeigen. Zur Kontrolle sind innerhalb ihrer Bezirke die Verwaltungsbehörden und deren Beauftragte befugt.

§ 7. Wer seinen Jagdschein verliert und nachweisen kann, daß er einen solchen besessen hat, bezahlt für Ausstellung eines Duplikats 2 Rupien.

§ 8. Die Ausstellung eines Jagdscheins kann verweigert werden Personen, welche

a) in den letzten fünf Jahren wegen Vergehens gegen die Jagdverordnung bestraft sind, oder

b) in den letzten fünf Jahren wegen Vergehens gegen das Eigentum bestraft sind, oder

c) mit der Zahlung der Schußgelder im Verzuge sind.

§ 9. Von Bewerbern um einen Jagdschein, die nicht im Schutzgebiet ihren dauernden Wohnsitz haben, kann die Hinterlegung einer Sicherheit bis zur Höhe von 500 Rupien durch die ausstellende Behörde gefordert werden.

Diese Sicherheit haftet für die zu zahlenden Schußgelder (§ 16) sowie für Geldstrafen, zu denen die Inhaber der Jagdscheine etwa verurteilt werden, und für die Kosten des Strafverfahrens.

§ 10. Verboten ist jede Art der Jagd auf:

1. Giraffen, 4. Schimpansen, 7. Schlangengeier (Sekretäre),
2. Zebras, 5. Strauße, 8. Eulen,
3. Elenantilopen, 6. Geier, 9. Madenhacker und Kuhreiher.

Zu wissenschaftlichen Zwecken oder zur Zähmung kann das Töten oder Fangen einzelner Exemplare dieser Tiere vom Gouverneur gestattet werden.

§ 11. Die Jagd auf Jungwild und weibliches Wild ist nach Möglichkeit zu vermeiden. Das Kaufen, Verkaufen und zum Kauf Anbieten von Elefantenzähnen unter 5 kg Gewicht ist verboten.

§ 12. Verboten ist das Fischen mit Dynamit oder anderen Sprengstoffen oder mit Gift.

§ 13. Der gewerbsmäßige Tierfang ist nur auf Grund einer besonderen Erlaubnis des Gouverneurs gestattet.

§ 14. Wer in den vom Gouverneur festgesetzten Jagdreservaten jagt, wird mit einer Geldstrafe bis zu 3000 Rupien, im Falle des Unvermögens mit einer gemäß §§ 28, 29 des Reichs-Strafgesetzbuchs festzusetzenden Gefängnisstrafe bis zu drei Monaten bestraft.

Im übrigen werden Zuwiderhandlungen gegen diese Verordnung, soweit sie nicht nach dem Strafgesetzbuch für das Deutsche Reich strafbar sind, mit Geldstrafen bis zu 500 Rupien bestraft, die für den Fall, daß sie nicht beizutreiben sind, nach Maßgabe der §§ 28, 29 des Reichs-Strafgesetzbuches in Haftstrafen umzuwandeln sind.

In allen Fällen einer Bestrafung auf Grund dieser Verordnung kann auf Einziehung der gebrauchten Jagdgerätschaften, der unrechtmäßigen Jagdbeute und des Jagdscheins erkannt werden.

§ 15. Für die Tötung eines ausgewachsenen Löwen wird eine Prämie von 20 Rupien, für einen ausgewachsenen Leoparden eine solche von 10 Rupien gegen Ablieferung des frischen Felles mit Klauen und Kopf bezahlt. Die Felle können für 5 bezw. 3 Rupien zurückgekauft werden. Bei Benutzung der vom Gouvernement frei zur Verfügung gestellten Raubtierfellen beträgt die Prämie nur 10 bezw. 5 Rupien.

B. Sonderbestimmungen für Nichteingeborene.

§ 16. Für folgende Wildarten ist ein besonderes Schußgeld zu zahlen, und zwar beträgt dasselbe für

einen Elefanten 100 Rupien oder einen Zahn des erlegten Tieres,

ein Nashorn	30 Rupien,
ein Flußpferd	je 20 Rupien,
einen Büffel	
ein Gnu	
ein Hartebeest (Kuhantilope).	
einen Wasserbock	
eine Schraubenantilope (Kudu)	je 3 Rupien,
einen Spießbock (Oryx)	
einen Colobusaffen	
einen Marabu	
alle anderen Antilopen und Gazellen, einschließlich Zwergantilopen	je 1 Rupie.

Das Töten und Fangen von Raubtieren, von Affen, mit Ausnahme der Colobusaffen, von Wildschweinen, Krokodilen und Reptilien ist auch ohne Jagdschein erlaubt.

§ 17. Auf jedem Jagdschein (Formular A) befindet sich eine fortlaufend zu führende Abschußliste, in welche die Anzahl der mit Schußgeld belegten Tiere einzutragen ist.

§ 18. Die Jagdscheine haben, vorbehaltlich der Bestimmungen des § 1. für das ganze Schutzgebiet Gültigkeit.

§ 19. Die Bezirksamtmänner, Stationschefs und Führer eines selbständigen Militärpostens, bezw. deren Beauftragte, sind berechtigt, innerhalb ihrer Bezirke sich die Abschußlisten jederzeit vorlegen zu lassen.

§ 20. Wer seine Abschußliste unrichtig führt, wird für den Fall, daß nicht eine höhere Strafe nach dem Reichs-Strafgesetzbuche verwirkt ist, wie unter § 14 Absatz 2 und 3 bestraft.

§ 21. Die Bezahlung des Schußgeldes wird von derjenigen Behörde, welche den Jagdschein ausgestellt hat, kontrolliert. Die Kontrolle ist auf Antrag des Jägers einem anderen Kontrollamt zu überweisen, ein diesbezüglicher Vermerk ist auf dem Jagdschein vorzunehmen.

Die Überweisung an ein anderes Kontrollamt kann abgelehnt werden, wenn zu befürchten ist, daß

a) die Kontrolle über das von dem Jäger erlegte Wild von einem anderen Amt nicht in genügendem Maße wird geführt werden können, oder

b) die Überweisung nicht mehr vor dem 1. Januar in die Hände des neuen Kontrollamtes gelangen wird.

§ 22. Am Ende des Jahres oder nach Aufgabe der Jagd hat der Jäger seine Abschußliste abzuschließen, mit Namensunterschrift zu versehen und den Jagdschein dem zuständigen Kontrollamt einzureichen bezw. eine Fehlanzeige zu machen.

Ist bis zum 1. April des auf das Jahr der Gültigkeit des Jagdscheins folgenden Jahres die Abschußliste bezw. eine Fehlanzeige durch ein Verschulden des betreffenden Jägers nicht eingegangen, so hat derselbe ohne weiteres ein

Schutzgeld von 100 Rupien verwirkt, unbeschadet des Rechts des Kontrollamtes, wenn eine höhere Summe als Schutzgeld zuständig ist, diese einzufordern.

Das Kontrollamt soll alsbald nach Ablauf des Kalenderjahres die Inhaber der bei ihm kontrollierten Jagdscheine, soweit ihm deren Adressen bekannt sind, an die Einreichung der Abschußliste bezw. der Fehlanzeige erinnern, ohne daß der Jäger durch das Unterbleiben dieser Erinnerung von den Bestimmungen dieses Paragraphen befreit wird.

Die zwangsweise Beitreibung des Schutzgeldes und der Jagdscheingebühr (§ 2) erfolgt nach den besonders zu erlassenden Vorschriften über das Verwaltungszwangsverfahren.

C. Sonderbestimmungen für Eingeborene.

§ 23. Unter Jagd im Sinne dieses Abschnitts ist nur die Jagd mit Feuerwaffen verstanden. Die Jagd mit Speer, Pfeil und Bogen ist Eingeborenen allgemein und ohne Lösung eines Jagdscheines*) erlaubt.

§ 24. Die Jagd ist nur in dem Bezirk gestattet, in dem der Jäger angesessen ist. Der Jagdschein hat nur für den Bezirk Gültigkeit, in dem er ausgestellt wird.

§ 25. Das Töten und Fangen von Raubtieren, Wildschweinen, Affen, Krokodilen, Reptilien und Vögeln, mit Ausnahme der in § 10 genannten, ist ohne Jagdschein erlaubt.

§ 26. Das Töten und Fangen von Elefanten ist nur auf besonderen Antrag bei der Behörde gestattet, die erteilte Erlaubnis ist auf dem Jagdschein zu vermerken; sie darf nur bekannten und zuverlässigen Personen erteilt werden. Für jeden Elefanten sind 100 Rupien oder ein Zahn des erlegten Tieres an die Behörde abzuliefern.

§ 27. Jagdgenossenschaften dürfen aus nicht mehr als sechs Personen bestehen, von denen jede einen Jagdschein zu lösen hat. Diese Jagdscheine haben gleiche Nummer (z. B. 9a, 9b, 9c usw.) zu tragen.

§ 28. Die Jagd mit vergifteten Pfeilen auf Elefanten sowie jede Jagd mit Feuer, Netzen oder Fallgruben ist verboten.

§ 29. Die Bezirksbehörde ist befugt, im Falle von Hungersnot in einzelnen Landschaften das Töten oder Fangen von Tieren, mit Ausnahme von Elefanten und der im § 10 genannten, auf eine bestimmte Zeit ohne Jagdschein zu gestatten; in diesem Falle sind auch Netzjagden zuzulassen. Dieselben Vergünstigungen können einzelnen Dorfschaften gewährt werden, wenn ihr Wohlstand durch Wildschaden gefährdet ist.

§ 30. Die Jagd mit Hinterladergewehren ist verboten. Dieses Verbot erstreckt sich, ebenso wie die übrigen Bestimmungen für Eingeborene, auch auf die Askaris der Polizei- und Schutztruppe.

§ 31. Bei Ausstellung eines jeden Jagdscheines an einen Eingeborenen ist derselbe über die ihn betreffenden Bestimmungen dieser Verordnung zu belehren.

Daressalam, den 1. Juni 1903.

Der Kaiserliche Gouverneur
Graf v. Götzen.

Formular A zu No. 59.

A. Für Nichteingeborene.   Kontrollamt

Jagdschein No. ..

gültig vom 1. Januar bis 31. Dezember 19

für

Inhaber ist berechtigt, im deutsch-ostafrikanischen Schutzgebiet unter Beobachtung
der Bestimmungen der Jagdschutzverordnung zu jagen.

Verboten ist die Jagd auf:	Überwiesen an Kontrollamt	Datum
1. Giraffen,		
2. Zebras,		
3. Elenantilopen,		
4. Schimpansen,		
5. Strauße,		
6. Geier,		
7. Schlangengeier (Sekretäre),		
8. Eulen.		
9. Madenhacker und Kuhreiher.		

Namensunterschrift des Inhabers:

Gebührenmarke.

Für diesen Jagdschein ist die Gebühr von 10 Rupien gezahlt worden.

Unterschrift bezw. Stempel der Kontrollbehörde.

Nota: Abschußsliste und Schutzgeldertarif anseitig.

Formular B zu No. 59.

B. Für Eingeborene.

Jagdschein No.

für

gültig nur im Bezirk

vom 1. Januar bis 31. Dezember 19

Inhaber ist über die Bestimmungen der Jagdschutzverordnung eingehend belehrt
worden und hat die Gebühr von 10 Rupien entrichtet.

Unterschrift oder Stempel der Kontrollbehörde.

Gebührenmarke.

60.   Bekanntmachung des Gouverneurs von Deutsch-Ostafrika, betreffend
die Jagdschutzverordnung. Vom 1. Juni 1903.

(Kol. Bl. S. 355.)

Im Anschluß an die Jagdschutzverordnung vom 1. Juni 1903 wird folgendes verordnet:

§ 1. Die Jagdschutzverordnung vom 1. Juni 1903 tritt mit dem 1. September d. Js. für das deutsch-ostafrikanische Schutzgebiet in Kraft. Mit dem
1. September 1903 verlieren alle vorher gelösten Jagdscheine ihre Gültigkeit.

§ 2. Da die neuen Jagdscheine auf das Kalenderjahr lauten, so werden für die vier Monate vom 1. September bis 31. Dezember 1903 Jagdscheine gegen eine Gebühr von 4 Rupien ausgegeben. Die Ausgabe dieser Jagdscheine erfolgt nicht vor dem 1. September 1903.

§ 3. Bei Lösung eines solchen für den Rest des Kalenderjahres 1903 gültigen Jagdscheines erhält der Besitzer eines alten, alsdann ungültig gewordenen Jagdscheines den auf die vollen Monate, die der alte Jagdschein noch laufen würde, entfallenden Betrag von der Kasse, bei der er die Gebühr für den neuen Schein entrichtet, zurückgezahlt.

§ 4. Hinsichtlich der Gebühren ist der Fang eines Tieres dem Abschuß eines solchen gleich zu achten.

Daressalam, den 1. Juni 1903.

Der Kaiserliche Gouverneur.
Graf v. Götzen.

61. Bekanntmachung des Gouverneurs von Deutsch-Ostafrika, betreffend die Jagdschutzverordnung. Vom 1. Juni 1903.

(Kol. Bl. S. 855.)

Auf Grund des § 1 der Jagdverordnung vom 1. Juni 1903 werden die nachfolgend bezeichneten Gebiete bis auf weiteres als Jagdreservate erklärt. In den Jagdreservaten ist jede Art der Jagd für jedermann vom 1. September 1903 an verboten. Zuwiderhandlungen werden nach § 14 genannter Verordnung mit Geldstrafe bis zu 3000 Rupien bezw. Gefängnis bis zu 3 Monaten bestraft.

Jagdreservate.

1. Bezirk Kilwa (s. Dl. F. 6 Karte 1: 300 000).
   Nordgrenze: Matandußußa.
   Ostgrenze: Singaßuß.
   Südgrenze: Straße Kilwa—Liwale.
   Westgrenze: Liwalebach.

2. Bezirk Morogoro (s. Karte Nyassa-Expedition II).
   Südgrenze: Rußyißuß von den Panganischnellen bis Mroka.
   Ostgrenze: Thomsonstraße von Mroka—Behobebo.
   Nordgrenze: Behobeho—Sumbasiquelle.
   Westgrenze: Sumbasißuß.

3. Bezirk Bagamoyo—Morogoro (s. Bl. D. 5 Karte 1: 300 000).
   Südgrenze: Tame- und Wamißuß.
   Ostgrenze: Lukingurafluß.
   Nordgrenze: Massalekobach von Kamangira bis Mündung.
   Westgrenze: Von Kamangira nach Süden Ostabhang des Ngurugebirges und Mdjongaßuß, Mto-ya-mawe (Mkindobach) bis zum Dorf Mto-ya-mawe, Straße Herrmann—Böhmer—Stuhlmann bis Mawerokwa-Mkizira.

4. Bezirk Wilhelmsthal (s. Baumannsche Karte, Nordwestblatt).
   Westgrenze: Panganifluß vom Südpunkt des Paregebirges bis Marago-Opuni aufwärts.

Nordgrenze: Bezirksgrenze gegen Moschi, Linie Opuni—Marago—
Same.
Ostgrenze: Westabhang des Paregebirges.

5. Bezirk Moschi*) (s. Spezialkarte des Kilimandjaro von Dr. Hans
Meyer).

Westgrenze: Weru-Weru und Rongafluſs.
Südgrenze: Rufu-Panganifluſs.
Ostgrenze: Englische Grenze, Muambobach.
Nordgrenze: Nördliche Urwaldgrenze des Kilimandjaro.

6. Bezirk Mahenge (s. Kiepertsche Karte 1 : 2 000 000).

Nordgrenze: Grofser Ruaha.
Ostgrenze: Rufiyifluſs.
Südgrenze: Ulangafluſs.
Westgrenze: Ort Kidatu und Maolvebach.

7. Bezirk Iringa-Mahenge (s. Kiepertsche Karte 1 : 2 000 000
und Spezialskizze der Station Iringa).

Landschaft Lupembe und Masaagati.
Süd- und Ostgrenze: Ruhudjefluſs.
Nordgrenze: Ruaha-Nyerafluſs.
Westgrenze: Udekabach und eine Linie von dessen Quelle direkt
südlich bis zum Ruhudje.

8. Bezirk Iringa (s. Bl. E. 4 der Karte 1 : 300 000).

Südwestgrenze: Kl. Ruahafluſs von Iringa bis zur Einmündung des
Ibofuä.
Ostgrenze: Höchster Kamm der Yamulenge- oder Merengeberge und
der Ifiambaberge.
Nordwestgrenze: Von Iringa Kamm der Mkigongi-, Kengimono-
und Matanagangaberge.

9. Bezirk Mpapua (s. Kiepertsche Karte 1 : 2 000 000).

Westgrenze: Bach Kirambo vom Dorf Mvuni nach Süden in den
Kisigofluſs fliefsend.
Nordgrenze: Linie Mvuni—Wota—Rudege.
Ostgrenze: Bach von Rudege nach Süden in den Ruaha fliefsend.
Südgrenze: Kisigo- und Ruahafluſs.

10. Bezirk Kilimatinde (s. Worthersche Karte 1 : 750 000).

Südwest- und Nordwestgrenze: Lusilukuru—Wemberefluſs.
Ostgrenze: Dulumo, Mumpiulafluſs aufwärts bis Senyamba und
Strafse Senyamba—Mupule am Lusilukuru.

*) Bekanntmachong des Gouverneurs von Deutsch-Ostafrika, betreffend die Ab-
grenzung des Jagdreservats im Bezirk Moschi. Vom 29. September 1903.
(Kol. Bl. S. 609.)
Die Grenzen des in der Bekanntmachung vom 1. Juni 1903 unter No. 5 aufgeführten Jagdreservats im Bezirk Moschi werden dahin abgeändert, dafs als Nordgrenze
der Untere Rand der Kulturzone, als Ostgrenze der Himofluſs zu gelten hat.
Daressalam, den 29. September 1903.

Der Kaiserliche Gouverneur.
Graf v. Götzen.

11. B e z i r k T a b o r a (s. C. 3 und D. 3 der Karte 1 : 300 000).
   Nordgrenze: Gerade Linie vom Lager Kwalabach über Rubugwa nach Somano.
   Westgrenze: Weg Somano—Gombe und weiter bis zum Schnittpunkt mit dem Kwalabach.
   Ostgrenze: Kwalabach.

12. B e z i r k M u a n z a (s. Bl. A. 3 der Karte 1 : 300 000).
   Iusel Ukurewe und die gegenüberliegende Halbinsel.
   Ostgrenze: Ruwanaflufs von Mündung bis zum Einflufs des Grumeti, Kamm des Mrandiriragebirges und des Baridigebirges in Höhe von Tshanguko bis zum Seugutiflufs, Unterlauf des Seugutiflusses bis zur Mündung.

13. B e z i r k L a n g e n b u r g (s. Kiepertsche Karte 1 : 2 000 000).
   Nordgrenze: Kibiraflufs.
   Ostgrenze: Nyassasee.
   Südgrenze: Ssongweflufs.
   Westgrenze: Westfufs der Kavoloberge von der Einmündung des Tshlyabaches (s. Kiepertsche Karte 1 : 150 000) in den Ssongwe nach Norden bis zum Kibira.

D a r e s s a l a m, den 1. Juni 1903.

Der Kaiserliche Gouverneur.

G r a f v. G ö t z e n.

62. Runderlafs des Gouverneurs von Deutsch-Ostafrika zur Ausführung der Jagdschutzverordnung vom 1. Juni 1903. Vom 1. Juni 1903.

Mit dem heutigen Tage wird im Amtlichen Anzeiger die zum 1. September 1903 in Kraft tretende neue Jagdschutzverordnung veröffentlicht werden. Durch dieselbe werden alle bisher in dieser Materie erlassenen Verordnungen aufser Kraft gesetzt, insbesondere die Verordnungen und Bekanntmachungen usw. unter No. 643, 644, 645, 648, 651 der Landesgesetzgebung.[*)

Die Verordnung sowie die gleichzeitig bestimmten Grenzen der Jagdreservate sind in ortsüblicher Weise durch Anschlag und Verkündigung im Schauri und auf Dienstreisen bekannt zu geben, auch sind die Eingeborenen wiederholt und eingehend zu belehren, besonders auch bezüglich der Schonung des weiblichen und jungen Wildes und der Arten, deren Jagd überhaupt verboten ist. Über die Anstellung von Wildwärtern ergeht besondere Verfügung.

Im ersten Jahre sind die Bestimmungen, bis sie in das Bewufstsein der Bevölkerung Eingang gefunden haben, den Eingeborenen gegenüber nachsichtig zu handhaben, und es darf überhaupt nicht erwartet werden, dafs ohne öftere Belehrung derselben die Verordnung die beabsichtigte Wirkung haben kann. Es ist ferner darauf aufmerksam zu machen, dafs die Ausübung der Jagd zu Zwecken der Vorpflegung von den Bestimmungen der Verordnung nicht befreit.

_____

*) Die „Landesgesetzgebung des deutsch-ostafrikanischen Schutzgebietes 1903" ist nicht veröffentlicht worden. Es handelt sich unter anderem um folgende Nummern der D. Kol. Gesetzgeb. II, No. 196, III, No. 15, V, No. 93.

Die nach § 15 bei der Behörde ausgelieferten Felle, soweit sie nicht v o n d e m J ä g e r s e l b s t zurückgekauft werden, sind in öffentlicher Auktion meistbietend zu versteigern, und zwar bis auf weiteres am Sitz aller Bezirksverwaltungen. Die Nebenstellen und Offiziersposten haben die Felle ihrer vorgesetzten Bezirksbehörde einzusenden. Der Tag der Auktion ist so zu wählen, dafs eine möglichst grofse Zahl von Käufern anwesend sein kann.

Am 1. April jeden Jahres ist eine Liste der Namen aller nichteingeborenen Empfänger von Jagdscheinen an das Gouvernement zur Veröffentlichung im Amtlichen Anzeiger abzusenden. Die spätere Ausstellung von Jagdscheinen ist bis zum Schlufs des Kalenderjahres allmonatlich zu melden.

Bis zum Erlafs von besonderen Vorschriften über das Verwaltungszwangsverfahren (§ 22, letzter Absatz der Jagdschutzverordnung) ist in jedem Falle, in welchem die zwangsweise Beitreibung des Schulsgoldes oder der Jagdscheingebühr nötig wird, unter genauer Bezeichnung des Schuldners nach Namen, Stand oder Gewerbe und Wohnort hierher zu berichten.

Die nach der gleichzeitig erlassenen Bekanntmachung zurückzuzahlenden Gebühren für die alten ungültigen Jagdscheine sind bei dem betreffenden Einnahmetitel (Tit. 3 Pos. 2) zurückzurechnen. Angefangene Monate werden nicht zurückerstattet.

Den Verwaltungsbehörden, die nach § 3 zur Ausstellung von Jagdscheinen befugt sind, werden eine Anzahl Formulare beigefügt, über die als Wertobjekt eine genaue Kontrolle zu führen ist.

D a r e s s a l a m , den 1. Juni 1903.

Der Kaiserliche Gouverneur.
G r a f v. G ö t z e n.

---

61. Runderlafs des Gouverneurs von Deutsch-Ostafrika, betreffend die Verpflegung und Beschäftigung der eingeborenen Gefangenen. Vom 11. Juni 1903.

Auf Grund des Runderlasses vom 9. August 1897*) wurde die Verpflegung der Ketten- und anderen farbigen Strafgefangenen den Kommunalkassen gegen eine Pauschalvergütung von 7 Pesa pro Kopf und Tag aus der Landeskasse übertragen. Nach Aufhebung der Stadtkassen war den Kommunalverbänden die Verpflegung unter denselben Bedingungen überlassen. Dieses an sich zwar einwandsfreie Verfahren hat den Nachteil, dafs etwaige Ersparnisse nicht dem Gouvernement zugute kommen.

Ich bestimme daher, dafs vom 1. des auf das Eintreffen dieses Erlasses folgenden Monats ab die Bezirksämter die Verpflegung der farbigen Gefangenen auf eigene Rechnung übernehmen, die erforderlichen Lebensmittel ankaufen und den Gefangenen verabfolgen lassen. Der erforderliche Bedarf ist auf billigste Weise zu beschaffen. Insoweit Beschaffungen im Werte von über 500 Rupien in Frage kommen, würde im Hinblick auf § 9 der Vorschriften für die Inventarien- und Materialien-Verwaltung**) die Sicherstellung im Wege

*) D. Kol. Gesetzgeb. VI, No. 80.
**) D. Kol. Gesetzgeb. VI, No. 63.

der beschränkten Ausbietung ins Auge zu fassen sein. Selbstredend begegnet die Lieferung von Verpflegungsgegenständen durch den Kommunalverband zu angemessenen Preisen eventuell auf Grund entsprechender Vereinbarung keinem Bedenken. Ebenso könnten etwaige auf Grund der Verordnung über die Häuser- und Hüttensteuer zur Einlieferung kommenden Früchte jedoch nur unter der Voraussetzung zur Verpflegung der farbigen Gefangenen herangezogen werden, dafs dadurch eine sofortige Verwertung der Früchte gewährleistet und keine Verwaltung von Vorräten bedingt wird. Auf jeden Fall ist darauf hinzuwirken, dafs die Beköstigung im Rahmen des bisherigen Verpflegungssatzes von 7 Pesa für den Kopf und Tag erfolgt und den Gefangenen eine ausreichende, kräftige und der nötigen Abwechslung nicht ermangelnde Kost zuteil wird.

Am Monatsschlusse ist die Summe der Verpflegungstage und der nach dem vorstehenden Einheitssatz sich ergebende zuverlässige Verpflegungsaufwand nach dem beiliegenden Muster zu berechnen und der Summe der tatsächlichen Ausgaben gegenüberzustellen. Diese Berechnung ist der monatlichen Abrechnung als Unterlage beizufügen.

Zur Vereinfachung des Kassenverkehrs werden die Bezirksämter ermächtigt, dem Polizeiunteroffizier zum Ankauf von Lebensmitteln einen Vorschufs von nicht über 50 Rupien aus der Bezirkskasse zu geben und diesen im Laufe des Monats, wenn der Verbrauch nachgewiesen, nach Bedarf zu ergänzen. Der Polizeiunteroffizier hat in diesem Falle auf einem besonderen Bogen die Verwendung des Vorschusses nachzuweisen und am Monatsschlusse auf Grund dieses Beleges mit der Kasse abzurechnen, die alsdann die tatsächliche Ausgabe in einer Summe in das Kassenbuch übernimmt. Durch den Polizeiunteroffizier ist die ordnungsmäfsige Verwendung der beschafften und verbrauchten Verpflegungsgegenstände auf dem Belege zu bescheinigen.

Bei dieser Gelegenheit weise ich ferner darauf hin, dafs die Gefangenen Staatsgefangene sind, und dafs demnach ihre Arbeitskraft in erster Linie zu fiskalischen Arbeiten verwendet werden mufs. Hierdurch soll indes nicht ausgeschlossen sein, dafs die Gefangenen, soweit sie für fiskalische Arbeiten nicht zu verwenden sind, oder wenn keine fiskalischen Arbeiten vorliegen, von den Kommunen im öffentlichen Interesse aushilfsweise unentgeltlich beschäftigt werden. Liegen bei einer Beschäftigung von Gefangenen durch die Kommunen diese Voraussetzungen nicht vor, so haben dieselben, ebenso wie Privatpersonen und die Usambara-Eisenbahn eine Vergütung für die Arbeitsleistung der Gefangenen an den Landesfiskus zu entrichten. Die letztere ist nach dem Wert der Arbeitsleistung unter Berücksichtigung der ortsüblichen Lohnverhältnisse abzuschätzen und soll im allgemeinen nicht hinter dem durchschnittlichen Aufwand zurückstehen, welcher dem Fiskus durch die Unterhaltung der Gefangenen erwächst. Der Arbeitsverdienst der Gefangenen ist dem Einnahme-Titel 3, Position 21 (für 1903) zuzuführen;

Bei den Bezirksnebenstellen ist in gleicher Weise zu verfahren.

Daressalam, den 11. Juni 1903.

Der Kaiserliche Gouverneur.

Graf v. Götzen.

Anlage zu No. 61.   **Muster.**

Monat *Juli 1903.*

Gefangenen-Verpflegungs-Bericht.

Die Zahl der Gefangenen betrug				Laut Abrechnung ist angekauft			
Tag	Zahl	Tag	Zahl	Bemerkungen	Lfd. No.	Tag	Bezeichnung	Betrag Rp. P.
1	10	16			1	1	10 Lasten Mais	20 .
2	11	17			2	1	10 Pfd. Salz	1 16
3	39	18			3	5	10 Lasten Mais	20 .
4		19						
5		20						
6		21						
7		22						
8		23						
9		24						
10		25						
11		26						
12		27						
13		28						
14		29						
15		30			30	Laut Abrechnung des Polizeiunteroffiziers	. . .
		31						

Summe: 1317   Summe 150 .

Bei einem durchschnittlichen Verpflegungssatze von täglich 7 Pesa sind mithin zuständig

         144 Rp. 03 P.

Verbraucht sind 144 . — „

Mithin weniger . . . Rp. 03 P.

Hierzu der Bestand aus Juni   1 . .

         151 .

Auf August übertragener Bestand: 5 Lasten Mais 10.—   10 .

         141 .

Aufstellung umseitig.

Die Richtigkeit wird bescheinigt.

. . . . , den . . . . 19 . .

Der Bestand an Vorräten betrug laut Abrechnung des Vormonates:

2 Lasten Mais . . . . 4 Rp. — P.

64. Verordnung des Gouverneurs von Deutsch-Ostafrika, betreffend das Marktwesen im Bezirk Pangani. Vom 12. Juni 1903.

Auf Grund des § 15, letzter Absatz des Schutzgebietsgesetzes (Reichs-Gesetzbl. 1900, S. 812) in Verbindung mit der Verfügung des Reichskanzlers vom 1. Januar 1891 (Kol. Gesetzgeb. S. 326), wird hierdurch für die Ortschaften Pangani einschließlich Bweni, sowie für Mwambeni, Kipumbwe und Mkwaja und für einen Umkreis um dieselben von 2 km, vom Weichbilde an gerechnet, hinsichtlich des Marktwesens verordnet, was folgt:

§ 1. Erzeugnisse der einheimischen Land- und Forstwirtschaft, Viehzucht, Fischerei und Jagd sowie daraus hergestellte Lebensmittel, welche der Befriedigung täglicher Bedürfnisse der Bevölkerung dienen sollen, dürfen zum Zwecke des Kleinverkaufs an die Verbraucher nur in der Markthalle feilgeboten werden.

§ 2. Die Verkäufer der im § 1 bezeichneten Gegenstände haben Marktgebühren nach dem anliegenden Tarif an die von der örtlichen Polizeibehörde zu bezeichnende Stelle zu entrichten.

§ 3. Erzeugnisse der Land- und Forstwirtschaft, Viehzucht, Fischerei und Jagd, die zum eigenen Verbrauche der Produzenten bestimmt sind, müssen auf Verlangen der örtlichen Polizeibehörde ebenfalls in die Markthalle gebracht und dem Markthallenaufseher vorgezeigt werden, bleiben jedoch von den Vorschriften des § 2 unberührt.

§ 4. Auf Antrag des Verkäufers können alle in die Markthalle gebrachten Erzeugnisse durch einen amtlich zugelassenen Auktionator öffentlich versteigert werden.

Es ist dafür eine besondere Gebühr von 4 Pesa für jede Rupie und 1 Pesa für jede angefangene Viertelrupie des Erlöses zu zahlen.

§ 5. Die Vorschriften des § 1 finden keine Anwendung:
1. auf den Handel mit Mtama, Mais, Reis, Sesam, Kopra und geschälten Erdnüssen,
2. auf den Handel mit Eseln, Pferden, Maultieren, Kamelen sowie mit Rindvieh und Kleinvieh, welches nicht zum Schlachten bestimmt ist,
3. auf den Gewerbebetrieb der Bäcker, Milch- und Palmweinhändler.

Erfolgt trotzdem der Verkauf der vorstehend genannten Erzeugnisse in der Markthalle, so ist die Marktgebühr nach Maßgabe des § 2 zu entrichten.

§ 6. Verkäufer von Fleisch und Fleischwaren, Fischen, Gemüse und Obst, welche glaubhaft zu machen vermögen, daß sie die genannten Erzeugnisse zwecks Versorgung von Seeschiffen nicht eingeborener Bauart ausführen, sind hinsichtlich dieser Erzeugnisse von der nach § 2 zu entrichtenden Gebühr befreit. Bereits gezahlte Marktgebühren werden auf den Nachweis der bewirkten Ausfuhr erstattet.

§ 7. Die örtliche Polizeibehörde kann bestimmten Personen die widerrufliche Erlaubnis zur Feilhaltung und zum Verkaufe von europäischem Gemüse, Geflügel, Eiern und Obst sowie von zubereiteten Eßwaren oder Genußmitteln der Eingeborenen auf den Straßen oder im Umherziehen unbeschadet der Verpflichtung zur Entrichtung der nach § 2 für den Verkauf in der Markthalle zuständigen Marktgebühr und unter der Auflage zur Vorausbezahlung der letzteren gestatten.

Die Verkäufer haben den Erlaubnisschein und eine Bescheinigung über die Zahlung der Gebühr bei sich zu führen.

§ 8. Zuwiderhandlungen gegen die Vorschriften dieser Verordnung werden, soweit nicht nach den bestehenden Gesetzen eine härtere Strafe verwirkt ist, mit Geldstrafe bis zu 20 (zwanzig) Rupien, an deren Stelle im Unvermögensfalle Haft bis zu einer Woche — bei Eingeborenen Gefängnis mit Zwangsarbeit oder Kettenhaft derselben Dauer — tritt, bestraft.

Sofern eine Hinterziehung nach § 2 zu entrichtender Gebühren stattgefunden hat, kommt außerdem der vierfache Betrag der hinterzogenen Gebühr, mindestens jedoch 1 Rupie als Zusatzstrafe zur Erhebung.

§ 9. Diese Verordnung tritt mit dem 1. Juli 1903 in Kraft.

Daressalam, den 12. Juni 1903.

Der Kaiserliche Gouverneur.
Graf v. Götzen.

Anlage zu No. 64.

Markthallen-Tarif.

An Marktgebühren (§ 2 der Verordnung) werden erhoben:

I.
von gewerbsmäßigen Verkäufern täglich:
1. für einen Fleischerstand . . . . 10 Pesa
2. für einen Fischerstand . . . . 12 Pesa
3. für einen 2 qm grofsen sonstigen Händlerstand   8 Pesa
4. für einen kleineren sonstigen Händlerstand . . 4 Pesa

II.
von Gelegenheitsverkäufern für jede Rupie des erzielten Kaufpreises 4 Pesa, für jede angefangene Viertelrupie 1 Pesa. Erlöse unter 16 Pesa bleiben frei;

III.
von Viehverkäufern für den Verkauf:
1. eines Stücks Grofsvieh (Rind, Kamel, Maultier, Esel) 64 Pesa
2. einer Ziege oder eines Schafs . . . . 16 Pesa
3. eines Stücks Geflügel . . . . 1 Pesa

65. Zollverordnung für das deutsch-ostafrikanische Schutzgebiet, erlassen vom Reichskanzler am 13. Juni 1903, mit Geltung vom 1. April 1904. Die Verordnung ist als Anlage zum Runderlasse des Gouverneurs von Deutsch-Ostafrika vom 14. November 1903 abgedruckt.

66. Bekanntmachung des Gouverneurs von Deutsch-Ostafrika, betreffend das Pafswesen. Vom 16. Juni 1903.

Auf Grund des § 2, Abs. 5, der Verfügung des Reichskanzlers, betreffend das Pafswesen in den deutschen Schutzgebieten Afrikas und der Südsee vom 28. August 1902 (Amtl. Anz. No. 34 v. 1902),*) wird hierdurch mit Genehmigung des Auswärtigen Amts (Kolonial-Abteilung) den jeweiligen Chefs der Militärstationen zu Moschi, Muanza und Bukoba bezw. deren Stellvertretern in wider-

*) D. Kol. Gesetzgeb. VI, No. 312.

ruflicher Weise die Befugnis zur Ausstellung und Visierung von Pässen, jedoch nur an deutsche Reichsangehörige, und zur Visierung solcher Pässe erteilt.

Daressalam, den 10. Juni 1903.

Der Kaiserliche Gouverneur.
Graf v. Götzen.

67. Verordnung des Gouverneurs von Deutsch-Südwestafrika, betreffend Einfuhrzoll auf Zündhölzer. Vom 18. Juni 1903.

(Kol. Bl. S. 455.)

Auf Grund des § 6 der Zollverordnung für das deutsch-südwestafrikanische Schutzgebiet, vom 31. Januar 1903,*) wird hiermit verordnet, was folgt:

Einziger Paragraph.

Zündhölzer aller Art unterliegen auch mit dem Beginn des neuen Zolltarifs vom 20. Juli d. Js. ab dem bisherigen Zollsatz von 0,50 Mark für 1 kg brutto.

Windhuk, den 18. Juni 1903.

Der Kaiserliche Gouverneur.
Leutwein.

68. Genehmigung des preußischen Ministers der auswärtigen Angelegenheiten und des Finanzministers zur Ausgabe von Schuldverschreibungen auf den Inhaber seitens der Deutsch-Ostafrikanischen Gesellschaft. Vom 23. Juni 1903.

Mit Allerhöchster Ermächtigung erteilen wir hierdurch auf Grund des § 795 des Bürgerlichen Gesetzbuchs und des Artikels 8 der Königlichen Verordnung zur Ausführung des Bürgerlichen Gesetzbuchs vom 16. November 1899 der Deutsch-Ostafrikanischen Gesellschaft mit dem Sitze in Berlin die Genehmigung zur Ausgabe von Schuldverschreibungen auf den Inhaber bis zum Betrage von 11 195 000 Mark, in Buchstaben: Elf Millionen vierhundertfünfundneunzigtausend Mark. Die Schuldverschreibungen sind nach dem anliegenden Muster**) anzufertigen, mit 3½ % jährlich zu verzinsen und nach dem festgestellten Tilgungsplane durch Verlosung vom 1. Juli 1904 ab halbjährlich mit 0.85082 % des Kapitals, unter Zuwachs der Zinsen von den getilgten Schuldverschreibungen, zu tilgen.

Vorstehende Genehmigung wird vorbehaltlich der Rechte Dritter erteilt. Für die Befriedigung der Inhaber der Schuldverschreibungen wird eine Gewährleistung seitens des Staats nicht übernommen.

Diese Genehmigung ist mit den Anlagen im „Deutschen Reichs- und Königlich Preußischen Staatsanzeiger" bekannt zu machen.

Berlin, den 23. Juni 1903.

Der Minister
der auswärtigen Angelegenheiten.
Graf v. Bülow.

Der Finanzminister.
I. V. Dombois.

*) Oben No. 9. — **) Nicht abgedruckt.

69. Bekanntmachung des Gouverneurs von Deutsch-Ostafrika, betreffend Aufhebung von Zollbefreiungen. Vom 23. Juni 1903.

Der Runderlaß vom 14. Juli 1898, betreffend Zollerleichterungen für Forstbeamte,*) wird hiermit aufgehoben.

Daressalam, den 23. Juni 1903.

Der Kaiserliche Gouverneur.
Graf v. Götzen.

70. Runderlaß der Kolonial-Abteilung des Auswärtigen Amtes, betreffend die Löhnung und Verpflegung farbiger Diener. Vom 25. Juni 1903.

Aus hier vorliegenden Berichten ist zu entnehmen, daß bei Annahme von farbigen Bediensteten seitens der Kaiserlichen Behörden in den Schutzgebieten nach einheitlichen Grundsätzen nicht verfahren und der Landesfiskus zuweilen mit Ausgaben belastet wird, welche als gerechtfertigt nicht erachtet werden können.

Nach allgemeinen Verwaltungsgrundsätzen dürfen amtliche Fonds jeweilig nur insoweit belastet werden, als es die Befriedigung unabweisbarer dienstlicher Bedürfnisse ohne Aufschub erheischt. Unter diesem Gesichtspunkte sind auch die Aufwendungen für farbige Bedienstete zu beurteilen.

Werden letztere in der Hausverwaltung des Gouvernements und der nachgeordneten Behörden verwendet, so bestimmt sich die zulässige Anzahl lediglich nach dem Umfange derjenigen Verrichtungen, welche dem Fiskus — nicht etwa den Wohnungsinhabern — obliegen. Eine genauere Abgrenzung der beiderseitigen Verpflichtungen ist bisher für den Bereich der Kolonialverwaltung nicht erfolgt und wird erst mit der Zeit sich ermöglichen lassen. Hinsichtlich der Dienstwohnungen der Reichsbeamten ist diese Regelung durch die mittels Allerhöchsten Erlasses vom 16. Februar d. Js. genehmigten Vorschriften herbeigeführt worden, welche in den beifolgenden beiden Nummern 9 des Zentralblatts für das Deutsche Reich von 1903 abgedruckt sind (siehe daselbst Ziffer VI, §§ 15 bis 18).**) Im dortigen Schutzgebiet wird entsprechend zu verfahren sein, soweit

---

*) D. Kol. Gesetzgeb. III, No. 89.

**) Diese Paragraphen lauten:

§ 15. Dem Wohnungsinhaber liegen — außer der Fürsorge für die Reinigung und Lüftung der Dienstwohnung — die nachstehenden Leistungen ob:

1. die Erhaltung der Verglasung in den Fenstern, Glastüren, Glaswänden und Oberlichtern, in letzteren jedoch nur, soweit die Oberlichter nicht als ein Teil des Daches anzusehen sind; die durch den fortgesetzten gewöhnlichen Gebrauch bedingten Ausbesserungen kleiner Schäden an Fenstermarkisen, Fensterjalousien und Innen- (Zimmer-) Rouleaux, sofern nicht das Bedürfnis vollständiger Erneuerung oder Erneuerung der Hauptbestandteile, wie der Leinwandbezüge und Schnüre bei den Markisen, der Gurtbänder, Zwischenbänder, Rollen und Schnüre bei den Jalousien, anzuerkennen ist;

das Abnehmen und Wiederbefestigen der Fenstermarkisen, Fensterjalousien und Rouleaux, der Schutzzelte über den Balkons, der Zugardinen an den Veranden, der Zeltdecken und Vorhänge der Altane und anderer dergleichen Schutzvorrichtungen;

2. das Ausbrennen und Fegen der Schornsteine nebst der Reinigung der Heizkörper und ihrer Feuerzüge von Ruß, Asche und Schlacken;

3. die Reinigung der Öfen, Kochherde, Bratöfen, Kesselfeuerungen, Koch- und Backapparate sowie der Waschkessel und die durch den fortgesetzten Gebrauch nötig gewordenen Ausbesserungen, jedoch unter Ausschluß ihrer Erneuerung und ihres Umsetzens (§ 16 Ziff. 3);

nicht nach dem pflichtmäfsigen Ermessen des Kaiserlichen Gouvernements Abweichungen unter den gegebenen örtlichen Verhältnissen unumgänglich sind. Darüber, wie die Frage im dortigen Schutzgebiete in einer allen berechtigten Rücksichten Rechnung tragenden Form zu lösen sein wird, erbitte ich mir nach

4. die Anbringung und Unterhaltung von Dichtungsmitteln an Türen und Fenstern;
   die Unterhaltung der Beschläge und Schlösser an Türen und Fenstern, sofern das Bedürfnis nur einzelne Teile betrifft und nicht eine Erneuerung des Gesamtbeschlages oder des ganzen Schlosses erforderlich ist;
   ferner die Unterhaltung der Klingelleitungen und ähnlicher Vorrichtungen (§ 16 Ziff. 4);

5. der Anstrich der inneren Türen und Fenster, der Wandtäfelungen, hölzernen Verschläge und Wandschränke, soweit einzelne durch den Gebrauch abgenutzte Stellen eine Wiederherstellung der Farbendecke erfordern und das Bedürfnis eines neuen Anstrichs des gesamten Gegenstandes nicht anzuerkennen ist (§ 16 Ziff. 3);

6. das Bohnen und Abreiben der Fufsböden und Fufsleisten in den durch den Gebrauch und das Erhaltungsbedürfnis bedingten Fristen sowie kleine Ausbesserungen ihres Anstrichs (§ 16 Ziff. 6);

7. die Unterhaltung der inneren Wände und der Decken in betreff ihrer Tünche, Färbung, Malerei oder Tapezierung, das hierbei etwa erforderliche Abreiben des Abputzes sowie die Beseitigung unwesentlicher Verletzungen des Putzes und das Abreiben unrein gewordener Tapetenwände und Decken, insofern es sich nicht um eine Erneuerung der Gesamtflächen handelt (§ 16 Ziff. 3);
   die Reinigung der Dienstwohnung von Ansteckungsstoff infolge ärztlicher oder polizeilicher Anordnung, sofern solche durch Vorkommnisse in der Dienstwohnung selbst veranlafst ist;

8. die Beschaffung und Unterhaltung von versetzbaren Regenwasserbehältern;
   die Unterhaltung der Küchen- und Badestubenpumpen, sofern diese nicht Teile oder Zubehör einer Wasserleitung sind, sondern für sich bestehende Anlagen bilden, und sofern die Unterhaltungsarbeiten durch den gewöhnlichen Gebrauch der Pumpen bedingt werden;
   die Unterhaltung derjenigen Teile der Wasser-, Gas- und Elektrizitätsleitungen, welche mit dem Gebäude nicht in fester Verbindung stehen, sowie die Beschaffung und Unterhaltung der an diesen Anlagen etwa erforderlichen, unter den Begriff der Geräte fallenden Gegenstände, wie z. B. der nicht befestigten Wannen, der Gartenspritzen, Schläuche, Kronleuchter und sonstigen Beleuchtungskörper für Gas und elektrisches Licht;
   die Anlegung und Unterhaltung von Gas- und elektrischen Leitungen für wirtschaftliche Zwecke;
   die Aufwendungen für den Verbrauch des durch die Leitungen zugeführten Wassers, soweit nicht in Ausnahmefällen, wie z. B. mangels eines Brunnens mit geniefsbarem Wasser in der Nähe der Dienstwohnung, die Zahlung dieser Kosten durch die Aufsichtsbehörde erlassen ist;
   die Aufwendungen für den Verbrauch von Gas und elektrischem Strom;[*]
   die Beschaffung und Unterhaltung der erforderlichen, mit dem Gebäude nicht in fester Verbindung stehenden Gas-, Wasser- oder Elektrizitätsmesser oder die Übernahme der Miete für sie;
   die Vorkehrungen zum Schutze der Wasserleitungen gegen das Einfrieren, wenn nicht die Zapfstellen sich aufserhalb der Dienstwohnung oder auf gemeinschaftlichen Fluren befinden;

9. die Wiederherstellung des früheren Zustandes im Falle von Beschädigungen, welche durch Mutwillen oder Fahrlässigkeit des Inhabers, seiner Angehörigen oder seines Gesindes veranlafst sind, nach Mafsgabe der Vorschriften des Bürgerlichen Gesetzbuchs;

---

[*] Die Vorschrift, dafs der Wohnungsinhaber die Kosten für Wasser, Gas und elektrischen Strom zu tragen hat, steht einem Verfahren der Aufsichtsbehörde nicht entgegen, nach welchem die Vergütung bemessen ist und in fest bestimmten Beträgen, z. B. in prozentualen Zuschlägen zur Wohnungsmiete oder zum Mietswert der Wohnung, erhoben wird.

einiger Zeit die dortseitigen Vorschläge. Für den Rahmen des gegenwärtigen
Erlasses interessieren diese Beziehungen zwischen Fiskus und Wohnungsinhabern nur insoweit, als sie für die Auseinandersetzung zwischen beiden Teilen
wegen der Aufwendungen für farbige Bedienstete maßgebend sind. In letzterer
Hinsicht ist davon auszugehen, daß **jedenfalls dem Wohnungsinhaber**
obliegen:

1. die gute Konservierung des Wohnungsinventars nebst Reinhaltung der
Möbel und Bettwäsche; ferner

2. die Fürsorge für die Reinigung der Wohnung, insbesondere der Fuß-
böden, Fenster, Veranden; sodann

10. die Übernahme solcher Abgaben und Lasten, welche der Mieter gesetzlich oder
ortsüblich zu den Gemeindebedürfnissen zu leisten hat; die Übernahme der
Einquartierungslast, wenn diese durch die Gemeindebehörden oder durch Ortsstatut auf die Wohnungsinhaber lediglich nach Maßgabe des entbehrlichen
Raumes verteilt ist, mag sie in Natur oder in Geld zu leisten sein (§ 15 Ziff. 8);

11. die Anschaffung und Unterhaltung von Gegenständen des Luxus, der Neigung
oder Bequemlichkeit, sowie der Pflanzungen und der Verbesserungen, welche
der Inhaber in dem mit der Dienstwohnung etwa verbundenen Garten oder
Ackerlande bewirkt hat, dergestalt, daß der Inhaber weder eine Entschädigung
für sie aus der Reichskasse noch ihre Übernahme von dem Dienstnachfolger
verlangen darf;

12. die Unterhaltung der zur Dienstwohnung gehörigen Gärten, soweit nicht besondere Festsetzungen getroffen sind, jedoch nicht der Ersatz abgestorbener
Räume, zu dem weder der Wohnungsinhaber noch das Reich verpflichtet ist, und
für den der Wohnungsinhaber deshalb, wenn er ihn aus eigenem Belieben bewirkt, keinen Anspruch auf Entschädigung aus der Reichskasse erwirbt;

13. die Reinigung der Höfe nebst den zu Hofpumpen gehörigen Brunnenkesseln
und der Abtritte; die Fürsorge für den Schutz der Brunnen und Abortsanlagen
gegen das Einfrieren sowie das Auftauen solcher Anlagen, wenn nicht nach
Ortsgebrauch diese Arbeiten durch den Hauseigentümer bewirkt werden, ferner
die Reinigung der Straßen (Fahrdamm, Rinnstein, Bürgersteig) vor den Häusern,
insoweit durch ortspolizeiliche Vorschrift oder Ortsgebrauch die Reinigung oder
der Ersatz der Reinigungskosten oder die Entrichtung einer Abgabe dafür
nicht den Hauseigentümern, sondern den Wohnungsinhabern als solchen auferlegt ist;

14. die Erleuchtung der Zugänge zu den Dienstwohnungen, wie Flure, Gänge,
Treppen usw., und zwar gleichviel, ob die Beleuchtung infolge ortspolizeilicher
Vorschrift oder Anordnung der Verwaltung stattzufinden hat und ob im ersteren
Falle für ihre Ausführung der Hauseigentümer oder der Wohnungsinhaber
haftbar gemacht ist.

Bei einem gemeinsamen Gebrauche von Räumen und Anlagen zu mehreren Dienstwohnungen werden die Kosten nach Bestimmung der Aufsichtsbehörde anteilig von jedem
Inhaber getragen.

Gehören zu einer Dienstwohnung Pferde- oder sonstige Viehställe, so liegt dem
Inhaber die Unterhaltung der ihm überwiesenen Krippen, Raufen, Streuklappen, Futter-
kasten, Stand- und Trennbäume und dergleichen ob. Im übrigen finden die Vorschriften
für die eigentlichen Wohnräume auch auf die Stallungen entsprechend Anwendung.

§ 16. Soweit die Kosten der Unterhaltung von Dienstwohnungen nicht dem Inhaber auferlegt sind, fallen sie der Reichskasse zur Last; insbesondere treffen die letztere:

1. die Beseitigung aller Schäden, welche von Naturereignissen, wie Gewittern,
Stürmen, Hagelschlag, Erdbeben und dergleichen angerichtet sind;

2. die notwendige Erneuerung von Hauptbestandteilen der Feuerungen und
Heizungen, namentlich von Heiztüren, Rauchröhren, Kochplatten, Rosteinrich-
tungen, Einsatzkasten zu den Aschenlöchern der Kochherde, Kacheln und
metallenen Muffeln oder Einsätzen der Bratöfen, insofern die Notwendigkeit der
Erneuerung nicht durch fahrlässigen Gebrauch veranlasst ist (§ 15 Ziff. 8 und 9); [*]

---

[*] Die Beschaffung und Unterhaltung der zum Heizen, Kochen, Backen, Waschen
und dergleichen erforderlichen Geräte trifft ausschließlich den Wohnungsinhaber.

3. die Erleuchtung der Wohnung und der zu ihr führenden Zugänge — der letzteren gegebenenfalls unter Verteilung der Kosten auf die die Zugänge gemeinsam benutzenden Berechtigten —; endlich

4. die Unterhaltung des etwa zu einer bestimmten Dienstwohnung gehörigen Gartens. Sind mehrere Funktionäre zur gemeinsamen Nutzniefsung eines Gartens berechtigt, so haben sie auch gemeinsam für dessen Unterhaltung zu sorgen. Welche Leistungen sonst noch den Wohnungsinhabern zur Last zu legen sind, bleibt abhängig von der oben erwähnten, diesseits an der Hand der Wohnungsordnung für die Reichsbeamten zu treffenden Anordnung, und ist mit diesem Vorbehalt einstweilen von den Kaiserlichen Gouvernements zu verfügen.

3. die Erneuerung des Anstrichs und der Tapezierung von Wänden und Decken, insofern es sich um eine Erneuerung der ganzen Decke oder der sämtlichen Wände handelt (§ 15 Ziff 7);*)

die Unterhaltung und Erneuerung von plastischen Ausstattungen sowie des Anstrichs der äusseren Türen, Doppeltüren, Tore, Fenster, Doppelfenster, Fensterbretter, der inneren und äusseren Fensterläden (auch Rolläden) auf beiden Seiten, desgleichen des Anstrichs der inneren Türen und Fenster, der Wandtäfelungen, hölzernen Verschläge und Wandschränke, wenn das Bedürfnis sich nicht auf einzelne schadhafte Stellen beschränkt (§ 15 Ziff. 6);*)

das Verkitten der Scheiben außer dem im § 15 Ziff. 1 vorgesehenen Falle;

4. die Erneuerung von Hauptbestandteilen der Klingelleitungen und ähnlicher Vorrichtungen;**)

5. die Unterhaltung und Erneuerung von Garten- und Hofbewehrungen, einschliefslich der Pforten, Torwege und Tore;

6. die Unterhaltung und Erneuerung des zur Erhaltung der Fufsböden dienenden Anstrichs, wenn das Bedürfnis sich nicht auf einzelne schadhafte Stellen beschränkt (§ 15 Ziff. 6),*) und das damit verbundene Kitten der Fugen;

7. die sonst nach § 15 dem Wohnungsinhaber obliegende Unterhaltung der davon betroffenen Gegenstände in allen den Fällen, in welchen die Ursachen des Ausbesserungs- und Erneuerungsbedürfnisses erweislich in Mängeln der ersten Anlage oder in Veränderungen der baulichen Beschaffenheit des Hauses, wie Rissen und Lösungen des Mauern oder Decken und dergleichen, bestehen;

8. die Übernahme der Einquartierungslast, wenn diese durch die Gemeindebehörden oder Ortsstatut auf die Hauseigentümer verteilt ist (§ 15 Ziff. 10);

9. die Übernahme der Entschädigungen für die öffentlichen Entwässerungsanlagen sowie die Reinigung der Aborts- und Senkgruben, der Müll- und Aschgruben oder -kasten.

§ 17. Bei gemeinsamer Benutzung von Gebäuden zu Dienstwohnungen und Geschäftsräumen gelten folgende Bestimmungen:

1. in den zu beiden Zwecken gemeinschaftlich benutzten Räumen, wie Fluren, Gängen, Treppen, Abtritten, trägt das Reich — vorbehaltlich der Ausnahme in Ziff. 6 dieses Paragraphen — auch die dem Wohnungsinhaber obliegenden Leistungen;

2. zu den im § 15 Ziff. 2 bezeichneten Kosten leistet der Wohnungsinhaber einen von der Aufsichtsbehörde, erforderlichenfalls auf Grund sachverständiger Schätzung festzusetzenden angemessenen Beitrag;

3. dienen Wasser- oder Gasleitungen, Anlagen für elektrische Beleuchtung oder Zentralheizungsanlagen zu gemeinsamen Zwecken und ist die Aufstellung besonderer, den Verbrauch des Wohnungsinhabers nachweisender Mefsvorrichtungen

*) Zur Festsetzung von Mindestfristen für die Erneuerung des Anstrichs und der Tapezierung der Wände und Decken sowie für die Erneuerung des Anstrichs der Fensterläden, Fufsböden und dergleichen sind die einzelnen Verwaltungen nach Einvernehmen mit der Reichsfinanzverwaltung zuständig.

**) Die laufende Unterhaltung elektrischer Klingelanlagen ist Sache der Reichskasse nur für Repräsentationsräume, wozu in diesem Falle auch Küchen-, Plätt- und andere derartige Wirtschaftsräume sowie Diener- und Mädchenstuben gehören, während sie für die übrigen gewöhnlichen Wohnräume dem Wohnungsinhaber zur Last fällt (vgl. § 25).

Daß amtlich bezahlte farbige Bedienstete nicht **außerhalb des Dienstbetriebes zu privaten Verrichtungen** verwendet werden dürfen, ist selbstverständlich.   Es kann aber auch nicht gebilligt werden, daß Farbige teils dienstlich, teils privatim verwendet und danach die Bezüge auf den Fiskus und die betreffenden Beamten verteilt werden.

Behufs Schaffung klarer und einwandfreier Verhältnisse ist vorzuziehen, daß jeder Teil seinen Bedarf an Bedienung selbst deckt und diese Bediensteten auch selbst vollständig mit den Gebührnissen an Löhnung, Verpflegung usw. abfindet.

Das Kaiserliche Gouvernement ersuche ich ergebenst, gefälligst nach Maßgabe der vorstehenden Ausführungen die dort hinsichtlich der Verwendung von

deren Beschaffung und Unterhaltung oder Miete, falls sie mit dem Gebäude nicht in fester Verbindung stehen, dem Wohnungsinhaber zur Last fällt, untunlich, so wird der von letzterem zu leistende Kostenbeitrag auf Grund sachverständiger Schätzung durch die Aufsichtsbehörde festgesetzt. Die Feststellung der leitenden Grundsätze für die sachverständige Schätzung erfolgt durch den Reichskanzler;

4. von den im § 15 Ziff. 10 bezeichneten Abgaben und Lasten trägt das Reich für die Geschäftsräume, soweit an sich keine Befreiung desselben begründet ist, einen angemessenen Anteil;

5. etwaige Kosten für die im § 15 Ziff. 13 bezeichneten Leistungen hat das Reich allein zu tragen;

6. die im § 15 Ziff. 14 erwähnten Kosten der Erleuchtung in den zu beiden Zwecken gemeinschaftlich benutzten Räumen, wie Fluren, Gängen, Treppen usw., hat das Reich nur für die Dauer der gemeinschaftlichen Benutzung zu tragen.*) In Fällen, in welchen die Durchführung dieses Grundsatzes zu einer Unbilligkeit gegenüber dem Dienstwohnungsinhaber führen würde, ist das Maß seiner Verpflichtung durch die Aufsichtsbehörde festzustellen und gegebenenfalls der Beitrag schätzungsweise zu bestimmen.

§ 18. Unterbeamte haben nur die im § 15 Ziff. 1, 6, 7, 8, 9, 10, 11, 12, 13 und 14 sowie im § 17 Ziff. 3 aufgeführten Leistungen zu erfüllen.

Als Unterbeamte im Sinne dieser Vorschriften gelten die in Gemäßheit des Gesetzes vom 30. Juni 1873, betreffend die Bewilligung von Wohnungsgeldzuschüssen (Reichs-Gesetzbl. S. 166), zum Bezuge des Wohnungsgeldzuschusses nach Tarifklasse VI berechtigten Beamten.

Welche Beamten der Reichs-Eisenbahnverwaltung zu den Unterbeamten im Sinne dieser Vorschriften zu zählen sind, bestimmt der Reichskanzler.

Unterbeamten, welche in einem Diensthause wohnen und entweder das Brennmaterial der Behörde unter Verschluß und Aufsicht haben, oder die Heizung besorgen, kann mit Genehmigung der obersten Reichsbehörde die Entnahme des für ihren eigenen Bedarf erforderlichen Feuerungsmaterials aus den Vorräten der Behörde gegen Entschädigung mit Vorbehalt des jederzeitigen Widerrufs gestattet werden. Die Entschädigung beträgt dreiundeinhalb vom Hundert des Durchschnittsgehalts der Stelle ohne Berücksichtigung des Wohnungsgeldzuschusses und bei den Beamten der Betriebsverwaltung der Reichs-Eisenbahnen dreiundeinhalb vom Hundert des Gehalts nach Abzug desjenigen hierin eingerechneten Betrages, der dem durchschnittlichen Wohnungsgeldzuschusse der in gleicher Stellung befindlichen Beamten andererVerwaltungen entspricht.**) Ausnahmsweise kann diese Vergünstigung auch anderen Unterbeamten, welche in einem Diensthause wohnen, unter den gleichen Bedingungen durch die oberste Reichsbehörde gewährt werden.

Die Bewilligung ist im Etat bei der Besoldung der betreffenden Beamten zu bemerken.

*) Diese Vorschrift steht einem Verfahren der Aufsichtsbehörde. nicht entgegen, nach welchem ein von dem Wohnungsinhaber zu leistender Beitrag zu den vom Reiche zu veranschlagenden Gesamtkosten der Beleuchtung bemaßstabt und in festbestimmten Beträgen erhoben wird.

**) Ist die Entschädigung zur Zeit des Inkrafttretens dieser Vorschriften niedriger bemessen, so kann es hierbei bis zu einer Gehaltserhöhung oder bis zum Ausscheiden des Stelleninhabers sein Bewenden behalten.

farbigen Bediensteten bestehenden Einrichtungen einer eingehenden Prüfung und gegebenenfalls einer anderweitigen Regelung zu unterziehen.

Berlin, den 25. Juni 1903.

Auswärtiges Amt. Kolonial-Abteilung.
Stuebel.

71. Auszug aus dem Runderlasse des Gouverneurs von Deutsch-Ostafrika, betreffend Holzschlaggebühren. Vom 26. Juni 1903.

Die beiden letzten Absätze des Runderlasses vom 7. März 1901*) werden aufgehoben.

Daroasalam, den 26. Juni 1903.

Der Kaiserliche Gouverneur.
Graf v. Götzen.

72. Vereinbarung der Kolonial-Abteilung des Auswärtigen Amtes und eines Eisenbahnbau-Syndikats, betreffend Vorarbeiten zu Bahnbauten in Deutsch-Ostafrika. Vom 30. Juni 1903.

Die Kolonial-Abteilung des Auswärtigen Amtes und das aus den unterzeichneten Firmen bestehende, von der Deutschen Bank geführte Syndikat schliefsen nachfolgende Vereinbarung:

Artikel 1.

Das Syndikat wird auf seine ausschliefslichen Kosten eine Studienexpedition nach Deutsch-Ostafrika entsenden. Zweck der Expedition ist:

a) die Vervollständigung der auf Grund des Protokolls vom 11. März 1895**) auf Kosten des Reichs, der Deutsch-Ostafrikanischen Gesellschaft und eines durch die Deutsche Bank geführten und vertretenen Syndikats, welchem die Mehrzahl der unterzeichneten Mitglieder des neuen Syndikats angehörten, gemachten Studien über die von Daressalam nach Mrogoro projektierte, im nachstehenden die Stichbahn genannte, Eisenbahnlinie;

b) das Studium einer vom Indischen Ozean nach dem Nyassasee führenden, im nachstehenden die Südbahn genannte, Eisenbahnlinie.

Die Studienexpedition wird zunächst die ihr ad a gestellte Aufgabe erledigen und über das Ergebnis einen vorläufigen Bericht an die Syndikatsleitung senden. Von dessen Ausfall und dem weiter zu sammelnden Nachrichten über die Aussichten für die Südbahn wird das Syndikat seine Entscheidung abhängig machen, ob der zweite Teil der Aufgabe der Studienexpedition sofort im Anschlufs an den ersten Teil in Angriff genommen oder weiterer Erwägung vorbehalten bleiben soll.

Artikel 2.

Die Kolonial-Abteilung des Auswärtigen Amtes wird dem Syndikat und der von ihm auszusendenden Studienexpedition jede gesetzlich zulässige Unterstützung und Beihilfe gewähren.

Wird eine der bezeichneten Bahnlinien aus den Mitteln des Reiches oder der Kolonie gebaut, so soll der Erbauer verpflichtet sein, dem Syndikat die auf diese Linie entfallenden Kosten nebst 4 % Zinsen in bar zurückzuerstatten.

---

*) D. Kol. Gesetzgeb. VI, No. 195. — **) Ebenda II, No. 135.

Erfolgt dagegen der Bau einer der Bahnen durch eine zu konzessionierende Eisenbahngesellschaft, so soll die in dem vorstehenden Absatz aufgeführte Verpflichtung durch die Konzession dieser Gesellschaft auferlegt werden.

Artikel 3.

Das Syndikat wird der Kolonial-Abteilung des Auswärtigen Amtes über das Ergebnis der Studienexpedition Bericht erstatten.

Artikel 4.

Die von dem Syndikat gemachten Vorarbeiten und Pläne sind sein Eigentum.

Für den Fall, daß das Reich die Ausführung der Stichbahn oder der Südbahn auf Reichskosten beschließen sollte, behält sich die Kolonial-Abteilung das Recht vor, die den beschlossenen Bau betreffenden Vorarbeiten gegen baren Ersatz der Kosten nebst 4 % Zinsen zu erwerben.

Für den Fall, daß für eine der Bahnen oder beide ein Konzessionsbewerber auftreten sollte, wird dem Syndikat das Recht eingeräumt, in die eventuell vom Reiche mit einem solchen Konzessionsbewerber vereinbarten Verträge binnen einer Frist von zwei Monaten von der dem Syndikat in jedem einzelnen Falle zu machenden Anstellung ab gerechnet, zu gleichen Bedingungen in die Weise einzutreten, daß die Konzession einer von dem Syndikat zu gründenden Kolonialgesellschaft übertragen wird.

Artikel 5.

Die Kolonial-Abteilung wird darauf hinzuwirken bemüht sein, daß, ehe eine Entscheidung über den Bau der beiden Bahnen getroffen ist, in Daressalam, Kilwa und Lindi keine Veräußerung von Grundstücken oder Rechten stattfindet, welche die Errichung der Wasserfronten durch die beiden projektierten Eisenbahnen an den wirtschaftlich zweckmäßigen Stellen beeinträchtigen; diese Bestimmung tritt für Kilwa und Lindi außer Kraft, falls das Syndikat das Studium der Südbahn bis zum 31. Dezember 1904 nicht in Angriff genommen haben sollte.

In zwei Exemplaren ausgefertigt und unterschrieben.

Berlin, den 30. Juni 1903.

(Folgen die Unterschriften.)

73. Verordnung des Gouverneurs von Deutsch-Neu-Guinea, betreffend die anderweite Aufstellung der Handelsstatistik für das Schutzgebiet Deutsch-Neu-Guinea, mit Ausnahme des Inselgebietes der Karolinen, Palau und Marianen. Vom 1. Juli 1903.

(Kol. Bl. S. 466.)

Auf Grund des § 15 des Schutzgebietsgesetzes (Reichs-Gesetzbl. 1900, S. 813) in Verbindung mit § 2 der Verfügung des Reichskanzlers vom 1. April 1899 zur Ausführung der Allerhöchsten Verordnung, betreffend die Übernahme der Landeshoheit über das Schutzgebiet von Deutsch-Neu-Guinea durch das Reich, vom 27. März 1899, bestimme ich hiermit, was folgt:

§ 1. Wer Gegenstände in das Schutzgebiet einführt, hat dieselben durch ein Verzeichnis nach dem anliegenden Muster A, wer Gegenstände aus dem Schutzgebiet ausführt, hat dieselben durch ein Verzeichnis nach dem anliegenden Muster B bei der zuständigen Verwaltungsbehörde anzumelden. Die Anmeldung hat binnen 14 Tagen nach erfolgter Einfuhr bezw. Ausfuhr zu erfolgen.

§ 2. Personen und Gesellschaften, welche regelmäßig Gegenstände in größeren Mengen ein- oder ausführen, kann auf Antrag widerruflich gestattet werden, die Einfuhr und Ausfuhr während eines ganzen Kalenderjahres nach Jahresschluß durch Abgabe der in § 1 genannten Verzeichnisse summarisch anzumelden. Diese Anmeldung hat binnen sechs Wochen nach Ablauf des Kalenderjahres zu erfolgen.

Wer sich im Genuß dieser Vergünstigung befindet, hat über seine Wareneinfuhr und -Ausfuhr fortlaufende Anschreibungen auf amtlichen Formularen zu führen. Diese Anschreibungen sind der zuständigen Verwaltungsbehörde auf Verlangen zur Einsicht vorzulegen.

§ 3. Personen, welche das Schutzgebiet mit den von ihnen auszuführenden Gegenständen verlassen, haben die Ausfuhrdeklarationen gleichzeitig mit der Ausfuhr der Gegenstände vorzulegen.

§ 4. Befreit vom Deklarationszwange sind die zum persönlichen Gebrauch bestimmten Ausrüstungsgegenstände der Reisenden.

§ 5. Für die Art und den Umfang der Anmeldung ist der Vordruck auf den Formularen (Muster A und B) maßgebend.

Die Bezeichnung der Menge hat zu erfolgen:

  bei Flüssigkeiten nach Litern,

  bei lebenden Tieren, lebenden Pflanzen und Feuerwaffen nach Stückzahl,

  bei allen übrigen Gegenständen nach Kilogramm.

Der Angabe des Wertes ist der Preis zugrunde zu legen, den die ein- oder ausgeführten Gegenstände am Eingangs- oder Ausgangsorte des Schutzgebietes haben. Die Wertangabe hat in deutscher Reichswährung zu erfolgen.

Bei der Angabe der Herkunfts- und Bestimmungsländer ist als Herkunftsland dasjenige Land zu bezeichnen, aus dessen Eigenhandel die Einfuhrware kommt, als Bestimmungsland dasjenige Land, in dessen Eigenhandel die Ausfuhrware übergeht.

§ 6. Die seit dem 1. Januar 1903 ein- und ausgeführten Gegenstände sind gemäß § 1 binnen eines Zeitraumes von sechs Wochen nach Erlaß dieser Verordnung anzumelden, falls nicht gemäß § 2 die Abgabe von Jahresdeklarationen beantragt und zugestanden wird.

§ 7. Die in den §§ 1 und 2 erwähnten Formulare sind bei den Dienststellen des Gouvernements käuflich.

§ 8. Zuwiderhandlungen gegen die Vorschriften dieser Verordnung werden mit einer Ordnungsstrafe bis zu 100 Mark, die im Unvermögensfalle nach Maßgabe der §§ 28 und 29 des Strafgesetzbuchs in eine Freiheitsstrafe umzuwandeln ist, bestraft.

§ 9. Wird nach Verhängung einer Strafe gemäß § 8 die nachträgliche Erfüllung der auf die Ein- und Ausfuhrdeklarationen bezüglichen Vorschriften angeordnet, so kann bei weiteren Zuwiderhandlungen gegen diese Anordnungen wiederholte Bestrafung eintreten.

§ 10. Diese Verordnung tritt unter Aufhebung der Verordnung vom 25. September 1890*) mit rückwirkender Kraft vom 1. Januar 1903 sofort in Geltung.

Herbertshöhe, den 1. Juli 1903.

        Der Kaiserliche Gouverneur.
        Hahl

*) D. Kol. Gesetzgeb. IV, No. 108.

Muster A zum No. 71.

Verzeichnis der Einfuhr der Firma .... vom .... bis .... 190 ..

Benennung der Einfuhrgegenstände	Aus Deutschland		Aus England		Aus Australien und den Südseeinseln		Aus Asien		Aus Amerika		Aus den übrigen Ländern	
	Menge	Wert in ℳ.	Menge	Wert in ℳ.	Menge	Wert in ℳ.	Menge	Wert in ℳ.	Menge	Wert in ℳ.	Menge	Wert in ℳ.
I. 1. Korn- und Hülsenfrüchte, Gemüse, Obst und Südfrüchte. Mehl- und Backwaren												
2. Koloniale Verzehrungsgegenstände, wie Kaffee, Tee, Kakao und Schokolade, Zucker												
3. Gewürze und Materialwaren aller Art												
4. Tabak und Tabakfabrikate												
5. Alkoholhaltige Getränke aller Art												
6. Fruchtsäfte, Mineralwasser und sonstige nicht-alkoholhaltige Getränke. Eis												
7. Bau- und Nutzholz, Brennholz, Holzkohlen												
8. Lebendes Vieh												
9. Fleisch, Fische und tierische Produkte aller Art												
II. 1. Erden und Steine												
2. Salz												
3. Steinkohlen, Braunkohlen, Briketts												
4. Teer und Pech, Asphalt												
5. Petroleum und sonstige Mineralöle												

III. 1. Lichte, Kerzen, Seifen und andere Fabrikate aus Wachs, Fetten und Ölen

2. Drogen, Apothekerwaren, Farbwaren und sonstige chemische Erzeugnisse

3. Garne und Gewebe aller Art

4. Bekleidungsgegenstände, Posamentier- und Putzwaren, Schirme usw.

5. Leder, Lederwaren, Kürschnerwaren

6. Waren aus Gummi, Kautschuk und Guttapercha

7. Boote

8. Sonstige Gegenstände aus Holz sowie Flecht- und Schnitzwaren aller Art

9. Papier- und Pappwaren, literarische und Kunstgegenstände

10. Stein-, Glas- und Tonwaren

11. Metalle und Metallwaren außer Instrumenten, Maschinen und Waffen)

12. Instrumente, Maschinen, Fahrzeuge und Transportmittel (außer Booten)

13. Schußwaffen

14. Sonstige Waffen

15. Schießbedarf und Sprengstoffe

16. Geld

Summe . . .

Muster B in No. 72.

Verzeichnis der Ausfuhr der Firma ....

vom ....　bis ....　190 .

Benennung der Ausfuhr-Gegenstände	Nach Deutschland		Nach England		Nach Australien und den Südseeinseln		Nach Asien		Nach Amerika		Nach den übrigen Ländern	
	Menge in K.	Wert in K.	Menge in K.	Wert in K.	Menge in K.	Wert in K.	Menge in K.	Wert in K.	Menge in K.	Wert in K.	Menge in K.	Wert in K.
1. Kaffee												
2. Zitronen, Orangen, Ananas und andere Südfrüchte												
3. Gewürze aller Art												
4. Tabak												
5. Kopra												
6. Baumwolle												
7. Kapok												
8. Steinnüsse, Elfenbeinnüsse												
9. Holz												
10a. Kautschuk und Gummi												
10b. Gutta												
11. Trepang												
12. Schildpatt												
13. Perlmutterschalen und andere Muscheln												
14. Verschiedenes												
Summe . . .												

74. Verordnung des Bezirksamtmanns zu Jap, betreffend die Anwerbung und Ausführung von Eingeborenen im Westbezirk der Karolinen und Palau. Vom 2. Juli 1903.

(Kol. Bl. S. 575.)

Auf Grund des § 3 der Verfügung des Reichskanzlers, betreffend die Regelung der Verwaltung und die Rechtsverhältnisse im Inselgebiet der Karolinen, Palau und Marianen, vom 24. Juli 1899, wird hierdurch verordnet, was folgt:

§ 1. Zur Anwerbung von Eingeborenen, welche im Bezirk bleiben, bedarf es keiner besonderen Genehmigung; der Anwerbende hat jedoch, falls die Angeworbenen über See verbracht sind, dem Bezirksamte die Zahl der Angeworbenen, deren Heimat, ungefähres Alter, Geschlecht und die vereinbarten Bedingungen anzuzeigen, und zwar für die Insel Jap innerhalb einer Woche, für die übrigen Inseln mit erster Schiffsgelegenheit nach Ankunft.

§ 2. Sollen Eingeborene aus dem Bezirk ausgeführt werden, so ist vorher ein Antrag mit Gründen bei dem Bezirksamt zu stellen, welches im Falle der Genehmigung die Bedingungen festsetzt.

§ 3. Es dürfen nur augenscheinlich gesunde Personen angeworben werden, welche ausreichend körperlich entwickelt sind.

§ 4. Für jeden Angeworbenen ist ein Konto über geleistete Zahlungen anzulegen. Das Bezirksamt ist berechtigt, das Konto einzusehen und die Bezahlung zu überwachen.

§ 5. Die Ausführung von Eingeborenen zu öffentlichen Schaustellungen ist verboten.

§ 6. Zuwiderhandlungen gegen diese Verordnung werden, sofern nicht im Strafgesetzbuch höhere Strafen vorgesehen sind, mit Geldstrafen bis zum Betrage von 2000 Mark oder Gefängnis bis zu drei Monaten belegt.

Auch kann, wenn es sich um eine gewerbsmäßige Verbringung von Eingeborenen nach einem nicht unter deutscher Herrschaft stehenden Land handelt, die Einziehung des Schiffes und der Boote, welche zu der Anwerbung benutzt sind, ohne Rücksicht auf den Eigentümer erfolgen.

§ 7. Die Verordnung tritt am Tage der Verkündung in Kraft.

J a p , den 2. Juli 1903.

Der Kaiserliche Bezirksamtmann.
S e n f f t.

75. Verordnung des Bezirksamtmanns zu Jap, betreffend das Schankgewerbe und den Verkauf geistiger Getränke. Vom 2. Juli 1903.

(Kol. Bl. S. 576.)

Auf Grund des § 3 der Verfügung des Reichskanzlers, betreffend die Regelung der Verwaltung und die Rechtsverhältnisse im Inselgebiete der Karolinen, Palau und Marianen, vom 24. Juli 1899, wird hierdurch verordnet, was folgt:

§ 1. Der Genehmigung des Kaiserlichen Bezirksamts bedarf der Kleinhandel mit geistigen Getränken oder deren Ausschank.

Unter Kleinhandel wird die auf einmal erfolgte Abgabe von sechs Flaschen beziehungsweise vier Litern oder weniger an ein und dieselbe Person verstanden.

§ 2. Die Genehmigung ist bei dem Kaiserlichen Bezirksamt nachzusuchen. Sie kann versagt werden, wenn kein Bedürfnis vorliegt, oder wenn angenommen

10*

werden kann, dafs der Antragsteller keine Gewähr für Ruhe und Anstand an seiner Geschäftsstelle bietet.

§ 3. Die Genehmigung kann erteilt werden:
    a) für Bier und Wein allein (halbe Konzession) oder
    b) für alle geistigen Getränke (volle Konzession).

§ 4. Im Falle der Genehmigung erhält der Gesuchsteller einen Erlaubnisschein, für welchen eine Gebühr zu entrichten ist, welche jährlich beträgt:
    a) für eine halbe Konzession . . 60 Mark,
    b) für eine volle Konzession . . 100 Mark.

Der Erlaubnisschein hat nur für die darauf verzeichnete Person und Zeit Gültigkeit.

§ 5. Der Verkauf geistiger Getränke an Betrunkene ist verboten.

§ 6. Zuwiderhandlungen gegen diese Verordnung werden mit Geldstrafe bis zu 300 Mark oder mit Haft oder Gefängnis bis zu einem Monat bestraft; auch kann die Konzession auf eine bestimmte Zeit oder ganz wieder entzogen werden, ohne dafs eine Rückzahlung der Gebühr stattfindet.

§ 7. Diese Verordnung tritt am Tage der Verkündung in Kraft.

Jap, den 2. Juli 1903.

Der Kaiserliche Bezirksamtmann.
Senfft.

76. Verfügung des Gouverneurs von Deutsch-Neu-Guinea, betreffend den Gebührentarif für die Vermessung von Grundstücken.

Vom 3. Juli 1903.

Unter Aufhebung der Verordnung vom 20. Juli 1895 (Kol. Bl. 1895, S. 574)*) werden die Gebühren für die Vermessung von Grundstücken festgesetzt, wie folgt:

1. Für Vermessung und Kartierung sind zu zahlen:

für Grundstücke:

bis 1 ha Fläche					10,—	Mark
von mehr als	1 ha bis	10 ha für jeden ha mehr	. .		6,—	"
" " "	10 " "	50 " " " " " "	. .		5,—	"
" " "	50 " "	100 " " " " " "	. .		4,—	"
" " "	100 " "	500 " " " " " "	. .		3,—	"
" " "	500 " "	1000 " " " " " "	. .		2,—	"
" " "	1000 " "	4000 " " " " " "	. .		1,50	"
" " "	4000 " "	" " " "	. .		1,—	"

2. Aufserdem sind zu zahlen:
    a) die vorschriftsmäfsig gezahlten Tagegelder und Reisegebühren;
    b) die ortsüblichen Sätze für die Gestellung von Transportmitteln sowie von den zur Ausführung der Arbeiten erforderlichen Hilfskräften (Trägern, Arbeitern), sofern dieselben nicht von den Beteiligten, in deren Interesse die Arbeiten vorgenommen werden, selbst gestellt werden;
    c) die verwendeten Grenzzeichen.

Herbertshöhe, den 3. Juli 1903.

Der Kaiserliche Gouverneur.
Hahl.

---

*) D. Kol. Gesetzgeb. II, No. 155.

77. Kaiserliche Verordnung, betreffend die Erstreckung der für Kauffahrteischiffe geltenden Vorschriften auf die Gouvernementsfahrzeuge
der Schutzgebiete. Vom 5. Juli 1903.

(Reichs-Gesetzbl. S. 257, Kol. Bl. S. 381.)

Wir Wilhelm, von Gottes Gnaden Deutscher Kaiser, König von Preußen
usw., verordnen auf Grund des § 26 des Gesetzes, betreffend das Flaggenrecht der
Kauffahrteischiffe, in der Fassung des Gesetzes vom 20. Mai 1901 (Reichs-
Gesetzbl. S. 184), nach erfolgter Zustimmung des Bundesrats, was folgt:

Der Reichskanzler kann verfügen, daß die für Kauffahrteischiffe geltenden
Vorschriften auf Gouvernementsfahrzeuge der deutschen Schutzgebiete Anwendung finden.*)

Urkundlich unter Unserer Höchsteigenhändigen Unterschrift und beigedrucktem Kaiserlichen Insiegel.

Gegeben T r a v e m ü n d e , an Bord M. J. „Hohenzollern", den 5. Juli 1903.

(L. S.)   Wilhelm.
                                G r a f   v. B ü l o w.

78. Runderlaß der Kolonial-Abteilung des Auswärtigen Amtes, betreffend
das Gerichtskassenwesen. Vom 7. Juli 1903.**)

Die Verwaltung der Gerichtskassen in den Schutzgebieten steht, wie hier
bekannt geworden ist, nicht überall mit den bestehenden Bestimmungen im Ein-
klang. Für die Vergangenheit bis einschließlich für das Rechnungsjahr 1902
mag es, um Weiterungen zu vermeiden, bei dem bisherigen Verrechnungsverfahren
sein Bewenden behalten. Vom laufenden Rechnungsjahre ab bitte ich, für die
kassenmäßige Behandlung der Einnahmen und Ausgaben der genannten Kassen
folgendes zur Richtschnur zu nehmen:

Bei den Gerichtskassen wird ein Kassenbuch geführt, in welchem die vorkommenden Einnahmen und Ausgaben nach der Zeitfolge unverzüglich einzutragen sind; dasselbe wird monatlich abgeschlossen. Die weitere Verrechnung
der Beträge regelt sich in nachstehender Weise:

a) E i n n a h m e n.

Die Einnahmen der Gerichtskassen an Gebühren und an Geldstrafen sind
am Schlusse eines jeden Monats in besonderen Listen zusammenzustellen und an
die Haupt- (Bezirks-) Kasse abzuliefern. Die von dem Bezirksrichter mit der
Bescheinigung der Richtigkeit und Vollständigkeit versehenen Listen sind der
Haupt- (Bezirks-) Kasse — als Zurückbehaltung einer Abschrift — als Rech-
nungsbeleg zu übergeben. Die Verrechnung dieser Einnahmen hat bei Titel 3
des Etats zu erfolgen.

b) A u s g a b e n.

1. Alle Ausgaben für die Justizverwaltung, wozu in erster Linie die
Remunerationen der Schreiber und Bureaudiener gehören, werden von der Haupt-
(Bezirks-) Kasse gezahlt und sogleich bei den im Einzelfalle zuständigen Fonds
etatmäßig verrechnet. Eventuell wäre nichts dagegen zu erinnern, wenn auch
diese Ausgaben seitens der Gerichtskassen bestritten und in die Abrechnung mit

---
*) Vgl. die Rk. Vfg. vom 23. Juli 1903, betr. den Gouvernementsdampfer „See-
stern", unten abgedruckt.
**) Vgl. den ergänzenden H. E. vom 22. Juli 1903, unten abgedruckt.

der Haupt- (Bezirks-) Kasse — siehe weiter unten — gehörig belegt aufgenommen werden.

2. Zur Begleichung der durch die Justiz p f l e g e entstehenden Ausgaben ist den Gerichtskassen je nach Bedarf ein Vorschufs zu überweisen. Dieser soll insbesondere auch zur Zahlung der Zeugengebühren und der sonstigen durch die Rechtspflege entstehenden baren Auslagen dienen. Um die Erstattung derselben von den Zahlungspflichtigen zu kontrollieren, sind die Beträge aus dem Kassenbuch auf ein besonderes Konto zu übertragen, in welchem für jede Rechtssache ein besonderer Abschnitt einzurichten ist. Die uneinziehbaren und die sonstigen, auf amtliche Fonds zu übernehmenden Beträge sind monatlich in einer, von dem Richter mit einer Richtigkeits-Bescheinigung zu versehenden Liste zusammenzufassen und auf Grund dieser, soweit angängig, durch Spezialbelege zu ergänzenden Liste der Haupt- (Bezirks-) Kasse in Rechnung zu stellen. Die endgültige Verrechnung erfolgt, soweit nicht im Etat ein Sonderfonds dafür vorgesehen ist, bei dem Fonds „zu vermischten Ausgaben". Die Gerichtskassen haben hiernach mit der Haupt- (Bezirks-) Kasse monatlich abzurechnen.

Die bei den Gerichten vorkommenden Depositen sind gesondert zu verwalten, und es ist also über die Vereinnahmung und Verausgabung solcher bei den Gerichtskassen besonders Buch zu führen.

Für die sichere Aufbewahrung der Kassengelder sowie für das richtige Vorhandensein des buchmäfsigen Bestandes sind der Bezirksrichter und der als Kassenführer fungierende Gerichtssekretär oder sonstige Bureaubeamte gleichmäfsig verantwortlich.

Die Revision der Gerichtskassen hat monatlich durch den Richter und von Zeit zu Zeit, unvermutet, durch einen Beauftragten des Gouvernements stattzufinden.

Soweit sich das dortseits für die Verwaltung der Gerichtskassen bisher beobachtete Verfahren mit vorstehendem nicht deckt, ersuche ich Euer Hochwohlgeboren ergebenst, hiernach gefälligst die erforderlichen näheren Anordnungen zu treffen und über das Veranlafste zu berichten.

Berlin, den 7. Juli 1903.

Auswärtiges Amt. Kolonial-Abteilung.
S t u e b e l.

79. Schreiben der Kolonial-Abteilung des Auswärtigen Amtes an die Otavi-Minen- und Eisenbahngesellschaft und die South West Africa Company Ltd., betreffend die Damaraland-Konzession. Vom 7. Juli 1903.

Durch die Damaraland-Konzession vom 12. September 1892,*) in Einzelheiten erläutert durch das dazu aufgenommene Protokoll vom 14. November desselben Jahres,*) ist von dem Auswärtigen Amt, Kolonial-Abteilung, der South West Africa Company das Recht eingeräumt worden, in einem von ihr auszuwählenden Bezirk des Schutzgebiets Deutsch-Südwestafrika (Damaraland) unter Ausschliefsung anderer Bergbau zu treiben und alle dazu nötigen Anlagen — den Bau von Eisenbahnen mit einbegriffen — herzustellen. Die Rechte zum Bau und Betrieb von Schienenwegen sind durch eine Vereinbarung des Auswärtigen Amts, Kolonial-Abteilung, mit der South West Africa Company vom 11. Oktober 1898**) alsdann neu geregelt worden. Auch ist in §§ 6—9 dieser Vereinbarung die Ver-

_____

*) D. Kol. Gesetzgeb. VI, No. 28 nebst Anmerkung.
**) D. Kol. Gesetzgeb. III, No. 62.

leihung eines ausschließlichen Rechts zur Aufsuchung und Gewinnung von Mineralien in einem Teile des Ovambolandes erfolgt.

Nach Artikel 5, 6, 8 der Konzession, in Verbindung mit § 10 der Vereinbarung vom 11. Oktober 1892, hatte die South West Africa Company bis zum 12. September 1904 den Beginn eines ordnungsmäßigen bergmännischen Betriebes nachzuweisen und ihn nach diesem Termin fortzusetzen, widrigenfalls ihre Minenrechte verwirkt sein sollten.

Artikel 20 der Konzession ermächtigte die South West Africa Company, die ihr verliehenen Rechte ganz oder teilweise auf andere zu übertragen.

Hiervon Gebrauch machend, hat sie durch Vertrag vom 12. Mai 1903*) einen Teil ihrer Befugnisse, insbesondere ihrer Minenrechte im Otavigebiete, der im Jahre 1900 als Kolonialgesellschaft gegründeten Otavi-Minen- und Eisenbahn-Gesellschaft eingeräumt, welche in der Hauptversammlung vom 29. Mai 1903 ihren Satzungen eine dem neu geschaffenen Rechtsverhältnis entsprechende Fassung gab.**)

*) In Art. 2 dieses Vertrags überträgt die South West Africa Company der Otavigesellschaft die folgenden Rechte:

1. Die der Company in dem Otavigebiete zustehenden Minenrechte mit alleinigem Ausschluß der Gewinnung von Edelsteinen jeder Art innerhalb eines Bezirks von 1000 englischen Quadratmeilen, welcher nach Bestimmung der Otavigesellschaft zu begrenzen ist, aber jedenfalls die Kupferminen von Otavi, Klein-Otavi, Anwap und Tsumeb einschließen soll . . ;

2. daß der Company zustehende Recht auf Inbesitznahme von Land in dem vorstehend bezeichneten Bezirk von 1000 englischen Quadratmeilen, sei es zum Zwecke des Betriebs der Minen und des Baues der Eisenbahn, sei es zu Ansiedlungszwecken, nach Auswahl der Otavigesellschaft, jedoch von keiner größeren Gesamtfläche als 500 englischen Quadratmeilen;

3. die der Company zustehenden Wasserrechte auf den Ländereien, welche die Otavigesellschaft nach unter No. 2 in Anspruch nehmen wird;

4. das Recht auf Herstellung von Verkehrsmitteln jeder Art in dem Bezirke der 1000 englischen Quadratmeilen;

5. das Recht auf den Bau einer Eisenbahn, welche das Otavigebiet mit der deutschen Küste von Südwestafrika in der von der Otavigesellschaft zu bestimmenden Richtung direkt oder indirekt verbindet;

6. die Land-, Wasser- und sonstigen Rechte, welche der Company in Damaraland außerhalb des unter No. 1 bezeichneten Bezirks in Gemäßheit der Damaraland-Konzession vom 12. September 1892, des zugehörigen Protokolls vom 14. November 1892 und des Übereinkommens vom 11. Oktober 1898 zum Zwecke des Eisenbahnbaues in dem für die Eisenbahnlinie erforderlichen Umfange zustehen;

7. das der Company zustehende Eigentum des Grundes und Bodens nebst den Wasserrechten in einer Zone von je 10 km Breite auf beiden Seiten der zu erbauenden Eisenbahn, soweit dieselbe durch das Freeholdgebiet der Company außerhalb des unter No. 1 bezeichneten Bezirks läuft;

8. die Minenrechte in Blöcken von je 20 km Breite und 30 km Tiefe mit einem Abstand von je 10 km Breite voneinander zu beiden Seiten der zu erbauenden Eisenbahn in ihrer ganzen Erstreckung im ganzen Konzessionsgebiet der Company außerhalb des unter No. 1 bezeichneten Bezirks, jedoch mit Ausschluß der Gewinnung von Edelsteinen jeder Art, also dergestalt, daß zwischen je 2 der Otavigesellschaft überwiesenen Blöcken der Company ein Block von je 10 km Breite verbleibt.

In Art. 3 verpflichtet sich die Otavigesellschaft, eine Eisenbahn von Swakopmund nach dem Otavigebiet zu bauen (Spurweite 0,60 m, Bauzeit bis Ende 1906).

Art. 4 bis 6 behandeln die weiteren Gegenleistungen der Otavigesellschaft und die Beteiligung der South West Africa Company an dem neuen Unternehmen.

**) Es handelt sich im wesentlichen um folgendes:

1. Art. 3 (vgl. D. Kol. Gesetzgeb. VI, No. 188, S. 272, Abs. 2) lautet jetzt:

„In Ausführung ihrer Zwecke ist die Gesellschaft in den . . . . mit der South West Africa Lim., London, am 12. Mai 1903 abgeschlossenen Vertrag eingetreten. Demzufolge wird sie den Bau der Eisenbahn von Swakopmund nach dem Otavigebiete, den Betrieb der Kupferminen in diesem Gebiete sowie die Ausbeutung der durch

In Artikel 3 des Vertrages vom 12. Mai 1903 hat sich die Otavi-Minen- und Eisenbahn-Gesellschaft verpflichtet, bis zum Ende des Jahres 1906 eine Eisenbahn von Swakopmund nach dem Otavigebiete zu bauen, jedoch unter der Voraussetzung, daß der Reichskanzler den in der Hauptversammlung vom 29. Mai 1903 beschlossenen Satzungsänderungen sowie dem Vertrage vom 12. Mai 1903 seine Genehmigung erteile, und daß ferner die in § 10 der Vereinbarung vom 11. Oktober 1898 der South West Africa Company für den Beginn eines ordnungsmäßigen bergmännischen Betriebes gestellte Frist bis zum Ende des Jahres 1906 verlängert werde.

Nachdem die beiden Gesellschaften erklärt haben, auch der Regierung gegenüber die in dem Vortrage vom 12. Mai 1903 beiderseits eingegangenen Verbindlichkeiten zu übernehmen — nachdem insbesondere auch die Otavi-Minen- und Eisenbahn-Gesellschaft sich der Regierung verpflichtet hat, bis zum Ende des Jahres 1906 den Beginn eines ordnungsmäßigen bergmännischen Betriebes in dem durch Artikel 5 der Konzession vom 12. September bestimmten Mindestumfange nachzuweisen —, erkläre ich hiermit auf den gemeinsamen Antrag der beiden Gesellschaften vom 29. Juni 1903 namens des Herrn Reichskanzlers:

1. die von der Otavi-Minen- und Eisenbahn-Gesellschaft in der Hauptversammlung vom 29. Mai 1903 beschlossenen Änderungen ihrer Satzungen werden genehmigt.

2. Genehmigt wird ferner der von der South West Africa Company am 12. Mai 1903 mit der Otavi-Minen- und Eisenbahn-Gesellschaft geschlossene Vertrag.

3. Die nach Artikel 5 der Damaraland-Konzession vom 12. September 1892 und § 10 der Vereinbarung zwischen dem Auswärtigen Amt, Kolonial-Abteilung und der South West Africa Company vom 11. Oktober 1898, der letzteren für den Nachweis des Beginns eines ordnungsmäßigen bergmännischen Betriebes gestellte, mit dem 12. September 1904 ablaufende Frist wird bis zum 31. Dezember 1906 mit der Wirkung verlängert, daß die in Artikel 1 der Damaraland-Konzession und in §§ 6—9 der Vereinbarung vom 11. Oktober 1898 gewährten Rechte durch die South West Africa Company bezw. durch die Otavi-Minen- und Eisenbahn-Gesellschaft vor Ablauf der so verlängerten Frist nicht verwirkt werden sollen, wenn bis dahin von der Otavi-Minen- und Eisenbahn-Gesellschaft im Otavigebiet der Beginn eines ordnungsmäßigen bergmännischen Betriebes in dem durch Artikel 5, Satz 2, der Damaraland-Konzession bestimmten Mindestumfang nachgewiesen wird.

Berlin, den 7. Juli 1903.

Auswärtiges Amt. Kolonial-Abteilung.

Stuebel.

den vorgenannten Vertrag erworbenen Land- und sonstigen Bei werksberechtigungen unternehmen."

2. Art. 6 neuer Fassung (vgl. a. a. O., S. 272, Abs. 5):

„Das Grundkapital der Gesellschaft beträgt Mark 20 000 000 . . ., angegeben in 20 Serien, jede Serie eingeteilt in 10 000 Anteile zum Nennwerte von je Mark 100 . . . Die zuerst i. J. 1900 ausgegebenen Anteile der ersten Serie sind . . . vollgezahlt; auf die hiernach i. J. 1903 ausgegebenen Anteile der 19 anderen Serien ist bei der Zeichnung eine Einzahlung von 25% . . . geleistet worden usw."

3. Nach Art. 26 (vgl. a. a. O. S. 273, viertletzter Abs.) muß jedes Mitglied des Aufsichtsrats 20 000 Mark in Anteilen der Gesellschaft besitzen oder erwerben.

4. Nach Art. 44 (vgl. a. a. O. S. 277, vorletzter Absatz der No. 189) sind die sämtlichen 190 000 Anteile der Serien 2 bis 19 übernommen und auf diese Anteile die ersten Einzahlungen von 25% geleistet worden.

80. Konzession für den Verlagsbuchhändler Ernst Vohsen zur Gewinnung von Edelsteinen und Halbedelsteinen in einem Gebiet an der Südgrenze von Deutsch-Ostafrika. Vom 13. Juli 1903.

(Kol. Bl. S. 882, Reichsanz. v. 1. August 1903.)

Auf Grund des § 6 der Allerhöchsten Verordnung, betreffend das Bergwesen in Deutsch-Ostafrika, vom 9. Oktober 1898 (Reichs-Gesetzbl. S. 1045),*) wird dem Verlagsbuchhändler E r n s t V o h s e n in Berlin folgende Konzession erteilt:

§ 1. Der Konzessionar erhält für die Dauer von zehn Jahren vom Tage der Erteilung dieser Konzession ab, vorbehaltlich bereits bestehender Rechte Dritter, die ausschliefsliche Berechtigung zur Aufsuchung und Gewinnung von Edelsteinen und Halbedelsteinen in einem Gebiet, welches begrenzt wird im Süden durch das linke Ufer des Rovumaflusses, im Norden durch den 10. Grad 30 Minuten südlicher Breite, im Osten durch den 39. Grad 30 Minuten und im Westen durch den 38. Grad 30 Minuten östlicher Länge von Greenwich.

§ 2. Der Konzessionar ist verpflichtet, für die Dauer der Konzession ständig einen Prospektor im Konzessionsgebiet tätig sein zu lassen und mindestens 4000 Mark jährlich für Schürfarbeiten im Konzessionsgebiet zu verwenden. Der Nachweis der Verwendung ist binnen vier Wochen nach Ablauf jedes Jahres dem Gouverneur zu erbringen.

Kommt der Konzessionar diesen Verpflichtungen nicht nach, so ist der Reichskanzler (Auswärtiges Amt, Kolonial-Abteilung) berechtigt, die Konzession für erloschen zu erklären.

§ 3. Der Konzessionar hat die durch die jeweils bestehenden Verordnungen festgesetzten Feldesteuern und Förderungsabgaben zu entrichten und aufserdem, falls der erzielte Reingewinn 5 % des für die Unternehmung verwendeten Kapitals übersteigt, 10 % des Mehrbetrages an den Landesfiskus von Deutsch-Ostafrika zu zahlen.

§ 4. Der Konzessionar hat, sofern er sich nicht selbst im Schutzgebiet aufhält, einen dort wohnenden Vertreter zu bestellen, welcher zur Wahrnehmung des geschäftlichen Verkehrs mit den Behörden ermächtigt sein mufs. Solange der Konzessionar der vorstehenden Verpflichtung nicht entsprochen hat, kann die Ausübung der Konzession seitens des Gouverneurs von Deutsch-Ostafrika untersagt werden, ohne dafs hierauf ein Entschädigungsanspruch begründet werden kann.

§ 5. Der Konzessionar hat über den Betrieb des den Gegenstand dieser Konzession bildenden Unternehmens besondere, von seiner sonstigen Vermögensverwaltung getrennte Bücher nach den Vorschriften des Deutschen Handelsgesetzbuchs zu führen, welche jederzeit eine Übersicht über den Stand des Unternehmens gestatten.

Diese Bücher sind dem Reichskanzler (Auswärtiges Amt, Kolonial-Abteilung) oder einem von ihm beauftragten Kommissar auf Verlangen zur Einsicht vorzulegen.

§ 6. Die völlige oder teilweise Übertragung dieser Konzession auf andere Personen oder Gesellschaften bedarf zu ihrer Gültigkeit der Genehmigung des Reichskanzlers (Auswärtiges Amt, Kolonial-Abteilung).

N o r d e r n e y , den 13. Juli 1903.

Der Reichskanzler.
G r a f v. B ü l o w.

---

*) D. Kol. Gesetzgeb. III, No. 60.

81. Verordnung des Vizegouverneurs im Inselgebiete der Karolinen, Palau und Marianen, betreffend die Einrichtung von Grundbuchbezirken. Vom 14. Juli 1903.

(Kol. Bl. S. 577.)

Auf Grund der Verfügung des Herrn Reichskanzlers vom 30. November 1902 zur Ausführung der Kaiserlichen Verordnung vom 21. November 1902, betreffend die Rechte an Grundstücken in den deutschen Schutzgebieten,*) werden für das Inselgebiet der Karolinen, Palau und Marianen folgende Grundbuchbezirke bestimmt:

1. Ponape, umfassend die Ostkarolinen,
2. Jap, umfassend die Westkarolinen und Palau,
3. Saipan, umfassend die Marianen.

Der Zeitpunkt der Anlegung des Grundbuchs wird für die einzelnen Bezirke bestimmt werden, sobald die Voraussetzungen des § 2, Abs. 2, der Verfügung des Herrn Reichskanzlers vom 30. November 1902 vorliegen.

Die nach Maßgabe der Verordnung vom 26. September 1899**) bei den Kaiserlichen Bezirksgerichten in Ponape, Jap und Saipan geführten Landregister gelten als Landregister im Sinne der Kaiserlichen Verordnung vom 21. November 1902 und der dazu ergangenen Verfügung des Herrn Reichskanzlers vom 30. November 1902.

Ponape, den 14. Juli 1903.

Der geschäftsführende Kaiserliche Vizegouverneur.
Berg.

82. Tarif für die von Schiffen in Friedrich-Wilhelmshafen zu entrichtenden Anlegegebühren. Vom 15. Juli 1903.

(Kol. Bl. S. 609.)

§ 1. Die an dem Regierungspier in Friedrich-Wilhelmshafen anlegenden Schiffe haben eine Gebühr zu entrichten, welche beträgt:

bei Schiffen unter 50 cbm Raumgehalt (22 Tonnen
für Segelschiffe, 15 Tonnen für Dampfer) . .   50 Mark,
bei größeren Schiffen bis zu 600 Registertonnen
(Bruttoraumgehalt) . . . .   100 „
bei Schiffen über 600 Registertonnen . . . . .   150 „

§ 2. Die Gebühr ist mit dem Anlegen an dem Pier fällig und vor dem Wiederauslaufen des Schiffes, spätestens jedoch am dritten Tage nach dem Anlegen bei dem Kaiserlichen Bezirksamt in Friedrich-Wilhelmshafen zu zahlen.

Auf Antrag des Zahlungspflichtigen kann diese Frist in besonderen Fällen verlängert werden.

§ 3. Kriegsschiffe sind von der Entrichtung der Gebühr befreit.

§ 4. Schiffe, die im Schutzgebiet von Deutsch-Neu-Guinea, einschließlich des Inselgebietes der Karolinen, Palau und Marianen, stationiert

*) Kol. Gesetzgeb. VI, No. 3. — **) Ebenda No. 181.

sind und ausschließlich dem Küstenverkehr dienen, zahlen nur die Hälfte der im § 1 festgesetzten Gebühren.

§ 5. Für jeden durch das Anlegen der Schiffe sowie Löschen und Laden entstehenden Schaden haftet der Reeder.

§ 6. Dieser Tarif tritt mit der Verkündung in Kraft. Schiffe, welche vom 12. April 1903 an bis zum Inkrafttreten dieses Tarifs an dem Pier angelegt haben, zahlen die in den §§ 1 und 4 festgesetzten Gebühren nach.

Herbertshöhe, den 15. Juli 1903.

Der Kaiserliche Gouverneur.
Hahl.

63. Verordnung des Gouverneurs von Samoa, betreffend Anlegung des Grundbuchs. Vom 15. Juli 1903.

(Kol. Bl. S. 517.)

Auf Grund der §§ 2 und 23 der Verfügung des Reichskanzlers vom 30. November 1902[*]) und der §§ 1 und 26 der Kaiserlichen Verordnung vom 21. November 1902[**]) wird hiermit verordnet, was folgt:

§ 1. Als Zeitpunkt für die Anlegung des Grundbuchs wird der 1. August 1903 festgesetzt.

§ 2. Die Samoan Land Records gelten als Landregister im Sinne des § 19 der Kaiserlichen Verordnung vom 21. November 1902 und die Register zu den Samoan Land Records als amtliches Verzeichnis im Sinne des § 2 Abs. 2 der Reichs-Grundbuch-Ordnung.

§ 3. Die Grundstückseigentümer können vom Grundbuchamt zur Stellung des Antrags auf Eintragung in das Grundbuch durch Geldstrafen, deren Gesamtbetrag 300 Mark nicht übersteigen darf, angehalten werden.

Falls binnen drei Monaten, von der ersten Aufforderung an gerechnet, der Antrag nicht gestellt wird, kann das Grundbuchamt die Eintragung des Grundstücks und die etwa erforderliche Vermessung von Amts wegen verfügen. Die in diesem Falle entstehenden Kosten und Auslagen hat der Eigentümer zu tragen.

§ 4. Eingeborene sind zur Eintragung ihrer Grundstücke in das Grundbuch berechtigt, soweit die Grundstücke in den Samoan Land Records eingetragen sind, und können dazu nach Vorschrift des § 3 angehalten werden.

§ 5. Vermessungsgebühren werden nach anliegendem Tarif erhoben.

Sofern bei früher vermessenen Grundstücken, über die eine Karte beigebracht wird, von dem Grundbuchamt eine Neuvermessung angeordnet wird, werden für die Vermessungsarbeiten der amtlich angestellten Landmesser Gebühren nicht berechnet.

Apia, den 15. Juli 1903.

Der Kaiserliche Gouverneur.
Solf.

*) D. Kol. Gesetzgeb. VI, No. 8. — **) Ebenda No. 2.

Anlage zu No. 83.

Tarif für Vermessungsarbeiten zu § 5 der Gouvernements-Verordnung vom 15. Juli 1903.

Fläche	Preis pro Hektar $\mathcal{M}$	Nicht weniger als $\mathcal{M}$	Fläche	Preis pro Hektar $\mathcal{M}$	Nicht weniger als $\mathcal{M}$
Bis zu 2 ha	—	50,—	80 bis 120 ha	5,—	500,—
2 bis 4 ,	15,—	50,—	120 , 200 ,	4,—	600,—
4 , 8 ,	12,50	60,—	200 , 400 ,	3,—	800,—
8 , 20 ,	10,—	100,—	400 , 800 ,	2,50	1200,—
20 , 40 ,	7,50	200,—	800 ha oder mehr	1,60	2000,—
40 , 80 ,	6,25	300,—			

Der vorstehende Tarif gilt für leicht zugängliches Gelände; bei schwer zu-gänglichem Gelände ist dem Landmesser ein Zuschlag bis zu 50 Prozent erlaubt.

Für Wiederherstellung der Grenzen nach früheren Vermessungen, Durch-schlagen derselben und Vermarkung hat der Landmesser Anspruch auf besondere Entschädigung und auf Tagegeld von 25 Mark; außerdem sind ihm Baarauslagen, wie Reisekosten, Löhne an Arbeiter usw., zu erstatten.

84. Runderlaß der Kolonial-Abteilung des Auswärtigen Amtes, betreffend die Form der Berichterstattung. Vom 21. Juli 1903.

Die wiederholte Nichtbeachtung der auf die äußere Form der Bericht-erstattung bezüglichen Vorschriften — s. auch v. Koenig, Konsularhandbuch, 6. Aufl., 1902, S. 111 ff. — gibt mir Anlaß, die gedachten Bestimmungen noch-mals mit folgenden Bemerkungen in Erinnerung zu bringen:

1. Die Berichte sind mit fortlaufender K o n t r o l l - Nummer zu versehen.

2. Die Seiten sind fortlaufend zu numerieren.

3. Auf der Rückseite des letzten Blattes sowie im Eingange ist kurz der I n h a l t des Berichts anzugeben.

Ein solcher Inhaltsangabe entbehrender Vermerk, wie z. B. „Erledigung des Erlasses No. . . .", erschwert die Expedierung der Sache in der hiesigen Registratur.

4. Bei Bezugnahme auf diesseitige Erlasse ist neben der Kontroll-Nummer des Erlasses auch die J o u r n a l - Nummer anzugeben.

Auswärtiges Amt. Kolonial-Abteilung.

S t u e b e l.

85. Verordnung des Gouverneurs von Deutsch-Ostafrika, betreffend das Marktwesen im Militärbezirk Ujiji. Vom 21. Juli 1903.

Auf Grund des § 15, letzter Absatz, des Schutzgebietsgesetzes in Verbin-dung mit der Verfügung des Reichskanzlers vom 1. Januar 1891 wird hiermit für die Ortschaften Ujiji, Vitihoa, Gungu und Kigoma im Militärbezirk Ujiji ver-ordnet, was folgt:

§ 1. Erzeugnisse der einheimischen Land- und Forstwirtschaft, Viehzucht, Fischerei und Jagd sowie daraus hergestellte Lebensmittel, welche zwecks Befriedigung täglicher Bedürfnisse der Bevölkerung zum Kleinverkauf in den Ortschaften Ujiji, Vitihoa, Gungu und Kigoma und in einem Umkreise von 2 Kilometern um dieselben bestimmt sind, dürfen nur auf den von der örtlichen Polizeibehörde zugelassenen Märkten zum Verkauf gestellt werden.

§ 2. Die Verkäufer der im § 1 bezeichneten Gegenstände haben Marktgebühren nach dem nachfolgenden Tarif an die von der örtlichen Polizeibehörde zu bezeichnende Stelle zu entrichten.

§ 3. Die Vorschriften des § 1 finden keine Anwendung auf:

1. den Handel mit Eseln, Maultieren, Kamelen sowie mit Rindvieh und Kleinvieh, welches nicht zum Schlachten bestimmt ist,
2. den Gewerbebetrieb der Bäcker, Milch- und Palmweinhändler.

Erfolgt trotzdem der Verkauf der vorstehend genannten Erzeugnisse in der Markthalle, so ist die Marktgebühr nach Mafsgabe des § 2 zu entrichten.

§ 4. Erzeugnisse der Land- und Forstwirtschaft, Viehzucht, Fischerei und Jagd, die zum eigenen Verbrauche der Produzenten bestimmt sind, müssen auf Verlangen der örtlichen Polizeibehörde ebenfalls in die Markthalle gebracht und dem Markthallenaufseher vorgezeigt werden, bleiben jedoch von den Vorschriften des § 2 unberührt.

§ 5. Die auf den Markt gebrachten Produkte können, falls sich das Bedürfnis herausstellt, durch einen amtlich zugelassenen Auktionator öffentlich versteigert werden.

Es ist dafür eine besondere Gebühr von 4 Pesa für jede Rupie und 1 Pesa für jede angefangene Viertelrupie des Erlöses zu zahlen.

§ 6. Die örtliche Polizeibehörde kann bestimmten Personen die widerrufliche Erlaubnis zur Feilhaltung und zum Verkaufe von europäischem Gemüse, Geflügel, Eiern und Obst sowie von zubereiteten Efswaren oder Genufsmitteln der Eingeborenen auf den Strafsen oder im Umherziehen, unbeschadet der Verpflichtung zur Entrichtung der nach § 2 für den Verkauf in der Markthalle zuständigen Marktgebühr und unter Auflage zur Vorausbezahlung der letzteren, gestatten.

Die Verkäufer haben den Erlaubnisschein und eine Bescheinigung über die Zahlung der Gebühr bei sich zu führen.

§ 7. Zuwiderhandlungen gegen die Vorschriften dieser Verordnung werden, soweit nicht nach den bestehenden Gesetzen eine härtere Strafe verwirkt ist, mit Geldstrafe bis zu 20 (zwanzig) Rupien, an deren Stelle im Unvermögensfalle Haft bis zu einer Woche — bei Eingeborenen Gefängnis mit Zwangsarbeit oder Kettenhaft derselben Dauer — tritt, bestraft.

Sofern eine Hinterziehung nach § 2 zu entrichtender Gebühren stattgefunden hat, kommt aufserdem der vierfache Betrag der hinterzogenen Gebühr, mindestens jedoch 1 Rupie, als Zusatzstrafe zur Erhebung.

§ 8. Die Verordnung tritt mit dem Tage ihrer Verkündigung in Kraft.

Daressalam, den 21. Juli 1903.

Der Kaiserliche Gouverneur.

Graf v. Götzen.

Marktgebühren-Tarif.

a. Monatstarif.

1. Ein Stand zum Verkauf von Nahrungsmitteln (Mehl, Mohogo Zucker, Mtama, Mais, Palmkerne) . . .   3 Rupien,
2. ein Schlachterstand . . . .   4 „
3. ein Stand zum Fischeverkauf . . . .   2 „
4. ein Stand für Tabakverkauf . . . .   4 „
5. ein Stand für Pombeverkauf . . . .   7 „

b. Tagestarif.

1. Ein Rind . . . .   1 Rupie,
2. eine Ziege oder ein Schaf . . . .   8 Pesa,
3. ein Topf Pombe . . . . ,   16 „
4. ein Msuta Mtama . . . .   2 „
5. ein Msuta Mohogo . . . . ,   2 „
6. eine grofse Traube Bananen . . . .   2 „
7. eine kleine Traube Bananen . . . .   1 „
8. ein Kilindo Blättertabak . . . .   8 „
9. ein Kilindo Schnupftabak . . . .   8 „
10. eine Last Palmenkerne . . . .   2 „
11. eine Last Zuckerrohr . . . .   2 „
12. ein Topf Dogwa . . . .   2 „
13. ein grofses Msuta Kalanga . . . .   4 „
14. ein kleines Msuta Kalanga . . . .   2 „
15. ein Msuta Fische . . . .   4 „
16. ein Msuta Bohnen . . . .   4 „
17. ein Msuta Mais . . . .   4 „
18. ein Msuta Punga . . . .   6 „
19. ein Topf Palmöl . . . .   4 „

86. Verordnung des Gouverneurs von Deutsch-Ostafrika, betreffend das Marktwesen im Bezirk Tanga. Vom 21. Juli 1903.

Auf Grund des § 15, letzter Absatz, des Schutzgebietsgesetzes (Reichs-Gesetzbl. 1900, S. 813) in Verbindung mit der Verfügung des Reichskanzlers vom 1. Januar 1891 (Kol. Gesetzgeb. I, S. 326) wird hierdurch für die Ortschaften Tanga, Moa, Manza, Kwale, Amboni, Nyanyani, Tanguta, Mangubi, Amani, Mazerai, Muhaza, Mniusi, Pongwe, Gombero, Tewe-Buiti sowie für diejenigen Ortschaften, in denen die Errichtung von Märkten späterhin angeordnet wird, und für einen Umkreis um dieselben von 2 km, vom Weichbilde an gerechnet, hinsichtlich des Marktwesens verordnet, was folgt:

§ 1. Erzeugnisse der einheimischen Landwirtschaft, Viehzucht, Jagd und Fischerei sowie daraus hergestellte Lebensmittel und Brennholz, soweit alle diese Erzeugnisse der Befriedigung täglicher Bedürfnisse der Bevölkerung dienen sollen, dürfen zum Zwecke des Kleinverkaufs an die Verbraucher aufser in offenen Verkaufsstellen, welche zur Gewerbesteuer veranlagt sind, nur in der Markthalle feilgeboten werden.

§ 2. Die Verkäufer der im § 1 bezeichneten Gegenstände haben Marktgebühren nach dem nachfolgenden Tarif an die von der örtlichen Polizeibehörde zu bezeichnende Stelle zu entrichten.

§ 3. Erzeugnisse der Land- und Forstwirtschaft, Viehzucht, Jagd und Fischerei, die zum eigenen Verbrauche der Produzenten bestimmt sind, müssen auf Verlangen der örtlichen Polizeibehörde ebenfalls in die Markthalle gebracht und dem Markthallenaufseher vorgezeigt werden, bleiben jedoch von den Vorschriften des § 2 unberührt.

§ 4. Auf Antrag des Verkäufers können alle in die Markthalle gebrachten Erzeugnisse durch einen amtlich zugelassenen Auktionator öffentlich versteigert werden.

Es ist dafür eine besondere Gebühr von 4 Pesa für jede Rupie und 1 Pesa für jede angefangene Viertelrupie des Erlöses zu zahlen.

§ 5. Die Vorschriften des § 1 finden keine Anwendung:
1. auf den Handel mit Mtama, Mais, Reis, Sesam, Kopra und geschälten Erdnüssen,
2. auf den Handel mit Eseln, Pferden, Maultieren, Kamelen sowie mit Rindvieh und Kleinvieh, welches nicht zum Schlachten bestimmt ist,
3. auf den Gewerbebetrieb der Bäcker, Milchhändler und Tembovorverkäufer.

Erfolgt trotzdem der Verkauf der vorstehend genannten Erzeugnisse in der Markthalle, so ist die Marktgebühr nach Mafsgabe des § 2 zu entrichten.

§ 6. Verkäufer von Fleisch und Fleischwaren, Fischen, Gemüse und Obst, welche glaubhaft zu machen vermögen, dafs sie die genannten Erzeugnisse zwecks Versorgung von Seeschiffen nicht eingeborener Bauart ausführen, sind hinsichtlich dieser Erzeugnisse von der nach § 2 zu entrichtenden Gebühr befreit.

Bereits gezahlte Marktgebühren werden auf den Nachweis der bewirkten Ausfuhr erstattet.

§ 7. Die örtliche Polizeibehörde kann bestimmten Personen die widerrufliche Erlaubnis zur Feilhaltung und zum Verkaufe von europäischem Gemüse, Geflügel, Eiern und Obst sowie von zubereiteten Efswaren und Genufsmitteln der Eingeborenen auf den Strafsen oder im Umherziehen, unbeschadet der Verpflichtung zur Entrichtung der nach § 2 für den Verkauf in der Markthalle zuständigen Marktgebühr und unter Auflage zur Vorausbezahlung der letzteren, gestatten.

Die Verkäufer haben den Erlaubnisschein und eine Bescheinigung über die Zahlung der Gebühr bei sich zu führen.

§ 8. Zuwiderhandlungen gegen die Vorschriften dieser Verordnung werden, soweit nicht nach den bestehenden Gesetzen eine härtere Strafe verwirkt ist, mit Geldstrafe bis zu 20 (zwanzig) Rupien, an deren Stelle im Unvermögensfalle Haft bis zu einer Woche — bei Eingeborenen Gefängnis mit Zwangsarbeit oder Kettenhaft — tritt, bestraft.

Sofern eine Hinterziehung nach § 2 an entrichtender Gebühren stattgefunden hat, kommt aufserdem der vierfache Betrag der hinterzogenen Gebühr, mindestens jedoch 1 Rupie, als Zusatzstrafe zur Erhebung.

§ 9. Diese Verordnung tritt mit dem 1. August 1903 in Kraft.

Mit dem gleichen Tage werden die bisherigen Bestimmungen für die Märkte im Bezirk Tanga aufser Kraft gesetzt.

Daressalam, den 21. Juli 1903.

Der Kaiserliche Gouverneur.
Graf v. Götzen.

Anlage zu No. 86.

Markthallen-Tarif.

I.

Gewerbsmäßige Verkäufer zahlen an Standgeld für den Tag:

1. für einen Fleischerstand . . . . 16 Pesa,
2. für einen Stand in der Fischhalle . . . 12 „
3. für einen großen Verkaufsstand (2 qm) für allerhand Waren . . . . 8 „
4. für einen kleinen Verkaufsstand für allerhand Waren . . . . 4 „

II.

Gelegentliche Verkäufer entrichten für jede Rupie des erzielten Kaufpreises 4 Pesa, für jede angefangene Viertelrupie 1 Pesa.

III.

Verkäufer von Vieh entrichten:

1. für ein Stück Großvieh (Rinder, Kamele, Maultiere, Esel) . . . . 64 Pesa,
2. für eine Ziege . . . . 16 „
3. für ein Schaf . . . . 16 „
4. für eine Ente, Gans oder einen Truthahn 4 „
5. für ein Huhn oder sonstiges Geflügel . 1 „

87. Verordnung des Gouverneurs von Deutsch-Ostafrika, betreffend das Marktwesen im Bezirk Morogoro. Vom 21. Juli 1903.

Auf Grund des § 15, letzter Absatz, des Schutzgebietsgesetzes (Reichs-Gesetzbl. 1900, S. 813) in Verbindung mit der Verfügung des Reichskanzlers vom 1. Januar 1891 (Kol. Gesetzgeb. I, S. 320) wird hiermit für diejenigen Ortschaften des Bezirkes Morogoro, an denen die Errichtung von Markthallen stattgefunden hat oder späterhin angeordnet wird, und für einen Umkreis um dieselben von 2 km, vom Weichbilde an gerechnet, hinsichtlich des Marktwesens verordnet, was folgt:

§ 1. Erzeugnisse der einheimischen Land- und Forstwirtschaft, Viehzucht, Jagd und Fischerei sowie daraus hergestellte Lebensmittel, soweit sie der Befriedigung täglicher Bedürfnisse der Bevölkerung dienen sollen, dürfen zum Zwecke des Kleinverkaufs an die Verbraucher nur in der Markthalle feilgeboten worden.

§ 2. Die Verkäufer der im § 1 bezeichneten Gegenstände haben Marktgebühren nach dem nachfolgenden Tarif an die von der örtlichen Polizeibehörde zu bezeichnende Stelle zu entrichten.

3. Erzeugnisse der Land- und Forstwirtschaft, Viehzucht, Jagd und Fischerei, die zum eigenen Verbrauche der Produzenten bestimmt sind, müssen auf Verlangen der örtlichen Polizeibehörde ebenfalls in die Markthalle gebracht und dem Markthallenaufseher vorgezeigt werden, bleiben jedoch von den Vorschriften des § 2 unberührt.

§ 4. Auf Antrag des Verkäufers können alle in die Markthalle gebrachten Erzeugnisse durch einen amtlich zugelassenen Auktionator öffentlich versteigert werden. Es ist dafür eine besondere Gebühr von 4 Pesa für jede Rupie und 1 Pesa für jede angefangene halbe Rupie des Erlöses zu zahlen.

§ 5. Die Vorschriften des § 1 finden keine Anwendung:
1. auf den Handel mit Mtama, Mais, Reis, Sesam, Kopra und geschälten Erdnüssen, sofern diese Produkte zum Zwecke der Ausfuhr über die Grenzen des Bezirks hinaus gehandelt werden,
2. auf den Handel mit Eseln, Pferden, Maultieren, Kamelen sowie mit Rindvieh und Kleinvieh, welches nicht zum Schlachten bestimmt ist,
3. auf den Verkauf von einheimischem Bier (Pombo). Erfolgt trotzdem der Verkauf der vorstehend genannten Erzeugnisse in der Markthalle, so ist die Marktgebühr nach Maßgabe des § 2 zu entrichten.

§ 6. Die örtliche Polizeibehörde kann bestimmten Personen die widerrufliche Erlaubnis zur Feilhaltung und zum Verkaufe von europäischem Gemüse, Geflügel, Eiern und Obst sowie von zubereiteten Eßwaren und Genußmitteln der Eingeborenen auf den Strafsen oder im Umherziehen, unbeschadet der Verpflichtung zur Entrichtung der nach § 2 für den Verkauf in der Markthalle zuständigen Marktgebühr und unter der Auflage zur Vorausbezahlung der letzteren, gestatten.

Die Verkäufer haben den Erlaubnisschein und eine Bescheinigung über die Zahlung der Gebühr bei sich zu führen.

§ 7. Zuwiderhandlungen gegen die Vorschriften dieser Verordnung werden, soweit nicht nach den bestehenden Gesetzen eine härtere Strafe verwirkt ist, mit Geldstrafe bis zu 20 (zwanzig) Rupien, an deren Stelle im Unvermögensfalle Haft bis zu einer Woche — bei Eingeborenen Gefängnis mit Zwangsarbeit oder Kettenhaft — tritt, bestraft.

Sofern eine Hinterziehung nach § 2 zu entrichtender Gebühren stattgefunden hat, kommt aufserdem der vierfache Betrag der hinterzogenen Gebühr, mindestens jedoch 1 Rupie, als Zusatzstrafe zur Erhebung.

§ 8. Diese Verordnung tritt mit dem Tage der Verkündung in Kraft.

Daressalam, den 21. Juli 1903.

Der Kaiserliche Gouverneur.
Graf v. Götzen.

Anlage zu No. 67.   Markthallen-Tarif.

I.

Gewerbsmäßige Verkäufer zahlen an Standgeld für den Tag:

1. für einen Fleischerstand	. . . . . .	16 Pesa
2. für einen grofsen Verkaufsstand (2 qm) für allerhand Waren	. . . .	8 „
3. für einen kleinen Verkaufsstand für allerhand Waren	. . . .	4 „

II.

Gelegentliche Verkäufer entrichten für jede Rupie des erzielten Kaufpreises 4 Pesa, für jede angefangene Viertelrupie 1 Pesa. Erlöse unter 16 Pesa bleiben frei.

III.

Verkäufer von Vieh entrichten:

1. für ein Stück Grofsvieh (Rinder, Kamele, Maultiere, Esel)	. . . .	64 Pesa
2. für eine Ziege	. . . .	8 „
3. für ein Schaf	. . . .	8 „
4. für eine Ente, Gans oder einen Truthahn		2 „
5. für ein Huhn oder sonstiges Geflügel	.	1 „

88. Verordnung des Gouverneurs von Deutsch-Ostafrika, betreffend
Abänderung der Verordnung über die Haftbarkeit und Sicherheitsleistung
von Karawanen innerhalb des Schutzgebiets vom 30. September 1892.
Vom 21. Juli 1903.

(Kol. Bl. S. 455.)

Auf Grund des § 15 letzter Absatz des Schutzgebietsgesetzes (Reichs-
Gesetzbl. 1900, S. 813) usw. wird hierdurch verordnet, was folgt:

§ 1. Der Schlußsatz des § 8 der Verordnung vom 30. September 1892,
welcher lautet: „die in allen Fällen der Genehmigung des Kaiserlichen Gouvernements bedarf", wird außer Kraft gesetzt.

§ 2. Diese Verordnung tritt mit ihrer Verkündigung in Kraft.

Daressalam, den 21. Juli 1903.

Der Kaiserliche Gouverneur.
Graf v. Götzen.

89. Runderlaß der Kolonial-Abteilung des Auswärtigen Amtes, betreffend
das Gerichtskassenwesen. Vom 22. Juli 1903.

Im Verfolge des Erlasses vom 7. d. M.*) bestimme ich noch, daß die Gerichtskassen auch nach außen hin durch den Richter und den mit den Kassen-
geschäften des Gerichts betrauten Gerichtssekretär oder sonstigen Bureau-
beamten vertreten werden.**) Quittungen über Zahlungen an das Gericht oder an
die Gerichtskasse haben nur Gültigkeit, wenn sie von diesen beiden Beamten
vollzogen sind; ich bitte, dies durch Anschlag im Gerichtslokal und in der Gerichtskasse gefälligst bekannt zu machen. Vorstehendes gilt selbstverständlich
auch bezüglich der für das Gericht eingehenden Postwertsendungen. Solche etwa
durch einen mit besonderer Postvollmacht ausgestatteten dritten Beamten gegen
Quittung zu erheben, ist also unstatthaft.

Berlin, den 22. Juli 1903.

Auswärtiges Amt. Kolonial-Abteilung.
Stuebel.

90. Runderlaß der Kolonial-Abteilung des Auswärtigen Amtes, betreffend
die koloniale Bevölkerungsstatistik. Vom 22. Juli 1903.

Unten unter No. 97 abgedruckt.

*) Oben No. 78.
**) Die Vorschriften über die Vertretung des Fiskus in § 4 der Reichskanzler-
verfügung vom 28. November 1901 (D. Kol. Gesetzgeb. VI, No. 253) und in dem Rund-
erlaße vom 1. April 1901 (D. Kol. Gesetzgeb. VI, No. 205) bleiben selbstredend unberührt

91. Verfügung des Reichskanzlers, betreffend Rechtsgeschäfte und Rechtsstreitigkeiten Nichteingeborener mit Eingeborenen im südwestafrikanischen Schutzgebiet. Vom 23. Juli 1903.

(Kol. Bl. S. 552. Reichsanz. vom 1. August 1903.)

Auf Grund des § 15 des Schutzgebietsgesetzes (Reichs-Gesetzbl. 1900, S. 813) und der Allerhöchsten Verordnung, betreffend die Gerichtsbarkeit über die Eingeborenen in den afrikanischen Schutzgebieten, vom 25. Februar 1896, wird hiermit für den Bereich des Schutzgebiets Deutsch-Südwestafrika verfügt, was folgt:

§ 1. Verbindlichkeiten Eingeborener aus Rechtsgeschäften mit Nichteingeborenen erlöschen innerhalb eines Jahres nach Abschluß der Rechtsgeschäfte, es sei denn, daß vor Ablauf dieser Frist der Gläubiger bei der nach dieser Verfügung zuständigen Behörde Klage erhoben hat.

Abgesehen hiervon findet eine Unterbrechung oder Hemmung des Laufes dieser Frist nicht statt.

Die Klageerhebung gilt als nicht erfolgt, sobald der Gläubiger den Rechtsstreit einschließlich der Zwangsvollstreckung innerhalb einer ihm zu stellenden Frist fortzusetzen unterläßt.

Die Frist ist von der Behörde, bei der der Rechtsstreit schwebt, unter der Androhung zu stellen, daß ihre Versäumnis das Erlöschen des Anspruchs zur Folge haben werde.

§ 2. Ist die Verbindlichkeit des Eingeborenen gemäß den Vorschriften des § 1 erloschen, so ist der Nichteingeborene von dem Eingeborenen Rückgabe des Geleisteten nur insoweit zu verlangen befugt, als das Geleistete in einer nicht vertretbaren Sache besteht und sich noch im Vermögen des Eingeborenen befindet.

Eine Forderung auf Ersatz wegen Verlust oder Verschlechterung der Sache ist ausgeschlossen.

§ 3. Die Entscheidung über Ansprüche Nichteingeborener gegen Eingeborene liegt dem Bezirksamtmann ob, in dessen Bezirk der Eingeborene zur Zeit des Antrages auf die Entscheidung seinen Wohnsitz oder beim Fehlen eines solchen seinen Aufenthalt hat. Der Bezirksamtmann kann diese Befugnis auf die Distriktschefs seines Bezirks übertragen. Die Übertragung hindert den Bezirksamtmann nicht, jederzeit Geschäfte der betreffenden Art selbst wahrzunehmen.

Die Entscheidung ist schriftlich abzufassen, mit Gründen zu versehen und den Parteien bekannt zu machen.

Der Gouverneur ist ermächtigt, den im Absatz 1 bezeichneten Behörden allgemein oder im Einzelfall Anweisungen über das Verfahren zu erteilen.

§ 4. Übersteigt der Wert des Streitgegenstandes den Betrag von dreihundert Mark, so findet gegen die Entscheidung der in § 3 Abs. 1 bezeichneten Behörden innerhalb eines Monats Berufung an den Oberrichter statt.

Die Frist zur Einlegung der Berufung beginnt für jeden Teil mit dem Zeitpunkt, in dem ihm die Entscheidung bekannt gemacht wird.

§ 5. Abgesehen von dem Falle des § 4 Abs. 1 ist der Gouverneur ermächtigt, die Entscheidungen der ihm untergeordneten Behörden in Rechtsstreitigkeiten zwischen Nichteingeborenen und Eingeborenen von Amts wegen aufzuheben oder abzuändern.

§ 6. Die Bekanntmachung der Entscheidungen erfolgt nach den allgemeinen für die Bekanntmachung von Entscheidungen der Verwaltungsbehörden bei Ausübung ihrer Zwangs- und Strafbefugnisse geltenden Vorschriften.

§ 7. Der Zwangsvollstreckung wegen Geldforderungen aus den nach §§ 3, 4, 5 ergangenen Entscheidungen unterliegen diejenigen Vermögensstücke der Eingeborenen nicht, die notwendig sind, um ihnen und ihren Familien die Möglichkeit des wirtschaftlichen Bestehens zu sichern.

Der Gouverneur ist ermächtigt, allgemeine Vorschriften darüber zu erlassen, inwieweit hiernach das Vermögen der Eingeborenen von der Zwangsvollstreckung ausgeschlossen ist.

§ 8. Für Verbindlichkeiten einzelner Eingeborener darf das Stammesvermögen von dem Gläubiger nicht in Anspruch genommen werden.

§ 9. Der Gouverneur ist ermächtigt, allgemeine Vorschriften über den Ansatz von Gebühren und Auslagen bei Rechtsstreitigkeiten zwischen Nichteingeborenen und Eingeborenen zu erlassen.

§ 10. Für die vor dem Inkrafttreten dieser Verfügung abgeschlossenen Rechtsgeschäfte zwischen Nichteingeborenen und Eingeborenen beginnt der Lauf der in § 1 Abs. 1 vorgeschriebenen Frist mit dem Tage des Inkrafttretens dieser Verfügung.

§ 11. Jede Vereinbarung, durch die eine Vorschrift dieser Verfügung abgeändert oder aufgehoben werden soll, ist nichtig.

Das Gleiche gilt von einer Vereinbarung, wonach an einem nach § 7 der Zwangsvollstreckung entzogenen Gegenstande oder für Verbindlichkeiten einzelner Eingeborener am Stammesvermögen ein Pfandrecht oder ein Recht ähnlichen Inhalts begründet werden soll.

§ 12. Soweit Rechtsgeschäfte unbewegliche Sachen zum Gegenstande haben, finden die Vorschriften der §§ 1, 2, 10 dieser Verfügung keine Anwendung.

§ 13. Der Gouverneur bestimmt den Zeitpunkt des Inkrafttretens dieser Verfügung.*)

Nach diesem Zeitpunkte finden die Verordnung des Gouverneurs, betreffend die Gerichtsbarkeit über die Eingeborenen des Schutzgebiets von Deutsch-Südwestafrika einschließlich der Bastards in bürgerlichen Rechtsstreitigkeiten vom 1. Januar 1899**) sowie die Bekanntmachungen des Gouverneurs, betreffend Kreditgewährung an Eingeborene, vom 23. Februar 1899, und betreffend Klagen aus Kreditgeschäften gegen die Angehörigen des Stammes der Bastards, vom 2. Oktober 1900,***) keine Anwendung.

Die Vorschriften der Schutzverträge über die Zuziehung eingeborener Beisitzer zu den Verhandlungen über Rechtsstreitigkeiten zwischen Eingeborenen und Nichteingeborenen***) bleiben von dieser Verfügung unberührt.

Norderney, den 23. Juli 1903.

. Der Reichskanzler.

Graf v. Bülow.

---

*) Durch Gouvernementsverordnung vom 3. Oktober 1903 (s. unten) ist der Termin des Inkrafttretens auf den 1. November 1903 festgesetzt.
**) D. Kol. Gesetzgeb. IV, No. 18.
***) Nicht abgedruckt.

92. Verfügung des Reichskanzlers, betreffend den Regierungsdampfer „Seestern". Vom 23. Juli 1903.

(Kol. Bl. S. 382.)

Auf Grund der Kaiserlichen Verordnung, betreffend die Erstreckung der für Kauffahrteischiffe geltenden Vorschriften auf die Gouvernementsfahrzeuge der Schutzgebiete vom 5. Juli 1903 (Reichs-Gesetzbl. S. 257)*) wird hiermit verfügt:

Auf den Regierungsdampfer „Seestern" des Schutzgebiets Deutsch-Neu-Guinea finden die für Kauffahrteischiffe geltenden Vorschriften Anwendung.

B e r l i n , den 23. Juli 1903.

Der Reichskanzler.
I. V. G r a f v. P o s a d o w s k y.

93. Hafenordnung für den Hafen von Daressalam. Erlassen vom Gouverneur von Deutsch-Ostafrika am 28. Juli 1903.

(Kol. Bl. S. 511.)

(Unter Aufhebung der Verordnung vom 11. Januar 1897 und der Nachträge zu dieser Verordnung.)**)

H a f e n g e b i e t.

§ 1. Das Gebiet, für welches nachstehende Hafenordnung gültig ist, umfaßt den Hafen von Daressalam und die Hafeneinfahrt bis zu einer Linie, gedacht von Boje A über Boje I nach Ras Rangoni. Als Strandgrenze gilt die Hochwassergrenze.

L o t s e n w e s e n.

§ 2. Ein- und auslaufende Schiffe müssen einen Lotsen (3. der Lotsenordnung vom 23. Oktober 1901) an Bord haben, sofern sie hiervon nicht nach § 1 Absatz 2 der nachstehenden Lotsenordnung entbunden sind:

L o t s e n o r d n u n g f ü r d e n H a f e n v o n D a r e s s a l a m v o m 23. O k t o b e r 1901.***)

§ 3. 1. Alle den Hafen von Daressalam ansteuernden oder verlassenden Schiffe mit einem Tonnengehalt von über 100 Br. Reg.-Tons sind verpflichtet, einen Lotsen an Bord zu nehmen.

Ausgeschlossen von dieser Verpflichtung sind nur die Schiffe der Kaiserlich deutschen Marine sowie diejenigen Schiffe, welche einen vom Gouvernement ausgestellten Erlaubnisschein besitzen.

2. Ist die Ankunftszeit der Schiffe vorher dem Hafenamt (Kommando der Flottille) gemeldet, so erwartet der Lotse das Schiff in der Nähe der Leuchtturminsel Außer-Makatumbe. Andernfalls hat das sich dem Außenhafen nähernde Schiff die Lotsenflagge zu heißen und in der Höhe der Leuchtturminsel den Lotsen zu erwarten. Das Lotsenboot führt im Bug die Flagge „P" des internationalen Signalbuches.

Auslaufende Schiffe haben dem Hafenamt (Kommando der Flottille) die Abfahrtszeit rechtzeitig mitzuteilen, damit ihre Abfahrt keine Verzögerung erleidet.

---

*) Oben No. 77.
**) D. Kol. Gesetzgeb. II, No. 249, III, No 51, V, No. 61.
***) D. Kol. Gesetzgeb. VI, No. 270, 315.

3. Anderen Personen als solchen, deren Befähigung vom Kaiserlichen Gouverneur anerkannt ist, ist das Lotsen von Schiffen verboten.

4. Die Lotsengebühren werden nach dem Brutto-Register-Tonnengehalt (Grofstonnage) der Schiffe berechnet. Schiffe bis zu 1000 Brutto-Register-Tons zahlen ein- und ausgehend je 30 Rupien, für jede weiteren 100 Brutto-Register-Tons 1 Rupie mehr.

Von den Lotsengebühren befreit sind: deutsche und fremde Kriegsschiffe sowie die Dampfer des Kaiserlichen Gouvernements von Deutsch-Ostafrika. Die Erteilung des in § 1 vorgesehenen Erlaubnisscheines entbindet nicht von der Entrichtung dieser Gebühren.

5. Das Einlaufen in den Hafen von Daressalam nach Eintritt der Dunkelheit sowie das Verlassen desselben ist nur nach vorheriger Mitteilung an das Hafenamt (Kommando der Flottille) gestattet, welches daraufhin für die Beleuchtung der das Fahrwasser kennzeichnenden Bojen Sorge trägt. Hierfür wird eine Taxe von 50 Rupien erhoben.

6. Die Gebühren sind an das Kommando der Flottille zu entrichten.

7. Zuwiderhandlungen gegen vorstehende Vorschriften werden mit Geldstrafe bis zu 800 Rupien oder Gefängnis bis zu drei Monaten oder Haft bestraft.

§ 4. Schiffe, welche den Hafen von Daressalam anzulaufen beabsichtigen, wollen, um Zeitversäumnis auszuschliefsen, ihre voraussichtliche Ankunftszeit telegraphisch dem Kommando der Flottille anzeigen.

Auslaufende Schiffe haben die Stunde ihrer Abfahrt der Hafenbehörde so rechtzeitig mitzuteilen, dafs diese einen Lotsen stellen kann.

§ 5. Ein- und auslaufende Schiffe müssen beide Buganker klar zum Fallen haben.

§ 6. Schiffe, welche beim Ein- und Auslaufen festkommen, haben sofort das Signal O. J. E. des internationalen Signalbuches zu heifsen und bis zum Abkommen wehen zu lassen. Wird unter diesem Signal der Signalbuchwimpel geheifst, so bedeutet das: „Hilfe der Hafenbehörde erbeten".

§ 7. Einlaufende Segelschiffe, welche in den Hafen geschleppt zu werden wünschen, haben auf Aufsenreede zu ankern und das betreffende Signal des internationalen Signalbuches für einen Schlepper zu heifsen.

Näheres über Schleppgebühren siehe Dockvorschriften nebst Gebührentarif des Gouvernements-Schwimmdocks.

§ 8. Einlaufende Schiffe, welche in Übereinstimmung mit 1. der Lotsenordnung keinen Lotsen an Bord haben, dürfen nach eigenem Ermessen ankern, wenn ihnen nicht von der Hafenbehörde ein Ankerplatz angewiesen wird. Die Anweisung erfolgt von einem Boote aus durch Winken mit einer grünen Flagge.

§ 9. Einlaufende Schiffe können mit Erlaubnis der Hafenbehörde die im Hafen verankerten freien Festmachebojen benutzen, wofür für jedes Festmachen eine einmalige Gebühr von 15 Rupien erhoben wird. Die Boje, an welcher festgemacht werden soll, wird durch eine grüne Flagge kenntlich gemacht. Soll die Hafenbehörde zum Fest- und Losmachen des Schiffes an und von der Boje ein bemanntes Boot stellen, so wird eine Extragebühr von 5 Rupien erhoben.

§ 10. Die Festmachebojen sind durch verschiedenfarbige Anstriche für ihre Zwecke gekennzeichnet.

Die im nördlichen Teil des Hafens gelegene schwarz gestrichene Boje ist für Kriegsschiffe, die westlich von Ras Makabe gelegene rot gestrichene Boje in erster Linie für die Reichspostdampfer vorgesehen. Die grau gestrichenen Bojen sind Dockbojen und zum Festmachen und Verholen ein- und ausdockender Schiffe bestimmt.

§ 11. Im Hafen ankernde Schiffe müssen stets klar von den Festmachebojen, Verholbojen und dem Schwimmdock ankern.

§ 12. Ankern in der Hafeneinfahrt von Boje A bis zu der Linie, die von Boje 8 nach der evangelischen Mission auf West-Fähr-Huk gedacht ist, darf nur im Notfalle erfolgen.

Quarantäne.

§ 13. Einlaufende Schiffe unterliegen der gesundheitspolizeilichen Kontrolle gemäß § 1 der Vorschriften vom 8. Mai 1903 (Amtlicher Anzeiger No. 16 vom 9. Mai 1901).*)

Schiffe, auf welche der § 1 der Vorschriften Anwendung findet, haben vor dem Einlaufen in den Hafen die Quarantäneflagge zu heißen. Für sie treten die Quarantänevorschriften in Kraft.

Sobald die Quarantäneflagge auf dem einlaufenden Schiffe gesichtet wird, feuert die Salut-Batterie einen Schuß, zur Benachrichtigung des Quarantänearztes, der sich darauf sofort an Bord des Schiffes begibt.

Nach Feststellung des normalen Gesundheitszustandes an Bord gestattet der beamtete Arzt oder die Hafenbehörde dem Schiffe den freien Verkehr mit dem Lande. Als Zeichen hierfür wird die Quarantäneflagge niedergeholt.

Für die gesundheitspolizeiliche Untersuchung des Schiffes wird eine Gebühr von 15 Rupien erhoben.

§ 14. Schiffe, welche unter Quarantäne des Nachts einlaufen, heißen an Stelle der Flagge Q des internationalen Signalbuches zwei weiße in einem Abstand von 9 m übereinander befindliche Lichter am Top des Fockmastes. Im übrigen gelten dieselben Vorschriften wie bei Tage.

§ 15. Tritt an Bord eines Schiffes innerhalb des Hafengebiets von Daressalam ein Todesfall ein, so ist der Hafenbehörde hiervon sofort schriftlich Kenntnis zu geben, welche ihrerseits das Bezirksamt benachrichtigt. Die erforderlichen Maßnahmen, Beerdigung usw. betreffend, werden alsdann vom Bezirksamt getroffen und bekannt gegeben.

Signalstation.

§ 16. Das Herannahen von Schiffen wird zunächst von dem Leuchtturm auf der Insel Außer-Makatumbe durch Heißen der Reichsdienstflagge gemeldet.

Die Signalstation auf Ost-Fähr-Huk in der Hafeneinfahrt signalisiert darauf mit drei verschiedenen Signalen die bevorstehende Ankunft des Schiffes nach dem inneren Hafen.

Die Signalstation heißt an dem Flaggenmast:
1. eine große deutsche Handelsflagge bei Ankunft von Kriegsschiffen und Handelsdampfern,
2. eine kleine deutsche Handelsflagge bei Ankunft von Dampfern des Kaiserlichen Gouvernements von Deutsch-Ostafrika,
3. einen blauen Wimpel bei Ankunft von Segelschiffen.

An der von Norden nach Süden gerichteten Rahe des Signalmastes wird gleichzeitig geheißt:
a) ein schwarzes Viereck an der nördlichen Nock, wenn das signalisierte Schiff von Norden,

---

*) D. Kol. Gesetzgeb. VI, No. 219.

b) ein schwarzes Dreieck an der südlichen Nock, wenn das signalisierte Schiff von Süden sich dem Hafen nähert.

§ 17. Das Auslaufen von Schiffen aus dem Hafen ist verboten, solange an dem Mast der Signalstation auf Ost-Fähr-Huk die grofse Handelsflagge oder der blaue Wimpel weht.

Diese Bestimmung erstreckt sich nicht auf die Dampfer des Kaiserlichen Gouvernements mit Ausnahme des „Kaiser Wilhelm II.“

S c h w i m m d o c k u n d R e p a r a t u r - W e r k s t ä t t e n.

§ 18. Das in der Südwestecke des inneren Hafens verankerte Gouvernements-Schwimmdock führt während der Nacht analog den unter § 31 näher bezeichneten Schiffen usw. ein weifses Ankerlicht.

Über Benutzung des Gouvernements-Schwimmdocks siehe die gegebenen Vorschriften und Tarife.

Das Anlegen an das Schwimmdock und Betreten desselben sowie das Festmachen von Booten, Fahrzeugen usw. an demselben oder seinen Ankerketten oder an den in seiner Nähe verankerten Bojen ist verboten.

Die Besichtigung des Schwimmdocks ist nur mit Genehmigung des Kommandos der Flottille gestattet.

§ 19. Schiffe, welche Havarie oder irgendwelche Beschädigungen am Schiffskörper oder an der Maschinen- und Kesselanlage erlitten haben, können in den Gouvernements-Werkstätten und dem Gouvernements-Schwimmdock ausbessern. Die Werkstätten führen Ausbesserungen jeder Art aus.

Z o l l w e s e n.

§ 20. Unmittelbar nach dem Ankern und Erledigung der gesundheitlichen Kontrolle begibt sich nach Ermessen der Zollbehörde ein Zollbeamter an Bord zur Ausübung der allgemeinen Zollkontrolle und Einsichtnahme in die Schiffspapiere.

Auf Kriegsschiffe findet diese Bestimmung keine Anwendung.

§ 21. Alle im Hafen befindlichen Schiffe und Fahrzeuge usw. unterliegen der Zollkontrolle nach Mafsgabe der Zollordnung für Deutsch-Ostafrika nebst den dazu erlassenen Vorschriften des Gouvernements.

Zum Löschen und Laden der seewärts ein- und ausgehenden Gegenstände ist die vorherige Erlaubnis der Zollbehörde einzuholen.

Das Löschen und Laden von Gegenständen darf in der Regel nur an denjenigen Stellen geschehen, die die Zollbehörde im Einverständnis mit der Hafenbehörde für diese Zwecke bestimmt. Das Löschen und Laden an anderen als den dafür bestimmten Stellen sowie Abfertigung aufserhalb der Zollhäuser bedürfen der Genehmigung der Zollbehörde und sind gebührenpflichtig.

In der Regel darf die Löschung und Beladung von Schiffen nur an Wochentagen, und zwar in der Zeit von 6 Uhr morgens bis 6 Uhr abends, stattfinden. Die Zollbehörde kann Ausnahmen von dieser Bestimmung gestatten; dieselben sind gebührenpflichtig.

Zuwiderhandlungen gegen die Bestimmungen der Zollvorschriften werden nach den Zollstrafbestimmungen geahndet.

§ 22. Für alle der Zollkontrolle unterliegenden Güter, Gegenstände, Reisegepäckstücke usw., befindet sich die amtliche Lösch- und Ladestelle vor dem Hauptzollamtsgebäude am Zollpier und für Steine und Holz zum Kalkbrennen sowie für Stockfische am Kalkbrandplatz.

Landungsbrücken.

§ 23. Die am Nordstrande gelegene Landungsbrücke I ist nur Angehörigen des Kaiserlichen Gouvernements, der Kaiserlichen Schutztruppe und der Kaiserlichen Marine zur Benutzung freigegeben. In der Dunkelheit wird diese Anlegestelle durch zwei rote Laternen am Brückenkopf kenntlich gemacht.

Landungsbrücke II liegt am Zollpier und dient dem allgemeinen öffentlichen Verkehr. Die Anlegestelle an dieselbe wird in der Dunkelheit durch eine grüne Laterne kenntlich gemacht.

Es ist verboten, bemannte oder unbemannte Boote an den Brücken liegen zu lassen oder festzumachen.

Das Löschen und Laden schwerer Gepäckstücke und sonstiger Güter auf Brücke I ist verboten.

Die zwischen den Brücken I und II bezw. am Kurasini-Ufer, gegenüber dem Artilleriedepot gelegenen beiden Brücken dienen nur der Entlangführung von Wasserleitungsrohren.

Das Betreten dieser Brücken sowie das Anlegen an denselben ist verboten.

Boote, Dhaus, Prähme usw.

§ 24. Für den Verkehr auf dem Hafen liegen am Zollpier Mietsboote bereit.

Die Taxe für die Benutzung derselben beträgt:

a) für einfache Fahrt an oder von Bord pro Person . . . 16 Pesa
b) für Gepäckstücke unter 60 Pfund pro Stück . . . . 4 „
            Handgepäck ist frei.
c) für Gepäckstücke über 60 Pfund pro Stück . . . . . 8 „
Zeitfahrten: für jede angefangene halbe Stunde pro Person 32 „
für Nachtfahrten: doppelte Taxe.

§ 25. Dhaus, Fahrzeuge, Boote usw. müssen den ein- und auslaufenden Schiffen ausweichen.

§ 26. Dhaus und sonstige einheimische Fahrzeuge dürfen nur zwischen dem Sewa-Hadji-Hospital und dem Zollpier ankern.

§ 27. Dhaus, Fahrzeuge, Prähme, Leichter, Boote usw. dürfen nicht so verankert und festgemacht werden, daß sie die in den Hafen mündenden Abflußröhren, Wasserableitungen usw. und ihre Schutzvorrichtungen gefährden.

Für die Fahrzeuge, Prähme, Leichter, Boote usw. der hiesigen Firmen und Privatpersonen ist, wenn die Hafenbehörde nicht besondere Anweisungen im Einzelfalle gibt, die Strecke zwischen der katholischen Mission und dem Sewa-Hadji-Hospital zum Ankern oder zum Aufholen auf den Strand angewiesen.

Die für die fiskalischen Fahrzeuge, Prähme, Leichter, Boote usw. im Hafen verankerten Bojen dürfen nicht von Privatpersonen benutzt werden.

§ 28. Die Fahrzeuge, Prähme, Leichter, Boote usw. des Kaiserlichen Gouvernements, welche bestimmten Dienststellen überwiesen sind, haben ihre Ankerplätze vor den Dienstgebäuden der betreffenden Behörden. Die Fahrzeuge, Boote usw. sind stets so zu verankern, daß ein Trockenfallen oder Aufstoßen auf Grund selbst bei niedrigstem Wasserstand ausgeschlossen ist.

§ 29. Das Aufholen von Schiffen, Dhaus, Prähmen und sonstigen größeren Fahrzeugen ist nur nach vorangegangener Erlaubnis der Zollbehörde mit Genehmigung der Hafenbehörde und nur an der von dieser angewiesenen Stelle gestattet.

§ 30. Dhaus usw. erhalten durch die Zollbehörde Kenntnis von der Hafen-ordnung.

Lichterführung.

§ 31. Im Hafengebiet liegende Schiffe, Fahrzeuge, Leichter, Dhaus usw. haben von Eintritt der Dunkelheit bis Tagesanbruch ein weißes Ankerlicht zu führen.

Dhaus, Fahrzeuge usw., welche innerhalb des Brückenkopfes des Zollpiers ankern oder am Strande liegen, sind hiervon ausgenommen.

§ 32. Im Hafengebiet in Fahrt befindliche Fahrzeuge, Prähme, Leichter, Boote usw., gleichgültig ob sie gesegelt oder gerudert werden, haben mit Eintritt der Dunkelheit eine Laterne mit brennendem weißen Licht bereit zu halten.

Dieselbe ist bei Annäherung von anderen Fahrzeugen, Booten usw. zu zeigen, um Zusammenstöße zu vermeiden.

Frischwasser.

§ 33. Schiffe, welche Frischwasser einnehmen wollen, heißen die Flagge „W" des internationalen Signalbuches.

Für Anlieferung von Frischwasser wird eine Gebühr von 2 Rupien pro Kubikmeter = 1 Tonne erhoben. Für Abgabe von Frischwasser zwischen 9 Uhr abends und 6 Uhr morgens erhöht sich der Preis um 6 Pesa pro Kubikmeter = 1 Tonne.

Es kann Wasser in jeder gewünschten Quantität angeliefert werden.

Ballast.

§ 34. Schiffe, welche Sandballast einnehmen wollen, haben die Erlaubnis der Hafenbehörde einzuholen und die Zollbehörde zu benachrichtigen.

Der Ballast darf nur von den angewiesenen Stellen entnommen werden.

Für je zehn Tonnen Sandballast ist eine Gebühr von 1 Rupie zu entrichten.

Dhaus, Fahrzeuge usw. mit einem Raumgehalt bis 25 cbm haben für Sand-ballast eine Gebühr von 32 Pesa zu entrichten. Größere Fahrzeuge, Dhaus usw. zahlen 1 Rupie.

Aschprahm.

§ 35. Das Überbordwerfen von Ballast, Asche oder sonstigen größeren Mengen von Abfällen usw. innerhalb des Hafengebietes ist verboten.

Will ein Schiff Ballast, Asche usw. von Bord geben, so hat es Flagge „A" des internationalen Signalbuchs zu heißen.

Für einmalige Stellung eines Aschprahmes wird eine Gebühr von 6 Rupien erhoben.

Sprengstoffe und feuergefährliche Materialien.

§ 36. Schiffe, welche Sprengstoffe, Pulver, Munition, Petroleum oder sonstige feuergefährliche Materialien geladen haben, dürfen nur nach eingeholter Erlaubnis der Hafenbehörde und unter Heißen der Flagge „B" des inter-nationalen Signalbuches in den Hafen einlaufen. Sie erhalten einen Ankerplatz von der Hafenbehörde angewiesen.

Mittagsschuß.

§ 37. Jeden Mittag 12 Uhr — mittlere Ortszeit — wird von der Salut-Batterie der Mittagschuß gefeuert.

Schiefsen.

§ 38. Es ist verboten, innerhalb des Hafengebietes zu schiefsen.

Hafenbehörde.

§ 39. Hafenbehörde ist das Kommando der Flottille. Von ihm und seinen Organen, dem Hafenmeister, Hafenmeistergehilfen usw., wird auch die Hafenpolizei ausgeübt.

Die Beamten der Hafenbehörde sind im Besitze einer Legitimationskarte, welche sie auf Verlangen vorzuzeigen haben.

§ 40. Den Anordnungen der Hafenbehörde ist unbedingt Folge zu leisten

§ 41. Jedes den Hafen von Daressalam anlaufende Schiff erhält von der Hafenbehörde ein Exemplar dieser Verordnung nebst Anlage sowie ein Quarantäneformular zugestellt.

Strafbestimmungen.

§ 42. Zuwiderhandlungen gegen die vorstehenden Bestimmungen werden mit Geldstrafe bis zu 100 Rupien oder mit Haft bis zu vier Wochen bestraft, sofern nicht nach den Bestimmungen der Zoll- und Lotsenordnungen oder nach den allgemeinen Strafgesetzen eine höhere Strafe verwirkt ist.

§ 43. Diese Verordnung tritt mit dem 1. September 1903 in Kraft.

Daressalam, den 28. Juli 1903.

Der Kaiserliche Gouverneur.
Graf v. Götzen.

94. Bekanntmachung des Gouverneurs von Deutsch-Neu-Guinea, betreffend den Erwerb von herrenlosem und Eingeborenen-Land.
Vom 28. Juli 1903.*)

In näherer Ausführung der Anweisung, betreffend das Verfahren bei dem Grunderwerb der Neu-Guinea-Compagnie, vom 10. August 1887, wird hiermit auf Grund des § 3 der Kaiserlichen Verordnung, betreffend die Rechtsverhältnisse in den deutschen Schutzgebieten, vom 9. November 1900, für den Gerichtsbezirk Friedrich-Wilhelmshafen bestimmt, was folgt:

I. Bezüglich des herrenlosen Landes zu § 4 der Anweisung:

Die Besitzergreifung und die Registratur hierüber kann nur von dem Kaiserlichen Bezirksamtmann in Friedrich-Wilhelmshafen und den von diesem beauftragten Personen vollzogen werden.

II. Mittelbare Erwerbungen von Eingeborenenland:

Zum Abschlufs von Kaufverträgen für das Kaiserliche Gouvernement (Landesfiskus des Schutzgebietes Deutsch-Neu-Guinea) ist nur der Kaiserliche Bezirksamtmann in Friedrich-Wilhelmshafen oder die von ihm besonders be-

*) Ebenso wie der Eingang und Ziffer I und II lautet eine für den Bezirk Käwieng (Nusa) untern 24. Januar 1902 ergangene Verordnung des Gouverneurs: nur ist an Stelle des „Gerichtsbezirks Friedrich-Wilhelmshafen" der „Amtsbezirk der Kaiserlichen Station Nusa", an Stelle des „Bezirksamtmanns" bezw. „Bezirksamts" der „Stationschef" bezw. „Station" zu setzen. Auch heifst es in Ziffer I statt „den von diesem beauftragten Personen": „dem von diesem beauftragten Beamten".

auftragte Person ermächtigt. Dritte, welche bei dem Kaiserlichen Gouvernement eine Erlaubnis zum Ankaufe von im Besitze von Eingeborenen befindlichem Land erwirkt haben, müssen sich dementsprechend zur Vollziehung des Kaufabschlusses an den Kaiserlichen Bezirksamtmann wenden.

III. Reservat der Neu-Guinea-Compagnie:

Unberührt bleibt das Recht der Neu-Guinea-Compagnie auf unmittelbaren Landerwerb in dem ihr eingeräumten Reservat, nämlich:

von 3000 ha an der Südspitze der Insel Kuk,
von 2000 ha am Unterlauf des Nuru (Elisabethfluſs),
von 1000 ha am Ramufluſs, Oberlauf; Goldfeldstation,
von 2000 ha am Franziskafluſs.

Herbertshöhe, den 28. Juli 1903.

Der Kaiserliche Gouverneur.

Hahl.

95. Auszug aus einer Bekanntmachung der Kolonial-Abteilung des Auswärtigen Amtes, betreffend die Auflösung der Pangani-Gesellschaft. Veröffentlicht im Kol. Bl. vom 1. August 1903, S. 384.

(Reichsanz. vom 31. Juli 1903.)

Die Pangani-Gesellschaft zu Berlin*) hat in einer auſserordentlichen Hauptversammlung am 6. Juli 1903 einstimmig den Beschluſs gefaſst, die Gesellschaft aufzulösen, und dieser Beschluſs hat die in § 44 der Gesellschaftssatzungen vorgesehene Genehmigung der Aufsichtsbehörde gefunden.

96. Bekanntmachung des Gouverneurs von Deutsch-Ostafrika, betreffend Umwechslung von Pesasstücken. Vom 6. August 1903.

Zufolge einer mit der Deutsch-Ostafrikanischen Gesellschaft getroffenen Vereinbarung hat dieselbe bisher auf allen ihren Küstenfilialen am 16. jeden Monats für je 64 Pesa Silberrupien eingewechselt. Durch Übergang des vormals der Gesellschaft zugestandenen Prägerechts auf den Fiskus ist die Verpflichtung nunmehr erloschen.

Gemäſs der Verordnung vom 17. November 1896**) bestimme ich daher, daſs bis auf weiteres die Kassen der an der Küste gelegenen Bezirksämter sowie der Bezirksnebenstellen Saadani und Mikindani ohne Rücksicht auf die Höhe des Angebots diese Einwechslung vorzunehmen haben.

Die Einlösung hat in jedem Monat an einem bestimmten Tage zu erfolgen, der der Bevölkerung im öffentlichen Schauri mitzuteilen und durch Anschlag zur allgemeinen Kenntnis zu bringen ist.

Dar es salam, den 6. August 1903.

Der Kaiserliche Gouverneur.
Graf v. Götzen.

*) Vgl. D. Kol. Gesetzgeb. III, No. 39.
**) Ebenda II, No. 237.

97. Die Neuordnung der kolonialen Bevölkerungsstatistik. Veröffentlicht im Kol. Bl. vom 15. August 1903.

(Kol. Bl. S. 409.)

Im Anschluß an die im verflossenen Jahre vorgenommene Neuordnung der kolonialen Handelsstatistik hat die Kolonialverwaltung die bei der Aufstellung der Bevölkerungsstatistik der Schutzgebiete bisher befolgten Grundsätze einer eingehenden Prüfung unterzogen. Die bisherige koloniale Bevölkerungsstatistik litt an Mängeln, die auch in der kolonialen Literatur wiederholt Anlaß zu berechtigter Kritik gegeben haben; es fehlte ihr vor allem die erforderliche Einheitlichkeit, welche sowohl zur Vergleichung der Bevölkerungsverhältnisse der einzelnen Schutzgebiete untereinander, als auch zur Vergleichung der Verhältnisse eines und desselben Schutzgebiets zu verschiedenen Zeitpunkten erforderlich ist; es fehlte ferner an der notwendigen Präzision und an der notwendigen Vollständigkeit der bevölkerungsstatistischen Angaben. Alle diese Mängel finden, ähnlich wie diejenigen der bisherigen kolonialen Handelsstatistik, ihre natürliche Erklärung und Entschuldigung an der noch jungen Entwicklung unserer Schutzgebiete; bei dem Fehlen ausreichender Erfahrungen mußte es im wesentlichen den einzelnen Schutzgebietsverwaltungen überlassen bleiben, ihre bevölkerungsstatistischen Erhebungen und Aufstellungen nach den örtlichen Verhältnissen und dem zur Verfügung stehenden Personal auszugestalten.

Nachdem sich die Kolonialverwaltung bereits vor längerer Zeit über die Aufstellung einheitlicher Namen für die Bevölkerungsstatistik mit den einzelnen Gouvernements ins Benehmen gesetzt hat, sind nunmehr durch R u n d e r l a ß v o m 22. J u l i 1903 den Schutzgebietsverwaltungen folgende Grundsätze mitgeteilt worden.

1. Grundsätze, betreffend die statistischen Erhebungen über die weiße Bevölkerung der Schutzgebiete in Afrika und der Südsee.

§ 1. Als Zeitpunkt für die Feststellung der weißen Bevölkerung der Schutzgebiete ist der Beginn des Kalenderjahres zugrunde zu legen, als Zeitabschnitt für die Feststellung der Bewegung der Bevölkerung (Geburten, Todesfälle, Zuzug, Wegzug, Eheschließungen) das Kalenderjahr.

§ 2. Die Erhebungen haben sich auf die ortsanwesenden Weißen zu erstrecken, soweit sich dieselben nicht lediglich auf der Durchreise in den Schutzgebieten aufhalten.

§ 3. Hinsichtlich des Standes der weißen Bevölkerung ist nachzuweisen:
1. das Geschlecht,
2. das Alter über 15 oder unter 15 Jahren,
3. der Wohnbezirk (Bezirksamt, Stationsbezirk usw.) und Wohnort,
4. der Beruf,
5. die Staatsangehörigkeit,
6. die Konfession,
7. der Familienstand.

§ 4. Bei der Angabe des Berufs der erwachsenen männlichen Bevölkerung (von über 15 Jahre an) sind folgende Gruppen zu unterscheiden:
1. Regierungsbeamte,
2. Angehörige der Schutz- bezw. Polizeitruppe,
3. Geistliche und Missionare,
4. Ansiedler, Pflanzer, Farmer (landwirtschaftliche Berufe),

5. Techniker, Bauunternehmer, Ingenieure, Maschinisten, Photographen usw. (obere Gruppe der gewerblichen Berufe),
6. Handwerker, Arbeiter, Bergleute usw. (untere Gruppe der gewerblichen Berufe),
7. Kaufleute, Händler, Gastwirte, Frachtfahrer usw. (Handel),
8. Seeleute, Fischer usw. (Schiffahrt),
9. Ärzte,
10. sonstige Berufe (Gelehrte, Rechtsanwälte, Redakteure, Konsuln usw.) und Berufslose.

Unter der Rubrik Regierungsbeamte sind alle von der Regierung angestellten Personen aufser den Handwerkern, Arbeitern usw. nachzuweisen; es ist jedoch anzugeben, wieviele von den Regierungsbeamten Ärzte, Techniker, Pflanzer usw. sind und wieviele von den als Handwerker, Arbeiter usw. nachgewiesenen Personen im Regierungsdienst beschäftigt werden. Der Ausdruck „Regierungsbeamte" bezieht sich auch auf die Reichspostbeamten und Kommunalbeamten.

Die erwachsenen weiblichen Personen sind, soweit sie verheiratet sind, nach dem Beruf ihrer Ehemänner zu unterscheiden. Es bleibt den Schutzgebietsverwaltungen überlassen, ob die Unterscheidung nach den sämtlichen für die Berufsgliederung der männlichen Bevölkerung angegebenen Rubriken oder lediglich nach den drei Gruppen — 1. Regierungsbeamte und Schutstruppenangehörige, 2. Geistliche und Missionare, 3. Private — erfolgen soll. Die ledigen und verwitweten Frauen sind in Missionsangehörige, Pflegeschwestern, Lehrerinnen und sonstige zu unterscheiden.

§ 5. Für die Einteilung der weifsen Bevölkerung nach Nationalitäten ist die Staatsangehörigkeit als mafsgebend anzusehen. Die Angehörigen des britischen Reichs sind danach zu unterscheiden, ob sie aus dem europäischen Mutterlande stammen (europäische Engländer) oder aus einer der britischen Siedelungskolonien (Kolonialengländer).

§ 6. Bei der Feststellung des Familienstandes ist bei den verheirateten Männern danach zu unterscheiden, ob die Ehefrau der weifsen oder der farbigen Bevölkerung angehört. Bei den mit weifsen Frauen verheirateten Männern ist ferner anzugeben, ob die Ehefrau im Schutzgebiet lebt oder nicht.

§ 7. Hinsichtlich der Bewegung der Bevölkerung ist nachzuweisen:
1. die Zahl der Geburten und Sterbefälle,
2. die Zahl der zugezogenen und weggezogenen Personen,
3. die Zahl der Eheschliefsungen.

§ 8. Bei den Todesfällen sind die Todesursachen sowie die Zahl der im Alter von weniger als fünf Jahren verstorbenen Kinder besonders nachzuweisen.

§ 9. Die Ergebnisse der Bevölkerungsstatistik sind von den Schutzgebietsverwaltungen der Kolonial-Abteilung des Auswärtigen Amts mit tunlichster Beschleunigung nach dem Beginn eines jeden Kalenderjahres, spätestens mit dem Jahresbericht des betreffenden Schutzgebiets, einzureichen, und zwar auf Grund der nachfolgenden Tabellenformulare I bis VII.

Zugleich mit dieser Statistik ist ein Bericht über die Ursachen der wichtigsten im Stande der Bevölkerung während des abgelaufenen Kalenderjahres eingetretenen Veränderungen vorzulegen.

Die Bestimmung in Ziffer 15a des Runderlasses der Kolonial-Abteilung, betreffend die Jahresberichte, vom 14. Februar 1902,*) ist durch den Erlafs dieser Grundsätze aufgehoben.

*) D. Kol. Gesetzgeb. VI, No. 307.

Tabellen:

Tabelle I.

Schutzgebiet..

I. Die weiße Bevölkerung nach Geschlecht und Alter zu Beginn des Jahres 19 . .

Verwaltungsbezirk und Wohnort	männlich	weiblich	zusammen	Davon unter 15 Jahren		
				männlich	weiblich	zusammen
1	2	3	4	5	6	7
1. Bezirk . . . . . Wohnorte						
Summe 1 . .						
2. Bezirk . . . . Wohnorte						
Summe 2 . . usw.						

Tabelle II.

Schutzgebiet

II. Familienstand der weißen Bevölkerung zu Beginn des Jahres 19 . .

Verwaltungsbezirk und Wohnort	ledige und verwitwete		verheiratete Männer			
			mit weißen Frauen		mit farbigen Frauen	zusammen
	Männer	Frauen	mit ortsanwesenden	mit abwesenden		
1	2	3	4	5	6	7
1. Bezirk . . . Wohnorte						
Summe 1.						
2. Bezirk . . . Wohnorte						
Summe 2 . usw.						

Tabelle III.

Schutzgebiet .

III. Die weiße Bevölkerung nach Wohnsitz, Staatsangehörigkeit und Geschlecht
zu Beginn des Jahres 19 . .

Verwaltungs-bezirk und Wohnort	Deutsche			Österreicher			Schweizer			Engländer			wie je nach Bedarf der einzelnen Schutzgebiete
	männ-lich	weib-lich	zus.	männ-lich	weib-lich	zus.	männ-lich	weib-lich	zus.	männ-lich	weib-lich	zus.	
1	2	3	4	5	6	7	8	9	10	11	12	13	usw.
1. Bezirk Wohnorte													
Summe 1 .													
2. Bezirk Wohnorte													
Summe 2 . usw.													

Tabelle IV.

Schutzgebiet

IV. Die weiße Bevölkerung nach Wohnsitz, Beruf und Konfession zu Beginn des Jahres 19 . .

Verwaltungs-bezirk und Wohnsitz	Erwachsene männliche Bevölkerung												Erwachsene weibliche Bevölkerung							Unter-wachsene			Kon-fession	
	Regierungsbeamte[1] (Sekretäre usw. angerechnet)	Geistliche und Lehrer	Ärzte, Pfleger, Beamte, Gärtner usw.	Techniker, Bergbautreibende, Ingenieure, Photographen usw.	Handwerker, Arbeiter, bergmänn. usw.	Kaufleute, Händler, Gastwirte, Fuhrhalter usw.	sonstige Berufe usw.	Ärzte	Sonstige Berufe und Berufslose	Summe der erwachsenen männlichen Bevölkerung		Frauen von:		Regierung, Kaufleuten und Schulzwecken angehörigen	Geistlichen und Missionaren	ledige und verwitwete Frauen						Gesamte weiße Bevölkerung		
															Private	Missions-angehörige	Pflege-schwestern	Lehrerinnen	Sonstige	Summe der erwachsenen weiblichen Bevölkerung	männlich	weiblich	zusammen	evangelisch	katholisch	sonstige
1	2	3	4	5	6	7	8	9	10	11	12		13	14	15	16	17	18	19	20	21	22	23	24	25	26	27
1. Bezirk Wohnorte . . .																											
Summe 1																											
2. Bezirk Wohnorte																											
Summe 2 usw.																											

[1] Davon Techniker, Ingenieure usw. . . . .   [2] Davon Ärzte . . .   [3] Davon im Regierungsdienst . . .
„ Anmeldsteller, Pflanzer usw. . . .   [4] „ „ . . .
Ärzte . . .

Schutzgebiet   **Tabelle V.**

V. Die weiße Bevölkerung nach Staatsangehörigkeit und Beruf zu Beginn des Jahres 19..

Staatsangehörigkeit	Regierungsbeamte[1] Schutztruppe u. s. w.[2]	Geistliche und Missionäre	Ansiedler, Pflanzer, Farmer, Gärtner usw.	Techniker, Ingenieure usw.	Handwerker, Arbeiter[3]	Kaufleute, Händler, Gastwirte, Wirte usw.	Seeleute, Fuhrleute usw.[1]	Ärzte	Sonstige Berufe und Berufslose	Summe der erwachsenen männlichen Bevölkerung	Erzieherinnen, Beamtinnen und Schutztruppen angehörigen, Geistlichen und Missionäre	Ärztinnen	Frauen von Missions-angehörige, Pflege-schwestern, Lehrerinnen	Sonstige der erwerbsmäßig weiblichen Bevölkerung	Summe der erwachsenen weiblichen Bevölkerung	männlich	weiblich	zusammen	Gesamte weiße Bevölkerung
1	2	3	4	5	6	7	8	9	10, 11	12	13	14	15, 16	17	18, 19	20	21	22	23, 24
Deutsche																			
Österreicher																			
Schweizer																			
Engländer																			
usw.																			
je nach Bedarf der einzelnen Schutzgebiete																			
Summe . .																			

¹) Davon Techniker, Sanitäter usw. . . . .   ²) Davon Ärzte . . .   ⁴) Davon im Regierungsdienst . . .
  „ Ansiedler, Pflanzer usw. . . . .
  „ Ärzte . . .

Schutzgebiet   . . . .   **Tabelle VI.**

VI. Bewegung der weißen Bevölkerung im Jahre 19..

Verwaltungsbezirk und Wohnort	Geburten			Todesfälle			davon Kinder unter 5 Jahren	Überschuss der Geburten (+) bezw. der Todesfälle (−)	Wanderung		Überschuss der Zuzüge (+) bezw. Wegzüge (−)	Gesamtzahl der weißen Bevölkerung (Spalte 10 u. 13)	Bemerkungen
	männliche	weibliche	zusammen	männliche	weibliche	zusammen			Zuzug nach	Wegzug aus			
									dem Schutzgebiete				
1	2	3	4	5	6	7	8	9	10	11	12	13	14
1. Bezirk													
Wohnorte													
. . . . . .													
. . . . . .													
Summe 1 . .													
2. Bezirk													
Wohnorte													
. . . . . .													
Summe 2 . .													
usw.													

Tabelle VII.

Schutzgebiet

VII. Todesursachen im Jahre 19..

Verwaltungs- bezirk und Wohnort	bei der männlichen Bevölkerung								bei der weiblichen Bevölkerung								zusammen						
	Malaria	Schwarzwasserfieber	Dysenterie und Folgezuständen	Typhus	Tuberkulose	Sonstige Krankheiten	Unglücksfälle	Selbstmord	Malaria	Schwarzwasserfieber	Dysenterie und Folgezuständen	Typhus	Tuberkulose	Sonstige Krankheiten	Unglücksfälle	Selbstmord	Malaria	Schwarzwasserfieber	Dysenterie und Folgezuständen	Typhus	Tuberkulose	Sonstige Krankheiten	Unglücksfälle Selbstmord
1	2	3	4	5	6	7	8	9	10	11	12	13	14	15	16	17	18	19	20	21	22	23	24 25
1. Bezirk																							
Wohnorte																							
. . . . .																							
. . . . .																							
Summe 1																							
2. Bezirk																							
Wohnorte																							
. . . . .																							
Summe 2																							
usw.																							

2. Grundsätze, betreffend die statistischen Erhebungen über die farbige Bevölkerung.

In Anbetracht der grofsen Schwierigkeiten, welche in den Schutzgebieten noch für abschbare Zeit einer systematischen und vollständigen Statistik sowohl der eingeborenen als auch der nichteingeborenen farbigen Bevölkerung entgegenstehen, hat sich die Kolonialverwaltung bei dem Erlafs bindender Vorschriften auf die Erhebungen über die weifse Bevölkerung der Schutzgebiete beschränkt. In dem Runderlafs vom 22. Juli 1903 wurde jedoch den Schutzgebieten anheimgestellt, diejenigen Anordnungen zu treffen, welche unter den obwaltenden Verhältnissen und bei dem zur Verfügung stehenden Personal dem Interesse an der Kenntnis des Standes und der Veränderungen der farbigen Bevölkerung nach Möglichkeit gerecht werden. Als Richtschnur wurden dabei die diesen Teil der kolonialen Bevölkerungsstatistik betreffenden Ausführungen eines Runderlasses vom 6. Januar 1902 aufgestellt, in welchem die neuen Grundsätze der Bevölkerungsstatistik den Gouvernements zur Begutachtung mitgeteilt worden waren. Diese Ausführungen lauteten:

1. Betreffend die eingeborene Bevölkerung:

Bei der grofsen Bedeutung, welche den Veränderungen im Stande der eingeborenen Bevölkerung, namentlich in bezug auf die Arbeiterverhältnisse, zukommt, wird den Gouvernements empfohlen, die Bezirksämter usw. anzuweisen, dafs sie alle innerhalb des Bereichs des Durchführbaren liegenden Ermittlungen über den Stand der eingeborenen Bevölkerung vornehmen,

und zwar nicht nur hinsichtlich der bloßen Kopfzahl, sondern auch hinsichtlich der Verteilung auf das männliche und weibliche Geschlecht. Besondere
Aufmerksamkeit dürfte ferner dem Einflufs von Krankheiten und Seuchen
auf den Bevölkerungsstand und den Wanderbewegungen der Eingeborenen,
sowohl denjenigen, welche innerhalb des Schutzgebiets, als auch denjenigen,
welche über die Grenzen des Schutzgebiets sich vollziehen, zu widmen sein.
In klimatischer und sanitärer Hinsicht wäre eine Statistik über die Kinder-
sterblichkeit der Eingeborenen, wo eine solche sich ermöglichen läfst, von
besonderem wissenschaftlichen Interesse.

2. Betreffend die n i c h t e i n g e b o r e n e f a r b i g e B e v ö l k e r u n g :

In bezug auf die Vollständigkeit der statistischen Erhebungen wird
man sich hinsichtlich der nichteingeborenen farbigen Bevölkerung mit einem
geringeren Mafse von Anforderung begnügen können, nämlich mit der Feststellung der Anzahl, der Unterscheidung nach dem Geschlecht, nach den
Wohnplätzen, der Nationalität und dem Beruf. Soweit nach Lage der Verhältnisse des Schutzgebiets auch für diese Bevölkerungsgruppe die weiter-
gehenden, für die weifse Bevölkerung zu liefernden Nachweisungen möglich
erscheinen, sind solche Nachweisungen erwünscht.

Ferner sind die Schutzgebietsverwaltungen angewiesen worden, der Ermittlung des Bevölkerungsstandes der M i s c h l i n g e besondere Aufmerksamkeit zu
widmen. Die Zahl, das Geschlecht, der Wohnsitz und der Beruf derselben sind in
besonderen Übersichten nachzuweisen.

98. Runderlafs der Kolonial-Abteilung des Auswärtigen Amtes, betreffend den Verkauf amtlicher Bedarfsgegenstände an Private.
Vom 19. August 1903.*)

Die bereits wiederholt erörterte Frage, betreffend die Inanspruchnahme
amtlicher Bestände in den Schutzgebieten zur Deckung von Privatbedürfnissen,
ist zwecks Sicherung eines auf alle Schutzgebiete sich erstreckenden einheitlichen
Verfahrens hiermit erneut in Erwägung genommen worden. Hiernach ist zunächst davon auszugehen, dafs die Dienstbestände für den jeweiligen Bedarf der
Verwaltung selbst berechnet sind und dementsprechend ergänzt werden. Es ist
daher im allgemeinen unerwünscht, dafs die fraglichen Bestände zur Befriedigung
der Privatbedürfnisse von Beamten und anderen Personen in Anspruch genommen
worden. Letztere haben hierfür in der ihnen geeignet erscheinenden Weise selbst
Sorge zu tragen. Allerdings kann in dringenden Ausnahmefällen, bei welchen
die Interessen der Verwaltung eine Schädigung nicht erleiden, die Abgabe von
Gegenständen aus amtlichen Beständen an Privatpersonen gestattet werden.
Hierbei ist indessen darauf zu halten, dafs die Selbstkosten der Verwaltung eine
angemessene Deckung finden. In dieser Beziehung kommen in Betracht nicht
allein die ziffernmäfsig aus den Rechnungen sich ergebenden eigentlichen Be-
schaffungskosten, wie die Aufwendungen an Fracht, Spesen und Landungsgebühren, sondern auch die durch Verluste während des Transports und insbesondere die durch Lagerung entstehenden Unkosten, sowie die Unkosten persön-
licher und sachlicher Natur. In letzterer Beziehung mufs nach den gemachten
Erfahrungen ein Aufschlag von 15 % für allgemeine Verwaltungskosten, bei Ab-

*) Vgl. die Ergänzung dieser Vorschriften durch den K. E. vom 27. Oktober 1903
unten abgedruckt.

gabe von Kohlen ein solcher von 20 % als angemessen erachtet werden. Diese
Sätze werden auch bei gegenseitiger Lieferung von Materialien zwischen der
Kolonialverwaltung und der Marine vereinbarungsgemäß den Selbstkosten zuge-
schlagen.

Berlin, den 19. August 1903.

Auswärtiges Amt. Kolonial-Abteilung.
I. V. Hellwig.

99. Verordnung des Gouverneurs von Deutsch-Ostafrika, betreffend
das Marktwesen im Bezirk Bagamoyo. Vom 21. August 1903.

Auf Grund des § 15, letzter Absatz, des Schutzgebietsgesetzes (Reichs-
Gesetzbl. 1900, S. 813) in Verbindung mit der Verfügung des Reichskanzlers vom
1. Januar 1891 (Kol. Gesetzgeb. I, S. 326) wird hierdurch für die Ortschaften
Dueni, Bagamoyo und Saadani im Bezirk Bagamoyo und für einen Umkreis um
dieselben von 2 km vom Weichbilde an gerechnet, hinsichtlich des Marktwesens
verordnet, was folgt:

§ 1. Erzeugnisse der einheimischen Land- und Forstwirtschaft, Viehzucht, Jagd und Fischerei, sowie daraus hergestellte Lebensmittel, soweit diese
Erzeugnisse der Befriedigung täglicher Bedürfnisse der Bevölkerung dienen
sollen, dürfen zum Zwecke des Kleinverkaufs an die Verbraucher außer in offenen
Verkaufsstellen, welche zur Gewerbesteuer veranlagt sind, nur in der Markthalle
feilgeboten werden.

§ 2. Die Verkäufer der im § 1 bezeichneten Gegenstände haben Marktgebühren nach dem anliegenden Tarif an die von der örtlichen Polizeibehörde zu
bezeichnende Stelle zu entrichten.

§ 3. Erzeugnisse der Land- und Forstwirtschaft, Viehzucht, Jagd und
Fischerei, die zum eigenen Verbrauche der Produzenten bestimmt sind, müssen
auf Verlangen der örtlichen Polizeibehörde ebenfalls in die Markthalle gebracht
und dem Markthallenaufseher vorgezeigt werden, bleiben jedoch von den Vorschriften des § 2 unberührt.

§ 4. Auf Antrag des Verkäufers können alle in die Markthalle gebrachten
Erzeugnisse durch einen amtlich zugelassenen Auktionator öffentlich versteigert
werden. Es ist dafür eine besondere Gebühr von 2 Pesa für jede Rupie und
1 Pesa für jede angefangene halbe Rupie des Erlöses zu zahlen.

§ 5. Die Vorschriften des § 1 finden keine Anwendung:
1. auf den Handel mit Mtama, Mais, Reis, Sesam, Kopra, geschälten Erdnüssen, Baumwolle und getrocknetem Mohogo,
2. auf den Handel mit Eseln, Pferden, Maultieren, Kamelen sowie mit
Rindvieh und Kleinvieh, welches nicht zum Schlachten bestimmt ist,
3. auf den Gewerbebetrieb der Bäcker und Milchhändler.

Erfolgt trotzdem der Verkauf der vorstehend genannten Erzeugnisse in
der Markthalle, so ist die Marktgebühr nach Maßgabe des § 2 zu entrichten.

§ 6. Verkäufer von Fleisch und Fleischwaren, Fischen, Gemüse und Obst,
welche glaubhaft zu machen vermögen, daß sie die genannten Erzeugnisse

zwecks Versorgung von Seeschiffen nicht eingeborener Bauart ausführen, sind hinsichtlich dieser Erzeugnisse von der nach § 2 zu entrichtenden Gebühr befreit.

Bereits gezahlte Marktgebühren werden auf den Nachweis der bewirkten Ausfuhr erstattet.

§ 7. Die örtliche Polizeibehörde kann bestimmten Personen die widerrufliche Erlaubnis zur Feilhaltung und zum Verkaufe von europäischem Gemüse, Geflügel, Eiern und Obst sowie von zubereiteten Eßwaren und Genußmitteln der Eingeborenen auf den Straßen oder im Umherziehen unbeschadet der Verpflichtung zur Entrichtung der nach § 2 für den Verkauf in der Markthalle zuständigen Marktgebühr und unter der Auflage zur Vorausbezahlung der letzteren gestatten. Die Verkäufer haben den Erlaubnisschein und eine Bescheinigung über die Zahlung der Gebühr bei sich zu führen und auf Verlangen der Organe der Polizeibehörde vorzuzeigen.

§ 8. Zuwiderhandlungen gegen die Vorschriften dieser Verordnung werden, soweit nicht nach den bestehenden Gesetzen eine härtere Strafe verwirkt ist, mit Geldstrafe bis zu 20 (zwanzig) Rupien, an deren Stelle im Unvermögensfalle Haft bis zu einer Woche — bei Eingeborenen Gefängnis mit Zwangsarbeit oder Kettenhaft — tritt, bestraft.

Sofern eine Hinterziehung nach § 2 zu entrichtender Gebühren stattgefunden hat, kommt außerdem der vierfache Betrag der hinterzogenen Gebühr, mindestens jedoch 1 Rupie als Zusatzstrafe zur Erhebung.

§ 9. Die auf Grund dieser Verordnung zu erhebenden Abgaben und Gebühren einschließlich der zu verhängenden Geldstrafen fließen zur Kommunalkasse.

§ 10. Diese Verordnung tritt mit dem 1. April 1904 in Kraft. Mit dem gleichen Tage tritt die Verordnung vom 14. Februar 1903, betreffend die Markthallenordnung für Bagamoyo, außer Kraft.

Daressalam, den 21. August 1903.

Der Kaiserliche Gouverneur.

Graf v. Götzen.

Anlage zu No. 29.

Markthallen-Tarif.

I.

Gewerbsmäßige Verkäufer zahlen an Standgeldern für den Tag:

1. für einen Fleischerstand . . . . . 32 Pesa
2. für einen Stand in der Fischhalle . 12 „
3. für einen großen Verkaufsstand
   (2 qm) für allerhand Waren . . .   6 „
4. für einen kleinen Verkaufsstand für
   allerhand Waren . . . .   4 „

II.

Gelegentliche Verkäufer entrichten:

für jede Rupie des erzielten Preises .   4 Pesa
für jede angefangene Viertelrupie . .   1 „

Erlöse unter 16 Pesa bleiben frei.

III.

Verkäufer von Vieh entrichten:

1. für ein Stück Grofsvieh, Pferde,
   Rinder, Kamele, Maultiere, Esel . 64 Pesa
2. für eine Ziege . . . . 16 „
3. für ein Schaf . . . . 16 „
4. für eine Ente, Gans oder Truthahn 4 „
5. für ein Huhn oder sonstiges Geflügel 1 „

100. Allerhöchste Kabinetts-Ordre, betreffend Anrechnung eines Kriegsjahres. Vom 23. August 1903.

(Kol. Bl. S. 485.)

Ich bestimme, dafs die folgenden, von Teilen der Schutztruppen für Deutsch-Ostafrika und Kamerun in den Jahren 1901 und 1902 gelieferten Gefechte und ausgeführten Kriegszüge im Sinne des § 23 des Gesetzes, betreffend die Pensionierung und Versorgung der Militärpersonen des Reichsheeres und der Kaiserlichen Marine, vom 27. Juni 1871, als Feldzug gelten sollen, für welchen den daran beteiligt gewesenen Deutschen ein Kriegsjahr, bezw. soweit der Feldzug zur Unterwerfung des Häuptlings Semikore von Esum in Frage kommt, eventuell zwei Kriegsjahre in Anrechnung zu bringen sind.

I. Schutztruppe für Deutsch-Ostafrika.

1. Gefecht gegen die Wamatengo in Mandana am 4. März 1902,
2. Unterdrückung des Aufstandes in Issansu, Jyambi und Kiuyakumi in den Monaten Juni und August 1902,
3. Erstürmung der Boma Ssega in Mssalala mdogo am 10. August 1902.

II. Schutztruppe für Kamerun.

1. Strafzug gegen die aufrührerischen Vogesumdanas und Vogetangenbalas vom 17. Januar bis 10. März 1902,
2. Gefecht bei Marua am 20. Januar 1902,
3. Gefecht in Banyo anläfslich der Ermordung des Oberleutnants Nolte am 1. Februar 1902,
4. Expedition zur Unterwerfung der Bafuta vom 24. Januar bis 10. April 1902,
5. Expedition zur Unterwerfung der Jecombas vom 3. Februar bis 8. Mai 1902,
6. Überfall bei Bamunum und Bestrafung der Bamunums vom 11. bis 28. Juni 1902,
7. Feldzug zur Unterwerfung des Häuptlings Semikore von Esum vom 21. August 1901 bis 20. Juli 1902,
8. Expedition zur Unterwerfung des Häuptlings Ngalim vom 14. bis 23. März 1902,

9. Gefechte in Deutsch-Bornu (Ngolloberg, Sedelebaberge, Verfolgung des Sultans Zubern) vom 3. April bis 29. Mai 1902,

10. Überfall durch die Bansos und Bestrafung derselben vom 3. bis 8. Juni 1902.

W i l h e l m s h ö h e, den 23. August 1903.

Wilhelm I. R.
G r a f v. B ü l o w.

An den Reichskanzler (Oberkommando der Schutztruppen).

---

101. Bekanntmachung des Reichskanzlers, betreffend die Mündelsicherheit von Schuldverschreibungen der Deutsch-Ostafrikanischen Gesellschaft. Vom 24. August 1903.

(Reichs-Gesetzbl. S. 275. Kol. Bl. S. 466.)

Auf Grund des § 1807, Absatz 1, Nr. 4 des Bürgerlichen Gesetzbuchs hat der Bundesrat beschlossen,

die von der Deutsch-Ostafrikanischen Gesellschaft auf Grund des Vertrags zwischen dem Reichskanzler und der genannten Gesellschaft vom 15. November 1902[*]) auszugebenden Schuldverschreibungen zur Anlegung von Mündelgeldern für geeignet zu erklären.

N o r d e r n e y, den 24. August 1903.

Der Reichskanzler.
G r a f v. B ü l o w.

---

102. Dienstanweisung, betreffend die Gewährung freier Wohnung an Beamte, Militärpersonen und sonstige Angestellte in Deutsch-Ostafrika, erlassen von der Kolonial-Abteilung des Auswärtigen Amtes. Vom 25. August 1903.[**])

§ 1. Die Zuweisung freier Wohnung oder einer Mietsentschädigung an die Schutzgebietsbeamten und an die Schutztruppenangehörigen erfolgt nach den Bestimmungen des Etats, für die Schutztruppenangehörigen ausserdem unter Berücksichtigung der Vorschriften der Schutztruppenordnung.

Die Unterbringung der vertragsmäßig in Dienst genommenen europäischen Angehörigen der Landesverwaltung und der Kaiserlichen Schutztruppe sowie derjenigen ausseramtlichen Personen, welchen das Gouvernement freie Wohnung gewährt, regelt sich in erster Linie nach den Vertragsbestimmungen.

Die gegen Tagelohn beschäftigten Angestellten erhalten weder freie Wohnung noch Mietsentschädigung.

---

[*]) D. Kol. Gesetzgeb. VI, No. 363.
[**]) Diese Anweisung ist an Stelle der in Band IV, No. 87 der D. Kol. Gesetzgeb. abgedruckten Vorschriften getreten.

Dem zur Besatzung der Gouvernementsfahrzeuge gehörigen Personal wird beim Vorhandensein entsprechender Unterkunftsräume an Bord eine Dienstwohnung an Land nicht gewährt. Über Ausnahmen entscheidet der Gouverneur.

§ 2. Hinsichtlich des Umfangs und der Art der Dienstwohnungen gelten die nachfolgenden Bestimmungen:

a) Der Gouverneur hat zu seiner Verfügung ein auch zu Repräsentationszwecken vollkommen eingerichtetes Haus mit den erforderlichen Nebengebäuden. Die Unterhaltung der Verbrauchsinventarien und des Messegeschirrs hat aus den Repräsentationsgeldern zu erfolgen. Im übrigen finden die nachfolgenden Bestimmungen auf den Gouverneur und seine Wohnung keine Anwendung.

b) Der Vertreter des Gouverneurs, wenn er als solcher vom Reichskanzler ernannt worden ist, erhält drei vollständig möblierte Zimmer, die zu einer selbständigen Wohnung gehörenden kleineren Nebenräume und Küche mit Utensilien. Die Unterhaltung der Verbrauchsinventarien und des Messegeschirrs hat aus den Repräsentationsgeldern zu erfolgen.

c) Angehörige des Gouvernements und der Schutztruppe mit einem Gesamteinkommen von 8000 Mark und darüber erhalten zwei eingerichtete Zimmer.

d) Sämtliche übrigen Beamten, Offiziere und Deckoffiziere erhalten je ein möbliertes Zimmer. Die Unteroffiziere erhalten ein möbliertes Zimmer nur insoweit, als die Raumverhältnisse es gestatten. Bei Verteilung der vorhandenen Räume ist der Dienststellung des Wohnungsinhabers tunlichst Rechnung zu tragen. Im übrigen wird auf den § 12 verwiesen.

§ 3. Bei Dienstreisen und sonstiger Abwesenheit von voraussichtlich mehr als vierwöchiger Dauer, sowie bei voraussichtlich längerer Krankenhausbehandlung kann bei Wohnungsmangel über die Zimmer des abwesenden Inhabers verfügt werden. In diesem Falle sorgt das Gouvernement für ordnungsmäßige Aufbewahrung der Privatsachen des Zimmerinhabers. Bei vorübergehender Abwesenheit von Verheirateten sind den zurückbleibenden Familienmitgliedern die Räume zu belassen.

§ 4. Die Annahme einer Dienstwohnung kann nur unter Verzicht auf Mietsentschädigung verweigert werden.

In Ermanglung einer angemessenen Dienstwohnung, oder sofern auf Antrag die Benutzung einer Dienstwohnung aus besonderen Gründen erlassen worden ist, wird eine monatlich nachträglich zahlbare Mietsentschädigung nach folgenden Sätzen gewährt:

Es erhalten bei dauerndem Aufenthalt auf einer Küstenstation:

a) die im § 2 unter c) bezeichneten Personen in Daressalam 70 Rupien, in Tanga 60 Rupien, in Kilwa 50 Rupien und in den übrigen Küstenstationen 40 Rupien,

b) sämtliche übrigen Offiziere, Ärzte sowie die Beamten und Angestellten des Gouvernements mit einem Gesamtdiensteinkommen von 5500 bis 8000 Mark ausschließlich in Daressalam 45 Rupien, in Tanga 40 Rupien, in Kilwa 35 Rupien und in den übrigen Küstenstationen 30 Rupien,

c) die Deckoffiziere sowie die Beamten und Angestellten des Gouvernements mit einem Gesamtdiensteinkommen von 4200 bis 5500 Mark ausschließlich in Daressalam und Tanga 30 Rupien, in den übrigen Küstenstationen 25 Rupien,

d) die Unteroffiziere („statt freier Unterkunft") sowie alle Beamten und Angestellten des Gouvernements mit einem Diensteinkommen von weniger als 4200 Mark in Daressalam und Tanga 25 Rupien, in den übrigen Küstenstationen 20 Rupien.

Unter „Gesamtdiensteinkommen" in vorstehendem Sinne ist lediglich das Stelleneinkommen zu verstehen; Nebeneinnahmen bleiben demnach außer Berechnung.

§ 5. Bei der Ankunft aus Europa oder aus dem Innern sowie bei sonstigem vorübergehenden dienstlichen Aufenthalt auf einer Küstenstation wird, falls keine freie Unterkunft gewährt werden kann, ein nachträglich zahlbares Wohnungsgeld bewilligt. Die betreffenden Personen haben in diesem Falle selbst für ihre Unterkunft zu sorgen. Das Wohnungsgeld beträgt für jeden Tag des Aufenthalts:

1. bei den im § 4 unter a) bezeichneten Personen in Daressalam und Tanga 3 Rupien, auf den übrigen Küstenstationen 2½ Rupien,
2. bei den im § 4 unter b) bezeichneten Personen in Daressalam und Tanga 2½ Rupien, auf den übrigen Küstenstationen 2 Rupien,
3. bei den im § 4 unter c) bezeichneten Personen in Daressalam und Tanga 2 Rupien, auf den übrigen Küstenstationen 1½ Rupien,
4. bei den im § 4 unter d) bezeichneten Personen in Daressalam und Tanga 1½ Rupien, auf den übrigen Küstenstationen 1 Rupie.

Ein Aufenthalt bis zur voraussichtlichen Dauer von vier Wochen wird im Sinne dieser Vorschrift als ein vorübergehender betrachtet. Für den Abgangstag wird das Wohnungsgeld nur gewährt, wenn seitens des Berechtigten für diesen Tag eine Unterkunftsmiete tatsächlich gezahlt werden mußte.

§ 6. Offiziere und Beamte, welche verheiratet sind und ihre Familie bei sich haben, erhalten freie Wohnung nach folgenden Grundsätzen:

1. die im § 4 unter a) aufgeführten
   3 bis 4 Zimmer nebst Küche und Zubehör je nach Bauart des Hauses,
2. die im § 4 unter b) aufgeführten
   2 bis 3 Zimmer nebst Küche und Zubehör je nach Bauart des Hauses,
3. die im § 4 unter c) aufgeführten
   2 Zimmer nebst Küche,
4. die im § 4 unter d) aufgeführten
   1 Zimmer nebst Nebenraum und Kochgelegenheit.

In Ermangelung einer Dienstwohnung beziehen die Verheirateten, die ihre Familien bei sich haben, an Mietsentschädigung ein Drittel mehr als die ihrer Klasse angehörenden unverheirateten Personen.

Eine Erhöhung der Gesamtabfindung bis auf das Anderthalbfache der regelmäßigen Mietsentschädigung kann von dem Gouverneur genehmigt werden, sofern dies mit Rücksicht auf die örtlichen Teuerungsverhältnisse geboten erscheint.

§ 7. Beim Empfang von Mietsentschädigung haben die betreffenden Personen ihre Wohnungen selbst zu mieten und auszustatten.

§ 8. Bei dienstlicher Abwesenheit vom ständigen Stationsort auf eine Dauer von voraussichtlich mehr als vier Wochen kommt die etwa bewilligte Mietsentschädigung für diejenige Zeit in Wegfall, für welche eine Aufgabe der Wohnung bei rechtzeitiger Kündigung möglich war.

§ 9. Ausstattung der Dienstwohnungen.

Die Ausstattung der Dienstwohnungen erfolgt im Rahmen dieser Zusammenstellung, insoweit die amtlichen Bestände und die Etatsmittel ausreichen.

Bezeichnung der Geräte	Es erhalten die Dienstwohnungsinhaber								Bemerkungen
	zu § 4a		zu § 4b		zu § 4c		zu § 4d		
	verheiratete	unverheiratete	verheiratete	unverheiratete	verheiratete	unverheiratete	verheiratete	unverheiratete	
Bettstellen	2	1	2	1	2	1	2	1	Flur- und Verandalampen werden nach Bedarf überwiesen. Eine etwaige Dienstkammer enthält 1 Holz mit Matratze, 1 Stuhl 1 Wäscheständer mit Zubehör.
Moskitonetze	2	1	2	1	2	1	2	1	
Matratzen	2	1	2	1	2	.	2	1	
Kopfkissen	2	1	2	1	2	1	2	1	
Keilkissen	2	1	2	1	2	1	.	.	
Sofa oder Ruhebetten . .	1	1	1	1	1	.	.	.	
Schränke	4	2	3	1	2	1	1	1*)	*) oder Kommode.
Kommoden	2	1	2	1	2	1	1	.	
Büfette	1	.	1	.	1	.	.	.	
Anrichtetische	1	.	1	.	1	.	.	.	
Esstische	1	.	1	.	1	.	.	.	
Schreibtische mit Stuhl . .	1	1	1	1	.	.	.	.	
Zimmertische	2	1	1	1	1	1	1	1	
Kleine Tische	2	1	1	.	1	.	1	.	
Lehnstühle mit Polster oder Lederbezug, oder Korbgeflecht	2	1	2	.	.	.	.	.	
Stühle mit Rohrsitz . . .	12	8	10	4	6	3	4	2	
Liegestühle (Bombay·) . .	2	1	2	1	2	1	1	1	
Wandspiegel	2	1	2	1	2	1	1	1	
Hängelampen	1	.	1	.	.	.	.	.	
Steh- (Tisch-) Lampen . . .	2	2	2	1	2	1	1	1	
Windleuchter	3	1	2	1	1	.	.	.	
Kleiderrechen	3	2	2	1	2	1	1	1	
Kleiderständer	1	1	1	.	.	.	.	.	
Aktenständer	1	1	.	.	.	.	.	.	
Handtuchständer	2	1	2	1	2	1	1	1	
Waschtische	2	1	2	1	1	1	1	.	
Waschständer mit Zubehör	.	.	.	.	.	.	1	1	
Waschtischeimer	2	1	2	1	1	1	.	.	
Wasserkannen	2	1	2	1	1	1	.	.	
Seifennäpfe	2	1	2	1	2	1	.	.	
Zahnbürstennäpfe . . .	2	1	2	1	2	1	.	.	
Waschschüsseln	2	1	2	1	1	1	.	.	
Spucknäpfe	2	1	1	1	1	1	.	.	
Nachttische	2	1	2	1	1	.	.	.	
Nachttöpfe	2	1	2	1	2	1	2	1	
Küchenschränke	1	.	1	.	1	.	.	.	
Küchentische	1	.	1	.	1	.	1	.	
Küchenstühle	1	.	1	.	1	.	1	.	
Küchenlampen	1	1	1	1	1	1	1	1	
Spülwannen	1	.	1	.	1	.	1	.	
Wassereimer	2	1	2	1	2	1	2	1	
Waschkessel	1	.	1	.	1	.	1	.	nötigenfalls im Hause gemeinschaftlich.

Eine mietweise Abgabe weiterer Einrichtungsgegenstände an Wohnungsinhaber seitens des Gouvernements ist unstatthaft. Die bisher aus Gouvernementsbeständen leihweise entnommenen Stücke sind bis spätestens 1. April 1904 zurückzugeben, sofern die Mieter nicht vorziehen, die Stücke durch Erstattung des vom Gouvernement festzusetzenden Wertes eigentümlich zu erwerben.

Stücke anderer Art, als die vorstehenden, dürfen zur Einrichtung von Dienstwohnungen nicht beschafft werden. Messe- und Küchengeschirr wird nicht verabfolgt.

§ 10. Die Instandhaltung der Wohnräume und der amtlichen Einrichtungsgegenstände erfolgt auf Kosten des Schutzgebiets. Der Wohnungsinhaber hat indessen für diejenigen Beschädigungen und Verluste aufzukommen, welche durch Mutwillen oder Fahrlässigkeit des Wohnungsinhabers, seiner Angehörigen oder seines Gesindes veranlaßt worden sind.

§ 11. Bettwäsche wird aus Beständen des Gouvernements frei geliefert. Über das hierbei zu beobachtende Verfahren ergeht besondere Verfügung an die Magazinverwaltung.

Verheiratete erhalten dieselbe Stückzahl geliefert wie Unverheiratete. Für Reinigung haben die Empfänger selbst Sorge zu tragen.

§ 12. Vertreter von Beamten und Offizieren erhalten Wohnung und Einrichtungsgegenstände nur nach den für ihr Hauptamt gültigen Regeln.

§ 13. Für Benutzung aus landesfiskalischen Mitteln hergestellter Anlagen, wie Wasserleitung usw., haben die Wohnungsinhaber diejenigen Kostenbeiträge zu leisten, welche sich aus den in dieser Beziehung ergangenen oder noch ergehenden Verfügungen ergeben.

§ 14. Vorstehende Dienstanweisung findet nur auf die Küstenstationen und diejenigen Innenstationen Anwendung, welche vom Gouverneur bestimmt bezeichnet werden. Auf allen übrigen Posten und Stationen regelt der Stationschef die Unterkunft je nach Lage der Verhältnisse.

§ 15. Nach dieser Dienstanweisung ist vom 1. Oktober 1903 ab zu verfahren.

Berlin, den 25. August 1903.

Auswärtiges Amt. Kolonial-Abteilung.
I. V. Hellwig.

103. Verordnung des Gouverneurs von Deutsch-Ostafrika, betreffend das Marktwesen im Bezirk Rufiyi. Vom 27. August 1903.

Auf Grund des § 15, letzter Absatz, des Schutzgebietsgesetzes (Reichs-Gesetzbl. 1900, S. 813) in Verbindung mit der Verfügung des Reichskanzlers vom 1. Januar 1891 (D. Kol. Gesetzgeb. I, S. 326) wird hierdurch für die Ortschaften Mohorro, Kikale und Msindaji sowie für einen Umkreis von 1 km, vom Weichbilde dieser Orte an gerechnet, hinsichtlich des Marktwesens verordnet, was folgt:

§ 1. Erzeugnisse der einheimischen Land- und Forstwirtschaft, Viehzucht, Jagd und Fischerei sowie die daraus hergestellten Lebens- und Genußmittel, soweit sie der Befriedigung täglicher Bedürfnisse der Bevölkerung dienen sollen, dürfen zum Zwecke des Kleinverkaufs an die Verbraucher außer in offenen Verkaufsstellen, welche zur Gewerbesteuer veranlagt sind, nur in der Markthalle feilgeboten werden.

§ 2. Die Verkäufer der im § 1 bezeichneten Gegenstände haben Marktgebühren nach dem nachfolgenden Tarif an die von der örtlichen Polizeibehörde
zu bezeichnende Stelle zu entrichten.

§ 3. Sind die in § 1 genannten Erzeugnisse zum eignen Verbrauche durch
die Produzenten bestimmt, so bleiben sie von den Vorschriften des § 2 unberührt,
müssen jedoch auf Verlangen der örtlichen Polizeibehörde in die Markthalle gebracht und dem dortigen Aufseher vorgezeigt werden.

§ 4. Auf Antrag des Verkäufers können seine in die Markthalle gebrachten
Erzeugnisse durch einen amtlich zugelassenen Auktionator öffentlich versteigert
werden.

§ 5. Die Vorschriften des § 1 finden keine Anwendung auf den Handel mit:

1. Mtama, Mais, Reis, Sesam, Kopra, Zucker (Sirup, wie in fester Kon-
   sistenz), Baumwolle und geschälten Erdnüssen,
2. auf den Handel mit Eseln, Pferden, Maultieren, Kamelen sowie mit
   Rindvieh und Kleinvieh, welches nicht zum Schlachten bestimmt ist,
3. auf den Gewerbebetrieb der Bäcker, Milch- und Eierhändler sowie der
   Palmweinverkäufer.

Erfolgt der Verkauf der vorstehend genannten Erzeugnisse jedoch in der
Markthalle, so ist die Marktgebühr nach Maßgabe des § 2 zu entrichten.

§ 6. Die örtliche Polizeibehörde kann bestimmten Personen die widerrufliche Erlaubnis zur Feilhaltung und zum Verkaufe von europäischem Gemüse,
Geflügel und Obst sowie von zubereiteten Eßwaren und Genußmitteln der Eingeborenen auf den Straßen oder im Umherziehen, unbeschadet der Verpflichtung
zur Entrichtung der nach § 2 für den Verkauf in der Markthalle zuständigen
Marktgebühr und unter der Auflage zur Vorausbezahlung der letzteren, gestatten.

Die Verkäufer haben den Erlaubnisschein und eine Bescheinigung über die
Bezahlung der Gebühr bei sich zu führen und auf Verlangen der Organe der
Polizeibehörde vorzuweisen.

§ 7. Zuwiderhandlungen gegen die Vorschriften dieser Verordnung
werden, soweit nicht nach den bestehenden Gesetzen eine härtere Strafe verwirkt
ist, mit Geldstrafen bis zu 20 Rupien, an deren Stelle im Unvermögensfalle Haft
bis zu einer Woche — bei Eingeborenen Gefängnis und Zwangsarbeit oder
Kettenhaft — tritt, bestraft.

Sofern eine Hinterziehung nach § 2 zu entrichtender Gebühren stattgefunden hat, kommt außerdem der vierfache Betrag der hinterzogenen
Gebühr, mindestens jedoch 1 Rupie, als Zusatzstrafe zur Erhebung.

§ 8. Die auf Grund dieser Verordnung zu erhebenden Abgaben und Gebühren einschließlich der zu verhängenden Geldstrafen fließen zur Kommunalkasse.

§ 9. Diese Verordnung tritt mit dem 1. April 1904 in Kraft.

Mit dem gleichen Tage wird die Verordnung vom 26. Oktober 1900, betreffend Markthallenordnung für den Bezirk Rufiyi und die Zusatzbestimmung
hierzu vom 26. Februar 1902, aufgehoben.

D a r e s s a l a m , den 27. August 1903.

Der Kaiserliche Gouverneur.
G r a f v. G ö t z e n.

Anlage zu No. 104.

Markthallen-Tarif.

I.
Gewerbamäfsige Verkäufer zahlen an Standgeldern für den Tag:
1. für einen Fleischerstand . . . . . 8 Pesa
2. für einen Fischerstand . . . . . 6 „
3. für einen grofsen Verkaufsstand
   (2 qm) für allerhand Waren . . . 4 „
4. für einen kleinen Verkaufsstand
   (1 qm) für allerhand Waren . . . 2 „

II.
Gelegentliche Verkäufer bezahlen für jede Rupie des erzielten Erlöses 4 Pesa, für jede angefangene Viertelrupie 1 Pesa. Erlöse unter 16 Pesa sind frei.

III.
Verkäufer von Vieh entrichten:
1. für ein Stück Grofsvieh (Rinder,
   Kamele, Maultiere, Esel) . . . . 64 Pesa
2. für ein Stück Kleinvieh (Ziegen,
   Schafe) . . . . 16 „
3. für eine Ente, Gans oder Truthahn 4 „
4. für ein Huhn oder sonstiges Geflügel 1 „

104. Runderlafs der Kolonial-Abteilung des Auswärtigen Amtes, betreffend Gefangenentransporte auf Kauffahrteischiffen. Vom 31. August 1903.

Seitens der zuständigen Reichsbehörden ist die beigefügte „Übersicht über die Sicherungsmafsregeln, die bei der Beförderung von Gefangenen an Bord deutscher Kauffahrteischiffe in Betracht kommen", aufgestellt worden.

Die Führer der den vom Reiche subventionierten Linien angehörenden Dampfer sind von ihren Direktionen bereits entsprechend verständigt worden. Desgleichen ist die Woermannlinie in Hamburg um entsprechende Benachrichtigung ihrer Kapitäne ersucht worden.

Euer Hochwohlgeboren ersuche ich ergebenst, auch Ihrerseits gefälligst Vorsorge zu treffen, dafs die der Übersicht entsprechenden Mafsregeln gegebenenfalls beobachtet werden.

Bei der Heimschaffung straffälliger Seeleute auf kleineren Schiffen werden die gemäfs § 4, Absatz 2, des Reichsgesetzes vom 2. Juni 1902 (Reichs-Gesetzbl. S. 212) vom Seemannsamt zu erteilenden Weisungen sich jedoch auf die Befolgung derjenigen Sicherungsmafsregeln zu beschränken haben, die nach den Verhältnissen des Schiffes ohne Schwierigkeiten zur Anwendung gebracht werden können.

Bezüglich des Transports von gefangenen Angehörigen der Schutztruppen hat das Kaiserliche Oberkommando der Schutztruppen besondere Anordnung getroffen.*)

Berlin, den 31. August 1903.

Auswärtiges Amt. Kolonial-Abteilung.
I. V. Hellwig.

---

*) Nicht abgedruckt.

Anlage zu No. 104.

Übersicht über die Sicherungsmaßregeln, die bei Beförderung von Gefangenen an Bord deutscher Kauffahrteischiffe in Betracht kommen.

1. Der Raum, in dem der Gefangene an Bord des Schiffes festgehalten werden soll, ist vor dessen Einlieferung daraufhin zu untersuchen, ob er sich zur sicheren Unterbringung des Gefangenen eignet, namentlich, ob die Türen und Verschlüsse in Ordnung sind, ob die Schlösser nicht etwa an der Innenseite der Tür angebracht oder so einfach hergestellt sind, daß sie sich mit beliebigen Werkzeugen leicht öffnen lassen, sowie, ob auch jede Möglichkeit ausgeschlossen erscheint, die Flucht auf dem Wege durch die Fenster oder durch das in der Zelle befindliche oder mit der Zelle verbundene Klosett zu bewirken.

2. Ist der Gefangene auf die Benutzung eines von seiner Zelle räumlich getrennten Klosetts angewiesen, so ist auch dieses daraufhin zu untersuchen, ob es dem Gefangenen keine Gelegenheit zum Entweichen bietet. Kann eine solche Gelegenheit nicht durch Einrichtungen unbedingt abgeschnitten werden, so ist bei Benutzung des Raumes durch den Gefangenen eine besondere Bewachung erforderlich (No. 12).

3. Der Gefangene und seine Sachen sind sofort nach der Einlieferung an Bord sorgfältig zu durchsuchen. Die Durchsuchung weiblicher Gefangener erfolgt durch eine zuverlässige Frauensperson. Den Gefangenen sind alle während der Haft entbehrlichen Gegenstände abzunehmen, insbesondere Geld, Kostbarkeiten, Papiere, überflüssige Kleidungsstücke und solche Werkzeuge, die zur Beförderung der Flucht oder zur Begehung des Selbstmordes dienen können. Über die abgenommenen Gegenstände ist ein Verzeichnis aufzustellen.

4. Sind mehrere Gefangene zu befördern, so dürfen sie nur dann in eine Zelle zusammengebracht werden, wenn dies von der die Einschiffung der Gefangenen veranlassenden deutschen Behörde ausdrücklich für zulässig erachtet wird. Die gleichzeitige Zusammenbringung von nur zwei Gefangenen in derselben Zelle ist möglichst zu vermeiden.

5. Sofern sich größere geschlossene Truppenkommandos oder solche kleineren Transporte von Truppen, die mindestens einen Unteroffizier zum Transportführer haben, an Bord befinden, kann ihnen die Bewachung und die Beaufsichtigung des Gefangenen übertragen werden. Abgesehen von diesem Falle, ist für die Bewachung und die Beaufsichtigung, soweit nicht ein besonderer Begleitbeamter dafür mitgegeben wird, von dem Schiffsführer Sorge zu tragen.

6. Während der Dauer der Fahrt ist der Gefangene, auch wenn er militärisch oder von einem besonderen Begleitbeamten bewacht wird, der Regel nach in dem für ihn bestimmten, verschlossen zu haltenden Raum zu bewahren. Für die sichere Aufbewahrung der Schlüssel zu dem Gefangenenraum ist Sorge zu tragen; sie dürfen nirgends stecken oder liegen bleiben.

7. Die mit der Beaufsichtigung des Gefangenen betrauten Personen haben sich täglich davon zu überzeugen, daß der für den Gefangenen bestimmte Raum sich fortdauernd in geeigneter Beschaffenheit (No. 1) befindet, daß namentlich die Türverschlüsse, etwaige Fenstervergitterungen und die Einrichtungsgegenstände unbeschädigt sind, und daß sonst in dem Raume sowie in den Kleidungsstücken des Gefangenen nichts Verdächtiges vorhanden ist. Sie haben ferner die den Gefangenenraum zeitweise verlassenden und dorthin zurückkehrenden Gefangenen zu durchsuchen.

8. Die Trennung der Gefangenen voneinander zur Verhütung jeglichen Verkehrs unter ihnen ist, soweit sie nicht zusammen untergebracht sind (No. 4),

auch für die von ihnen etwa außerhalb des Gefangenenraums zugebrachte Zeit durchzuführen.

9. Jeder Verkehr des Gefangenen mit der Mannschaft oder mit anderen mitfahrenden Personen ist sorgfältig zu verhindern.

10. Den als gefährlich bezeichneten oder nach Ermessen des Schiffsführers gefährlich erscheinenden Gefangenen ist besondere Aufmerksamkeit zu widmen; ihnen können, wenn sie aus irgend einem Grunde ihre Zelle verlassen müssen, oder sofern die Einrichtungen der Zelle und des Schiffes eine ausreichende Sicherheit gegen die Flucht nicht bieten, auch während des Aufenthalts in der Zelle Fesseln angelegt werden.

11. Es bleibt im Falle militärischer Bewachung oder amtlicher Begleitung dem militärischen Führer oder dem begleitenden Beamten nach vorherigem Benehmen mit dem Schiffsführer, in allen anderen Fällen dem Schiffsführer überlassen, ein zeitweiliges Verweilen der Gefangenen auf Deck unter Aufsicht zu gestatten. Dies darf jedoch nur ausnahmsweise und nur auf hoher See, dagegen nie in einem Hafen oder bei Annäherung des Schiffes an das Land geschehen; auch ist für eine besondere Beaufsichtigung, wie während des Aufenthalts auf Deck, so auch auf dem Wege zum Deck und auf dem Rückwege Sorge zu tragen und namentlich darauf zu achten, daß der Gefangene keinerlei Gegenstände von dritter Seite zugesteckt erhält oder sich selbst aneignet.

12. Der Gefangene ist, sofern er ein außerhalb seiner Zelle befindliches Klosett zu benutzen hat, auf dem Hinwege und auf dem Rückwege sorgsam zu bewachen; während seines Aufenthalts in dem Klosettraum ist dessen Tür von der mit der Bewachung betrauten Person nicht aus den Augen zu lassen. Außerdem ist der Raum, wenn er gegen Entweichung nicht unbedingt gesichert erscheint (No. 9), während des Aufenthalts des Gefangenen auch anderweit noch besonders zu bewachen in solcher Art, daß jede Gelegenheit zur Entweichung abgeschnitten ist.

13. Die Mahlzeiten, zu denen der Gefangene eines Messers oder einer Gabel bedarf, hat er unter Aufsicht einzunehmen; die zur Mahlzeit gebrauchten Geräte und Geschirre sind ihm nach dem Gebrauche sofort wieder abzunehmen.

105. Grundsätze für die Namengebung, Namenübersetzung, Schreib- und Sprechweise der geographischen Namen in den deutschen Schutzgebieten.
Veröffentlicht im Kol. Bl. vom 1. September 1903.
(Reichsanz. vom 1. September 1903.)

Die im Deutschen Kolonialblatt vom 15. August 1892 (S. 407)*) veröffentlichten Beschlüsse der Kommission zur Regelung der einheitlichen Schreib- und Sprechweise der geographischen Namen in den deutschen Schutzgebieten sind nach erneuten Beratungen von Kommissaren des Reichs-Marine-Amts, des Reichs-Postamts und der Kolonialabteilung des Auswärtigen Amts durch die folgenden Grundsätze ersetzt worden, welche die Genehmigung des Herrn Reichskanzlers gefunden haben.

1. Namengebung.

Die einheimischen Namen sind mit der größten Sorgfalt festzustellen und beizubehalten.

Wo einheimische Namen nicht existieren oder noch nicht mit Sicherheit ermittelt sind, sind bis auf weiteres die von den ersten Entdeckern gegebenen

*) In der D. Kol. Gesetzgeb. nicht abgedruckt.

Namen anzunehmen. Für Punkte, für welche keine solche Namen vorhanden sind, Namen aber erforderlich erscheinen, sind in erster Linie Bezeichnungen zu wählen, aus denen auf die Beschaffenheit, Lage usw. des betreffenden Punktes geschlossen werden kann.

Die willkürliche Änderung historischer, längst vorhandener, allgemein bekannter und in der Wissenschaft anerkannter Namen ist zu vermeiden.

Neu gebildete Namen sind, soweit sie nicht durch Kaiserliche Verordnung genehmigt sind, durch solche Namen zu ersetzen, welche den vorstehenden Grundsätzen entsprechen.

2. Namenübersetzung.

Eine Namenübersetzung soll nicht stattfinden, vielmehr sollen die Namen so in die Karton aufgenommen werden, wie sie in dem betreffenden Lande üblich sind. Da, wo es für den Seefahrer oder Reisenden von Wichtigkeit ist, die Bedeutung der Namen zu kennen, ist die Übersetzung in anderer Schrift daneben oder darunter zu setzen, z. B. Mukalatanda (weiße Stämme). Für sich mehrfach wiederholende Bezeichnungen sind Übersetzungstäfelchen in den Karten anzubringen.

Eine Ausnahme ist uur zu machen, d. h. die Übersetzung soll stattfinden: a) wenn es sich um allgemeine Bezeichnung handelt, z. B. „Großer Hafen", „Kleiner Handelshafen", „Große Bucht" usw. — b) bei Plätzen und Punkten, für die kein einheimischer Name festgestellt werden kann, die aber eine fremdsprachliche Bezeichnung erhalten haben, z. B. „Open Bay" wird übersetzt in „Offne Bucht". Andere Übersetzungen wie die vorgenannten sind unzulässig.

3. Schreib- und Sprechweise.

Für die Schreib- und Sprechweise der geographischen Namen in den deutschen Schutzgebieten gelten folgende Regeln:

Die Schrift hat den Wortlaut so genau wiederzugeben, wie dies mit deutschen Schriftzeichen möglich ist.

Selbstlauter (Vokale) und Doppellauter (Diphthonge) werden so geschrieben, wie sie in der deutschen Sprache klingen. Für äu, eu, oi und oy wird nur eu, für ai, ei, ay und ey nur ei gesetzt. Die Reihe der Selbstlauter und Doppellauter ist danach folgende: a, e, i, o, u, ä, ö, ü, eu, ei, au. Besondere Dehnung eines Doppellauters wird nicht durch Verdoppelung desselben oder durch Zufügen von h oder, wie bei i, durch Zufügen von e ausgedrückt, sondern durch einen Dehnungsstrich (Agōme). Besondere Kürzung wird nicht durch Verdoppelung des folgenden Konsonanten, sondern durch das Kürzezeichen kenntlich gemacht (Sŏbe, Mohŏro).

Auf der Karte müssen Akut (zur Bezeichnung der betonten Silbe), Längeund Kürzezeichen der Selbstlauter vorerst so lange angewendet werden (Agōme), bis die richtige Aussprache der wichtigeren einheimischen Namen allgemein bekann ist (Duala). Werden Doppellauter getrennt ausgesprochen, so wird einer derselben mit einem Trema bezeichnet (Läwië).

Für die Mitlauter (Konsonanten) gelten folgende Regeln:

Es werden gebraucht: b, ch (als Gutturallaut: Charutábis, Hoáchauas), d, f, g, h, j, k, l, m, n, p, r, sch (dech: Dechága, tsch: Kóntscha), t, w, x Für qu ist kw zu setzen (Rükwa, Kwei). Für z ist ts zu schreiben (Tsŏnu, Hátsamas). z für den weichen s-Laut und c für ts zu setzen, ist unstatthaft. Der weiche s-Laut wird durch s, der scharfe s-Laut durch ss bezeichnet (Simba, Masinde, Ssongéa, Mássisai).

Als entbehrlich werden danach folgende Schriftzeichen ausgeschieden: c, ck, ph (sofern es wie f gesprochen wird), q, v, y, z.

Bestehen Namen aus mehreren Wörtern, so sind diese getrennt und mit Bindestrichen zu schreiben (Agôme-Pálime, Kibambáwe-kwa-Kungullo, Grofs-Batanga, Neu-Pommern, Lüderitz-Bucht, Kamerun-Berg). Eine Ausnahme bildet die amtlich festgesetzte Schreibweise der Worte Daressalam,[*] Kilimandscharo, Kilimatinde.

Tragen A n s i e d l u n g e n aus zwei Worten zusammengesetzte Namen, welche der deutschen Sprache entnommen sind, so sind diese in einem Wort zu schreiben (Bismarckburg, Wilhelmsfeste, Herbertshöhe, Lüderitzbucht als Ansiedlung). Dagegen als Bucht (Wasserfläche) Lüderitz-Bucht (siehe oben).

Bestehen solche Ansiedlungsnamen aus drei Worten, so sind die beiden letzten regelmäfsig zu einem Wort zusammenzuziehen und mit dem ersten durch einen Strich zu verbinden (Johann-Albrechtshöhe, Friedrich-Wilhelmshafen, dagegen Friedrich-Wilhelms-Hafen, wenn es sich um die Bucht als solche, nicht als Ansiedlung handelt). Aufserdem sind dementsprechend noch folgende Namen zu schreiben:

Deutsch-Ostafrika, Deutsch-Südwestafrika, Deutsch-Neuguinea, Kaiser-Wilhelmsland.

Eine Änderung der Namengebung im Kiautschou-Gebiet hat nicht stattzufinden, weil die für dieses Schutzgebiet festgesetzten Namen infolge von Landverkäufen, Prozessen usw. bereits in Urkunden aufgenommen sind.

Die Feststellung der einheimischen Namen, die Ausscheidung unrichtiger oder willkürlicher Namen und die Entscheidung bei fraglichen Namen (besonders wenn mehrere Namen für einen Ort in Gebrauch) ist Sache der kolonialen Verwaltungen in den Schutzgebieten bezw. der Kolonial-Abteilung des Auswärtigen Amts (ausgenommen für das Kiautschou-Gebiet).

Zur Prüfung und endgültigen Feststellung der Namen ist eine ständige Kommission von drei Sachverständigen (zwei Mitglieder aus der Kolonial-Abteilung, ein Mitglied aus dem Reichs-Marine-Amt) einzusetzen. Von dieser Kommission ist auch ein Verzeichnis der festgestellten Namen aufzustellen, welches allmählich auszudehnen und zu ergänzen ist.

106. Verordnung des Gouverneurs von Deutsch-Ostafrika, betreffend Befeuerungs- und Betonnungsgebühren für die Häfen der deutsch-ostafrikanischen Küste. Vom 17. September 1903.

(Kol. Bl. S. 674.)[**]

Auf Grund des § 15, letzter Absatz, des Schutzgebietsgesetzes (Reichs-Gesetzbl. 1000, S. 813) in Verbindung mit der Verfügung des Reichskanzlers vom 1. Januar 1891 (Kol. Gesetzgeb. I, S. 326) wird verordnet, was folgt:

[*] Die Schreibweise Dar-es-Saläm oder Daressalaam ist hiernach für den amtlichen Verkehr beseitigt.

[**] Auf diese Verordnung bezieht sich folgender Runderlafs des Gouverneurs vom 9. August 1903:

Mit dem 15. Oktober 1903 tritt die in der Anlage beigefügte Verordnung, betreffend Befeuerungs- und Betonnungsgebühren (Hafenabgabe) für die Häfen der deutsch-ostafrikanischen Küste, in Kraft.

Nach § 5 der Verordnung werden die Zollämter mit der Einziehung der Befeuerungs- und Betonnungsgebühren beauftragt. Dieselben sind in den monatlich an das Kommando der Flottille einzureichenden Gouvernementsdampfer-Agenturabrechnungen unter näherer Bezeichnung des Schiffes und seines Brutto-Registertonnengehaltes nachzuweisen.

Die Hafenabgabe in Höbe von 5 Rupien, welche unter fremder Flagge fahrende Dhaus zu entrichten haben, ist in dem Schiffahrts-Abgabenregister zu verrechnen.

Der Kaiserliche Gouverneur.   Graf von Götzen.

§ 1. Schiffe, welche einen oder mehrere Häfen der deutsch-ostafrikanischen Küste anlaufen und in einem Hafen oder auf Reede ankern, haben, gleichgültig, ob sie sich auf der Hin- oder Rückreise befinden, in dem ersten angelaufenen Hafen Befeuerungs- und Betonnungsgebühren zu entrichten.

§ 2. Von den Befeuerungs- und Betonnungsgebühren sind befreit:
a) deutsche und fremde Kriegsschiffe,
b) die Dampfer und sonstigen Fahrzeuge des Kaiserlichen Gouvernements von Deutsch-Ostafrika,
c) diejenigen Schiffe, welche auf ihrer Reise auch den Hafen von Daressalam anlaufen. In diesem Falle tritt an Stelle dieser Verordnung die Lotsenordnung für den Hafen von Daressalam vom 23. Oktober 1901.

§ 3. Die Befeuerungs- und Betonnungsgebühren werden nach dem Brutto-Register-Tonnengehalt (Grofs-Tonnage) der Schiffe berechnet.

Schiffe bis zu 1000 Brutto-Register-Tonnen zahlen 30 Rupien und für jede weiteren 100 Brutto-Register-Tonnen 1 Rupie mehr.

§ 4. Vom Auslande kommende, unter fremder Flagge fahrende Dhaus, Ntepen usw. haben eine Hafenabgabe von 5 Rupien zu entrichten, welche ihnen für die Dauer eines Jahres das freie Anlaufen sämtlicher Häfen der deutsch-ostafrikanischen Küste gestattet.

§ 5. Die Befeuerungs- und Betonnungsgebühren sowie Hafenabgabe sind an die Zollbehörde zu entrichten, welche hierfür eine Bescheinigung ausstellt.

Läuft ein Schiff entgegen seiner ursprünglichen Absicht, und nachdem es die Befeuerungs- und Betonnungsgebühren schon in einem anderen Hafen entrichtet hat, den Hafen von Daressalam an, so werden ihm die bereits gezahlten Gebühren auf die nach der Lotsenordnung vom 23. Oktober 1901 zu entrichtenden Abgaben in Anrechnung gebracht.

§ 6. Zuwiderhandlungen gegen die vorstehenden Vorschriften werden mit Geldstrafe bis zu 300 Rupien oder Gefängnis bis zu drei Monaten oder Haft bestraft.

§ 7. Diese Verordnung tritt mit dem 15. Oktober 1903 in Kraft.

Daressalam, den 17. September 1903.

Der Kaiserliche Gouverneur.
Graf v. Götzen.

107. Runderlafs des Gouverneurs von Deutsch-Ostafrika, betreffend die sogenannten Routenlisten. Vom 18. September 1903.

Die Routenliste, Anlage zum Runderlafs vom 26. Mai 1899,*) wird durch folgende ersetzt:

Die neue Routenliste tritt mit dem 1. Oktober 1903 in Kraft, auch für Reisen, welche vor diesem Zeitpunkt angetreten, aber erst nach dem 1. Oktober 1903 beendet sind.

Daressalam, den 18. September 1903.

Der Kaiserliche Gouverneur.
Graf v. Götzen.

*) Nicht abgedruckt. — Durch R. E. des Gouverneurs vom 2. März 1904 ist die Zahl der Tage für die Route Kilossa—Mpapua von 3 auf 4 erhöht worden. Diese Änderung ist im Text der Anlage bereits berücksichtigt.

Routenliste
für das deutsch-ostafrikanische Schutzgebiet. Gültig vom 1. Oktober 1903 ab.

Zahl der Tage

Von Amani		nach Muhesa	1
"	Arucha	" Moschi	4
"	Bagamoyo	" Daressalam	2
"	"	" Kilimatinde über Namboyo	26
"	"	" Kilosa	14
"	"	" Morogoro	9
"	"	" Mpapua	18
"	Bismarckburg	" Daressalam	64
"	"	" Kilimatinde	38
"	"	" Neu Langenburg	16
"	"	" Tabora	27
"	Enkoba	" Mnansa über Land	21
"	"	" Tabora über Ushirombo	28
"	"	" Usumbura	26
"	Daressalam	" Bagamoyo	2
"	"	" Bismarckburg	64
"	"	" Iringa über Kilosa	27
"	"	" Kilimatinde	31
"	"	" Kilosa	16
"	"	" Mahenge	24
"	"	" Mohorro	7
"	"	" Morogoro	10
"	"	" Mpapua	19
"	"	" Mnansa über Tabora	62
"	"	" Mnansa über Mpapua, Kondoa-Irangi	50
"	"	" Rongea über Mahenge	36
"	"	" Tabora	46
"	"	" Uyiyi	66
"	Iringa	" Daressalam über Kilosa	27
"	"	" Kilimatinde	14
"	"	" Kilosa	12
"	"	" Neu-Langenburg	18
"	"	" Mahenge über Ifakara	12
"	"	" Mpapua	12
"	Kilimatinde	" Bagamoyo	26
"	"	" Bismarckburg	33
"	"	" Daressalam	31
"	"	" Iringa	14
"	"	" Kondoa-Irangi	8
"	"	" Mkalama	13
"	"	" Mpapua	12
"	"	" Mnansa über Tabora	31
"	"	" Tabora	14
"	"	" Uyiyi	34
"	Kilosa	" Bagamoyo	14
"	"	" Daressalam	16
"	"	" Iringa	12
"	"	" Mpapua	4
"	"	" Morogoro	4
"	Kilwa	" Liwale	9
"	"	" Mahenge	18
"	"	" Mohorro	3
"	"	" Rongea	24
"	"	" Wiedhafen über Songea	30
"	Kondoa-Irangi	" Kilimatinde	8
"	"	" Korogwe	14
"	"	" Mpapua	10
"	"	" Mnansa	20
"	"	" Pangani	17

13*

			Zahl der Tage
Von Korogwe	. . . . . .	nach Kondoa-Irangi	14
„ „	. . . . . .	„ Mombo	2
„ „	. . . . . .	„ Moschi, Pangani-Route	18
„ „	. . . . .	„ direkter Weg	12
„ „	. . . . .	„ Wilhelmsthal	8
„ „	. . . . . .	„ Wugiri	1
„ Langenburg (Neu-)	. .	„ Bismarckburg	16
„ „	. . .	„ Bundali	8
„ „	. . . .	„ Iringa	18
„ „	. . . .	„ Mwaya	2
„ „	. . . .	„ Songea	14
„ „	. . . .	„ Ukinga	4
„ „	. . . .	„ Unyika	6
„ „	. . .	„ Umalwa	8
„ Lindi	. . . . .	„ Songea	25
„ Liwale	. . . . .	„ Kilwa	9
„ „	. . . . .	„ Songea	14
„ Mahenge	. . . . .	„ Daressalam	24
„ „	. . . . .	„ Iringa über Ifakara	12
„ „	. . . . .	„ Kilwa	18
„ „	. . . . .	„ Songea	12
„ Mkalama	. . . . .	„ Kilimatinde	13
„ Mohorro	. . . . .	„ Daressalam	7
„ „	. . . . .	„ Kilwa	6
„ „	. . . . .	„ Simla-Urango	2
„ Mombo	. . . . .	„ Korogwe	2
„ „	. . . . .	„ Kwai	1
„ „	. . . . .	„ Wilhelmsthal	1
„ Morogoro	. . . . .	„ Bagamoyo	9
„ „	. . . . .	„ Daressalam	10
„ „	. . . . .	„ Kilossa	4
„ „	. . . . .	„ Mpapua	8
„ Moschi	. . . . .	„ Aruscha	4
„ „	. . . . .	„ Englische Grenze	2
„ „	. . . . .	„ Korogwe, Pangani-Route	16
„ „	. . . .	„ direkter Weg	12
„ „	. . . . .	„ Tanga, Pangani-Route	17
„ „	. . . . .	„ direkter Weg	13
„ „	. . . . .	„ Taveta	2
„ „	. . . . .	„ Voi	6
„ „	. . . . .	„ Wilhelmsthal	10
„ Mpapua	. . . . .	„ Bagamoyo	16
„ „	. . . . .	„ Daressalam	19
„ „	. . . . .	„ Iringa	12
„ „	. . . . .	„ Kilimatinde	12
„ „	. . . . .	„ Kilossa	4
„ „	. . . . .	„ Kondoa-Irangi	10
„ „	. . . . .	„ Morogoro	8
„ Muanza	. . . . .	„ Bukoba über Land	21
„ „	. . . . .	„ Daressalam über Tabora	62
„ „	. . . . .	„ „ Kondoa-Irangi, Mpapua	60
„ „	. . . . .	„ Kondoa-Irangi	20
„ „	. . . . .	„ Kilimatinde über Tabora	51
„ „	. . . . .	„ Pangani über Kondoa-Irangi	38
„ „	. . . . .	„ Schirati über Land	14
„ „	. . . . .	„ Tabora	17
„ „	. . . . .	„ Ujiji über Tabora	38
„ Mwaya	. . . . .	„ Usumbura	26
„ Pangani	. . . . .	„ Neu-Langenburg	2
„ „	. . . . .	„ Irangi	17
„ „	. . . . .	„ Muanza über Irangi	38
„ „	. . . . .	„ Tanga	2
„ „	. . . . .	„ Wilhelmsthal	7

Zahl der Tage

Von Schirati	nach Mnanza über Land	14
„ Simba-Uranga	„ Moboro	2
„ Songea	„ Daressalam über Mahenge	56
„ „	„ Kilwa	21
„ „	„ Langenburg über Land	14
„ „	„ Lindi	25
„ „	„ Liwale	14
„ „	„ Mahenge	12
„ „	„ Wiedhafen	5
„ Tabora	„ Bismarckborg	27
„ „	„ Bukoba über Usbirombo	28
„ „	„ Daressalam	45
„ „	„ Kilimatinde	14
„ „	„ Mnanza	17
„ „	„ Ujiji	20
„ „	„ Usambara über Land	28
„ Tanga	„ Korogwe mit Baba	1
„ „	„ Moschi, Pangani-Route	17
„ „	„ direkter Weg	13
„ „	„ Pangani	2
„ „	„ Wugiri	1
„ Taveta	„ Moschi	2
„ „	„ Voi	4
„ Ujiji	„ Daressalam	65
„ „	„ Kilimatinde	34
„ „	„ Mnanza über Tabora	28
„ „	„ Tabora	20
„ „	„ Usambara über Land	11
„ Usambara	„ Bukoba	26
„ „	„ Mnanza	25
„ „	„ Tabora über Land	28
„ „	„ Ujiji über Land	11
„ Voi	„ Moschi	6
„ „	„ Taveta, deutsche Grenze	4
„ Wiedhafen	„ Kilwa über Songea	30
„ „	„ Songea	5
„ Wilhelmsthal	„ Korogwe	3
„ „	„ Kwai	1
„ „	„ Masinde	1
„ „	„ Mombo	1
„ „	„ Moschi	10
„ „	„ Pangani	7
„ Wugiri	„ Tanga	1

108. Runderlaß der Kolonial-Abteilung des Auswärtigen Amtes, betreffend die neue Rechtschreibung. Vom 20. September 1903.

In dem Runderlasse vom 9. Februar d. J., betreffend die neue Rechtschreibung,[*]) war wegen des Gebrauchs der vorgesehenen Doppelschreibungen einzelner Wörter weitere Bestimmung vorbehalten worden.

Nunmehr ist das in einem Exemplar beigefügte „Amtliche Wörterverzeichnis für die deutsche Rechtschreibung" herausgegeben worden, in welchem gegenüber dem früheren Wörterverzeichnis eine Anzahl Doppelschreibungen in Fortfall gekommen ist.

Hinsichtlich der nicht beseitigten Doppelschreibungen wird bestimmt:

1. Der Gebrauch der in Klammern hinzugefügten Doppelschreibungen ist an sich nicht unzulässig, aber tunlichst zu vermeiden;

---
*) Oben No. 16.

2. bei den übrigen verbleibenden Doppelschreibungen steht die Wahl der Schreibung bis auf weiteres frei.

B e r l i n , den 20. September 1903.

Auswärtiges Amt.   Kolonial-Abteilung.
I. V.   H e l l w i g.

109. Vorschriften der Kolonial-Abteilung des Auswärtigen Amtes über Lieferung, Verpackung und Versendung von amtlich bestellten Bedarfs-gegenständen für die Schutzgebiete in Afrika und der Südsee. Vom 20. September 1903.*)

A. Allgemeine Vorschriften für alle Schutzgebiete.

I. B e s c h a f f e n h e i t d e r G e g e n s t ä n d e.

Alle G e g e n s t ä n d e , M a t e r i a l i e n etc. müssen von b e s t e r B e-s c h a f f e n h e i t sein.

Bei Lieferung von Maschinen etc. sind schwache gußeiserne Teile mög-lichst zu vermeiden. Diese Teile sind, soweit angängig, in Schmiedeeisen anzu-fertigen, da Gußeisen in den Schutzgebieten nicht ohne grofsen Zeitverlust er-setzt werden kann.

Wirtschafts- und sonstige Gebrauchsgegenstände sollen eine möglichst einfache praktische Konstruktion, durch welche eine leichte Handhabung der einzelnen Gegenstände erreicht wird, aufweisen.

II. V e r p a c k u n g d e r G e g e n s t ä n d e.

Auf s e e t ü c h t i g e s a c h g e m ä f s e V e r p a c k u n g der einzelnen Gegenstände, Materialien etc. ist b e s o n d e r e r W e r t zu legen.

Die Waren sind, soweit angängig, in starken Holzkisten zu verpacken, welche bei den durch Feuchtigkeit leidenden Sachen mit einem gut zu verlöten-den Zinkblecheinsatze zu versehen sind. Bei weniger empfindlichen Sachen sind die Kisten mit Öltuch auszulegen.

Die Kisten sollen die Verstärkungsleisten, um das Abstofsen derselben zu vermeiden und ein besseres Verstauen der Kisten zu gestatten, tunlichst nach I n n e n erhalten.

Schrauben, Nägel, Nieten etc. können auch in starken Fässern verpackt werden.

Zur Verpackung i n n e r h a l b der Kolli ist Holzwolle zu verwenden; lose versandte Schrauben, Nägel, Nieten etc. sind in mit Öl getränkte Sägespäne zu tun.

In besonders gearteten Fällen, wie z. B. bei Lieferungen von Zement, Ton-röhren, Mehl etc., ist die im überseeischen Handelsverkehre allgemein übliche Verpackungsart zu wählen, falls eine andere nicht besonders vorgeschrieben ist. Stab- und Profileisen, Wellblech, Bauhölzer etc. sind gebündelt, Gegen-stände in gröfseren Abmessungen lose zu verfrachten. In je einem Bündel sind nur gleich lange Stücke zu verpacken.

*) Diese Vorschriften sind an die Stelle der in Band VI, No. 335, der D. Kol. Gesetzgeb. abgedruckten Vorschriften getreten.

Wenn Flüssigkeiten enthaltende Fässer in Überfässern etc. aufgegeben werden, muß auf dem Überfasse eine schwarze Marke die Stelle des Spundloches des inneren Fasses angeben.

Bei Lieferung größerer Gegenstände, wie Baumaterialien, Maschinen etc., welche an Bord des Dampfers unverpackt im Raume oder auf Deck verstaut werden, ist stets der Spediteur im Verschiffungshafen darauf aufmerksam zu machen, daß die Sachen so verstaut werden, daß dieselben nicht durch Nässe oder Druck Schaden leiden.

Feuergefährliche, explodierbare und ätzende Waren sowie Maschinen und schwere Kolli (über 1000 kg Gewicht), welche nur nach besonderer Vereinbarung mit dem Spediteur im Verschiffungshafen und in der von der Schiffsreederei vorgeschriebenen Verpackung am Verschiffungsorte angenommen werden, sind besonders zeitig bei dem Spediteur anzumelden und nach dessen Angaben zur Absendung zu bringen.

Spiritus, Terpentin und Benzin ist nur in starken Eisenblechtins, sogenannten Hoboks, bis zum Nettogewichte von 25 kg, welche mit Holzkisten zu umgeben und sehr fest zu verschliessen sind, zur Verschiffung zu bringen.

Schwere und leichte Gegenstände sind nicht in einer Kiste zusammen zu verpacken; läßt es sich jedoch nicht vermeiden, so sind die schwereren Sachen durch Versteifungsbretter im Innern der Kiste so sicher zu befestigen, daß ein Loslösen selbst bei hartem Auffallen der Kiste nicht zu befürchten ist.

Glasscheiben sind voneinander durch genügende Mengen von Holzwolle oder Papier zu trennen und aufrechtstehend zu verpacken. Das Gewicht der einzelnen Kiste darf 30 kg brutto nicht überschreiten.

Jedem Kollo ist, unterhalb des Deckels angeheftet, ein Verzeichnis der darin enthaltenen Sachen beizufügen. Enthält das Kollo mehrere für verschiedene Dienststellen bestimmte Pakete, so ist das Verzeichnis auch noch nach den verschiedenen Dienststellen getrennt aufzustellen und auf den einzelnen Paketen die betreffende empfangende Dienststelle anzugeben.

Für die Verpackung sind, soweit deren Kosten nicht nach Handelsgebrauch in dem Warenpreise einbegriffen sind, mangels besonderer Zubilligung nur die Selbstkosten in Ansatz zu bringen. Die Rechnungen müssen in diesem Falle enthalten: Größe und Wandstärke der Kisten, Größe der Fässer, Tins*) etc. (bei letzteren auch Stärke des Bleches) sowie die sonstigen zur Beurteilung der Angemessenheit des Ansatzes nötigen Angaben.

III. Bezeichnung der Frachtstücke.

Die Frachtstücke sind außer mit einer den Inhalt kennzeichnenden kurzen Aufschrift und dem Worte: „Ausfuhrgut" mit der Marke (Firmenzeichen des Lieferanten) und Nummer sowie der Bezeichnung des Empfängers und des Bestimmungsortes zu versehen.

Die Marke und Nummer sind an den beiden Kopfseiten des Kollos zu wiederholen.

Besteht der Inhalt aus leicht zerbrechlichen Gegenständen, so sind an den Längsseiten der Frachtstücke die Bezeichnungen: „Vorsicht! Nicht kanten!" anzubringen.

---

*) Für Konservenbüchsen wird selbstredend keine besondere Vergütung geleistet.

Die in mindestens 5 cm hohen Buchstaben und in deutlicher, durch Regen nicht verwischbarer Schrift auszuführende Bezeichnung eines Frachtstückes würde etwa folgendermafsen zu lauten haben:

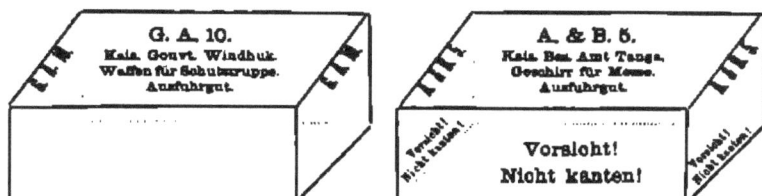

G. A. 10.
Kais. Gouvt. Windhuk.
Waffen für Schutztruppe.
Ausfuhrgut.

A. & B. 5.
Kais. Bez. Amt Tanga.
Geschirr für Messe.
Ausfuhrgut.

Vorsicht!
Nicht kanten!

Siehe auch unten Punkt I der „Besonderen Vorschriften" für die einzelnen Schutzgebiete.

Stabeisen und andere unverpackte Gegenstände, die nicht mit Marken und Nummern versehen werden können, müssen andere unauswischbare, deutliche Unterscheidungszeichen tragen, da sonst eine Verantwortung für Verwechselungen von der Schiffsreederei nicht übernommen wird.

IV. Gröfse der Frachtstücke.

Die Frachtstücke müssen handlich sein und dürfen höchstens 150 kg brutto wiegen, falls nicht gröfsere Bruttogewichte bereits zugelassen oder auf Ansuchen des Lieferanten gestattet worden sind.

Bretter, Latten etc. sind zu Kolli von gleicher Länge zu bündeln.

Glasscheiben sind aufrecht stehend in kleinen Kolli von höchstens 30 kg Bruttogewicht zu verpacken (vergl. auch unter II, drittletzten Absatz).

Sind die Güter als Trägerlasten für die Beförderung in das Innere des Schutzgebietes bestimmt, was in der Bestellung in jedem einzelnen Falle angegeben wird, so dürfen die einzelnen Kolli einschl. Verpackung das Gewicht einer Trägerlast (25 kg brutto) nicht überschreiten. Lassen sich bei Lieferung von Maschinen etc. solche kleinen Stücke nicht bilden, so dürfen dieselben das Gewicht einer Doppeltragelast (50 kg brutto) erreichen.

V. Art der Versendung.

Die für verschiedene Dienststellen bestimmten Gegenstände sind getrennt zu verpacken.

Sind die Gegenstände, Materialien etc. in mehreren Kolli, Bündeln etc. verpackt worden, so ist eine Verpackungsliste aufzustellen, in der genau anzugeben ist, in welchen Kolli sich die einzelnen Gegenstände befinden und wieviel von jedem Gegenstande in den einzelnen Kolli enthalten ist.

Den Frachtbriefen ist der Vermerk: „Zur Ausfuhr über See nach überseeischen Ländern" hinzuzufügen und bei Gütern, welche mit der Berlin-Hamburger Eisenbahn in Hamburg eingehen, zur Zeit des Umbaues des Bahnhofes in Hamburg unterhalb der Adresse noch der Vermerk: „Abnahme zu Wasser".

Für alle Lieferungen ist ein ordnungsgemäfs ausgefüllter, gestempelter Anmeldeschein für die Ausfuhr (grüner Statistikzettel) auszustellen und den Frachtbriefen beizufügen oder dem Spediteur zu übergeben.

Bei Lieferungen von über 2 Kubikmeter ist der benötigte Schiffsraum mindestens 20 Tage vor Abgang des Dampfers bei der für das betreffende Schutzgebiet vorgeschriebenen Speditionsfirma (siehe Punkt II der „Besonderen Vorschriften etc.") im Verschiffungshafen bezw. bei Sendungen im direkten Frachtgutverkehr nach Ostafrika bei der Deutsch-Ostafrika-Linie in Hamburg anzumelden.

Bei f r e i B o r d S c h i f f i m V e r s c h i f f u n g s h a f e n zu bewirkenden Lieferungen haben die Lieferanten die Speditionskosten etc., welche der für das betreffende Schutzgebiet vorgeschriebenen Speditionsfirma im Verschiffungshafen zustehen, selbst zu begleichen.

Die Lieferanten haben bei jeder Lieferung die betreffende Speditionsfirma zu ersuchen, je eine Abschrift des Konnossements gleichzeitig mit Abgang des Dampfers an das betreffende Kaiserliche Gouvernement oder an die die Frachtstücke in Empfang nehmende Behörde oder Dienststelle des Ausschiffungshafens im Schutzgebiete abzusenden. Die Firmen in Bremen haben hinsichtlich der Sendungen nach Afrika selbst für Übersendung der Konnossemente Sorge zu tragen.

Die Lieferanten haben gleichzeitig mit Abgang jeder Sendung für jede in Betracht kommende Empfangsstation je eine Verpackungsliste, wenn solche aufzustellen ist (siehe oben Absatz 2), und Abschrift der Rechnung der für die Empfangsstation bestimmten Gegenstände an diese selbst,[*]) die Landungsstation und auserdem an das Gouvernement portofrei abzusenden.

Siehe auch unten Punkt II der „Besonderen Vorschriften" für die einzelnen Schutzgebiete.

VI. B e i p a c k u n g v o n G e g e n s t ä n d e n a n d e r e r L i e f e r a n t e n.

Sind Gegenstände, welche von einer Firma geliefert werden, der gröfseren Sendung eines anderen Lieferanten beizupacken, so ist von dem letzteren jener Firma eine Bescheinigung über die Ablieferung des fraglichen Paketes auszuhändigen.

Das Paket ist von der die Gegenstände liefernden Firma versiegelt, mit einer den Inhalt, den Wert und die empfangende Dienststelle kennzeichnenden Aufschrift, z. B.:

1 Kopierpresse, 200 Bogen Konzeptpapier, Wert 85 Mk., Station . . . .

zu versehen und 14 Tage vor Abgang des Dampfers dem Lieferanten, welcher die gröfsere Lieferung zu versenden hat, zuzustellen.

Die Ablieferungsbescheinigung (Abs. 1) ist mit vier Ausfertigungen der Rechnung der Kolonial-Abteilung einzureichen, siehe weiteres unter VIII.

Je eine weitere Rechnungsabschrift ist sowohl dem Gouvernement wie auch der das Paket in Empfang nehmenden Dienststelle des Ausschiffungshafens im

---

[*]) „Diese Abschrift dient lediglich zur Informierung der Stelle über die Vollständigkeit und den Wert der Sendung, und kann als Beleg zum Inventarien- oder Materialienkonto oder zu den Akten der Empfangsstation genommen werden." (Hunderlafs des Gouverneurs von Deutsch-Ostafrika vom 9. September 1903, worin es weiter heifst: „Durch die Kassen des Schutzgebiets sind Rechnungen für gewöhnlich dann zu bezahlen, wenn die Bestellung vom Gouvernement oder einer Dienststelle desselben unmittelbar und ohne Vermittlung der Kolonial-Abteilung veranlafst worden ist." Betrefs der Bestellungen anderer Dienststellen als der Gouvernements vgl. indessen den Anhang zu dieser Nummer, S. 212.)

Schutzgebiet von der die Gegenstände liefernden Firma portofrei zuzusenden. Diese Rechnungsabschriften haben einen Vermerk darüber zu enthalten, welcher anderen Firma die gelieferten Gegenstände zur Beipackung zugestellt worden sind.

Von den der Kolonial-Abteilung einzureichenden vier Rechnungsabschriften können zwei Ausfertigungen sowie die für die Landungsstation bestimmte Ausfertigung Preßkopien sein. Die übrigen Rechnungsausfertigungen müssen dagegen entweder geschrieben oder durch Schreibmaschine oder Hektographen hergestellt sein.

VII. Versicherung der Gegenstände etc.

Bei Frachtgütern, mit Ausnahme der nachstehend unter Absatz 2 angegebenen Lieferungen, wie auch bei den durch die Reichspost zu befördernden Sendungen wird die Versicherung der Gegenstände etc. vom Versandorte in Deutschland ab, auch wenn derselbe im Binnenlande liegt, von der Kolonial-Abteilung bewirkt. Sollen bei derartigen Lieferungen die Gegenstände vom Versandorte bis zum Verschiffungshafen auf dem Flußwege befördert werden, so hat der Lieferant seine diesbezügliche Absicht der Kolonial-Abteilung rechtzeitig noch vor Abgang der Sendung mitzuteilen, damit wegen der Versicherung für die Flußbeförderung das Nötige veranlaßt werden kann.

Bei Lieferungen frei Landungsbrücke, Lagerschuppen oder frei Land (vom Wasser nicht mehr bespülter Strand) des im Schutzgebiete liegenden Ausschiffungshafens haben die Lieferanten die Seeversicherung etc. auf ihre Kosten zu veranlassen.

Frachtgüter, welche leicht der Leckage ausgesetzt sind (Öle, Petroleum, Farben), sind (einschließlich der Kosten für Verpackung und Beförderung bis zum Bestimmungsorte) von den Lieferanten auf ihre Kosten gegen den durch Leckage entstehenden Schaden besonders zu versichern. Die Lieferanten haften für alle Schäden, welche den durchschnittlich in dergleichen Fällen zugelassenen prozentualen Verlust übersteigen.

VIII. Vermessen und Wiegen der Kolli etc., Aufstellung, Einrichtung und Anweisung der Rechnungen.

Die einzelnen Kolli etc. sind von dem Lieferanten zu wiegen, und es sind auch die für die Maßberechnung erforderlichen drei Abmessungen (Länge, Breite und Höhe) aufzunehmen.

Hierbei wird besonders darauf aufmerksam gemacht, daß von 2 zu 2 cm zu messen ist, so daß die Einzelmaße nur gerade Zahlen ergeben. Bei Kisten oder Kolli, welche mit Leisten oder anderen Beschlägen versehen sind, müssen diese Leisten etc. mitgemessen werden, wobei stets die größte Ausdehnung als Grundlage anzunehmen ist. Bei Verpackung in Säcken ist das Maß von vier Säcken zusammen anzugeben.

Die Woermann-Linie und die Deutsch-Ostafrika-Linie in Hamburg sind angewiesen, dem Lieferanten ein Konnossement und eine Abschrift der von ihr aufgestellten Maßliste unverzüglich zuzusenden.

Diese Mafsliste hat der Lieferant mit den von ihm festgestellten Mafsen zu vergleichen und im Falle der Übereinstimmung unter die Mafsliste und die Gewichtsangabe im Konnossement das Wort „Richtig" nebst Namensunterschrift zu setzen.

Etwaige Abweichungen in den Mafs- oder Gewichtsangaben ist der Lieferant gehalten mit der Woermann-Linie oder der Deutsch-Ostafrika-Linie unmittelbar aufzuklären. In streitig bleibenden Fällen entscheidet die Kolonial-Abteilung.

Die bescheinigten Mafslisten und Konnossemente sind der Kolonial-Abteilung tunlichst mit der Rechnung einzureichen.

Die Rechnungen sind, sofern für mehrere Empfangsstationen eines Schutzgebietes geliefert worden ist, getrennt nach denselben, und zwar auf je einem besonderen Bogen, aufzustellen und an die Empfangsstation selbst, die Landungsstation und an das Gouvernement portofrei abzusenden.

Behufs Bezahlung der gelieferten Gegenstände etc. sind die Rechnungen in vier Ausfertigungen mit den bezüglichen Ablieferungsbescheinigungen oder Versendungsnachweisen oder Abschriften der Frachtbriefe oder bei Freibord-Lieferungen mit Abschriften der Konnossemente der Kolonial-Abteilung einzureichen.

Von den der Kolonial-Abteilung einzureichenden vier Rechnungsabschriften können zwei Ausfertigungen sowie die für die Landungsstation bestimmte Anfertigung Prefskopien sein. Die übrigen Rechnungsausfertigungen müssen dagegen entweder geschrieben oder durch Schreibmaschine oder Hektographen hergestellt sein.

Der Reederei ist bei der Überweisung der Güter aufzugeben, ihre Rechnungen der Kolonial-Abteilung unmittelbar zu übersenden. Besonders ist dies für die Woermann-Linie zu beachten.

Lieferungen frei Landungsbrücke, Lagerschuppen oder frei Land (vom Wasser nicht mehr bespülter Strand) des Ausschiffungshafens im Schutzgebiete werden erst nach Eingang eines Berichts des Gouvernements oder der zuständigen Behörde über erfolgte ordnungsmäfsige Ablieferung bezw. Abnahme der Gegenstände, Materialien etc. beglichen.

Die Bezahlung erfolgt auf Anweisung der Kolonial-Abteilung durch die Legationskasse in Berlin W., Wilhelmstrafse 75, an den Werktagen zwischen 10 und 2 Uhr. Wird Zusendung des Betrages auf dem Postwege gewünscht, so mufs die Quittung vorher der Legationskasse eingereicht werden.

IX. Bestätigung der Aufträge.

Der Empfang des Lieferungsauftrags ist von dem Lieferanten dem Baureferate der Kolonial-Abteilung, Berlin, Wilhelmstrafse 62, umgehend schriftlich zu bestätigen.

Der Auftrag gilt erst nach Eingang der schriftlichen Bestätigung durch den Lieferanten als bindend.

X. Kautionen.

1. Ist in dem Bestellschreiben die Hinterlegung einer Kaution als Sicherheit für die Güte des Materials, gute Ausführung der Arbeiten der bestellten Gegenstände etc. vorgeschrieben, so können von der Kolonial-Abteilung 25 Prozent der Lieferungssumme einbehalten werden.

Die Auszahlung dieser Restsumme erfolgt alsdann, sobald im Schutzgebiet festgestellt und von der zuständigen Stelle daselbst berichtet worden ist, daß die endgültige Abnahme der Gegenstände etc. erfolgt ist, und Ersatzansprüche nicht geltend zu machen sind.

2. Für die rechtzeitige Lieferung zu dem vorgeschriebenen Dampfer sind, sofern es die Kolonial-Abteilung fordert, 10 Prozent der Lieferungssumme innerhalb acht Tagen nach der Auftragserteilung bei der Legationskasse in Berlin W., Wilhelmstrafse 75, in bar oder in sicheren Wertpapieren, über deren Zulässigkeit lediglich die Kolonial-Abteilung entscheidet, als Sicherheit zu hinterlegen.

Eine bar hinterlegte Kaution wird nicht verzinst.

Die Rückzahlung dieser Kaution erfolgt, sobald die Gegenstände auftragsgemäß verschifft und die Verschiffungspapiere der Kolonial-Abteilung eingereicht worden sind.

Wird die Lieferung zu dem vorgeschriebenen Dampfer nicht rechtzeitig bewirkt, so verfällt die Kaution, falls von der Kolonial-Abteilung eine Verlängerung der Lieferfrist nicht gewährt wird.

Die Kolonial-Abteilung ist in diesem Falle nicht verpflichtet, die Lieferung noch abzunehmen.

XI. Vorläufige Abnahme der Gegenstände.

Sämtliche Lieferungen sind zur vorläufigen Abnahme bereit zu stellen, wenn die Kolonial-Abteilung hierauf nicht ausdrücklich verzichtet.

Zeitpunkt und Ort für die vorläufige Abnahme sind dem Lieferanten der Kolonial-Abteilung so rechtzeitig mitzuteilen, daß die Versendung der Gegenstände ohne Benutzung der Eilfracht mit dem vorgeschriebenen Dampfer erfolgen kann.

Tagegelder und Reisekosten des Abnahmebeamten gehen zu Lasten der Kolonial-Abteilung, alle sonst durch die Abnahme entstehenden Kosten zu Lasten des Lieferanten.

Wird bei Lieferungen, die nach Gewicht bezahlt werden (Eisen, Kupfer etc.), auf eine vorläufige Abnahme verzichtet, so ist über das Gewicht ein amtlich beglaubigtes Wiegeattest einzureichen, das die zur Feststellung des Gesamtpreises nötigen Angaben enthalten muß. Die Kolonial-Abteilung ist berechtigt, die etwa durch Verstofs gegen diese Vorschrift entstehenden Kosten von dem Lieferanten einzuziehen.

XII. Absendung der Güter.

Die Güter sind — nach Benehmen mit der Dampferlinie oder dem Spediteur (was sich nur für Sendungen unter 2 cbm im direkten Frachtgutverkehr nach Ostafrika erübrigt) — so rechtzeitig abzusenden, dafs sie nicht später, aber tunlichst auch nicht früher als fünf bis acht Tage vor Abgang des im Bestellschreiben genannten Dampfers in Hamburg (die für die Südsee bestimmten Güter in Hamburg oder Bremen) eintreffen. Die durch Verstofs gegen diese

Vorschrift entstehenden Kosten werden von den Lieferanten getragen und durch die Dampferlinie oder den Spediteur von ihnen eingezogen.

Wegen der an die Deutsch-Ostafrika-Linie zu zahlenden Lagerkosten vergl. „Besondere Vorschriften" in den einzelnen Schutzgebieten, a, II.

XIII. Versendung der Frachtstücke nach dem Verschiffungshafen als Eilfrachtgut.

Versendung im Eilfrachtverkehr bedarf, wenn die Frachtkosten der Güter etc. von den Absendestellen nach dem Verschiffungshafen der Kolonial-Abteilung zur Last fallen, der vorgängigen Genehmigung der Kolonial-Abteilung.

XIV. Versendung der Gegenstände durch die Reichspost.

Falls nach den bestehenden postalischen Bestimmungen die billigere Beförderung der bestellten Gegenstände als Postpaket oder Postfrachtstück oder in einer anderen Form mittels der Post zulässig ist, ist diese Versendungsart unter Beobachtung der wegen Verpackung der Gegenstände von der Reichspost erlassenen Vorschriften zu wählen.

Diese Pakete etc., welchen eine Rechnungsabschrift beizufügen ist, sind außer der gewöhnlichen Aufschrift der Empfangsstation, je nachdem der betreffende Dampfer von Hamburg oder Bremerhaven abfährt, noch mit dem Vermerk: „Über Hamburg mit der Deutsch-Ostafrika-Linie (oder der Woermann-Linie)" oder „über Bremerhaven mit dem Norddeutschen Lloyd" zu versehen und spätestens drei Tage vor Abgang des betreffenden Dampfers bei einem beliebigen Postamte in dem Wohnorte des Lieferanten aufzugeben.

Die Vermittelung eines Spediteurs ist hierbei nicht in Anspruch zu nehmen.

Die Portokosten vom Auflieferungs- bis zum Bestimmungsorte sind von dem Lieferanten bei Aufgabe der Postpakete oder Postfrachtstücke zu verauslagen und der Kolonial-Abteilung in Rechnung zu stellen. Sind die Preise für die Lieferungsgegenstände frei Hamburg gestellt, so sind die Portokosten vom Auflieferungsorte bis Hamburg von dem Lieferanten zu tragen.

XV. Mitteilung über den Versand der Gegenstände etc.

Der Lieferant hat von dem Abgange der Gegenstände sowie von der Übersendung der Verpackungslisten und Rechnungsabschriften an das Gouvernement, die Empfangsstation und die Landungsstation dem Baureferate der Kolonial-Abteilung noch vor der Abfahrt des Dampfers schriftlich Mitteilung zu machen und gegebenenfalls anzugeben, welche Gegenstände etwa nicht zur Versendung gelangen konnten, unter Angabe des Verhinderungsgrundes.

XVI. Allgemeine und Schlufs-Bestimmungen.

Jede Lieferung gilt als vertragsmäßig im Namen des Fiskus desjenigen Schutzgebiets bestellt, für welches sie nach dem Bestellungsschreiben der Kolonial-Abteilung bestimmt ist.

Der Lieferant hat für sämtliche, infolge unzureichender Verpackung eintretenden Beschädigungen der Waren nach der Bestimmung der Kolonial-Abteilung entweder Ersatz zu leisten oder den Wertverlust zu ersetzen.

Die vorläufige Abnahme (Abschnitt XI) gilt weder als Annahme im Sinne des § 464 noch als Abnahme oder Ablieferung im Sinne der §§ 477, 638, 640 Abs. 2 des Bürgerlichen Gesetzbuchs. Die in den §§ 477, 638 für die Verjährung der Gewährleistungsansprüche auf sechs Monate bemessene Frist wird auf ein Jahr verlängert.

Meinungsverschiedenheiten, die aus Anlaß eines Lieferungs- oder Werkvertrages zwischen dem Lieferanten und der Kolonial-Abteilung entstehen, sind nach näherer Vereinbarung zur Entscheidung einem Schiedsgericht vorzulegen, dem sich beide Teile unterwerfen.

Portokosten für alle, nach Erteilung des Auftrages, aus dem Geschäft etwa noch entspringenden Korrespondenzen und Geldsendungen sind von dem Lieferanten zu tragen.

B. Besondere Vorschriften für die einzelnen Schutzgebiete.

a. Bei Sendungen nach Deutsch-Ostafrika.

I. Bezeichnung der Frachtstücke.

Außer den unter Punkt III der „Allgemeinen Vorschriften" angegebenen Bezeichnungen sind die für das Gouvernement bestimmten Frachtstücke mit der Aufschrift:

„Kais. Gouvt. Dar-es-Salám",

die für das Bezirksamt Tanga bestimmten mit der Aufschrift:

„Kais. Bez. Amt Tanga",

und die für die übrigen Dienststellen bestimmten Frachtstücke mit den dem Bestellschreiben oder seinen Anlagen hinsichtlich des Empfängers und Bestimmungsorts zu entnehmenden Aufschriften zu versehen.

II. Art der Versendung.

Die Versendung der Güter, mit Ausnahme derjenigen, welche von Hamburg aus zur Auflieferung gelangen oder frei Bord Schiff in Hamburg geliefert werden, hat nach dem Tarif für den direkten Frachtgutverkehr nach Ostafrika ohne Vermittelung eines Hamburger Spediteurs zu erfolgen.

Bei der Versendung der von Hamburg aus zur Auflieferung gelangenden oder frei Bord Schiff in Hamburg gelieferten Güter ist zur Spedition die Deutsch-Ostafrika-Linie in Hamburg, Gr. Reichenstraße 25—33, in Anspruch zu nehmen.

Aus Berlin versandte Güter, welche nicht frei Bord Schiff in Hamburg oder nicht frei Bahnhof Berlin (Hamburger Güterbahnhof) angeliefert werden sollen, sind nach dem Tarif für den direkten Frachtgutverkehr nach Ostafrika durch Vermittelung der Berliner Speditions- und Lagerhaus-Aktiengesellschaft (vormals Bartz & Co.) in Berlin C., Kaiserstraße 39—41, an die vorgeschriebene Dienststelle abzusenden.

Bei allen Sendungen, bei denen weder die Deutsch-Ostafrika-Linie noch die Berliner Speditions- und Lagerhaus-Aktiengesellschaft (vormals Bartz & Co.) zur Spedition heranzuziehen ist, haben die Lieferanten die Frachtkosten vom Absendeorte bis zur Landungsstation in Deutsch-Ostafrika bei der Aufgabe der Güter zu verauslagen und in der Rechnung mit in Ansatz zu bringen.

Diejenigen Güter, deren Spedition durch die Deutsch-Ostafrika-Linie oder die Berliner Speditions- und Lagerhaus-Aktiengesellschaft bewirkt wird, sind bei der betreffenden Speditionsfirma anzumelden und nach ihrer Anweisung abzusenden. Die Speditionsfirma ist mit einer Benachrichtigung zu versehen, aus welcher ersichtlich sind:

Die Marken und Nummern der Kolli; die Anzahl und Art der Kolli; der genaue Inhalt der einzelnen Kolli und das Brutto- und Nettogewicht und der Wert*) jedes Kollos. (Allgemeine Bezeichnungen wie Baumwollwaren, Eisen-, Glaswaren, Maschinenteile, Papierwaren usw. sind unstatthaft.)

Bei Lieferungen von über 2 cbm Raum ist der erforderliche Schiffsraum von dem Lieferanten bei der Deutsch-Ostafrika-Linie mindestens 20 Tage vor Abgang des betreffenden Dampfers anzumelden.

Wegen der von den Lieferanten etwa an die Deutsch-Ostafrika-Linie zu zahlenden Lagerkosten wird auf Abschnitt A, Artikel 6, No. 4 des Tarifs für den direkten Frachtgutverkehr verwiesen. Derselbe lautet:

„Werden Güter von 30 000 kg und mehr ohne vorherige Abrede zur Absendung gebracht, und verfehlen dieselben den Anschluß an den nächstfälligen Dampfer, oder müssen wegen Überfüllung zurückgelassen werden, so gelangt ein Lagergeld zur Erhebung, welches für angefangene sieben Tage 10 Pfennig für 100 kg beträgt."

Bezüglich der Verpackungslisten und Rechnungen vergl. auch Punkt V der „Allgemeinen Vorschriften".

b. Bei Sendungen nach Deutsch-Südwestafrika.

I. Bezeichnung der Frachtstücke.

Außer den unter Punkt III der „Allgemeinen Vorschriften" angegebenen Bezeichnungen sind die für Südwestafrika bestimmten Frachtstücke mit der Gewichtsangabe der einzelnen Kolli und der Angabe des Rechnungsjahres zu versehen. Beispielsweise würde die Aufschrift eines Frachtstücks für das Gouvernement lauten:

„A & D. 5.
Geschirr 103 kg.
Gouvt. Windhuk 1903
über Swakopmund
Ausfuhrgut."

Die für die übrigen Dienststellen bestimmten Frachtstücke sind mit den dem Bestellschreiben oder seinen Anlagen hinsichtlich des Empfängers und Bestimmungsorts zu entnehmenden Aufschriften zu versehen.

II. Art der Versendung.

Bei der Versendung sämtlicher über Hamburg nach dem Schutzgebiete zu befördernden Güter ist zur Spedition die Woermann-Linie in Hamburg, Gr. Reichenstraße 25—33, in Anspruch zu nehmen. (Adresse für Speditionsgüter: „Spedition-Abteilung der Woermann-Linie, Station Hamburg rechtselbisches Freihafengebiet Petersenkai.")

---

*) sowie die Länge, Breite und Höhe.

Aus B e r l i n versandte Güter, welche n i c h t f r e i B o r d S c h i f f
in Hamburg oder n i c h t f r e i B a h n h o f B e r l i n (Hamburger Güterbahnhof) angeliefert werden sollen, sind durch Vermittelung der Berliner Speditions-
und Lagerhaus-Aktiengesellschaft (vorm. Bartz & Co.) in Berlin C., Kaiserstraße 39—41, an die Woermann-Linie zur Weiterbeförderung an die vorgeschriebene Dienststelle abzusenden.

Die Woermann-Linie ist vor der Absendung der Güter von den Lieferanten
mit einer Benachrichtigung zu versehen, aus welcher ersichtlich sind:
Die Marken und Nummern der Kolli; die Anzahl und Art der Kolli; der
genaue Inhalt der einzelnen Kolli und das Brutto- und Nettogewicht und der
Wert*) jedes Kollos. (Allgemeine Bezeichnungen wie Baumwollwaren, Eisen-,
Glaswaren, Maschinenteile, Papierwaren usw. sind unstatthaft.)

Die in Bremen ansässigen Firmen haben die Güter von der Woermann-
Linie, mit welcher sie sich bezüglich der Verschiffung in Verbindung zu setzen
haben, abholen zu lassen.

Bezüglich der Verpackungslisten und Rechnungen vergl. auch Punkt V
der „Allgemeinen Vorschriften".

III. V e r p a c k u n g d e r G e g e n s t ä n d e u n d G r ö ß e d e r   F r a c h t s t ü c k e.

Die Verpackung der Gegenstände hat in so starken Kisten, Fässern etc.
zu erfolgen, daß diese sowohl die Seebeförderung als auch die ungleich
schwierigere Landbeförderung mittels Ochsenwagen gut aushalten. Siehe auch
Punkt II der „Allgemeinen Vorschriften".

Das Höchstgewicht der Frachtstücke soll 100 kg und die Ausdehnung
1½ cbm nicht überschreiten. Bei Möbelsendungen ist eine Ausnahme bezüglich
der Größe der Frachtstücke zulässig. Siehe auch Punkt IV der „Allgemeinen
Vorschriften".

IV. S t e m p e l u n g d e r G e g e n s t ä n d e.

Sämtliche Inventariengegenstände, Werkzeuge etc. wie Möbel, Besen,
Hobel, Feilen, zusammenlegbare Metermaße etc. sind an leicht sichtbaren
Stellen (Möbel an der Wandseite) mit schwer zu entfernenden Stempeln (Schlag-,
Brenn- oder Preßstempeln), und zwar mit den Buchstaben „K. G.", zu zeichnen.

Wäschestücke sind mittels unverwaschbarer Farbe oder Tinte und den
gleichen Buchstaben „K. G." zu stempeln.

a. Bei Sendungen nach Kamerun.

I. B e z e i c h n u n g d e r F r a c h t s t ü c k e.

Außer den unter Punkt III der „Allgemeinen Vorschriften" angegebenen
Bezeichnungen sind die für das G o u v e r n e m e n t bestimmten Frachtstücke
mit der Aufschrift:

„K a i s. G o u v t. B u e a ü b e r V i c t o r i a",

die für das B e z i r k s a m t V i c t o r i a bestimmten mit der Aufschrift:

„K a i s. B e z. A m t V i c t o r i a",

und die für die ü b r i g e n D i e n s t s t e l l e n bestimmten Frachtstücke mit
den dem B e s t e l l s c h r e i b e n oder seinen A n l a g e n hinsichtlich des

---
*) sowie die Länge, Breite und Höhe.

Empfängers und Bestimmungsorts zu entnehmenden Aufschriften zu versehen.

II. Art der Versendung.

Bei der Versendung sämtlicher über Hamburg nach dem Schutzgebiete zu
befördernden Güter ist zur Spedition die Woermann-Linie in Hamburg, Gr.
Reichenstraße 25—33, in Anspruch zu nehmen. (Adresse für Speditionsgüter:
„Speditions-Abteilung der Woermann-Linie, Station Hamburg rechtselbisches
Freihafengebiet Petersenkai.“)

Aus Berlin versandte Güter, welche nicht frei Bord Schiff in
Hamburg oder nicht frei Bahnhof Berlin (Hamburger Güterbahnhof)
angeliefert werden sollen, sind durch Vermittelung der Berliner Speditions- und
Lagerhaus-Aktiengesellschaft (vorm. Hartz & Co.) in Berlin C., Kaiserstraße 39—41, an die Woermann-Linie zur Weiterbeförderung an die vorgeschriebene Dienststelle abzusenden.

Die Woermann-Linie ist vor der Absendung der Güter von den Lieferanten
mit einer Benachrichtigung zu versehen, aus welcher ersichtlich sind:

Die Marken und Nummern der Kolli; die Anzahl und Art der Kolli; der
genaue Inhalt der einzelnen Kolli und das Brutto- und Nettogewicht und der
Wert*) jedes Kollos. (Allgemeine Bezeichnungen wie Baumwollwaren, Eisen-,
Glaswaren, Maschinenteile, Papierwaren usw. sind unstatthaft.)

Die in Bremen ansässigen Firmen haben die Güter von der Woermann-
Linie, mit welcher sie sich bezüglich der Verschiffung in Verbindung zu setzen
haben, abholen zu lassen.

Bezüglich der Verpackungslisten und Rechnungen vergl. auch Punkt V
der „Allgemeinen Vorschriften“.

Bei denjenigen Lieferungen, welche für die Orte Buea und Soppo bestimmt sind, ist

1. eine Verpackungsliste an das Bezirksamt in Victoria,
2. eine Verpackungsliste und Rechnungsabschrift an das Gouvernement
in Buea-Kamerun und
3. eine Rechnungsabschrift an die Bauverwaltung in Buea-Kamerun zu
senden.

d. Bei Sendungen nach Togo.

I. Bezeichnung der Frachtstücke.

Außer den unter Punkt III der „Allgemeinen Vorschriften“ angegebenen
Bezeichnungen sind die für das Gouvernement bestimmten Frachtstücke
mit der Aufschrift:

„Kais. Gouvt. Lome“.

die für das Bezirksamt Klein-Popo bestimmten mit der Aufschrift:

„Kais. Bez. Amt Klein-Popo“

und die für die übrigen Dienststellen bestimmten Frachtstücke
mit den dem Bestellschreiben oder seinen Anlagen hinsichtlich des
Empfängers und Bestimmungsorts zu entnehmenden Aufschriften zu versehen.

*) sowie die Länge, Breite und Höhe.

II. Art der Versendung.

Bei der Versendung sämtlicher über Hamburg nach dem Schutzgebiete zu befördernden Güter ist zur Spedition die Woermann-Linie in Hamburg, Gr. Reichenstraße 25—33, in Anspruch zu nehmen. (Adresse für Speditionsgüter: „Speditions-Abteilung der Woermann-Linie, Station Hamburg rechtselbisches Freihafengebiet Petersenkai.")

Aus B e r l i n versandte Güter, welche n i c h t f r e i B o r d S c h i f f in Hamburg oder n i c h t f r e i B a h n h o f B e r l i n (Hamburger Güterbahnhof) angeliefert werden sollen, sind durch Vermittelung der Berliner Speditions- und Lagerhaus-Aktiengesellschaft (vorm. Bartz & Co.) in Berlin C., Kaiserstraße 89—41, an die Woermann-Linie zur Weiterbeförderung an die vorgeschriebene Dienststelle abzusenden.

Die Woermann-Linie ist vor der Absendung der Güter von den Lieferanten mit einer Benachrichtigung zu versehen, aus welcher ersichtlich sind:

Die Marken und Nummern der Kolli; die Anzahl und Art der Kolli; der genaue Inhalt der einzelnen Kolli und das Brutto- und Nettogewicht und der Wert[*]) jedes Kollos. (Allgemeine Bezeichnungen wie Baumwollwaren, Eisen-, Glaswaren, Maschinenteile, Papierwaren usw. sind unstatthaft.)

Die in Bremen ansässigen Firmen haben die Güter von der Woermann-Linie, mit welcher sie sich bezüglich der Verschiffung in Verbindung zu setzen haben, abholen zu lassen.

Bezüglich der Verpackungslisten und Rechnungen vergl. auch Punkt V der „Allgemeinen Vorschriften".

e. Bei Sendungen nach Deutsch-Neu-Guinea.

I. Bezeichnung der Frachtstücke.

Aufser den unter Punkt III der „Allgemeinen Vorschriften" angegebenen Bezeichnungen sind die für das G o u v e r n e m e n t bestimmten Frachtstücke mit der Aufschrift:

„K a i s. G o u v t. H e r b e r t s h ö h e",

und die für die ü b r i g e n D i e n s t s t e l l e n bestimmten Frachtstücke mit den dem B e s t e l l s c h r e i b e n oder seinen A n l a g e n hinsichtlich des E m p f ä n g e r s und B e s t i m m u n g s o r t e zu entnehmenden , A u f s c h r i f t e n zu versehen.

II. Art der Versendung.

Bei der Versendung sämtlicher über Hamburg nach dem Schutzgebiete zu befördernden Güter ist zur Spedition die Speditionsfirma Matthias Rohde & Co. in Hamburg und bei den von Bremen aus zur Verschiffung kommenden Gütern die Speditionsfirma Matthias Rohde & Jörgens in Bremen in Anspruch zu nehmen.

Aus B e r l i n versandte Güter, welche n i c h t f r e i B o r d S c h i f f in Hamburg oder Bremen oder n i c h t f r e i B a h n h o f B e r l i n (Hamburger Güterbahnhof) angeliefert werden sollen, sind durch Vermittelung der Berliner Speditions- und Lagerhaus-Aktiengesellschaft (vorm. Barts & Co.) in Berlin C., Kaiserstraße 39—41, an die Speditionsfirma Matthias Rohde & Co. in Hamburg zur Weiterbeförderung an die vorgeschriebene Dienststelle abzusenden.

---

[*]) sowie Länge, Breite und Höhe.

Die Speditionsfirma Matthias Rhode & Co. (oder Matthias Rhode & Jörgens) ist vor der Absendung der Güter von den Lieferanten mit einer Benachrichtigung zu versehen, aus welcher ersichtlich sind:

Die Marken und Nummern der Kolli; die Anzahl und Art der Kolli; der genaue Inhalt der einzelnen Kolli und das Brutto- und Nettogewicht und der Wert*) jedes Kollos. (Allgemeine Bezeichnungen wie Baumwollwaren, Eisen-, Glaswaren, Maschinenteile, Papierwaren usw. sind unstatthaft.)

Bezüglich der Verpackungslisten und Rechnungen vergl. auch Punkt V der „Allgemeinen Vorschriften".

C. Bei Sendungen nach Samoa.

I. Bezeichnung der Frachtstücke.

Aufser den unter Punkt III der „Allgemeinen Vorschriften" angegebenen Bezeichnungen sind die für das Gouvernement bestimmten Frachtstücke mit der Aufschrift:

„Kais. Gouvt. Apia über Sydney"

zu versehen.

II. Art der Versendung.

Bei der Versendung sämtlicher über Hamburg nach dem Schutzgebiete zu befördernden Güter ist zur Spedition die Speditionsfirma Matthias Rohde & Co. in Hamburg und bei den von Bremen aus zur Verschiffung kommenden Gütern die Speditionsfirma Matthias Rhode & Jörgens in Bremen in Anspruch zu nehmen.

Aus B e r l i n versandte Güter, welche n i c h t f r e i B o r d S c h i f f in Hamburg oder Bremen oder n i c h t f r e i B a h n h o f B e r l i n (Hamburger Güterbahnhof) angeliefert werden sollen, sind durch Vermittelung der Berliner Speditions- und Lagerhaus-Aktiengesellschaft (vorm. Bartz & Co.) in Berlin C., Kaiserstrafse 39—41, an die Speditionsfirma Matthias Rohde & Co. in Hamburg zur Weiterbeförderung an das Gouvernement abzusenden.

Die Versendung der Güter an das Gouvernement nach Apia hat in Durchfracht über Sydney zu erfolgen.

Die Speditionsfirma Matthias Rhode & Co. (oder Matthias Rhode & Jörgens) ist vor der Absendung der Güter von den Lieferanten mit einer Benachrichtigung zu versehen, aus welcher ersichtlich sind:

Die Marken und Nummern der Kolli; die Anzahl und Art der Kolli; der genaue Inhalt der einzelnen Kolli und das Brutto- und Nettogewicht und der Wert*) jedes Kollos. (Allgemeine Bezeichnungen wie Baumwollwaren, Eisen-, Glaswaren, Maschinenteile, Papierwaren usw. sind unstatthaft.)

Bezüglich der Verpackungslisten und Rechnungen vergl. auch Punkt V der „Allgemeinen Vorschriften".

B e r l i n, den 20. September 1903.

Auswärtiges Amt. Kolonial-Abteilung.
I. V. H e l l w i g.

---

*) sowie die Länge, Breite und Höhe.

14*

Anhang zu No. 109.

Zur gefälligen Beachtung!

Grundsätzlich dürfen amtliche Bestellungen für die Schutzgebiete nur von der Kolonial-Abteilung (bezw. dem Oberkommando der Schutztruppen) oder von den Gouvernements bewirkt werden.

Gleichwohl werden zuweilen solche Bestellungen von den Vorstehern nachgeordneter Schutzgebietsbehörden oder auch von Beamten und Offizieren, die keine Behörde vertreten, direkt aufgegeben, sei es unter Berufung auf einen Auftrag von vorgesetzter Stelle, sei es auch ohne jede Erwähnung eines solchen Auftrags.

Zur Vermeidung der hieraus entstehenden Weiterungen, insbesondere auch zur Vermeidung der Gefahr, daß diesen Bestellungen die Anerkennung versagt wird, werden die Lieferanten ersucht, sich in allen im Absatz 2 bezeichneten Fällen vor Ausführung der Bestellung durch Rückfrage bei der Kolonial-Abteilung zu vergewissern, ob die Bestellung genehmigt wird.

Berlin, den 20. September 1903.

Auswärtiges Amt.   Kolonial-Abteilung.
I. V. Hellwig.

110. Runderlaß der Kolonial-Abteilung des Auswärtigen Amtes, betreffend Bestellungen für die Gouvernementskrankenhäuser. Vom 24. September 1903.

Der deutsche Frauenverein für Krankenpflege in den Kolonien, hier, hat in Hinblick auf den zunehmenden Bedarf der Gouvernements-Krankenhäuser und mit Rücksicht auf die finanziellen Dispositionen des Vereins gebeten, den Bedarf für die Krankenhäuser alljährlich für das ganze Jahr im voraus bei ihm anzumelden und die bezüglichen Anträge bis zum Beginn des Kalenderjahres dem genannten Vereine einzusenden.

Das Kaiserliche Gouvernement ersuche ich, bei Anträgen auf Beschaffungen für die Krankenhäuser dem Wunsche des Vereins möglichst zu entsprechen.

Berlin, den 24. September 1903.

Auswärtiges Amt.   Kolonial-Abteilung.
I. V. Hellwig.

111. Runderlaß des Gouverneurs von Deutsch-Ostafrika, betreffend Eingeborenen-Nachlässe. Vom 24. September 1903.

Es haben sich Zweifel ergeben über die Auslegung des § 3 der Verordnung, betreffend die Erbschaftssteuer und die Regelung von Nachlässen Farbiger, vom 4. November 1893, in der jetzigen Fassung,[*] sowie über die Höhe und die Berechnung der Gebühr bei Nachlaßkonkursen. Ich bemerke dazu folgendes:

I. Der Passus „10 bezw. 15 pCt." in § 3 der Verordnung bezieht sich auf die Unterscheidung, ob der Nachlaß an Erben erster Klasse übergeht, oder ob ein sonstiger Fall vorliegt, nicht auf die Unterscheidung zwischen In- und Ausland (§ 9). Bei einer amtlichen Nachlaßregelung zahlen daher die Erben erster Klasse den niedrigeren Satz von 10 pCt., gleichgültig, ob der Nachlaß in das Ausland geht oder im Schutzgebiete verbleibt.

---

[*] D. Kol. Gesetzgeb. VI, No. 70 (Anlage).

II. Da nach § 6 a der Verordnung der Nachlaßkonkurs einen besonderen Fall der Nachlaßregelung darstellt, sind bei solchen Konkursen als Gebühr gemäß dem § 3 stets 15 pCt. (der Nachlaß geht als überschuldet nicht auf Erben über, es liegt also ein „sonstiger Fall" vor) der Aktivmasse, ohne Rücksicht auf die vorhandenen Schulden, zu erheben. Diese Aktivmasse ist die Summe der Werte der zum Nachlasse gehörigen Vermögensobjekte; auszunehmen sind diejenigen Objekte, an welchen im Konkurse ein Aussonderungsrecht besteht, d. h., welche sich zwar in der Masse vorfinden, aber dem Erblasser nicht gehört haben, z. B. Sachen, die er geliehen oder gemietet hatte. Für die Berechnung ist die Zeit der Beendigung des Verfahrens maßgebend. Es sind daher hinsichtlich der Aufsenstände nur die wirklich eingegangenen Beträge anzusetzen, während eine Forderung, welche nicht beigetrieben werden kann, aufser Betracht bleibt. Bei gewöhnlichen Regulierungen geschieht die Berechnung der Gebühr in derselben Weise.

Die bei der Regelung von Nachlässen Farbiger eingehenden Gebühren — § 3 der Verordnung vom 1. September 1896*) — sind nicht bei den Erbschaftssteuern, sondern ihrer Natur nach beim Einnahmetitel 3, Unterabschnitt „Verschiedene Einnahmen" — im Rechnungsjahr 1903, Position 23 — zu verrechnen. Für die rückliegende Zeit wird von einem nachträglichen Ausgleich abgesehen.

Gleichzeitig mache ich wiederholt darauf aufmerksam, daß der Geltungsbereich der Verordnung vom 4. November 1893 sich nicht nur auf die Städte, sondern auch auf das flache Land erstreckt. Ich bitte, dafür Sorge zu tragen, daß nicht etwa aus Nachlässigkeit der Akiden und Jumben die Erhebung der Erbschaftssteuern auf dem Lande unterbleibt.

D a r e s s a l a m, den 24. September 1903.

Der Kaiserliche Gouverneur.

G r a f v. G ö t z e n.

112. Bekanntmachung des Gouverneurs von Deutsch-Südwestafrika, betreffend zollfreie Einfuhr von Spiritus zu wissenschaftlichen Zwecken. Vom 26. September 1903.

(Kol. Bl. S. 670.)

Auf Grund des § 6 der Zollverordnung für das deutsch-südwestafrikanische Schutzgebiet vom 31. Januar 1903**) wird hiermit verordnet, was folgt:

E i n z i g e r P a r a g r a p h.

Die unter § 11 a der Zollverordnung vom 31. Januar 1903 vorgesehenen Zollbefreiungen erhalten unter Ziffer 11 folgende Ergänzung:

„Die Einfuhr von Spiritus zu wissenschaftlichen Zwecken ist auf Antrag beim Gouvernement, sowie unter Nachweis der eigenen Verwendung, z o l l f r e i."

W i n d h u k, den 26. September 1903.

Der Kaiserliche Gouverneur.

L e u t w e i n.

---

*) D. Kol. Gesetzgeb. VI, No. 70 (Anlage).
**) Oben No. 9.

113. Verfügung des Reichskanzlers, betreffend die seemannsamtlichen und konsularischen Befugnisse und das Verordnungsrecht der Behörden in den Schutzgebieten Afrikas und der Südsee. Vom 27. September 1903.

(Kol. Bl. S. 609. Reichsanz. vom 6. Oktober 1903.)

Auf Grund des § 5 der Seemannsordnung vom 2. Juni 1902 (Reichs-Gesetzbl. S. 175) und der §§ 8, 15 des Schutzgebietsgesetzes (Reichs-Gesetzbl. 1900, S. 813) wird hiermit für die Schutzgebiete Afrikas und der Südsee verfügt, was folgt:

§ 1. Seemannsämter sind in den Schutzgebieten Afrikas und der Südsee: die Bezirksrichter in Daressalam, Tanga, Swakopmund, Duala, Victoria, Lome, Herbertshöhe, Friedrich-Wilhelmshafen, Ponape, Jap, Saipan, Apia, Jaluit.

Die Seemannsämter in den Schutzgebieten haben auch die Befugnisse, die nach der Vorschrift des § 15 des Gesetzes, betreffend die Untersuchung von Seeunfällen, vom 27. Juli 1877 (Reichs-Gesetzbl. S. 549) im Auslande den deutschen Konsuln zustehen.

§ 2. Den in § 1 Abs. 1 bezeichneten Bezirksrichtern werden die Befugnisse übertragen, die nach der Vorschrift des § 35 des Gesetzes, betreffend die Organisation der Bundeskonsulate sowie die Amtsrechte und Pflichten der Bundeskonsuln vom 8. November 1867 (Bundes-Gesetzbl. S. 137), den Konsuln zustehen.

Sie erhalten ferner für solche Schiffe, die sich in den Gewässern ihres Bezirks befinden, die Befugnis zur Ausstellung von Flaggenzeugnissen entsprechend der Vorschrift des § 12 des Gesetzes, betreffend das Flaggenrecht der Kauffahrteischiffe, vom 22. Juni 1899 (Reichs-Gesetzbl. S. 319).

§ 3. Für die in den §§ 1, 2 bezeichneten Amtsgeschäfte werden, soweit nicht gesetzlich Gebührenfreiheit besteht, Gebühren und Auslagen nach den Vorschriften des Gesetzes, betreffend die Gebühren und Kosten bei den Konsulaten des Deutschen Reichs, vom 1. Juli 1872 (Reichs-Gesetzbl. S. 245), erhoben und finden die für die Konsuln geltenden Ausführungsvorschriften und Dienstanweisungen*) entsprechende Anwendung.

§ 4. Auf die Vertretung der Bezirksrichter in den ihnen in den §§ 1, 2 zugewiesenen Geschäften und auf deren Übertragung finden die Vorschriften des § 1 No. 2, 4 der Verfügung, betreffend die Ausübung der Gerichtsbarkeit in den Schutzgebieten Afrikas und der Südsee, vom 25. Dezember 1900,**) oder die an ihre Stelle tretenden Vorschriften entsprechende Anwendung.

§ 5. Die Gouverneure und der Landeshauptmann des Schutzgebiets der Marschallinseln, der Vizegouverneur zu Ponape und die Bezirksamtmänner zu Jap und Saipan sind befugt, für den Bereich der ihnen unterstellten Gebiete polizeiliche und sonstige die Verwaltung betreffende Vorschriften zu erlassen und gegen deren Nichtbefolgung Gefängnis bis zu drei Monaten, Haft, Geldstrafe und Einziehung einzelner Gegenstände anzudrohen.

---

*) Eine neue Dienstanweisung, betreffend das Strafverfahren vor den Kaiserlichen Konsulaten als Seemannsämtern, vom 30. Mai 1903, ist im Reichsanz. No. 197, Beilage 1, vom 22. August 1903, veröffentlicht. Vgl. auch die Bekanntmachung des Bundesrats vom 13. März 1903 (Reichs-Gesetzbl. S. 42). Beide Stücke sind im „Anhang" dieses Bandes abgedruckt.

**) D. Kol. Gesetzgeb. V, No. 160.

§ 6. Die Gouverneure können die ihnen im § 5 erteilte Befugnis für bestimmte räumlich begrenzte Bezirke anderen Beamten des Schutzgebiets widerruflich übertragen. Die Übertragung kann mit Einschränkungen stattfinden.

Die Vorschrift des Abs. 1 findet auf die Gouverneure von Togo und Samoa und den Landeshauptmann der Marschallinseln keine Anwendung.

§ 7. Die nach den Vorschriften der §§ 5, 6 erlassenen Verordnungen müssen, um verbindlich zu sein, in ihrem Geltungsbezirk öffentlich bekannt gemacht werden. Bis die Gouverneure (der Landeshauptmann) nähere Vorschriften über die Art der öffentlichen Bekanntmachung treffen, hat sie in ortsüblicher Weise zu erfolgen.

§ 8. Diese Verfügung tritt mit dem 1. Januar 1904 in Kraft. Mit dem gleichen Zeitpunkt treten aufser Kraft*): die Verfügung behufs Übertragung konsularischer Befugnisse sowie des Rechts zum Erlasse polizeilicher und sonstiger die Verwaltung betreffender Strafvorschriften auf Beamte der Schutzgebiete von Kamerun und Togo, vom 29. März 1889, die Verfügung, betreffend die Ausübung konsularischer Befugnisse, und den Erlafs polizeilicher und sonstiger die Verwaltung betreffender Vorschriften in Deutsch-Ostafrika, vom 1. Januar 1891, die Verfügung, behufs Übertragung konsularischer Befugnisse auf den Kommissar für das Schutzgebiet der Neu-Guinea-Kompagnie, vom 23. Mai 1890, die Vorschriften des § 2 Abs. 2, 3, 4 der Verfügung zur Ausführung der Allerhöchsten Verordnung, betreffend die Übernahme der Landeshoheit über das Schutzgebiet von Deutsch-Neu-Guinea durch das Reich, vom 1. April 1899, die Vorschriften der §§ 2, 3 der Verfügung, betreffend die Regelung der Verwaltung und der Rechtsverhältnisse im Inselgebiete der Karolinen, Palau und Marianen, vom 24. Juli 1899, die Verfügungen, betreffend die Ausübung konsularischer Befugnisse und den Erlafs polizeilicher und sonstiger die Verwaltung betreffender Vorschriften in Samoa, vom 17. Februar 1900, und in Deutsch-Südwestafrika, vom 25. Dezember 1900, sowie die Verfügung behufs Übertragung konsularischer Befugnisse sowie des Rechts zum Erlasse polizeilicher und sonstiger die Verwaltung betreffender Vorschriften im Schutzgebiete der Marschall-Inseln vom 3. Januar 1902.

Kl.-Flottbeck, den 27. September 1903.

Der Reichskanzler.
Graf v. Bülow.

114. Runderlafs des Gouverneurs von Deutsch-Ostafrika, betreffend Übertragung von Eigentum an Grundstücken. Vom 28. September 1903.

(Kol. Bl. 8. 607.)

Nach den bisher im Schutzgebiet geltenden Bestimmungen erfolgte die Übertragung des Eigentums an einem Grundstück, welches im Eigentum eines Europäers (oder einer juristischen Person, wie Landesfiskus usw.) stand, und für welches ein Grundbuchblatt noch nicht angelegt war, durch die Übergabe auf Grund eines Titels (Kauf-, Tausch- oder Schenkungsvertrages).

*) Vgl. D. Kol. Gesetzgeb. I, No. 33, 124, 173; IV, No. 93, 63; V, No. 28, 170; VI, No. 797.

Diese Bestimmungen sind durch die Kaiserliche Verordnung, betreffend die Rechte an Grundstücken in den deutschen Schutzgebieten, vom 21. November 1902,[*) nach welcher die Übergabe als wesentliches Erfordernis für die Eigentumsübertragung nicht mehr anzusehen ist, insofern geändert worden, als nunmehr zur Übertragung des Eigentums an einem solchen Grundstück d i e E i n i - g u n g des Veräußerers und des Erwerbers erforderlich ist. Die hierüber abzugebenden Erklärungen sind von einer öffentlichen Behörde des Schutzgebiets (Bezirksamt, Bezirksgericht oder Militärstation) zu beglaubigen.

Es ist demnach jetzt in allen Fällen, in denen jemand ein solches Grundstück k ä u f l i c h e r w e r b e n will, notwendig:

1. der Abschluß eines Kaufvertrages, der wie bisher der Genehmigung des Gouverneurs bedarf, wenn einer der Kontrahenten der Landesfiskus ist, außerdem aber

2. die Abgabe der Erklärungen von seiten des Verkäufers und des Käufers, daß sie darüber einig seien, daß das Eigentum an dem fraglichen Grundstück auf den Käufer übergehen solle.

Der Kaufvertrag zu 1 bedarf in denjenigen Fällen, in denen der Käufer gleichfalls ein Europäer (siehe oben) ist, der g e r i c h t l i c h e n B e u r k u n - d u n g (vgl. §§ 313 und 126 B. G. B.). Zu derartigen gerichtlichen Beurkundungen werden die Bezirksämter und Militärstationen demnächst generell ermächtigt werden. Formular hierfür in Anlage A anbei.

Für die Erklärungen zu 2 genügt die ö f f e n t l i c h e B e g l a u b i g u n g seitens eines Bezirksamtes, Bezirksgerichts oder einer Militärstation in Gemäßheit des § 129 B. G. B. Zu derartigen öffentlichen Beglaubigungen sind die Bezirksämter und Militärstationen ohne weiteres ermächtigt.

Formular hierfür in Anlage B anbei.

Falls einer der Kontrahenten nicht schreiben kann, sind die genannten Erklärungen zu 2 gerichtlich zu beurkunden, wodurch nach § 129 B. G. B. Abs. 2 die öffentliche Beglaubigung ersetzt wird. In diesem Falle ist die Erklärung von seiten des des Schreibens Unkundigen, daß er nicht schreiben könne, im Protokoll festzustellen und bei der Verlesung und Genehmigung ein Zeuge zuzuziehen. Das Protokoll ist von dem letzteren mit zu unterschreiben (vgl. § 172 des Gesetzes über die Angelegenheiten der freiwilligen Gerichtsbarkeit). Zu derartigen gerichtlichen Beurkundungen werden die Bezirksämter und Militärstationen gleichfalls demnächst generell ermächtigt werden. Formular hierfür in Anlage C anbei.

Ich ersuche von jetzt ab in allen Fällen, in denen es sich um die Veräußerung eines Grundstücks handelt, w e l c h e s im Eigentum eines E u r o p ä e r s (s i e h e oben) s t e h t und f ü r w e l c h e s ein G r u n d - b u c h b l a t t n i c h t a n g e l e g t ist, die Kontrahenten mit dem Inhalt dieses Runderlasses bekannt zu machen und dementsprechend zu verfahren.

D a r e s s a l a m, den 28. September 1903.

Der Kaiserliche Gouverneur.
G r a f v. G ö t z e n.

*) D. Kol. Gesetzgeb. VI, No. 2.

Anlage A. zu No. 114.

(Formular für die gerichtliche Beurkundung eines Kaufvertrages.)

, den   190

Vor d   Unterzeichneten

erschienen, persönlich bekannt:
1. der   **X**
als Vertreter des ostafrikanischen Landesfiskus,
2. der   **Y**
und schlossen den anliegenden Kaufvertrag.[1])

Vorgelesen, genehmigt, unterschrieben.
(Folgen die eigenhändigen Unterschriften
des   **X**
und   **Y**   )

Geschlossen.

(Folgt Unterschrift des Bezirksamtmanns oder
Stationschefs.)

Anlage B. zu No. 114.

(Formular für die öffentliche Beglaubigung der nach § 18 der
Verordnung vom 21. November
1902 abzugebenden Erklärungen.)

(Siegel oder Stempel.)

Wir sind darüber einig, daß das Eigentum an dem dem
(Name des Verkäufers)
gehörigen, im Kaufvertrage vom
                    19
ußber bezeichneten Grundstücke auf den
(Name des Käufers)
übergehen soll.
(Folgen die eigenhändigen Unterschriften
des Verkäufers und Käufers.)

Die vorstehenden vor dem unterzeichneten
gefertigten Unterschriften des (Name des
Verkäufers)
und des (Name des Käufers)
werden beglaubigt.
                    , den   190

(Folgt Unterschrift des Bezirksamtmanns oder
Stationschefs.)

Anlage C. zu No. 114.

(Formular für die gerichtliche Beurkundung der nach § 18 der Verordnung vom 21. November 1902 abzugebenden Erklärungen, wenn einer der Kontrahenten nicht schreiben kann.)

, den   19

Vor d   unterzeichneten
erschienen persönlich bekannt:
1. der Ansiedler   X
2. der Jumbe   Y
Der zu 2 genannte Jumbe   Y
erklärte, daß er nicht schreiben könne. Es wurde daher der Schreiber
Z   zugezogen.
Die zu 1 und 2 Genannten erklärten: Wir sind darüber einig, daß das Eigentum an dem dem Ansiedler
X   gehörigen, im Kaufvertrage
vom   . . . . 190 näher bezeichneten Grundstücke auf den Jumben
Y   . . . übergeben soll.
Vorgelesen genehmigt, unterschrieben.
(Folgen die eigenhändigen Unterschriften
des X und Z.)
          Geschlossen.
(Folgt Unterschrift des Bezirksamtmanns oder
Stationschefs.)

---

115. Verordnung des Gouverneurs von Deutsch-Ostafrika, betreffend den Fortfall der polizeilichen Meldepflicht Nichteingeborener in Daressalam. Vom 29. September 1903.

Auf Grund des § 15 letzter Absatz des Schutzgebietsgesetzes vom 10. September 1900 in Verbindung mit der Verfügung des Reichskanzlers vom 1. Januar 1891 wird hiermit verordnet, was folgt:

Einziger Paragraph.

Die Bestimmungen unter II. E Fremdenpolizei der Polizeiverordnung vom 9. März 1804*) werden hierdurch außer Kraft gesetzt.

Daressalam, den 29. September 1903.

Der Kaiserliche Gouverneur.
Graf v. Götzen.

116. Verfügung des Gouverneurs von Deutsch-Südwestafrika wegen Inkrafttretens der Verfügung, betreffend Rechtsgeschäfte und Rechtsstreitigkeiten Nichteingeborener mit Eingeborenen, vom 23. Juli 1903. Vom 3. Oktober 1903.

(Kol. Bl. S. 633.)

Gemäß § 13 Absatz 1 der Verfügung des Reichskanzlers vom 23. Juli 1903, betreffend Rechtsgeschäfte und Rechtsstreitigkeiten Nichteingeborener mit Eingeborenen im südwestafrikanischen Schutzgebiete (Kol. Bl. No. 15 vom 1. August

*) D. Kol. Gesetzgeb. VI, Anlage zu No. 40, S. 75.

1903, S. 383),*) wird hiermit bestimmt, daß die genannte Verfügung am 1. November für das Schutzgebiet in Kraft tritt.

Windhuk, den 3. Oktober 1903.

Der Kaiserliche Gouverneur.
Leutwein.

117. Verfügung des Gouverneurs von Kamerun, betreffend Bildung einer Landkommission. Vom 4. Oktober 1903.

(Kol. Bl. 1904, S. 151.)

Die Verfügung vom 8. April 1902, betreffend Bildung einer Landkommission zwecks Regelung der Grundbesitzverhältnisse der Eingeborenen innerhalb der Pflanzungsgebiete am Kamerunberge (Kol. Bl. von 1902, No. 19, S. 459), wird dahin abgeändert, daß die Tätigkeit der durch genannte Verfügung gebildeten Landkommission sich auf den Verwaltungsbezirk Victoria zu beschränken hat, und daß als Boisitzer der Kommission stets ein Missionar zuzuziehen ist.

Buea, den 4. Oktober 1903.

Der Kaiserliche Gouverneur.
I. V. Ebermaier.

Durch Verfügung des Kaiserlichen Gouverneurs von Kamerun vom 4. Oktober 1903 ist eine Landkommission für den Verwaltungsbezirk Buea mit dem Sitze in Buea gebildet worden.

118. Erlaß der Kolonial-Abteilung des Auswärtigen Amtes an den Gouverneur von Deutsch-Ostafrika, betreffend das Rechnungswesen bei der Eisenbahnverwaltung. Vom 5. Oktober 1903.**)

Mit Rücksicht auf die schwierigen Verkehrsverhältnisse in den Schutzgebieten hat es sich für die südwestafrikanische Eisenbahn als zweckmäßig erwiesen, kleinere, bei der Prüfung der Eisenbahneinnahmen durch die Verkehrskontrolle festgestellte Fehler in der Berechnung der Fahr- und Frachtgelder sowie der Nebengebühren bis zur Höhe von 1 Mark für den einzelnen Fall unberücksichtigt lassen zu können, da die Nacherhebung oder Nachzahlung solch geringer Beträge unverhältnismäßige Schwierigkeiten verursacht.

Euer Hochgeboren ersuche ich, für die Usambarabahn ein gleiches Verfahren beobachten zu lassen.

Berlin, den 5. Oktober 1903.

Auswärtiges Amt. Kolonial-Abteilung.
Stuebel.

*) Oben No. 91.
**) Vgl. hierzu folgenden weiteren Erlaß der Kolonial-Abteilung vom 31. Januar 1904:
„Fehler in der Berechnung sollen nicht etwa in allen Fällen unberücksichtigt bleiben. Es hat vielmehr nach wie vor als Regel zu gelten, daß gegen den Tarif zu wenig erhobene Beträge angesetzt, überhobene dagegen, soweit möglich, zurückgezahlt werden. Nur da, wo die Ausgleichung mit Weitläufigkeiten verknüpft ist und der Fehler auf einem Versehen eines sonst zuverlässigen Beamten beruht, kann über Abweichungen in den Sollbeträgen hinweggesehen werden. Es wird also da, wo eine Einziehung nicht möglich, der Fehler aber auf wiederholt beobachtetes, wenig sorgfältiges Arbeiten des Beamten zurückzuführen ist, dieser für die Fehler haftpflichtig zu machen, der Betrag also in richtiger Höhe zum Soll zu stellen sein.
In allen Fällen, in denen von Einziehung oder Auszahlung abgesehen wird, ist neben der berichtigten Zahl zu vermerken: Beruht.“

119. Verordnung des Gouverneurs von Kamerun, betreffend Pfändung von Vieh. Vom 5. Oktober 1903.

(Kol. Bl. 1904, S. 161.)

Die Verfügung vom 1. November 1898,*) durch welche den Pflanzungen gestattet ist, das sich auf ihrem Gebiete herumtreibende fremde Vieh selbständig zu pfänden bezw. abzuschießen, wird auf Anordnung des Auswärtigen Amtes hiermit aufgehoben. An Stelle der aufgehobenen Verfügung wird hinsichtlich der Pfändung von Vieh folgendes bestimmt:

1. Wird fremdes Vieh in einer Pflanzung weidend oder sonst unbefugt sich dort aufhaltend angetroffen, so ist der Pflanzungseigentümer oder dessen Vertreter befugt, dasselbe einzufangen und zunächst in Gewahrsam zu nehmen.

2. Von der Pfändung ist der zuständigen Lokalverwaltungsbehörde, Bezirksamt bezw. Station usw., s o f o r t Mitteilung zu machen. Die Lokalverwaltungsbehörde hat alsdann Bestimmung darüber zu treffen, wo und wie das Pfandstück unterzubringen ist.

3. Alsdann ist mit tunlichster Beschleunigung der Eigentümer des gepfändeten Viehes zu ermitteln und von der Beschlagnahme in Kenntnis zu setzen; gleichzeitig ist in geeignet erscheinender Weise der angerichtete Schaden erforderlichenfalls unter Zuziehung von Sachverständigen festzustellen.

4. Der Eigentümer des Viehes hat den Wert des entstandenen Schadens sowie die durch die vorläufige Unterbringung des Viehes etwa entstandenen Fütterungskosten sowie die Kosten des Verfahrens zu ersetzen. Nach Erlegung der Schadens- und Kostensumme ist dem Eigentümer das Vieh zurückzugeben.

5. Ist der Eigentümer des Viehes nicht zu ermitteln oder zahlungsunfähig, so wird das beschlagnahmte Vieh von Amts wegen öffentlich versteigert oder — falls eine Versteigerung einen angemessenen Preis nicht erhoffen läßt — zum ortsüblichen Preise freihändig verkauft. Aus dem Erlöse ist der geschädigte Pflanzungseigentümer schadlos zu halten.

6. Ergibt sich ein Überschuß, so ist dieser dem Eigentümer des Viehes zurückzugeben oder — wenn der Eigentümer nicht hat ermittelt werden können — bei der Bezirksamts- bezw. Stationskasse zu hinterlegen. Von der Hinterlegung ist dem Gouvernement Anzeige zu erstatten.

7. Die Hinterlegungssumme verfällt zugunsten des Fiskus, wenn trotz ordnungsmäßiger zweimaliger öffentlicher Bekanntmachung der Eigentümer des gepfändeten Viehes binnen Jahresfrist nicht hat ermittelt werden können.

D u e a , den 5. Oktober 1903.

Der Kaiserliche Gouverneur.
I. V. E b e r m a i e r.

120. Runderlaß des Gouverneurs von Deutsch-Ostafrika, betreffend das Kassenwesen. Vom 8. Oktober 1903.

Zufolge A. II, Ziffer 2 der Geschäftsanweisung für die Bezirks- und Stationskassen usw. ist zu allen Ausgaben, welche nach den bestehenden Vorschriften oder nach vorliegenden Gouvernementsbefehlen usw. nicht ein für allemal ohne besondere Genehmigung des Gouvernements geleistet werden können, oder zu deren Bestreitung von seiten des Gouvernements keine Mittel zur Verfügung ge-

_____
*) Nicht abgedruckt.

stellt sind, abgesehen von ganz dringlichen Fällen, stets vorher die Genehmigung — nötigenfalls auf telegraphischem Wege — nachzusuchen und dem Ausgabebelege als Rechnungsausweis beizufügen. Ferner müssen die dem Staate zustehenden Einnahmen in den bestehenden Terminen prompt erhoben werden. Einnahmereste dürfen erst dann erscheinen, wenn festgestellt ist, dafs deren Einziehung durch Umstände, welche aufser der Gewalt der Verwaltungschefs und der Kassenführer liegen, verhindert worden ist. Ebenso dürfen Stundungen für die Erfüllung von Zahlungsvorpflichtungen gegen den Staat, abgesehen von unvermeidlichen Rückständen bei der Besteuerung der Eingeborenen, unter keinen Umständen von den Verwaltungschefs bewilligt werden.

Indem ich eine genaue Beachtung dieser Vorschrift in Zukunft erwarte, weise ich zugleich darauf hin, dafs jeder Beamte oder Offizier für Mafsnahmen von finanzieller Tragweite, welche weder nach den allgemeinen Vorschriften zulässig, noch durch besondere Verfügung genehmigt sind, oder sich nicht mehr im Rahmen der zur Verfügung stehenden Etatsmittel halten, persönlich verantwortlich gemacht werden mufs.

Wiederholt hat das Auswärtige Amt, Kolonial-Abteilung, sodann bestimmt, dafs die amtlichen Kassen nur mit Vermittlung solcher Zahlungen für Private und Missionen sich befassen dürfen, bezüglich welcher sie ihrerseits v o r h e r Deckung erhalten haben. Vorschüsse an Privatinteressenten aus amtlichen Kassen sind unstatthaft. Nach diesem Grundsatze mufs nunmehr auch im Anweisungsverkehr der öffentlichen Kassen des Schutzgebiets verfahren werden. Es dürfen von jetzt ab Geldüberweisungen für Private durch Vermittlung der amtlichen Kassen ohne vorherige Deckung oder ohne ausdrückliche Ermächtigung des Gouvernements nicht mehr stattfinden. Abweichende Ermächtigungen sind hierdurch als aufgehoben zu betrachten.

D a r e s s a l a m , den 8. Oktober 1903.

Der Kaiserliche Gouverneur.
I. V. S t u h l m a n n.

121. Auszug aus einer Verordnung des Gouverneurs von Kamerun, wegen Aufhebung der unterm 6. Mai 1901 erlassenen Verordnung, betreffend den Erlafs polizeilicher Strafverfügungen. Vom 9. Oktober 1903.

Einziger Paragraph.

Die Verordnung vom 6. Mai 1901, betreffend den Erlafs polizeilicher Strafverfügungen gegen Nichteingeborene,*) wird hiermit aufgehoben.

B u e a , den 9. Oktober 1903.

Der Kaiserliche Gouverneur.
I. V. E b e r m a i e r.

122. Bekanntmachung des Reichskanzlers, betreffend die Schürfscheingebühr, die Feldessteuer und die Bergwerksabgabe in Deutsch-Ostafrika. Vom 16. Oktober 1903. *K. 11238/*

(Kol. Bl. S. 574. Reichsanz. No. 252.)

Auf Grund der mir unter dem 18. November 1900 erteilten Allerhöchsten Ermächtigung und in Anschlufs an meine Bekanntmachung vom 27. November 1900 bestimme ich hiermit das Folgende:

*) D. Kol. Gesetzgeb. VI, No. 218.

Die in § 16 der Allerhöchsten Verordnung, betreffend das Bergwesen in Deutsch-Ostafrika vom 9. Oktober 1898 (Reichs-Gesetzbl. S. 1045),*) vorgesehene Schürfscheingebühr, die in § 54 a. a. O. vorgesehene Feldessteuer und die in § 55 daselbst vorgesehene Förderungsabgabe werden auch für die Zeit vom 1. Januar 1904 bis einschliefslich den 31. Dezember 1905 auf die Hälfte herabgesetzt.

Berlin, den 10. Oktober 1903.

Der Reichskanzler.
I. A. Stuebel.

123. Verordnung des Gouverneurs von Samoa, betreffend das Vermessungswesen. Vom 20. Oktober 1903.

Behufs Einführung eines einheitlichen Verfahrens in der Ausführung von Vermessungsarbeiten durch Gouvernements- und Privatlandmesser wird auf Grund des § 2 der Verfügung des Reichskanzlers vom 30. November 1902**) zur Ausführung der Kaiserlichen Verordnung, betreffend die Rechte an Grundstücken in den deutschen Schutzgebieten, vom 21. November hiermit verordnet, was folgt:

I. Verwaltung.

1. Alle Vermessungen, welche öffentlichen Glauben beanspruchen und die Grundbuchbeintragung oder Berichtigung bezwecken, werden durch einen vom Kaiserlichen Gouverneur bestimmten Beamten des Gouvernements geprüft und beglaubigt.

2. Die Ausführung dieser Vermessungen erfolgt nach Mafsgabe des zu § 5 der Gouvernementsverordnung aufgestellten Tarifs durch Gouvernements-Landmesser für Rechnung der Staatskasse oder durch Privat-Landmesser.

3. Landmesser, welche durch ein in Deutschland oder im Ausland erworbenes Landmesser-Berufszeugnis oder Patent den Befähigungsnachweis erbringen, erhalten auf Antrag die Erlaubnis zur Ausführung derartiger Vermessungen. Die Lizenzgebühr beträgt für Privat-Landmesser jährlich 50 Mark.

II. Feldarbeit.

1. Die Vermessung von Grundstücken innerhalb des früheren Munizipalitätsbezirks und in Dorflagen geschieht durch Koordinatenaufnahme und polygonometrische Messung; die Vermessung von Plantagengrundstücken bis zu 250 ha Gröfse inner- und aufserhalb dieser Bezirke durch polygonometrische Aufnahme ohne Triangulation, solange eine Landestriangulation noch nicht ausgeführt ist. Flächen, welche gröfser als 250 ha sind, sind, falls ein Anschlufs an eine Landestriangulation nicht möglich ist, durch eine Kleintriangulation mit Basismessung aufzunehmen.

2. Die Winkelmessung ist mit dem Theodoliten auszuführen. Die Streckenmessung mufs mit dem 20 Meter-Stahlmafsband oder mit geeichten Mefslatten erfolgen, welche mit Normalmetern zu vergleichen sind. Ein Urmafs und eine Komparatoreinrichtung befindet sich für Vergleichszwecke in den Geschäftsräumen des Gouvernements.

3. Die Dreieckspunkte von Kleintriangulationen und die Polygonpunkte sind durch Drainröhren von 0,35 bis 0,40 m Länge und bis zu 0,08 m lichte Waite oder durch Steine (Basalt oder Zementmörtelgufs) in den Abmessungen 0,15 zu 0,15 m Querschnitt und 0,55 m Länge zu vermarken. Die Oberfläche

*) D. Kol. Gesetzgeb. III, No. 60.
**) Ebenda VI, No. 3.

dieser Marken soll mit der Erdoberfläche abschneiden. Die Mitte dieser Steine ist durch ein zentrisches Loch zu bezeichnen.

4. Die Anzahl der Grenzpunkte darf nicht unnötig vergrößert werden; es genügt im allgemeinen für jede noch so lange Grenzlinie die Vermarkung der beiden Endpunkte, welche gegenseitig sichtbar sein müssen.

5. Die Vermarkung der Grenzpunkte muß durch gut behauene Basaltsteine oder Zementmörtelgußsteine in den Dimensionen 0,20 zu 0,20 zu 0,65 m erfolgen. Die Vermarkungssteine sollen das umgebende Erdreich um höchstens 10 cm überragen.

Für die Fälle, in denen vorstehende Vermarkungsmittel nur mit großen Kosten zu beschaffen sind, können gegebenenfalls auch Erdhügel oder aufgetürmte Steinpyramiden verwendet werden. Alle diese Grenzzeichen sind außerdem noch unterirdisch zu vermarken. Am besten eignen sich hierzu leere Flaschen, deren Boden durchstoßen oder abgesprengt ist.

6. Die topographische Aufnahme des Innern eines Grundstücks soll nur ein skizzenhaftes Eintragen der Terraingestaltung sein. Notizen über den geologischen Charakter des Grundstücks, die Bodenbeschaffenheit, Bodengüte, Wegeverhältnisse, Höhenlage, Wasserversorgung und Vegetation sind dem Feldbuch beizufügen.

7. Werden die Grenzen durch natürliche Objekte, wie Wege, Wasserläufe, Gebirgskämme usw., dargestellt, so sind diese Grenzen durch besondere Messungslinien genau aufzunehmen.

III. Ausarbeitung der Karten.

1. Jeder Gouvernements- und Privat-Landmesser hat zwecks Prüfung seiner Arbeiten zwei Karten an das Gouvernement einzusenden. Das eine Exemplar auf gutem Zeichenpapier verbleibt im Archiv, das zweite Exemplar, ein Kopie auf Pauseinwand, geht nach Revision mit Prüfungsvermerk an den Landmesser behufs Aushändigung an den Auftraggeber zurück.

Der Maßstab der Verjüngung ist für Waldkomplexe 1 : 2500 oder 1 : 5000, für parzellierte Feldlagen 1 : 1000 oder 1 : 1250 und für Dorf- und Stadtlagen 1 : 1000, 1 : 500 oder 1 : 250.

2. Außerdem ist ein Feldbuch in Aktenformat beizubringen, welches folgende Anlagen und Daten enthält:

a) eine ungefähr maßstäbliche Zeichnung des Grundstücks mit den Originalmaßen der Messungs- und Grenzlinien in Zentimetern;

b) die Resultate der polygonometrischen und trigonometrischen Winkelmessung in Sekunden des in 360 Grade geteilten Kreises;

c) die Koordinatenberechnung und die Koordinaten der Dreiecks- und Polygonpunkte in Zentimetern;

d) die doppelte Berechnung der Flächeninhalte in Hektar, Ar und Quadratmetern;

e) die Namen der Eigentümer und Angrenzer.

3. Das Format der Karten muß sein:

a) 50×34 cm, sofern dies aber zur notwendigen zusammenhängenden Darstellung umfangreicher Flächen nicht ausreicht:

b) 50 × 66 cm oder

c) 50 × 100 cm an Länge und Breite.

4. Die Titelschrift muß enthalten den Namen des Distrikts, der Gemeinde und der Gewanne.

5. Das Beschreiben der Karten muß in der Regel in deutscher Sprache, in Rundschrift, erfolgen. Auf richtige Schreibweise der Eingeborenenbezeichnungen für Flüsse, Berge usw. ist besondere Sorgfalt zu verwenden.

6. Für das Zeichnen der Karten sind die Vorschriften der preußischen Landesaufnahme maßgebend.

7. Auf jeder Karte ist der Maßstab unten anzugeben.

IV. Kosten.

1. Die Prüfung und Beglaubigung der Karten und Messungsunterlagen geschieht kostenfrei.

2. Die Ausführung von Vermessungsarbeiten durch Gouvernements-Landmesser geschieht auf mündlichen oder schriftlichen Antrag unter Einzahlung eines Kostenvorschusses in Höhe von 75 Prozent der vorläufigen festzusetzenden Gebühren.

Die Verordnung tritt mit dem Tage der Verkündung in Kraft. Sämtliche früheren, das Vermessungswesen betreffenden Verfügungen werden aufgehoben.

A p i a , den 20. Oktober 1903.

Der Kaiserliche Gouverneur.
S o l f.

124. Runderlaß der Kolonial-Abteilung des Auswärtigen Amtes, betreffend die Erstattung spezieller Umzugskosten bei Versetzungen von Beamten. Vom 21. Oktober 1903.

In § 12 der Vorschriften vom 31. Mai 1901,[*] betreffend den Urlaub, die Stellvertretung, die Tagegelder, Fuhr- und Umzugskosten der Landesbeamten in den Schutzgebieten, ist bestimmt worden, daß die etatmäßigen Beamten für die Übersiedlung nach dem Schutzgebiete beim Eintritt in den Kolonialdienst, für die Heimreise im Falle des Austritts aus dem Kolonialdienste sowie für Versetzungen von einem Schutzgebiete in anderes Vergütung nach Maßgabe der Allerhöchsten Verordnung vom 23. April 1879, betreffend die Tagegelder, die Fuhrkosten und die Umzugskosten der gesandtschaftlichen und Konsularbeamten,[**] erhalten.

Es hat sich als notwendig herausgestellt, besondere Normen hinsichtlich der Liquidationen der gemäß § 12 Abs. 1 der Verordnung vom 23. April 1879 zu erstattenden speziellen Umzugskosten festzulegen. Demgemäß hat der Herr Reichskanzler den in Abschrift beiliegenden Runderlaß vom 10. August d. J. an sämtliche Kaiserliche Missionen und mit Berufsbeamten besetzte Konsularbehörden gerichtet.

Ich ersuche ergebenst, die in demselben zum Ausdruck gebrachten Grundsätze auch für den dortigen Geschäftsbereich anzuwenden und die in Betracht kommenden Beamten entsprechend zu verständigen.

Drei Exemplare dieses Erlasses und der Anlage sind beigefügt.

B e r l i n , den 21. Oktober 1903.

Auswärtiges Amt. Kolonial-Abteilung.
S t u e b e l.

---

[*] D. Kol. Gesetzgeb. VI , No. 222.
[**] Ebenda I, No. 11.

Bei Prüfung der Forderungsnachweise über die den gesandtschaftlichen und Konsularbeamten aus Anlaß von Versetzungen zu gewährenden speziellen Umzugskosten ist hier in zahlreichen Fällen wahrgenommen worden, daß von den beteiligten Beamten bei der Anordnung des Transports und der Wahl der Transportmittel nicht genügend darauf geachtet war, die Kosten auf das Maß des Notwendigen zu beschränken. Oft hatten auch die Beamten die erforderliche Prüfung der Spediteurrechnungen offenbar gänzlich unterlassen, und es waren Forderungen der Transportvermittler anstandslos bezahlt worden, welche die Grenzen der Angemessenheit in weitgehender Weise überschritten. In solchen Fällen haben vom Auswärtigen Amte erhebliche Abstriche an den Liquidationen gemacht werden müssen, wobei die Beamten wegen Wiedererlangung der von ihnen zuviel gezahlten Beträge lediglich an die Spediteure verwiesen werden konnten. Zur Vermeidung derartiger Vorkommnisse wird von den versetzten Beamten bei dem Versand ihrer Einrichtungsgegenstände mit besonderer Sorgfalt auf Vermeidung aller überflüssigen Aufwendungen Bedacht zu nehmen und durch sachgemäße Vereinbarungen mit den Spediteuren der Möglichkeit einer Übervorteilung von vornherein tunlich vorzubeugen sein. Auch werden sich die Beamten stets vor Begleichung der Rechnungen durch eine eingehende Prüfung derselben von der Berechtigung und Angemessenheit der darin enthaltenen Kostenansätze zu überzeugen haben. Daß dies geschehen ist und daß ferner die in Rechnung gestellten Leistungen notwendig waren, wofür die Beamten gleichfalls verantwortlich sind, ist durch einen unterschriftlich zu vollziehenden Vermerk des Inhalts: „Die vorstehende Rechnung ist von mir geprüft und als angemessen befunden worden" zum Ausdruck zu bringen. Sollten Zahlungen auf Grund mehrerer Rechnungen geleistet sein, so ist eine Zusammenstellung vorzulegen, aus der sich der Gesamtbetrag der zu erstattenden Kosten ergibt. In diesem Falle ist nicht jede einzelne Rechnung, sondern nur die Zusammenstellung in der angegebenen Weise zu bescheinigen. Des weiteren wird es sich, da nach § 12 der Allerhöchsten Verordnung vom 23. April 1879 die Erstattung der Transportkosten von der Vorlegung spezieller und belegter Liquidationen abhängig gemacht ist, zur Vermeidung von Weiterungen und finanziellen Nachteilen für die Beamten empfehlen, die Erlangung der benötigten Unterlagen (einschließlich der mit Frachtrechnungen versehenen Frachtbriefe, Konnossemente usw.) durch entsprechende Verabredungen mit den Spediteuren sicherzustellen. Die Spediteurrechnungen selbst müssen übersichtlich ausgestellt sein und die zur Begründung der einzelnen erforderlichen Angaben enthalten, damit sowohl das Auswärtige Amt als auch der Rechnungshof in der Lage ist, die angestellten Vergütungen auf ihre Berechtigung und Angemessenheit nachzuprüfen. Jedenfalls sind darin die baren Auslagen der Spediteure nur mit den wirklich gezahlten Beträgen und getrennt von den Gebührnissen für ihre eigenen Leistungen aufzuführen. Sind von einem Forderungsberechtigten Kosten durch Nachnahme erhoben, so ist nachzuweisen, aus welchen Einzelbeträgen sie sich zusammensetzen und wofür sie berechnet sind.

Auf eine sorgfältige Beachtung der vorstehenden Vorschriften wird umsomehr Bedacht zu nehmen sein, als andernfalls bei der hier vorzunehmenden Prüfung der Rechnungen leicht Weiterungen und Verzögerungen entstehen würden und sich unter Umständen sogar die Zuziehung besonderer gerichtlicher Sachverständiger erforderlich machen würde.

Bei dem Transport von Sachen auf dem Seewege ist ferner zu berücksichtigen, daß dem Auswärtigen Amte folgende Frachtermäßigungen von Reedereien zugestanden sind:

1. von dem Norddeutschen Lloyd, der Hamburg-Amerika-Linie, der Hamburg-Südamerikanischen Dampfschiffahrts-Gesellschaft und der Deutschen Ostafrika-Linie je 20 Prozent der tarifmäßigen Frachten,
2. von der Deutsch-Australischen Dampfschiffahrts-Gesellschaft für Sendungen nach Australien ein gleich hoher Frachtnachlaß,
3. von den Messageries Maritimes in Paris für die Linien über Suez hinaus 15 Prozent.

Darauf, daß diese Frachtvergünstigungen in den gegebenen Fällen auch wirklich gewährt worden sind, wird vor Bezahlung der Rechnungen zu achten sein.

Werden zum Versand des Umzugsguts Möbel-Patentwagen benutzt, so ist in Betracht zu ziehen, daß sich für den Spediteur vielfach Gelegenheit bieten wird, die Wagen am Bestimmungsorte bezw. an einem in dessen Nähe gelegenen Platze unmittelbar oder bald nach der Entladung weiter zu verwenden. Demgemäß werden bei der Erteilung des Transportauftrags in den geeigneten Fällen Vereinbarungen mit den Spediteuren ins Auge zu fassen sein, wonach diesen die Wagen am Ziele des Transports zur Verfügung gestellt werden. Für das denselben dadurch zufallende Risiko ist ihnen erforderlichenfalls eine Vergütung zuzusichern, die aber hinter dem Betrage der für die Reichskasse eintretenden Ersparnis an Rückfracht und an Leihgebühr für die Zeit des Rücktransports zurückbleiben muß.

Überdies hat der Rechnungshof mehrfach die Zulässigkeit der Kostenerstattung für Möbel-Patentwagen beanstandet. In dieser Beziehung wird zwar zuzugeben sein, daß die Benutzung von Möbel-Patentwagen nach den heutigen Verkehrsverhältnissen unter Umständen als eine übliche und an sich zweckmäßige Maßnahme anzusehen ist, die zugleich zugunsten der Reichskasse eine Verminderung der Kosten für das Beladen und Entladen der Eisenbahnwagen zur Folge hat, also keineswegs lediglich den Beamten zugute kommt. Immerhin erscheint die ausschließliche Heranziehung der Reichskasse zur Tragung der durch die Verwendung solcher Wagen erwachsenden Kosten nur insoweit vertretbar, als die zum Versand gelangenden Gegenstände im Hinblick auf ihren Wert und ihre eigenartige Beschaffenheit die Benutzung dieses kostspieligen Transportmittels gerechtfertigt erscheinen lassen. Der Transport aller übrigen Sachen wird dagegen — in den geeigneten Fällen nach ordnungsmäßiger Verpackung — mittels gewöhnlicher Eisenbahnwagen zu bewirken sein. Daß in diesem Sinne der Kostenaufwand für Möbelpatentwagen auf das Maß des wirklich Notwendigen beschränkt geblieben ist, wird durch Einreichung eines eine entsprechende Prüfung ermöglichenden Verzeichnisses der mit Möbelpatentwagen versandten Gegenstände darzutun sein. Die vorstehende Bestimmung bezieht sich nur auf die Kosten für die zu Transporten auf dem Schienenwege benutzten Möbelpatentwagen. Sind solche Wagen — oder Möbelkoffer — bei Transporten auf dem Seewege verwendet worden, so hat der versetzte Beamte die dafür entstehenden Kosten in vollem Umfange aus der Vergütung für allgemeine Umzugskosten zu bestreiten.

Von dem Inhalte dieses Erlasses sind sämtliche beteiligte Beamte in Kenntnis zu setzen.

Berlin, den 10. August 1903.

Der Reichskanzler.
I. A. Mühlberg.

125. Allerhöchste Verordnung, betreffend die Verleihung der deutsch-ostafrikanischen Landesangehörigkeit. Vom 24. Oktober 1903.

(Kol. Bl. S. 578. Reichsanz. No. 258.) *K. 1202 3/03*

Wir Wilhelm, von Gottes Gnaden Deutscher Kaiser, König von Preußen usw., verordnen auf Grund der §§ 1, 4, 7 des Schutzgebietsgesetzes (Reichs-Gesetzblatt 1900, S. 813) für das deutsch-ostafrikanische Schutzgebiet im Namen des Reichs, was folgt:

§ 1. Personen, welche sich im Schutzgebiet niedergelassen haben, kann auf ihren Antrag die deutsch-ostafrikanische Landesangehörigkeit nach Maßgabe der nachstehenden Vorschriften verliehen werden.

§ 2. Über den Antrag, welcher durch Vermittlung des für den Wohnsitz des Antragstellers zuständigen Bezirksamtmanns (Stationschefs) zu stellen ist, entscheidet der Gouverneur.

Die Verleihung erfolgt durch Eintragung in eine von dem Bezirksamtmann (Stationschef) nach näherer Bestimmung des Gouverneurs zu führende Matrikel. Eine Ausfertigung der Eintragung ist dem Beliehenen auszuhändigen. Die dafür zu entrichtende Gebühr beträgt 20 Rupien. Die Gebühr kann in geeigneten Fällen vom Gouverneur ermäßigt oder erlassen werden.

§ 3. Die Verleihung begründet für den Beliehenen alle Rechte und Pflichten eines dem Schutzgebiete durch Abstammung angehörenden Eingeborenen. Diese Wirkung erstreckt sich auf die Ehefrau, sofern die Ehe nach der Verleihung geschlossen ist, sowie auf die ehelichen Kinder, soweit sie nach der Verleihung geboren sind.

Der Gouverneur bestimmt in jedem Falle, ob der Beliehene im Sinne der Vorschriften der §§ 4, 7 des Schutzgebietsgesetzes (Reichs-Gesetzbl. 1900, S. 813) als Eingeborener oder als Nichteingeborener anzusehen ist.

Zur Führung der Reichsflagge ist die in der Verordnung vom 28. Juli 1891 vorgesehene besondere Erlaubnis nicht erforderlich.

§ 4. Verläßt ein in der Matrikel Eingetragener dauernd das Schutzgebiet, so kann der Gouverneur seine Löschung in der Matrikel verfügen. Auf Antrag hat die Löschung zu erfolgen. Die Löschung hat den Verlust der durch die Eintragung erworbenen Landesangehörigkeit zur Folge.

Von der Löschung ist der davon betroffenen Person, sofern ihr Aufenthalt ist, alsbald Mitteilung zu machen.

§ 5. Der Reichskanzler (Auswärtiges Amt, Kolonial-Abteilung) hat die zur Ausführung dieser Verordnung erforderlichen Vorschriften zu erlassen.

Die Verordnung tritt am 1. Dezember 1903 in Kraft.

Urkundlich unter Unserer Höchsteigenhändigen Unterschrift und beigedrucktem Kaiserlichen Insiegel.

Gegeben K ü s t r i n, den 24. Oktober 1903.

(L. S.)   **Wilhelm I. R.**

                              G r a f v. B ü l o w.

126. Runderlaſs der Kolonial-Abteilung des Auswärtigen Amtes, betreffend den Verkauf von amtlichen Bedarfsgegenständen an Private. Vom 27. Oktober 1903.

Durch den Runderlaſs vom 19. August 1903*) sind die Kaiserlichen Gouvernements ermächtigt worden, dem amtlichen Personal und auch Privatpersonen unter der Voraussetzung einer Notlage die Entnahme von Bedarfsgegenständen aus amtlichen Beständen gegen Zahlung der ziffernmäſsig nachweisbaren Selbstkosten der Verwaltung und einem Aufschlag von 15 Prozent bezw. — bei Kohlen — von 20 Prozent zu gestatten. Die Selbstkosten setzen sich zusammen aus den sämtlichen Aufwendungen für Beschaffung, Verpackung, Seefracht, Landungsgebühren, Seeversicherungsprämien, Landfracht hier und im Schutzgebiete sowie sonstige Spesen. Ein Zoll kommt dagegen bei den Selbstkosten nicht zum Ansatz, da die von den Kaiserlichen Gouvernements selbst eingeführten Gegenstände zollfrei sind. Ebensowenig ist auf den Zoll in dem bezeichneten prozentualen Aufschlage, welcher den Fiskus lediglich für die mit den Lieferungen verknüpften allgemeinen Verwaltungskosten entschädigen soll, Rücksicht zu nehmen.

In dieser Weise würden also im Privatverkehr an sich zollpflichtige Gegenstände auf dem Umwege durch die Materialienverwaltung der Gouvernements zollfrei eingeführt werden. Dies ist selbstverständlich unzulässig. Es muſs vielmehr für die aus Dienstbeständen zum Privatgebrauch entnommenen Gegenstände, soweit sie einem Einfuhrzoll unterliegen, der tarifmäſsige Zoll von den Beteiligten noch besonders entrichtet werden. Die hierauf entfallenden Beträge sind entsprechend zu verrechnen.

Die Kaiserlichen Gouvernements ersuche ich ergebenst, gefälligst die erforderlichen weiteren Anordnungen zu treffen, damit künftig im vorstehenden Sinne verfahren wird.

Berlin, den 27. Oktober 1903.

Auswärtiges Amt. Kolonial-Abteilung.
Stuebel.

127. Verordnung des Gouverneurs von Deutsch-Ostafrika, betreffend das Marktwesen im Bezirk Wilhelmsthal. Vom 2. November 1903.

Auf Grund des § 15, letzter Absatz, des Schutzgebietsgesetzes in Verbindung mit der Verfügung des Reichskanzlers vom 1. Januar 1891, wird hiermit für die Ortschaften Mombo, Makujuni und Korogwe, sowie für diejenigen Ortschaften, in denen die Errichtung von Märkten späterhin angeordnet wird, und für einen Umkreis um dieselben von 2 km, vom Weichbilde an gerechnet, hinsichtlich des Marktwesens verordnet, was folgt:

1. Erzeugnisse der einheimischen Landwirtschaft, Viehzucht, Jagd und Fischerei, sowie daraus hergestellte Lebensmittel und Brennholz, soweit alle diese Erzeugnisse der Befriedigung täglicher Bedürfnisse der Bevölkerung dienen sollen, dürfen zum Zwecke des Kleinverkaufs an die Verbraucher auſser in offenen Verkaufsstellen, welche zur Gewerbesteuer veranlagt sind, nur in der Markthalle feilgeboten werden.

―――――

*) Vgl. oben No. 98.

§ 2. Die Verkäufer der in § 1 bezeichneten Gegenstände haben Marktgebühren nach dem anliegenden Tarif an die von der örtlichen Polizeibehörde zu bezeichnende Stelle zu entrichten.

§ 3. Erzeugnisse der Land- und Forstwirtschaft, Viehzucht, Jagd und Fischerei, die zum eigenen Verbrauche der Produzenten bestimmt sind, müssen auf Verlangen der örtlichen Polizeibehörde ebenfalls in die Markthalle gebracht und dem Markthallenaufseher vorgezeigt werden, bleiben jedoch von den Vorschriften des § 2 unberührt.

§ 4. Auf Antrag des Verkäufers können alle in die Markthalle gebrachten Erzeugnisse durch einen amtlich zugelassenen Auktionator öffentlich versteigert werden.

Es ist dafür eine besondere Gebühr von 4 Pesa für jede Rupie und 1 Pesa für jede angefangene Viertelrupie des Erlöses zu zahlen.

§ 5. Die Vorschriften des § 1 finden keine Anwendung:

1. auf den Handel mit Mtama, Mais, Reis, Sesam, Kopra und geschälten Erdnüssen,
2. auf den Handel mit Eseln, Pferden, Maultieren, Kamelen sowie mit Rindvieh und Kleinvieh, welches nicht zum Schlachten bestimmt ist,
3. auf den Gewerbebetrieb der Bäcker, Milchhändler und Temboverkäufer.

Erfolgt trozdem der Verkauf der vorgenannten Erzeugnisse in der Markthalle, so ist die Marktgebühr nach Maßgabe des § 2 zu entrichten.

§ 6. Die örtliche Polizeibehörde kann bestimmten Personen die widerrufliche Erlaubnis zur Feilhaltung und zum Verkaufe von europäischem Gemüse, Geflügel, Eiern und Obst sowie von zubereiteten Eßwaren und Genußmitteln der Eingeborenen auf den Straßen oder im Umherziehen unbeschadet der Verpflichtung zur Entrichtung der nach § 2 für den Verkauf in der Markthalle zuständigen Marktgebühr und unter der Auflage zur Vorausbezahlung der letzteren gestatten.

Die Verkäufer haben den Erlaubnisschein und eine Bescheinigung über die Zahlung der Gebühr bei sich zu führen.

§ 7. Zuwiderhandlungen gegen die Vorschriften dieser Verordnung werden, soweit nicht nach den bestehenden Gesetzen eine härtere Strafe verwirkt ist, mit Geldstrafe bis zu 20 (zwanzig) Rupien, an deren Stelle im Unvermögensfalle Haft bis zu einer Woche — bei Eingeborenen Gefängnis mit Zwangsarbeit oder Kettenhaft — tritt, bestraft.

Sofern eine Hinterziehung der nach § 2 zu entrichtenden Gebühren stattgefunden hat, kommt außerdem der vierfache Betrag der hinterzogenen Gebühr, mindestens jedoch 1 Rupie, als Zusatzstrafe zur Erhebung.

§ 8. Die auf Grund dieser Verordnung zu erhebenden Abgaben und Gebühren einschließlich der zu verhängenden Geldstrafen fließen zur Kommunalkasse.

§ 9. Diese Verordnung tritt mit dem 1. Januar 1904 in Kraft.

Mit dem gleichen Tage werden die bisherigen Bestimmungen für die Märkte im Bezirk Wilhelmsthal außer Kraft gesetzt.

Daressalam, den 2. November 1903.

Der Kaiserliche Gouverneur.
Graf v. Götzen.

Anlage zu No. 127.

Markthallen-Tarif.

I.

Gewerbsmäßige Verkäufer zahlen an Standgeld pro Tag:

1. Für einen Fleischerstand . . . . 16 Pesa
2. Für einen Stand in der Fischhalle . . . . 12 Pesa
3. Für einen großen Verkaufsstand von 2 qm
   für allerhand Waren . . . . 8 Pesa
4. Für einen kleinen Verkaufsstand für allerhand
   Waren . . . . 4 Pesa

II.

Gelegentliche Verkäufer entrichten:

1. Für jede Rupie des erzielten Verkaufspreises   4 Pesa
2. Für jede angefangene Viertelrupie   . . .   1 Pesa

III.

Verkäufer von Vieh entrichten:

1. Für ein Stück Großvieh (Rinder, Kamele,
   Maultiere, Esel) . . . . 64 Pesa
2. Für eine Ziege . . . . 16 Pesa
3. Für ein Schaf . . . . 16 Pesa
4. Für eine Ente, Gans oder Truthahn . . . . 4 Pesa
5. Für ein Huhn oder sonstiges Geflügel . . . 1 Pesa

---

128. Auszug aus der Verfügung des Gouverneurs von Deutsch-Neu-Guinea, betreffend die Vorladungen an Eingeborene. Vom 2. November 1903.

Ich ordne für die Vorladung von Farbigen mit der Wirkung einer Dienstanweisung folgendes an:

1. Farbige Arbeiter:
   a) Vorladung von Arbeitern: Die Vorladung von im Dienste von Europäern stehenden farbigen Arbeitern in Gerichts- wie Verwaltungsangelegenheiten erfolgt durch Ersuchen an den Arbeitgeber,
   b) unmittelbare Vorladung und Vorführung: Die unmittelbare Vorladung oder Vorführung ist, von dringenden Fällen abgesehen, erst anzuordnen, wenn dem Ersuchen seitens des Arbeitgebers nicht entsprochen worden ist,
   c) Verhaftungen: Verhaftungen sind stets unmittelbar auszuführen. Von Verhaftungen oder Festnahmen zwecks Vorführung (1 b) ist der Arbeitgeber womöglich gleichzeitig zu verständigen.

2. Eingeborene:
   Ladungen, Festnahmen und Verhaftungen von Eingeborenen sind, von besonderen Umständen abgesehen, durch die Vermittlung der bestellten Häuptlinge auszuführen.

3. Strafbestimmungen:

Die Strafbestimmungen des § 24 der Strafverordnung für die Eingeborenen vom 21. Oktober 1886*) wird allgemein für Zeugen anwendbar erklärt. Strafverhängungen gegen Häuptlinge für Fälle des Ungehorsams bleiben dem Ermessen des Vorstandes der Dienststelle überlassen.

Herbertshöhe, den 2. November 1908.

Der Kaiserliche Gouverneur.

Hahl.

120. Auszug aus den Satzungen der Deutsch-Ostafrikanischen Gesellschaft in der von der Aufsichtsbehörde genehmigten Fassung vom 9. November 1903.

(Kol. Bl. 1904, S. 148, Reichsanz. vom 1. März 1904.)

§ 1. Die „Deutsch-Ostafrikanische Gesellschaft", welcher durch Beschluß des Bundesrats vom 4. Juli 1889 nach Maßgabe des § 8 des Gesetzes wegen Abänderung des Gesetzes, betreffend die Rechtsverhältnisse der deutschen Schutzgebiete, vom 15. März 1888 die Fähigkeit beigelegt ist, unter ihrem Namen Rechte, insbesondere Eigentum und andere dingliche Rechte an Grundstücken zu erwerben, Verbindlichkeiten einzugehen, vor Gericht zu klagen und verklagt zu werden, hat den Zweck: in Ostafrika die Ansiedlung, den Bodenbau, den Bergbau und sonstige Zweige der wirtschaftlichen Tätigkeit und des Handels anzubahnen und zu fördern, sowie selbst Ländereien zu erwerben, zu bewirtschaften und zu verwerten, Handel, Gewerbe und Bergbau und alle dem Handel und Verkehr dienlichen Unternehmungen zu betreiben bezw. sich daran zu beteiligen.

§ 2. Die Gesellschaft hat ihren Sitz in Berlin. Sie ist berechtigt, auf Beschluß der Hauptversammlung Zweigniederlassungen überall im Deutschen Reiche und in Ostafrika zu errichten. Der Beschluß ist in dem Deutschen Reichsanzeiger und in den Gesellschaftsblättern (§ 16) bekannt zu geben.

§ 3. Die Dauer der Gesellschaft ist nicht beschränkt.

§ 4. Für die Verbindlichkeiten der Gesellschaft haftet den Gläubigern derselben nur das Gesellschaftsvermögen.

§ 5. Mitglieder der Gesellschaft können sein: Angehörige des Deutschen Reiches, ferner Korporationen, bergrechtliche Gewerkschaften, Aktiengesellschaften und eingetragene Genossenschaften, welche in Deutschland ihren Sitz haben, sowie andere Handelsgesellschaften, deren persönlich haftende Mitglieder sämtlich die Deutsche Reichsangehörigkeit besitzen. Einzelpersonen oder Personen-Gesamtheiten, bei welchen diese Voraussetzungen fehlen, können nur unter der Bedingung der Genehmigung der Aufsichtsbehörde als Mitglieder in die Gesellschaft aufgenommen werden.

§ 6. Mitglieder der Gesellschaft sind:

1. die Eigentümer von Stammanteilen;
2. die Eigentümer von Vorzugsanteilen.

(Zur Zeit sind ausgegeben 6 721 000 Mark.)

§ 10. Zum Erwerbe der Mitgliedschaft bedarf es der schriftlichen Erklärung des Beitretenden und der schriftlichen Aufnahmeerklärung seitens des Vorstandes.

---

*) D. Kol. Gesetzgeb. I, No. 218, § 24 a. a. O., sieht die Bestrafung nur für Zeugen in Eingeborenen-Strafsachen vor.

Der Übernehmer eines Anteiles oder dessen Rechtsnachfolger (§ 12) ist verpflichtet, Einzahlungen bis zur Höhe des Nennbetrages an die Gesellschaft zu leisten. Zu weiteren Leistungen ist derselbe nicht verbunden.

§ 11. Unbeschadet der Vergünstigung, welche die Eigentümer von Vorzugsanteilen genießen, begründet der Erwerb von Anteilen für die Mitglieder das Recht, nach Verhältnis des Betrages der auf ihre Anteile geleisteten Einzahlungen zu dem Gesamtbetrag der auf alle Anteile geleisteten Einzahlungen an den zur Verteilung gelangenden Überschüssen teilzunehmen.

§ 12. Über die Mitglieder der Gesellschaft und die einzelnen Anteile werden vom Vorstand Verzeichnisse (Anteilsbücher) geführt, und es wird auf Grund derselben den Mitgliedern über jeden Anteil eine auf den Namen lautende Urkunde (Anteilschein) erteilt. Die Erneuerung eines Anteilscheins ist nur gegen Rückgabe desselben zulässig. Abhanden gekommene oder vernichtete Anteilscheine werden nach Kraftloserklärung in dem gesetzlichen Aufgebotsverfahren durch Ausstellung neuer Scheine ersetzt.

Nur die in den Anteilsbüchern Eingetragenen gelten der Gesellschaft gegenüber als Mitglieder.

Die Übertragung von Anteilen bedarf der Zustimmung des Vorstandes, der dieselbe ohne Angabe von Gründen ablehnen kann.

Mehrere Erben eines Mitgliedes können, solange das Eigentum an dem Anteile des Erblassers nicht auf eine bestimmte Person übertragen ist, nur durch einen in das Anteilsbuch einzutragenden Bevollmächtigten vertreten werden. Solange ein solcher Bevollmächtigter nicht bestellt ist, kann die Umschreibung auf mehrere Erben eines Mitgliedes nicht stattfinden. Bevollmächtigter kann jemand, der die deutsche Reichsangehörigkeit nicht besitzt, nur mit Genehmigung der Aufsichtsbehörde sein.

Die Umschreibung im Anteilsbuche darf nur gegen Vorlegung des Anteilscheines erfolgen.

§ 13. Die Mitglieder sind befugt, nach Erfüllung ihrer Verbindlichkeiten gegen die Gesellschaft, unter Rückgabe ihrer Anteilscheine, durch schriftliche Erklärung aus derselben auszuscheiden. Das Recht aus den Anteilscheinen gilt in diesem Falle als erloschen.

§ 14. Durch den Tod oder das Ausscheiden einzelner Mitglieder wird die Gesellschaft nicht aufgelöst; auch können einzelne Mitglieder nicht auf Teilung klagen.

§ 15. Das Recht zur Teilnahme an der Hauptversammlung ruht für die mehreren Erben eines Mitgliedes, solange nicht die Vorschrift des § 12, Absatz 4, erfüllt ist.

§ 16. Mitteilungen der Gesellschaft an ihre Mitglieder erfolgen, soweit in diesen Satzungen nichts anderes festgesetzt ist, durch Einrückung in den Deutschen Reichsanzeiger und in die etwa vom Verwaltungsrate bestimmten Blätter.

§ 17. Die Gesellschaft gliedert sich in:
die Hauptversammlung,
den Verwaltungsrat,
den Vorstand.

§ 18. Das Geschäfts- und Rechnungsjahr ist das Kalenderjahr. Auf den 31. Dezember ist von dem Vorstande für das abgelaufene Geschäftsjahr der Hauptabschluß zu ziehen. Derselbe muß einen genauen Nachweis der Einnahmen und Ausgaben enthalten und mit einem auf denselben Tag gestellten Vermögensbestand, mit einem Geschäftsbericht des Vorstandes und den Bemer-

kungen des Verwaltungsrats bis spätestens Ende Oktober des folgenden Jahres
der Hauptversammlung zur Genehmigung vorgelegt werden.

Durch Erteilung der Genehmigung werden Vorstand und Verwaltungsrat
für die Geschäftsführung des betreffenden Jahres entlastet.

§ 19. Auf Vorschlag des Verwaltungsrats beschließt die Hauptversammlung über die Verwendung der sich aus dem Hauptabschlusse ergebenden Gewinn-
überschüsse.

Von dem zur Verwendung bestimmten Betrage sind vorweg mindestens
10 Prozent in die ordentliche Rücklage zu bringen.

§ 20. Die ordentliche Rücklage dient zur Deckung von außerordentlichen
Ausgaben oder Verlusten. Über die Verwendung der ordentlichen Rücklage beschließt der Verwaltungsrat. Der Beschluß bedarf der Genehmigung der Aufsichtsbehörde.

Nachdem die ordentliche Rücklage die Höhe von 15 Prozent des Gesamtbetrages der Anteile erreicht haben wird, können die Beiträge zu derselben auf-
hören. Im Falle von Entnahmen aus der ordentlichen Rücklage ist dieselbe auf
den vorgenannten Höchstbetrag wieder zu ergänzen.

Die ordentliche Rücklage ist in Werten, welche eine leichte Versilberung
gestatten, sicher anzulegen und von dem übrigen Vermögen der Gesellschaft getrennt zu verwalten.

§ 21. Der Verwaltungsrat besteht aus mindestens 11, höchstens 19 Mitgliedern.

Ein Mitglied entsendet die Königliche Generaldirektion der Seehandlungs-
Sozietät. Dieses Mitglied darf nicht an der Gesellschaft beteiligt sein.

Die übrigen Mitglieder werden aus den Mitgliedern der Gesellschaft durch
die Hauptversammlung gewählt.

§ 22. Der Verwaltungsrat wählt jährlich in seiner ersten Sitzung nach
der ordentlichen Hauptversammlung seinen Vorsitzenden und mindestens einen
Stellvertreter desselben.

§ 24. Der Verwaltungsrat überwacht die gesamte Geschäftsführung in
allen Zweigen der Verwaltung und unterrichtet sich zu dem Zweck von dem
Gange der Angelegenheiten der Gesellschaft. Er kann jederzeit über dieselben
Berichterstattung von dem Vorstand verlangen und selbst oder durch einzelne
von ihm zu bestimmende Mitglieder die Bücher und Schriften der Gesellschaft
einsehen, sowie den Bestand der Gesellschaftskasse und die Bestände an Wertpapieren, Handelspapieren und Waren untersuchen. Er hat das Recht, eins oder
mehrere seiner Mitglieder zu bestimmten Geschäften abzuordnen und sie dazu
mit Vollmacht zu versehen; auch ist es demselben gestattet, aus seiner Mitte zeitweilig oder ständig einen oder mehrere Ausschüsse zu bestellen und diesen Aus-
schüssen einzelne Geschäfte oder Gattungen derselben zu übertragen.

§ 25. Der Verwaltungsrat beschließt insbesondere:

1. über diejenigen Grenzen, innerhalb welcher die Gesellschaft auf
eigene Rechnung Bodenbau, Bergbau, Handel und sonstige Unternehmungen betreiben oder sich an solchen beteiligen wird (§ 1);

2. über die Ernennung der oberen Vertreter der Gesellschaft in Ostafrika, über die Bestätigung der mit ihnen einzugehenden Verträge
und der ihnen zu erteilenden Vollmachten, sowie über Zustimmung
zur Entlassung derselben;

3. über die Geschäftsordnung des Vorstandes; die von demselben vorzu-
schlagenden Verwaltungsgrundsätze bezüglich des ganzen Unter-

nehmens und die Bestätigung der den oberen Vertretern in Ostafrika
zu erteilenden allgemeinen Vorschriften, desgleichen über die Wahl
der Bankhäuser und den Abschluß von Verträgen, durch welche
dauernde Rechte oder Verpflichtungen begründet werden;

4. über die Ausgabe weiterer Stammanteile nach Maßgabe der Vorschriften des § 9;

5. über die Grundsätze für die Aufstellung des Hauptabschlusses und
dessen jährliche Vorlage an die Hauptversammlung, sowie über die
Vorschläge an letztere bezüglich der Verwendung und Verteilung von
Überschüssen (§§ 18, 19);

6. über die Anlegung und Verwendung der ordentlichen Rücklage
(§ 20);

7. über eine vorläufige Ersatzwahl zum Verwaltungsrat und die Wahl
eines stellvertretenden Mitgliedes desselben (§ 21);

8. über die Anstellung und Besoldung oder Vergütung für die Mitglieder des Vorstandes, sowie über die Bestellung von Prokuristen.

§ 26. Der Vorstand besteht aus zwei oder mehreren Mitgliedern, die von
dem Verwaltungsrate gewählt werden. Die Mitglieder des Vorstandes können
durch den Verwaltungsrat jederzeit abberufen werden, jedoch unbeschadet der
Entschädigungsansprüche aus den mit ihnen geschlossenen Verträgen.

§ 27. Der Vorstand vertritt die Gesellschaft in allen Rechtsgeschäften und
sonstigen Angelegenheiten, einschließlich derjenigen, welche nach den Gesetzen
eine ausdrückliche Vollmacht erfordern. Derselbe führt die Verwaltung selbständig, soweit nicht nach diesen Satzungen der Verwaltungsrat oder die Hauptversammlung mitzuwirken haben. Gegen dritte Personen hat jedoch eine Beschränkung des Vorstandes, die Gesellschaft zu vertreten, keine rechtliche
Wirkung.

Urkunden und Erklärungen sind für die Gesellschaft verbindlich, wenn sie
unter dem Namen „Deutsch-Ostafrikanische Gesellschaft" von zwei Mitgliedern
des Vorstandes oder von einem Mitglied und einem Prokuristen oder von zwei
Prokuristen erfolgen; die Bestellung der Prokuristen erfolgt; die Bestellung der Vorstandsmitglieder und der Prokuristen ist in den Gesellschaftsblättern mitzuteilen. Der Ausweis der Mitglieder
des Vorstandes sowie der Prokuristen wird durch Bescheinigung der Aufsichtsbehörde geführt.

§ 28. Der Vorstand ernennt und entläßt die Beamten der Gesellschaft
und führt über dieselben die Aufsicht, vorbehaltlich der Mitwirkung oder Entscheidung des Verwaltungsrats nach Maßgabe der Satzungen und der Geschäftsordnung (§ 25, Ziffer 3).

Die Vollmacht der Beamten der Gesellschaft erstreckt sich im Zweifel auf
alle Rechtshandlungen, welche die Ausführung der dem Beamten oder Bevollmächtigten aufgetragenen Geschäfte gewöhnlich mit sich bringt, ohne Unterschied zwischen beweglichen und unbeweglichen Sachen, soweit es nicht nach
den zur Anwendung kommenden Gesetzen einer ausdrücklichen Vollmacht bedarf.

§ 29. Die oberen Vertreter der Gesellschaft in Ostafrika müssen Angehörige des Deutschen Reiches sein.

§ 30. Die Mitglieder der Gesellschaft fassen ihre Beschlüsse in Hauptversammlungen. Die Beschlüsse und Wahlen der letzteren sind — vorbehaltlich
der Bestimmung in § 36, Absatz 4 — für alle Mitglieder verbindlich.

§ 32. Die Hauptversammlungen werden in Berlin abgehalten.

§ 33. In jedem Jahr findet eine ordentliche Hauptversammlung vor Ablauf des Monats Oktober statt. Eine außerordentliche Hauptversammlung wird

berufen, so oft es im Interesse der Gesellschaft erforderlich erscheint, und
außerdem:

   1. wenn von einer Hauptversammlung ein dahingehender Beschluß
gefaßt ist;

   2. wenn mindestens fünfundzwanzig Mitglieder, welche zusammen
wenigstens den vierten Teil des Gesamtbetrages der jeweilig ausgegebenen Anteile besitzen, die Einberufung fordern und dem Vorstande zur Vorlage an die Hauptversammlung einen schriftlichen
Antrag einreichen, dessen Inhalt innerhalb der Zuständigkeit der
Hauptversammlung liegt.

§ 34. In der ordentlichen Hauptversammlung (§ 33, Absatz 1) werden der
Geschäftsbericht des Vorstandes und die Bemerkungen des Verwaltungsrats über
den Abschluß des abgelaufenen Rechnungsjahres zur Erörterung gebracht und
wird über die Genehmigung des Hauptabschlusses und über die hieran sich
knüpfenden Vorschläge (§§ 18, 19) Beschluß gefaßt. Sodann werden die
fälligen Wahlen vollzogen.

Der Hauptabschluß und der Vermögensstand mit dem Geschäftsberichte
des Vorstandes und den Bemerkungen des Verwaltungsrats müssen während zwei
Wochen vor der Versammlung in den Geschäftsräumen der Gesellschaft zur Einsicht eines jeden Mitgliedes ausgelegt sein.

Die Hauptversammlung ist berechtigt, wenn der Rechnungsabschluß nicht
sogleich genehmigt wird, einen Ausschuß zur Nachprüfung zu ernennen.

§ 35. Die Hauptversammlung beschließt ferner:

   1. über die Errichtung von Zweigniederlassungen;

   2. über die Ausgabe von Vorzugsanteilen und über die weitere Bewilligung von Anteilen als Gegenleistung für übertragene Werte (§ 9);

   3. über die Aufnahme von Anleihen;

   4. über Abänderungen und Ergänzungen der Satzungen, insbesondere
Änderungen und Erweiterungen des Zweckes der Gesellschaft;

   5. über die Auflösung der Gesellschaft und die Verschmelzung derselben
mit einer anderen.

Die Hauptversammlung ist berechtigt, über die Geltendmachung von Ansprüchen der Gesellschaft aus der Verantwortlichkeit der Mitglieder des Vorstandes bezw. des Verwaltungsrats und über die zu diesem Zwecke einzuleitenden
Schritte Beschlüsse zu fassen und zur Ausführung derselben Bevollmächtigte
zu wählen.

§ 38. Im Fall der Auflösung der Gesellschaft wird nach Tilgung der
Schulden der eingezahlte Betrag der in die Anteilsbücher eingetragenen Anteile
den Mitgliedern ausgezahlt oder das hierzu nicht hinreichende Vermögen nach
Verhältnis dieser Anteile verteilt. Hierbei sind jedoch selbstredend hinsichtlich
der Auszahlung des eingezahlten Betrages und eintretendenfalls hinsichtlich der
Verteilung des nicht zureichenden Vermögens diejenigen Vorrechte zu wahren,
welche den Eigentümern von Vorzugsanteilen in betreff der Ausschüttung des
Vermögens der aufgelösten Gesellschaft bei der Ausgabe der Vorzugsanteile durch
Beschluß der Hauptversammlung gewährleistet worden sind. Über die Ver-
teilung eines Vermögensüberschusses beschließt die Hauptversammlung. Der
Beschluß bedarf der Genehmigung der Aufsichtsbehörde.

Die Verteilung darf nicht vollzogen werden, als nach Ablauf eines
Jahres, von dem Tage gerechnet, an welchem die Auflösung der Gesellschaft
unter Aufforderung der Gläubiger, sich bei ihr zu melden, im Deutschen Reichsanzeiger bekannt gemacht ist.

Bis zur Beendigung des Verteilungsverfahrens verbleibt es bei der bisherigen Verfassung der Gesellschaft.

Eine teilweise Zurückzahlung der Gesellschaftsanteile an die Mitglieder unterliegt denselben Bestimmungen wie die Auflösung der Gesellschaft.

§ 39. Die Aufsicht über die Gesellschaft wird von dem Reichskanzler (Auswärtiges Amt, Kolonial-Abteilung) geführt.

§ 40. Die Aufsicht wird darauf gerichtet, daß die Geschäftsführung der Gesellschaft dem in § 1 bezeichneten Zwecke derselben und den übrigen Bestimmungen der Satzungen entspricht und im Einklange mit den gesetzlichen Vorschriften erfolgt.

Insbesondere sind der Genehmigung der Aufsichtsbehörde unterworfen:

1. die Wahl der Mitglieder des Vorstandes und die Ernennung der oberen Vertreter in Ostafrika (§ 35, Ziffer 3); die Entlassung der letzteren muß auf Verlangen der Aufsichtsbehörde erfolgen;

2. die Ausgabe von Vorzugsanteilscheinen (§ 9) und die Aufnahme von Anleihen (§ 35, Ziffer 3), sowie die Verwendung der ordentlichen Rücklage (§ 20);

3. die Beschlüsse der Gesellschaft, nach welchen eine Änderung oder Ergänzung der Satzungen erfolgen oder die Gesellschaft aufgelöst oder mit einer anderen vereinigt (§ 35, Ziffer 5) oder eine teilweise Zurückzahlung der Anteile (§ 38, Absatz 4) stattfinden soll.

130. Verfügung des Reichskanzlers zur Ausführung des Abschnitts IX der Kaiserlichen Verordnung über die Enteignung von Grundeigentum in den Schutzgebieten Afrikas und der Südsee, vom 14. Februar 1903.

K. 12870/03.

Vom 12. November 1903.*)

(Kol. Bl. S. 605, Reichsanz. No. 270.)

Auf Grund der im § 22 (Abschnitt IX) der Kaiserlichen Verordnung über die Enteignung von Grundeigentum in den Schutzgebieten Afrikas und der Südsee, vom 14. Februar 1903, dem Reichskanzler erteilten Ermächtigung, unter bestimmten Voraussetzungen die Enteignung von Grundstücken, die aus der Herrschaft oder dem Besitze Eingeborener an Nichteingeborene übergegangen sind, zum Zwecke der Wiedereinsetzung der Eingeborenen in den Besitz zuzulassen, um denselben die Möglichkeit ihres wirtschaftlichen Bestehens, insbesondere das Recht einer Heimstätte zu sichern, wird hierdurch bestimmt, was folgt:

§ 1. Durch die schriftliche Erklärung des Gouverneurs (Landeshauptmanns), daß die Sonderbestimmungen des § 32 der im Eingange bezeichneten Kaiserlichen Verordnung vom 14. Februar 1903 auf ein näher bezeichnetes Grundstück keine Anwendung finden, wird eine andere Art der Enteignung desselben als in Gemäßheit der allgemeinen Vorschriften (Abschnitt I bis VIII, X) jener Verordnung oder der an ihre Stelle tretenden gesetzlichen Vorschriften, ausgeschlossen.

Die Erklärung (Absatz 1) kann auch Gruppen von Grundstücken umfassen.

Die Erklärung ist unanfechtbar.

---

*) Oben No. 17.

§ 2. Jeder Nichteingeborene, der Grundeigentum in Anspruch nimmt, ist befugt, jederzeit eine schriftliche Erklärung der im § 1 bezeichneten Art beim Gouverneur zu beantragen.

Hiermit kann der weitere Antrag verbunden werden, vor Ausstellung der Erklärung mit der Ausscheidung derjenigen Grundstücksteile zu verfahren, deren Enteignung nach Maßgabe des § 32 der Kaiserlichen Verordnung vom 14. Februar 1903 zugunsten von Eingeborenen von der Behörde etwa als notwendig angesehen wird, und im Einvernehmen mit dem Antragsteller für Abtretung dieser Grundstücksteile eine angemessene Entschädigung festzusetzen.

§ 3. Der Gouverneur hat dem Antrage auf Ausstellung einer Erklärung der im § 1 bezeichneten Art zu entsprechen:

1. wenn ihm bekannt ist, daß begründete Rechts- oder Billigkeitsansprüche Eingeborener hinsichtlich des Grundstücks nicht bestehen,

2. wenn eine gütliche Auseinandersetzung zwischen den Ansprüchen des Antragstellers und Ansprüchen Eingeborener vor der Behörde stattgefunden hat,

3. wenn es sich handelt um:

   a) Grundstücke, die seit Inkrafttreten der Kaiserlichen Verordnung, betreffend die Rechtsverhältnisse an Grundstücken in den deutschen Schutzgebieten, vom 21. November 1902 (Reichs-Gesetzbl. S. 283), nach vorangegangenem Aufgebote eingetragen sind,

   b) Grundstücke, die nach Maßgabe des Artikels IV der Generalakte der Samoakonferenz in Berlin vom 14. Juni 1889 in das Landregister des ehemaligen Obergerichts von Samoa eingetragen sind,

   c) Grundstücke, die von einem der Fisci der afrikanischen Schutzgebiete veräußert sind,

   d) Grundstücksteile, die innerhalb der letzten fünf Jahre vor Inkrafttreten dieser Verfügung von Eingeborenen weder bewohnt noch bebaut worden sind,

   e) Grundstücksteile, die Nichteingeborene in gutem Glauben erworben und während dreier Jahre ohne Widerspruch der Behörde bewohnt oder bebaut haben.

§ 4. Glaubt der Gouverneur dem Antrage auf Ausstellung einer Erklärung der im § 1 bezeichneten Art nicht entsprechen zu können, so hat er ohne Verzug unter Darlegung der Einzelheiten des Falles Bericht an den Reichskanzler zu erstatten. Auf den Bericht ordnet der Reichskanzler an, entweder daß der Gouverneur die beantragte Erklärung abgibt, oder daß mit der Enteignung in Gemäßheit des § 32 der Kaiserlichen Verordnung vom 14. Februar 1903 vorgegangen wird.

§ 5. Wird das Enteignungsverfahren eingeleitet, so erfolgt die Feststellung der zu enteignenden Flächen durch Landkommissionen in sinngemäßer Anwendung der in den §§ 3, 4 der Kronland-Verordnung für Kamerun vom 15. Juni 1896 (Kol. Bl). S. 435)*) enthaltenen Vorschriften über Ausscheidung von Flächen zugunsten der Eingeborenen bei Besitznahme von Kronland und Bildung von Landkommissionen zur Ermittlung und Feststellung des Kronlands.

Die Bestimmung der dem gegenwärtigen Eigentümer zu gewährenden Entschädigung erfolgt auf Bericht des Gouverneurs nach Anhörung der Beteiligten durch den Reichskanzler.

Dabei werden die Grundsätze der Billigkeit in Anwendung gebracht.

*) D. Kol. Gesetzgeb. II, No. 203.

§ 6. Über die Erklärungen der im § 1 bezeichneten Art werden beim Gouvernement Verzeichnisse geführt, deren Einsicht unter den gleichen Voraussetzungen wie die Einsicht des Grundbuchs gestattet ist.

Beglaubigte Abschrift der Eintragung ist zu den Grundbuchakten (Landregisterakten) zu nehmen.

§ 7. Das durch diese Verfügung geregelte Verfahren ist gebührenfrei.

§ 8. Diese Verfügung tritt am 1. Januar 1904 in Kraft.

Berlin, den 12. November 1903.

Der Reichskanzler.
Graf v. Bülow.

131. Beschluß des Bundesrats, betreffend die Deutsch-Westafrikanische Handelsgesellschaft in Hamburg (nebst Auszug aus den Satzungen).
Vom 13. November 1903.

(Kol. Bl. 1904. S. 33, Reichsanz. vom 15. Januar 1904.)

Auf Grund des § 11 des Schutzgebietsgesetzes (Reichs-Gesetzbl. 1900, S. 813) wird folgendes zur öffentlichen Kenntnis gebracht:

„Der Bundesrat hat in seiner Sitzung vom 13. November 1903 beschlossen, der Deutsch-Westafrikanischen Handelsgesellschaft mit dem Sitze in Hamburg auf Grund ihrer vom Reichskanzler genehmigten Satzungen die Fähigkeit beizulegen, unter ihrem Namen Rechte, insbesondere Eigentum und andere dingliche Rechte an Grundstücken, zu erwerben, Verbindlichkeiten einzugehen, vor Gericht zu klagen und verklagt zu werden."

Auszug aus den Satzungen.

Unter der Firma Deutsch-Westafrikanische Handelsgesellschaft wird auf Grund der deutschen Reichsgesetze vom 15. März 1888 und vom 2. Juli 1899 eine Kolonialgesellschaft errichtet, welche ihren Sitz in Hamburg hat.

Der Zweck der Gesellschaft besteht in der Betreibung von Handelsgeschäften irgendwelcher Art, der Erwerbung von Grundbesitz, sonstigem Eigentum und Rechten aller Art in Westafrika, insbesondere in den deutschen Schutzgebieten Kamerun und Togo, der Verwertung der gemachten Erwerbungen, dem Betrieb von Land- und Plantagenwirtschaft.

Die Gesellschaft ist befugt, Zweigniederlassungen im Inland und Ausland zu begründen.

In Ausführung ihrer Zwecke wird die Gesellschaft zunächst das gesamte Geschäft der Deutsch-Westafrikanischen Handelsgesellschaft mit beschränkter Haftung erwerben.

Die Dauer der Gesellschaft ist zeitlich nicht beschränkt.

Das Grundkapital der Gesellschaft beträgt 2 000 000 Mark, eingeteilt in Anteile zu je 100 Mark.

Von diesen Anteilen erhält die Deutsch-Westafrikanische Handelsgesellschaft mit beschränkter Haftung solche im Nominalbetrag von 1 950 000 Mark. Sie bringt für diese Anteile ihr gesamtes Geschäft mit allen zu demselben gehörigen Aktiven und Passiven ein. Die Einbringung erfolgt auf Grund ihrer Bilanz vom 31. Dezember 1902. Auch sämtliche, von der Deutsch-Westafrikanischen Handelsgesellschaft mit beschränkter Haftung seit dem 31. Dezember 1902 gemachten Geschäfte und Erwerbungen, ebenso wie die seit diesem Zeitpunkt entstandenen Passiven der Gesellschaft gehen für Rechnung der Deutsch-Westafrikanischen Handelsgesellschaft.

Die übrigen Anteile im Nominalbetrag von 50 000 Mark werden bei der Gründung sofort bar eingezahlt.

Die Urkunden über die Anteile (Anteilscheine) lauten auf den Inhaber.

Die Scheine können unter Zustimmung des Aufsichtsrates auf Antrag der Berechtigten in Stücken über einen, fünf, zehn, fünfzig, hundert und fünfhundert Anteile ausgestellt werden.

Die Inhaber der Anteile bilden die Gesellschaft. Die Anteile sind unteilbar. Sie haben die rechtlichen Eigenschaften beweglicher Sachen; mehrere Miteigentümer können ihre Rechte nur durch einen gemeinsamen Vertreter ausüben. Die den Inhabern derselben als Mitgliedern der Gesellschaft zustehenden Rechte an die Gesellschaft werden in der Generalversammlung geltend gemacht. Einzelne Miteigentümer können nicht auf Teilung klagen.

Die Deutsch-Westafrikanische Handelsgesellschaft mit beschränkter Haftung erhält die ihr zu überweisenden Anteilscheine ausgehändigt, nachdem sie ihr gesamtes Geschäft ordnungsmäßig auf die Gesellschaft übertragen hat.

Über die Vollzahlung hinaus haben die Zeichner der Anteile oder ihre Rechtsnachfolger keine Verpflichtung. Für die Verbindlichkeiten der Gesellschaft haftet den Gläubigern derselben nur das Gesellschaftsvermögen.

Verpflichtete, welche die fällige Einzahlung nicht leisten, sind von dem Vorstand mittels Bekanntmachung, unter Angabe der Nummern der Anteile, auf welche die Zahlung rückständig geblieben ist, aufzufordern, dieselbe nebst Zinsen zu fünf Prozent von der Aufforderung an innerhalb einer nicht unter vier Wochen zu bestimmenden Frist zu entrichten.

Wer diese Frist, ohne die vorbezeichnete Zahlung zu leisten, verstreichen läßt, hat außer den Zinsen eine Konventionalstrafe von zehn Prozent des fälligen Betrags verwirkt und kann zur Zahlung des gezeichneten Betrags samt Zinsen, Strafe und Kosten auf dem Rechtsweg angehalten werden.

Sind Anteilscheine oder von der Gesellschaft nach den Bestimmungen des Artikels 0 ausgefertigte andere Dokumente beschädigt oder unbrauchbar geworden, jedoch in ihren wesentlichen Teilen noch dergestalt erhalten, daß dem Vorstand über ihre Richtigkeit kein Zweifel obwaltet, so ist der Vorstand unter Zustimmung des Aufsichtsrats ermächtigt, gegen Einreichung der beschädigten Papiere auf Kosten des Inhabers neue gleichartige Papiere auszufertigen und auszureichen.

Außer in diesem Fall ist die Anfertigung und Ausreichung neuer Anteilscheine an Stelle der beschädigten oder verloren gegangenen nur nach gerichtlicher Kraftloserklärung der alten Scheine zulässig.

Den Inhabern von Anteilscheinen, welche den Verlust der dazu gehörigen Dividendenscheine bei dem Vorstand anmelden und den stattgehabten Besitz durch Vorzeigung der Anteilscheine oder sonst in glaubhafter Weise dartun, kann nach Ablauf einer von dem Vorstand unter Zustimmung des Aufsichtsrats zu bestimmenden Frist von mindestens sechs Monaten und gegen eine von demselben festzusetzende Sicherheit der Betrag der angemeldeten und bis dahin nicht vorgekommenen Dividendenscheine gegen Quittung ausgezahlt werden.

Eine gerichtliche Kraftloserklärung beschädigter oder verlorener Talons findet nicht statt.

Wenn der Inhaber eines Anteilscheins vor Ausreichung einer neuen Serie von Dividendenscheinen der Verabreichung derselben an den Präsentanten des Talons widerspricht, der Präsentant sie jedoch fordert, so ist der Streit zur gerichtlichen Entscheidung zu verweisen, die neue Serie der Dividendenscheine aber bis zur ausgemachten Sache einzubehalten.

Wenn ein Talon abhanden gekommen ist, so sind dem Eigentümer des betreffenden Anteils nach Ablauf des Zahltags des dritten der Dividendenscheine, die gegen Einreichung des Talons zu empfangen waren, diese Dividendenscheine gegen Quittung und eine nach dem Ermessen des Vorstandes festzustellende Sicherheit zu verabfolgen. Der Besitz des betreffenden Talons gibt alsdann kein Recht auf Empfang der Dividendenscheine.

Der Anspruch auf Auszahlung eines Dividendenbetrags verjährt zugunsten der Gesellschaft innerhalb von vier Jahren von dem Tag ab gerechnet, an welchem die Auszahlung der in Frage stehenden Dividende von der Generalversammlung beschlossen worden ist.

Die Organe der Gesellschaft sind:

    a) der Vorstand,
    b) der Aufsichtsrat,
    c) die Revisoren,
    d) die Generalversammlung.

Der Vorstand besteht aus zwei bis fünf Mitgliedern.

Der Vorstand hat bei Ausübung seiner Amtstätigkeit den Anordnungen des Aufsichtsrats und insbesondere den von diesem ihm erteilten Geschäftsanweisungen Folge zu leisten.

Den Erwerb, die Veräußerung oder Beschwerung von Grundeigentum darf der Vorstand nur mit Genehmigung des Aufsichtsrats vornehmen.

Der Vorstand vertritt die Gesellschaft nach außen bei allen Rechtsgeschäften und sonstigen Angelegenheiten.

Die Mitglieder des Vorstandes zeichnen je nach der Bestimmung des Aufsichtsrats (und dem mit den Mitgliedern des Vorstandes darüber abgeschlossenen Vertrag) entweder ein jedes Mitglied allein, oder je zwei Mitglieder des Vorstandes zusammen, oder ein Mitglied des Vorstandes mit einem zur Mitunterschrift befugten Angestellten (Prokuristen). Auch Angestellte (Prokuristen) können jeder für sich allein oder mehrere gemeinschaftlich mit der Zeichnung der Firma betraut werden.

Der Aufsichtsrat besteht aus mindestens fünf und höchstens neun Mitgliedern, welche von der Generalversammlung zu wählen sind. Die Mehrheit der Mitglieder muß aus Angehörigen des Deutschen Reichs bestehen.

Die Sitzungen des Aufsichtsrats, über welche Protokoll geführt werden muß, finden statt, so oft eine geschäftliche Veranlassung dazu vorliegt, und außerdem, wenn wenigstens zwei Mitglieder es verlangen. In letzterem Fall muß die Sitzung innerhalb von acht Tagen stattfinden. Die Berufung erfolgt durch den Vorsitzenden oder dessen Stellvertreter unter Mitteilung der Tagesordnung, des Orts und der Zeit der Versammlung. Der Aufsichtsrat ist beschlußfähig, wenn mindestens drei Mitglieder anwesend sind. In eiligen Fällen können Beschlüsse auch im Weg schriftlicher oder telegraphischer Abstimmung gefaßt werden.

Auf die Rechte und Pflichten des Aufsichtsrats finden, sofern nicht in dieser Satzung besondere Bestimmungen getroffen sind, die für den Aufsichtsrat von Aktiengesellschaften bestehenden Vorschriften des Handelsgesetzbuchs analoge Anwendung.

Insbesondere hat der Aufsichtsrat folgende Rechte und Pflichten:

a) die Prüfung der von dem Vorstand aufgestellten Bilanz und Gewinn-und Verlustrechnung sowie dessen Vorschlags zur Gewinnverteilung;

b) die Ernennung der Mitglieder des Vorstandes, von Prokuristen sowie derjenigen sonstigen Angestellten, deren jährliche Besoldung mehr als 3000 Mark beträgt, denen eine Tantieme gewährt werden soll, oder denen eine Vertretungsbefugnis erteilt ist. In letzterem Fall bestimmt der Aufsichtsrat auch den Umfang solcher Vertretungsbefugnis;

c) die Genehmigung zum Erwerb und zur Veräußerung von Immobilien;

d) die Entscheidung über die Anlegung von Geldern, welche zum Geschäftsbetrieb nicht erforderlich sind;

e) die Genehmigung der vom Vorstand vorzulegenden Betriebspläne und Verwaltungsetats sowie aller die Gesellschaft betreffenden Neubauten bei einem Voranschlag von mehr als 2000 Mark;

f) die Befugnis, für die Geschäftsführung des Vorstandes eine Anweisung zu erlassen;

g) die Befugnis, Generalversammlungen einzuberufen und deren Tagesordnung festzusetzen;

h) die Befugnis, zur Kontrolle der Geschäftsführung des Vorstandes einen Revisor zu bestellen;

i) die Entscheidung, ob und event. in welcher Art der Reservefonds gesondert anzulegen und zu verwalten, oder ob derselbe im Geschäftsbetrieb zu verwenden ist;

k) die Vertretung der Gesellschaft bei der Vornahme von Rechtsgeschäften gegenüber den Mitgliedern des Vorstandes sowie bei Rechtsstreitigkeiten mit diesen.

Außerdem kann der Aufsichtsrat durch allgemeine oder besondere Instruktionen diejenigen Geschäfte jeweilig bestimmen, welche vor dem Abschluß seiner Genehmigung bedürfen.

Zum Zweck der genaueren Kontrolle der Geschäftsführung wird von dem Aufsichtsrat ein beeidigter Bücherrevisor mit der Vornahme von Revisionen der Bücher, des Kassenbestands und der Anlagewerte der Gesellschaft beauftragt. Die Revisionen haben monatlich mindestens einmal stattzufinden. Über das Ergebnis derselben hat der Revisor dem Aufsichtsrat zu berichten.

Es erwählt ferner die ordentliche Generalversammlung jährlich zwei Revisoren, welche am Schluß des Geschäftsjahres Bücher, Kassenbestand und Bilanz der Gesellschaft zu prüfen und über das Ergebnis der Prüfung der Generalversammlung zu berichten haben.

Die in Gemäßheit dieser Satzungen ordnungsmäßig berufene und zusammengesetzte Generalversammlung vertritt die Gesamtheit der Gesellschaftsmitglieder. Die Beschlüsse und Wahlen sind für alle Mitglieder verbindlich.

In der Generalversammlung hat jeder Anteil eine Stimme. Das Stimmrecht kann jedoch nur für solche Anteile ausgeübt werden, welche mindestens drei Tage vor der Generalversammlung an einer derjenigen Stellen, welche bei Einberufung zu diesem Zweck bekannt gegeben sind, gegen Bescheinigung hinterlegt sind. Sofort nach der Generalversammlung werden die Anteilscheine gegen Rückgabe der Empfangsbescheinigung zurückgegeben.

Die Teilnahme an der Generalversammlung ist jedem Mitglied der Gesellschaft ohne Rücksicht auf die Anzahl seiner Anteile gestattet, falls er sich durch eine Hinterlegungsquittung einer der vorerwähnten Hinterlegungsstellen als Mitglied ausweist.

Mitglieder, welche Anteilscheine auf ihren Namen hinterlegt haben, können sich in der Generalversammlung von einem Bevollmächtigten vertreten lassen. Die Bevollmächtigung zur Stellvertretung ist spätestens am Tage vor der Generalversammlung dem Vorstand vorzulegen, welcher eine ihm genügende Beglaubigung der Unterschrift zu verlangen berechtigt ist.

Die Generalversammlungen werden regelmäßig in Hamburg abgehalten. Dieselben können jedoch mit Erlaubnis des Kommissars des Reichskanzlers auch an anderen Orten stattfinden. Zu denselben beruft der Aufsichtsrat die Mitglieder wenigstens zwei Wochen vor dem anberaumten Termin mittels Bekanntmachung in den Gesellschaftsblättern, in welcher die zu verhandelnden Gegenstände anzugeben sind.

Die ordentliche Generalversammlung hat innerhalb der ersten sechs Monate des auf das Geschäftsjahr folgenden Jahres stattzufinden. Die erste ordentliche Generalversammlung findet im Jahr 1904 statt.

Außerordentliche Generalversammlungen können von dem Aufsichtsrat jederzeit und müssen einberufen werden, wenn Mitglieder der Gesellschaft, deren Anteile zusammen mindestens den zehnten Teil des Grundkapitals darstellen, die Einberufung fordern, und zwar binnen 28 Tagen, nachdem jene Mitglieder dem Aufsichtsrat einen formulierten Antrag, dessen Gegenstand unter die Zuständigkeit der Generalversammlung fällt, zur Vorlage an die Generalversammlung eingereicht haben.

In der ordentlichen Generalversammlung werden die Bilanz mit der Gewinn- und Verlustrechnung für das abgelaufene Geschäftsjahr sowie die vom Vorstand, dem Aufsichtsrat und den Revisoren zu erstattenden Berichte und Anträge über die Gewinnverteilung vorgelegt. Die Berichte nebst der Bilanz müssen mindestens zwei Wochen vor der Versammlung in dem Geschäftslokal der Gesellschaft zur Einsicht der Anteilinhaber ausliegen.

Die ordentliche Generalversammlung erteilt dem Vorstand, dem Aufsichtsrat und den Revisoren Entlastung, beschließt über die Verteilung des Reingewinns sowie über alle sonstigen Gegenstände der Tagesordnung und nimmt die satzungsmäßigen Neuwahlen vor.

Über die nachfolgenden Gegenstände:

a) die Auflösung der Gesellschaft oder deren Verschmelzung mit einer anderen Gesellschaft oder die Umwandlung der rechtlichen Form der Gesellschaft oder eine teilweise Zurückzahlung des Gesellschaftskapitals an die Mitglieder,

b) die Ausgabe weiterer Anteile (Erhöhung des Grundkapitals),

c) Änderung des Zwecks der Gesellschaft,

kann in einer Generalversammlung nur Beschluß gefaßt werden, wenn wenigstens drei Viertel aller Anteile in der Versammlung vertreten sind. Ist dies nicht der Fall, so kann zu gleichem Zweck innerhalb der nächsten sechs Wochen abermals eine außerordentliche Generalversammlung berufen werden, in welcher gültig Beschluß gefaßt werden kann, auch wenn weniger als drei Viertel der Anteile vertreten sind.

Immer aber ist zur Gültigkeit des Beschlusses in der ersten oder zweiten Generalversammlung erforderlich, daß dieselbe mit einer Mehrheit von mindestens zwei Dritteln der in der Versammlung abgegebenen Stimmen gefaßt werde.

Abgesehen von diesen Bestimmungen werden die Beschlüsse der Generalversammlung durch einfache Stimmenmehrheit gefaßt. Bei Gleichheit der Stimmen gibt die Stimme des Vorsitzenden den Ausschlag.

Das Geschäftsjahr ist das Kalenderjahr, so daß per 31. Dezember jeden Jahres die Rechnung abgeschlossen und die Bilanz aufgestellt wird.

Die Bilanz mit der Gewinn- und Verlustrechnung und mit einem den Vermögensstand und die Verhältnisse der Gesellschaft entwickelnden Bericht des Vorstands und des Aufsichtsrats sowie mit dem von den Revisoren zu erstattenden Bericht muß der ordentlichen Generalversammlung vorgelegt werden. Der Aufsichtsrat bestimmt, vorbehältlich der Beschlußfassung der Generalversammlung, welche Abschreibungen auf das Gesellschaftsvermögen vorzunehmen sind, und wieviel für etwaige künftige Verwendungen zur Erreichung der Zwecke der Gesellschaft zu reservieren ist. Die Generalversammlung kann die von dem Aufsichtsrat bestimmten Beträge der Abschreibungen und der Rücklagen durch ihre Beschlußfassung erhöhen, aber nicht vermindern. Durch die Genehmigung der Bilanz abseiten der Generalversammlung wird dem Vorstand, dem Aufsichtsrat und den Revisoren für den Inhalt der Bilanz und die derselben zugrunde liegende Geschäftsführung Entlastung erteilt.

Der aus dem Jahresabschluß sich ergebende Reingewinn wird, wie folgt, verteilt:

a) Zunächst wird eine Summe zur Bildung des Reservefonds verwendet, welche so lange nicht unter 5 pCt. des Reingewinns betragen darf, bis der Reservefonds 10 pCt. des Grundkapitals der Gesellschaft erreicht hat, beziehentlich wieder erreicht hat, wenn er angegriffen worden war. Dieser Reservefonds darf nur zur Ergänzung des durch Verlust verminderten Gesellschaftskapitals verwendet werden.

Die Bildung weiterer Spezialreservefonds bleibt der Beschlußfassung der Generalversammlung vorbehalten.

b) Der verbleibende Reingewinn wird zur Verteilung einer Dividende auf das Gesellschaftskapital bis zum Höchstbetrag von 4 pCt. verwandt.

c) Von einem etwa verbleibenden weiteren Überschuß des Reingewinns erhalten die Mitglieder des Aufsichtsrats zusammen 10 pCt. als Tantieme überwiesen.

Über die Verteilung des Betrags unter seine einzelnen Mitglieder beschließt der Aufsichtsrat.

d) Der verbleibende Rest des Reingewinns wird wiederum auf alle Anteile gleichmäßig als Dividende verteilt.

Im Fall der Auflösung der Gesellschaft wird nach Tilgung der Schulden und Deckung der Liquidationskosten zunächst der Nennwert der Anteilscheine an die Inhaber derselben zurückgezahlt. Von dem Überschuß erhalten die während der Liquidation im Amt befindlichen Mitglieder des Aufsichtsrats insgesamt 5 pCt. als Vergütung für die Beaufsichtigung der Liquidation. Der Rest wird auf die Anteile gleichmäßig verteilt und ausgezahlt. Die Verteilung darf nicht eher vollzogen werden als nach Ablauf eines Jahrs von dem Tag an gerechnet, an welchem die Auflösung der Gesellschaft unter Aufforderung der Gläubiger, sich bei ihr zu melden, in den Gesellschaftsblättern bekannt gemacht worden ist. Bis zur Beendigung der Liquidation verbleibt es bei der bisherigen Organisation der Gesellschaft und ihrem Gerichtsstand.

Die satzungsgemäß zu bewirkenden öffentlichen Bekanntmachungen der Gesellschaft erfolgen durch den Deutschen Reichsanzeiger und das Deutsche Kolonialblatt.

16*

Die Generalversammlung oder der Aufsichtsrat können noch andere Blätter
zu dem gleichen Zweck bestimmen.

Für den Beginn der einzuhaltenden Fristen ist die Veröffentlichung im
Reichsanzeiger entscheidend.

Zu veröffentlichen sind unbedingt:

1. die Namen der Vorstands- und Aufsichtsratsmitglieder,
2. die genehmigte Jahresbilanz nebst Gewinn- und Verlustrechnung,
3. Beschlüsse über Erhöhung und Verminderung des Grundkapitals,
4. die Auflösung der Gesellschaft.

Die Aufsicht über die Gesellschaft wird von dem Reichskanzler (Aus-
wärtiges Amt, Kolonial-Abteilung) geführt. Derselbe kann zu dem Behuf einen
Kommissar bestellen. Die Aufsicht erstreckt sich auf die satzungsmäßige
Führung der Geschäfte für die Erreichung des Gesellschaftszwecks.

Der von dem Reichskanzler (Auswärtiges Amt, Kolonial-Abteilung) bestellte Kommissar ist berechtigt, an jeder Verhandlung des Aufsichtsrats und
jeder Generalversammlung teilzunehmen, von dem Vorstand und Aufsichtsrat
jederzeit Bericht über die Angelegenheiten der Gesellschaft zu verlangen, auch
die Bücher und Schriften derselben einzusehen sowie auf Kosten der Gesellschaft,
wenn dem Verlangen der dazu berechtigten Mitglieder der Gesellschaft nicht entsprochen wird, oder aus sonstigen wichtigen Gründen eine außerordentliche
Generalversammlung zu berufen.

Der Genehmigung der Aufsichtsbehörde sind die Beschlüsse der Gesellschaft unterworfen, nach welchen eine Änderung oder Ergänzung der Statute
erfolgen, das Grundkapital teilweise zurückgezahlt, die Gesellschaft aufgelöst,
mit einer andern vereinigt, oder in ihrer rechtlichen Form umgewandelt
werden soll.

132. Bekanntmachung des Gouverneurs von Deutsch-Ostafrika, betreffend das Inkrafttreten der Zollverordnung vom 13. Juni 1903. Vom
14. November 1903.

Die anliegende Zollverordnung für das deutsch-ostafrikanische Schutzgebiet
vom 13. Juni 1903*) wird hiermit auf Grund des § 62 derselben zur öffentlichen
Kenntnis gebracht und gleichzeitig bestimmt, daß sie zum 1. April 1904 in
Kraft tritt.

Daressalam, den 14. November 1903.

Der Kaiserliche Gouverneur.
Graf v. Götzen.

Anlage zu No. 132.

Zollverordnung für das deutsch-ostafrikanische Schutzgebiet (vom Reichskanzler erlassen). Vom 13. Juni 1903.

(Beilage zum Kol. Bl. vom 15. November 1903, Reichsanz. vom 21. November 1903.)

Auf Grund des § 15 des Schutzgebietsgesetzes (Reichs-Gesetzbl. 1900, S. 813)
und der Allerhöchsten Verordnungen vom 1. Juli 1902 und vom 7. November 1902
wird unter Aufhebung der Zollordnung für das ostafrikanische Schutzgebiet
vom 1. Januar 1899 und der Zollordnung für die Binnengrenze des ostafrikanischen Schutzgebiets vom 5. März 1900 sowie der zu diesen Verordnungen erlassenen Ausführungs- und Abänderungsbestimmungen verordnet, was folgt:

*) Vgl. die Ausführungsbestimmungen vom 4. Dezember 1903, unten abgedruckt.

Zollgebiet.

§ 1. Als Zollinland oder Zollgebiet gilt das deutsch-ostafrikanische Festland nebst den dazu gehörenden Inseln. Als Zollausland werden alle nicht zu Deutsch-Ostafrika gehörenden Gebiete angesehen. Die Zollgrenze wird gebildet landeinwärts durch die Landesgrenzen des deutsch-ostafrikanischen Schutzgebiets, seewärts durch die jedesmalige den Meeresspiegel begrenzende Linie des Landes.

Der Gouverneur ist ermächtigt, Bestimmungen über etwa erforderlich werdende Zolleinschlüsse und Zollausschlüsse zu treffen.

Allgemeine Bestimmungen über die Ein-, Aus- und Durchfuhr.

§ 2. Alle Erzeugnisse der Natur sowie des Kunst- und Gewerbefleißes dürfen, vorbehaltlich der in den §§ 4 und 5 vorgesehenen Ausnahmen, ein-, aus- und durchgeführt werden.

§ 3. Die Ein- und Ausfuhr darf nur an bestimmten, mit den Zollstellen versehenen, öffentlich bekannt gemachten Plätzen stattfinden.

§ 4. Die Ein-, Aus- und Durchfuhr von Feuerwaffen, Schießbedarf und Sprengstoffen aller Art unterliegt den darüber erlassenen und noch zu erlassenden besonderen Verordnungen.

§ 5. Sonstige Ausnahmen von dem im § 2 ausgesprochenen Grundsatz können zeitweise für einzelne Gegenstände beim Eintritt außerordentlicher Umstände sowie aus gesundheits- und sicherheitspolizeilichen Rücksichten für den ganzen Umfang oder einen Teil des Schutzgebietes durch den Gouverneur angeordnet werden.

Die Zölle.

§ 6. Die in das Zollgebiet aus dem Ausland eingehenden Gegenstände unterliegen einem Einfuhrzoll, die aus dem Zollgebiet nach dem Ausland ausgehenden Gegenstände unterliegen einem Ausfuhrzoll nach Maßgabe des in der Anlage enthaltenen Tarifs.

Der Gouverneur ist ermächtigt, auf dem Verordnungswege diesen Tarif abzuändern und die Abänderungen unter Einholung der Genehmigung des Reichskanzlers (Auswärtiges Amt, Kolonial-Abteilung) vorläufig in Kraft zu setzen.

§ 7. Die Zollpflicht wird begründet durch die Überschreitung der Zollgrenze durch die ein- oder ausgehenden Gegenstände.

§ 8. Die Zölle sind an der Küstengrenze in barem Gelde zu entrichten; an der Binnengrenze können die Zollstellen auch Zahlung in verwertbaren Tauschwaren ausnahmsweise zulassen.

Zollstellen.

§ 9. Zur Sicherung, Feststellung und Erhebung der Ein- und Ausfuhrzölle sind an der Küstengrenze die Hauptzollämter und die Zollämter 1. bis 3. Klasse, an der Binnengrenze die Zollstationen bestimmt.

Zollbefreiungen.

§ 10. Gegenstände deutsch-ostafrikanischen Ursprungs und bereits verzollte Gegenstände fremden Ursprungs, die von dem einen nach einem anderen Platze des Zollgebiets durch das Zollausland auf dem Land- oder Seewege übergeführt werden, unterliegen weder dem Ausfuhr- noch dem Einfuhrzoll.

Frei von Ausfuhr- und Einfuhrzoll sind ferner Gegenstände, die aus dem Zollgebiet in das Ausland zu vorübergehendem Gebrauch, zur Ausbesserung oder Abänderung verbracht werden, vorausgesetzt, daß die Wiedereinfuhr binnen einer von der Zollbehörde festzusetzenden Frist erfolgt, die zwölf Monate nicht überschreiten darf.

Auf Verlangen der Zollbehörde sind in den in Absatz 1 und 2 bezeichneten Fällen die auf den betreffenden Gegenständen etwa ruhenden Ausgangsabgaben im vollen Betrage oder zu einem Teilbetrage zu hinterlegen. Die hinterlegten Ausgangsabgaben werden bei der Wiedereinfuhr zurückerstattet.

Erhalten die Gegenstände durch die Ausbesserung oder Abänderung im Auslande einen höheren Wert, als sie ursprünglich im Zustande der Neuheit besaßen, so sind für den Wertunterschied die Eingangsabgaben zu entrichten.

§ 11. Frei von Einfuhr- und Ausfuhrzoll sind Gegenstände, die unter Anmeldung zur Wiederausfuhr in das Zollgebiet eingeführt werden, vorausgesetzt, daß ihre Identität zollamtlich festgehalten wird und daß die Wiederausfuhr binnen einer von der Zollbehörde festzusetzenden Frist erfolgt, die zwölf Monate nicht überschreiten darf. Auf Verlangen der Zollbehörde sind bei der Einbringung solcher Gegenstände die Eingangsabgaben im vollen Betrag oder zu einem Teilbetrage zu hinterlegen. Die hinterlegten Eingangsabgaben werden bei der Wiederausfuhr zurückbezahlt.

§ 12. Unter Beobachtungen der vom Gouverneur zu erlassenden Kontrollvorschriften und gegen Entrichtung einer gleichfalls vom Gouverneur festzusetzenden Gebühr können Gegenstände frei von Einfuhr- und Ausfuhrzoll durch das Zollgebiet geführt werden. Die Durchfuhr von Gegenständen, die einem Einfuhrverbot unterliegen, ist untersagt.

§ 13. Von den auf Grund des anliegenden Tarifs zollpflichtigen Gegenständen sind vom Zolle befreit:

a) bei der Einfuhr:

1. alle vom Gouvernement selbst eingeführten Gegenstände;
2. alle von der Kaiserlichen Marine und der Reichspostverwaltung zu dienstlichen Zwecken eingeführten Gegenstände;
3. alle von christlichen Missionen, Kirchengesellschaften, Kranken- und Heilanstalten eingeführten Gegenstände, die unmittelbar den Zwecken des Gottesdienstes, des Unterrichts und der Krankenpflege dienen. Der Gouverneur ist ermächtigt, den im Schutzgebiet tätigen Missionsgesellschaften weitergehende Zollnachlässe nach vorheriger Genehmigung des Reichskanzlers (Auswärtiges Amt, Kolonial-Abteilung) zu gewähren;
4. alle Maschinen, Geräte, Materialien und Betriebsmittel, welche unmittelbar zum Bau und zur Unterhaltung von Wegen, sowie unmittelbar zum Bau, zur Unterhaltung und zum Betriebe von Eisenbahnen und sonstigen Transporteinrichtungen bestimmt sind;
5. Handwerkszeuge und ähnliche Gerätschaften, die von Handwerkern oder Künstlern zur Ausübung ihres Berufes mitgeführt werden;
6. auf besonderen Antrag Anzugs- und Heiratsgut (wie Haushaltungsgegenstände, Bekleidungsstücke, fertige Wäsche), welches zum Zweck dauernder Niederlassung und zum eigenen Gebrauch der in das Schutzgebiet einwandernden oder sich nach demselben verheiratenden Europäer und denselben gleichgestellten Personen eingeführt wird;
7. Handgepäck europäischer und denselben gleichgestellter Reisender;

8. Kleidungsstücke, Wäsche, Reiseausrüstungen, photographische Apparate nebst kleineren Mengen von Platten, kleinere Mengen von Verzehrungsgegenständen und dergleichen, welche Reisende zum eigenen Gebrauch mit sich führen;

9. getragene Kleidungsstücke und getragene Wäsche, sofern sie nicht zum Verkauf eingehen;

10. Umschliefsungen und Verpackungsmittel, die zum Zweck der Ausfuhr von Gegenständen eingeführt oder, nachdem sie nachweislich dazu gedient haben, aus dem Auslande wieder zurückgebracht werden. Im ersteren Falle ist der Nachweis der Wiederausfuhr binnen einer von der Zollbehörde festzusetzenden Frist und, nach Befinden der Zollbehörde, Sicherstellung des Zolls zu fordern; es kann hiervon abgesehen werden, wenn die Umschliefsungen usw. gebraucht sind und kein Zweifel darüber besteht, dafs sie zur Ausfuhr von Waren bestimmt sind.

b) Bei der Ausfuhr

1. alle vom Gouvernement selbst ausgeführten Gegenstände;

2. alle von der Kaiserlichen Marine und der Reichspostverwaltung im dienstlichen Interesse ausgeführten Gegenstände;

3. von europäischen und diesen gleichgestellten Reisenden und ebensolchen Mitgliedern von Schiffsbesatzungen ausgeführte oder von farbigen Händlern an Bord nicht einheimischer Schiffe gebrachte Gegenstände, sofern deren Gesamtwert 20 Rupien nicht übersteigt;

4. auf Grund besonderer Verfügung des Gouverneurs: Vieh und Lebensmittel, die für die Verpflegung der Besatzung und der Passagiere von Dampfern und nicht einheimischen Segelschiffen ausgeführt werden; an Stelle der gänzlichen Zollbefreiung kann der Gouverneur auch eine Zollermäfsigung anordnen.

c) Kleinere Warenmengen, von denen der Zoll weniger als 20 Pesa betragen würde, sind sowohl bei der Ausfuhr wie bei der Einfuhr zollfrei.

§ 14. Der Gouverneur ist ermächtigt, von der Einziehung von Zöllen und sonstigen, durch diese Verordnung und die zugehörigen Ausführungsverordnungen festgesetzten Abgaben bis zur Höhe von 5000 Mark für den Einzelfall abzusehen, sowie bereits voreinnahmte Beträge bis zu dieser Höhe ganz oder teilweise zurückzuzahlen, und zwar bis zur Höhe von 400 Rupien selbständig, bei gröfseren Beträgen mit vorheriger Genehmigung des Reichskanzlers (Auswärtiges Amt, Kolonial-Abteilung).

Person des Zollpflichtigen.

§ 15. Zur Entrichtung des Zolles ist derjenige verpflichtet, welcher in dem Augenblick, in dem die Zollpflicht begründet wird (§ 7), Inhaber des zollpflichtigen Gegenstandes ist.

Dem Inhaber steht derjenige gleich, welcher den zollpflichtigen Gegenstand aus einer zollfreien Niederlage (§ 35) entnimmt.

Bei der Ausfuhr haftet neben dem Inhaber auch der Versender für die Zollgefälle.

Haftung der zollpflichtigen Gegenstände.

§ 16. Die zollpflichtigen Gegenstände haften, ohne Rücksicht auf die Rechte Dritter, für die auf ihnen ruhenden Zollgefälle und können, solange der Zoll nicht der amtlichen Festsetzung entsprechend gezahlt ist, von der Zollbehörde zurückbehalten oder mit Beschlag belegt werden.

Das an den Inhaber des zollpflichtigen Gegenstandes von einem Zollbeamten ergehende Verbot der weiteren Verfügung über den Gegenstand hat die Wirkung der Beschlagnahme.

Die Verabfolgung von Gegenständen, auf welchen noch ein Zollanspruch ruht, kann in keinem Falle, auch nicht von den Gerichten, Gläubigern oder Konkursverwaltern, eher verlangt werden, als bis der auf den Gegenständen haftende Zoll bezahlt ist.

Wird der Zoll innerhalb einer von der Zollbehörde festzusetzenden Frist nicht entrichtet, so kann der Gegenstand zur Deckung der auf ihm ruhenden Zollabgaben und Kosten öffentlich meistbietend verkauft oder auf Kosten und Gefahr des Zollpflichtigen in eine Zollniederlage (§ 35) aufgenommen werden.

§ 17. Gegenstände, deren Empfänger nicht feststehen, werden von Amts wegen bis zur Dauer eines Jahres aufbewahrt, sofern dies nach den vom Gouverneur zu erlassenden Ausführungsbestimmungen zulässig ist. Nach Ablauf der Frist und nach erfolgter Revision, deren Ergebnis schriftlich niederzulegen und zu bescheinigen ist, hat eine zweimalige öffentliche Bekanntmachung in einer Zwischenzeit von vier Wochen zu erfolgen. Bleibt diese ergebnislos, so werden die Gegenstände zur Deckung der auf ihnen ruhenden Abgaben und Kosten öffentlich meistbietend versteigert. Der Erlös wird nach Abzug der Abgaben und der durch die Lagerung usw. entstandenen Kosten zugunsten des unbekannten Eigentümers für die Dauer eines Jahres aufbewahrt und verfällt dann dem Landesfiskus des ostafrikanischen Schutzgebiets.

Verjährung der Zollgefälle.

§ 18. Alle Forderungen oder Nachforderungen von Zöllen einschließlich der Nebenabgaben und der statistischen Gebühren, desgleichen alle Ansprüche auf Ersatz wegen zu viel oder zu Ungebühr entrichteter Zollgefälle verjähren binnen dreier Jahre, von dem Tage an gerechnet, an welchem die Gegenstände in den freien Verkehr oder ins Ausland abgelassen worden sind. Der Anspruch auf Nachzahlung hinterzogener Gefälle verjährt in fünf Jahren.

Die Vorschriften der §§ 198 ff. des Bürgerlichen Gesetzbuchs über die Verjährung finden hierbei entsprechende Anwendung.

Ort der Zollabfertigung.

§ 19. Bei außergewöhnlichen und dringenden Umständen sind die Vorsteher der Zollstellen, mit Ausnahme derjenigen 3. Klasse, befugt, die Ein- und Ausfuhr auch an solchen Plätzen, welche nicht Zollstellen (§ 3) sind, unter besonderen Kontrollmaßregeln zu gestatten.

§ 20. Zum Löschen und Laden der seewärts ein- und ausgehenden Gegenstände ist die vorherige Erlaubnis der Zollbehörde zu gestatten.

§ 21. Das Löschen und Laden von Gegenständen darf in den im § 3 bezeichneten Plätzen in der Regel nur an denjenigen Stellen geschehen, welche die Zollbehörde für diese Zwecke bestimmt. Das Löschen und Laden an anderen als den dafür bestimmten Stellen, sowie Abfertigungen außerhalb der Zollhäuser bedarf der Genehmigung der Zollbehörde und ist gebührenpflichtig (§ 43).

§ 22. Über die seewärts eingehenden Gegenstände ist von dem Schiffsführer der Zollstelle ein Manifest zu übergeben, welches außer dem Namen, der Nationalität, dem Raumgehalt und dem Abgangshafen des Schiffes folgende Angaben über die In dem Hafen des Schutzgebiets zu löschenden Gegenstände zu enthalten hat:

1. die Namen der Empfänger der zu löschenden Gegenstände,
2. Zahl, Bezeichnung und Verpackungsart der Frachtstücke,
3. Gattung der Gegenstände nach ihrer handelsüblichen Benennung,
4. Gewicht, Maß oder Stückzahl der Gegenstände,
5. Ort, Datum und Unterschrift des Schiffsführers.

Vor Übergabe der Manifeste darf mit dem Löschen der Ladung nicht begonnen werden.

Anmeldung (Deklaration).

§ 23. Gegenstände, welche ein- oder ausgeführt werden, sind ohne Rücksicht darauf, ob sie zollpflichtig oder zollfrei sind, der nächsten Zollstelle schriftlich auf einem amtlichen Formular anzumelden. Die Anmeldung hat zu enthalten:

1. Zahl, Bezeichnung der Verpackungsart der Frachtstücke,
2. Gattung der Gegenstände nach ihrer handelsüblichen Benennung,
3. Gewicht, Maß oder Stückzahl der Gegenstände,
4. Wert der Gegenstände,
5. bei der Ausfuhr das Bestimmungsland und den Bestimmungsort sowie den Namen und Wohnort des Versenders; bei der Einfuhr das Herkunftsland und den Herkunftsort oder den Verschiffungshafen, den Namen und Wohnort des Empfängers; bei der Ein- und Ausfuhr zu Wasser auch das Fahrzeug, dessen Nationalität und die Namen und Wohnorte des Schiffseigentümers und Schiffers. Dabei ist als Herkunftsland dasjenige Land zu betrachten, aus dessen Eigenhandel der Einfuhrgegenstand stammt, als Bestimmungsland dasjenige, in dessen Eigenhandel der Ausfuhrgegenstand übergeht.
6. die Unterschrift des Ausstellers der Anmeldung.

Enthält ein Frachtstück verschiedenartige Gegenstände, so sind diese getrennt nach Menge und Wert zu deklarieren.

§ 24. Zur Anmeldung verpflichtet ist der Warenführer, an dessen Stelle bei der Einfuhr der Warenempfänger, bei der Ausfuhr der Warenversender die Anmeldung erstatten kann.

Eine bereits abgegebene Anmeldung kann vervollständigt oder berichtigt werden, solange die zollamtliche Revision (§ 26) noch nicht begonnen hat.

Bei kleineren Warenposten genügt mündliche Anmeldung.

Erklärt der Zollpflichtige sich außerstande, zuverlässige Angaben über die Gattung der Gegenstände, deren Menge und Wert zu machen, so ist ihm die Öffnung der Zollstücke zum Zweck der Aufstellung einer Zollanmeldung zu gestatten; der Zollpflichtige kann außerdem durch schriftlichen Vermerk auf dem Anmeldungsformular die Feststellung durch die Zollbehörde beantragen; in diesem Falle ist die Feststellung durch die Zollbehörde endgültig.

§ 25. Der Angabe des Wertes in den im § 23 vorgeschriebenen Anmeldungen ist zugrunde zu legen:

1. Bei der Einfuhr, sowohl an der Küsten-, als auch an der Binnengrenze: der Marktpreis am Eingangshafen, d. i. dem Landungsplatz der Gegenstände an der ostafrikanischen Küste, abzüglich des auf den Gegenständen ruhenden Zollbetrags. Ist dieser Marktpreis nicht festzustellen, so ist der Wertdeklaration der Ursprungspreis zuzüglich sämtlicher Fracht-, Versicherungs-, Landungs-, Kommissions- und sonstiger Spesen und eines Zuschlags von 10 % zugrunde zu legen. Bei der

Einfuhr über die Binnengrenze ist, wenn auch diese Feststellung nicht möglich ist, der Zoll zu berechnen vom Wert der Gegenstände an dem Eingangsort der Binnengrenze abzüglich aller durch den Transport der Waren vom Einfuhrhafen an der ostafrikanischen Küste bis zu dem Eingangsort der Binnengrenze entstandenen Kosten, wie Fracht, Versicherung, Kommission und Zoll.

2. Bei der Ausfuhr der Marktpreis am Ausgangsort.

Zollrevision.

§ 26. Die abgegebenen Zollanmeldungen unterliegen der Prüfung (Revision) durch die Zollbehörden. Sofern kein Anlaß zu dem Verdacht einer unrichtigen Zollanmeldung vorliegt, sind die revidierenden Beamten berechtigt, sich nach eigenem Ermessen mit einer probeweisen Revision zu begnügen, sowie auch von einer Revision ganz abzusehen.

§ 27. Der Zollpflichtige hat die zu revidierenden Gegenstände in solchem Zustande darzulegen, daß die Beamten die Revision in der erforderlichen Art vornehmen können; auch muß er die dazu nötigen Handleistungen nach der Anweisung der Beamten auf eigene Gefahr und Kosten verrichten oder verrichten lassen.

§ 28. Um die Prüfung der Wertdeklaration für die einem Wertzoll unterliegenden Gegenstände zu ermöglichen, sind der Zollbehörde von dem Zollpflichtigen auf Verlangen sämtliche auf die Sendung bezüglichen Fakturen, Frachtbriefe, Konnossemente und sonstige für die Ermittlung des Wertes in Betracht kommenden Schriftstücke in den Originalen vorzulegen.

§ 29. Entsteht über den Wert der einem Wertzoll unterliegenden Gegenstände eine Meinungsverschiedenheit zwischen dem Zollpflichtigen und der Zollbehörde, so soll der Wert durch zwei Sachverständige, von welchen jede Partei je einen ernennt, festgesetzt werden. Können sich die Sachverständigen nicht einigen, so haben sie einen Obmann zu wählen, dessen Wertfestsetzung dann als die entscheidende anzusehen ist. Können sich die beiden Sachverständigen auch über die Wahl des Obmanns nicht einigen, so wird derselbe durch die Verwaltungsbehörde (Bezirksamtmann, Stationschef) ernannt.

Die bei diesem Verfahren entstehenden Kosten trägt der Zollpflichtige, wenn der von den Sachverständigen oder dem Obmann ermittelte Wert dessen Angabe um mehr als 10% übersteigt, andernfalls die Zollbehörde.

Abfertigung.

§ 30. Die Entrichtung des Zolles findet nach demjenigen Tarifsatze statt, welcher zu der Zeit in Kraft ist, zu der die Zollpflicht begründet wird (§ 7).

Für Gegenstände, die in beschädigten oder verdorbenem Zustande ankommen, ist auf Antrag des Zollpflichtigen der Zoll unter der Bedingung zu erlassen, daß dieselben unter zollamtlicher Aufsicht vernichtet werden.

Postsendungen.

§ 31. Die mittels der Reichspost in Paketen ein- oder ausgehenden Gegenstände müssen mit einer schriftlichen Inhaltserklärung versehen sein, welche den Vorschriften des Weltpostvereins für den internationalen Paketverkehr zu entsprechen hat. Bei den ausgehenden Paketen haftet der Absender für die Richtigkeit und Vollständigkeit der Inhaltserklärung. Die vom Ausland eingehenden Postpakete werden gegen Vorzeigung der Begleitadressen von der Zollstelle des Postbestimmungsortes dem Adressaten oder dessen Beauftragten nach geschehener Revision und Verzollung ausgehändigt.

Briefsendungen sind ohne Rücksicht auf das Gewicht vom Zoll und von jeder zollamtlichen Behandlung befreit.

Reisendenverkehr.

§ 32. Reisende, die zollpflichtige Gegenstände mit sich führen, sind, wenn diese nicht zum Handel bestimmt sind, nur zu einer mündlichen Anmeldung verpflichtet. Auch steht es ihnen frei, sich ohne Anmeldung der Revision zu unterziehen; in diesem Falle sind sie nur für solche Gegenstände wegen Schmuggels oder wegen Konterbande verantwortlich, die sie durch besondere Vorkehrungen der Kenntnisnahme der Zollbehörde zu entziehen gesucht haben.

Quittungsleistung und Abfassung.

§ 33. Über die erfolgte Abgabezahlung wird Quittung erteilt.

§ 34. Nach Entrichtung der Zollgefälle und der sonstigen auf den Gegenständen etwa ruhenden Gebühren oder Feststellung der Abgabenfreiheit sind die zur Einfuhr bestimmten Gegenstände in den freien Verkehr des Zollinlandes, die zur Ausfuhr bestimmten Gegenstände in das Ausland abzulassen.

Zollfreie Niederlagen.

§ 35. Zur Erleichterung des Verkehrs können unter besonderen, vom Gouverneur festzusetzenden Bedingungen öffentliche Zollniederlagen errichtet sowie auf Antrag private Zollniederlagen genehmigt werden.

Überwachung.

§ 36. Außer den Zollbeamten sind alle Gouvernementsbeamten, die Angehörigen der Schutz- und Polizeitruppe sowie die Beamten der Reichspost verpflichtet, nach näherer Anweisung des Gouverneurs Übertretungen der Zollvorschriften zu verhindern oder zur sofortigen Anzeige bei der nächsten Zollstelle zu bringen.

§ 37. Liegt gegen irgend jemand der begründete Verdacht der Konterbande oder des Schmuggels oder der Mitwirkung bei diesen Vergehen durch Bergung verbotener oder zollpflichtiger Gegenstände vor, so können zur Ermittlung Nachsuchungen nach derartigen Gegenständen unter Erforderung des Nachweises der geschehenen Verzollung, sowie Haussuchungen oder körperliche Durchsuchungen vorgenommen werden, wobei die diesbezüglichen Bestimmungen der Strafprozeßordnung (§§ 102 ff.) zu beachten sind.

Die Zollbeamten sind berechtigt, in Ausübung ihres Dienstes auch solche Grundstücke und Wege zu betreten, zu denen der allgemeine Zugang verboten oder beschränkt ist.

§ 38. Die zollamtliche Überwachung erstreckt sich auf das Meer hinaus bis zu einer Linie, welche in einer Entfernung von 10 Seemeilen dem Rande des niedrigsten Wasserstandes gleichläuft. Fahrzeuge, die innerhalb dieser Zone mit Gegenständen, die aus dem Zollgebiet verschifft sind, ohne Zollpapiere betroffen werden, sind als Schmuggelfahrzeuge aufzubringen.

§ 39. Alle Fahrzeuge, welche leer von einer Zollstelle nach einer anderen segeln, müssen zu ihrem Ausweis einen Segelerlaubnisschein mit sich führen.

Dienststunden.

§ 40. In der Regel darf die Löschung und Beladung von Schiffen an Wochentagen nur in der Zeit von 6 Uhr morgens bis 6 Uhr abends und an Sonntagen in der Zeit von 10 bis 11 Uhr vormittags und 3 bis 4 Uhr nachmittags stattfinden. Ausnahmen von dieser Bestimmung sind zuzulassen:

1. bei Fischerfahrzeugen, welche frische Erzeugnisse des Meers aus-
oder einführen,
2. bei Fracht- und Passagierdampfern,
3. bei der Bergung von Strandgut,
4. in anderen aufsergewöhnlichen und dringlichen Fällen nach dem Ermessen der Zollbehörde.

§ 41. Die Dienststunden für die Zollstellen werden durch den Gouverneur
festgesetzt; sie sind durch öffentlichen Anschlag bei den Zollstellen bekannt zu
machen.

§ 42. Auf Antrag können zollamtliche Dienstverrichtungen aufserhalb der
dafür festgesetzten Zeiten sowie aufserhalb der Zollstellen (z. B. in Privatlägern)
vorgenommen werden.

Gebühren.

§ 43. Eine besondere Gebühr ist zu entrichten:

1. für die Beaufsichtigung der Entlöschung und Beladung von Fahrzeugen
aufserhalb der in § 40 genannten Tageszeit,
2. für die Abfertigung von Gegenständen aufserhalb der gemäfs § 41 festgesetzten Dienststunden,
3. für die Abfertigung von Gegenständen, wenn dieselben von der Zollstelle entfernt stattfindet, sowie für die Beaufsichtigung der Entlöschung und Beladung von Fahrzeugen aufserhalb der von der Zollbehörde dafür bestimmten Stellen (§ 21),
4. für die Ausstellung von Segelerlaubnisscheinen (§ 39).

Der Betrag der Gebühren wird vom Gouverneur festgesetzt.

Von den unter Ziffer 1, 2 und 3 genannten Gebühren kann, soweit sie für
aufserhalb der Dienststunden (§ 41) vorgenommene Verrichtungen
aufkommen, ein Teil den Beamten vom Zollamtsassistenten 2. Klasse abwärts,
welche den Dienst verrichtet haben, nach näherer Bestimmung des Gouverneurs
durch das Zollamt ausbezahlt werden; die nicht an solche Beamten ausgezahlten
Beträge kommen dem Landesfiskus zugute.

§ 44. Für die zollfreien Gegenstände ist sowohl bei der Einfuhr als auch
bei der Ausfuhr eine statistische Gebühr zu zahlen. Dieselbe beträgt für je
100 Rupien vom Wert der zur Abfertigung gestellten Warenmenge 8 Pesa, die angefangenen 100 Rupien jeweils als voll gerechnet.

Die statistische Gebühr wird nicht erhoben:

1. in den in den §§ 10, 11 und 12 sowie in den in § 13 unter a1, a2, a7, a8,
b1, b2, b3 und c aufgeführten Fällen,
2. von den mit der Post ein- oder ausgehenden Gegenständen,
3. von Passagiergepäck,
4. von Geldsendungen,
5. von den zur Abfertigung gestellten Warenmengen im Wert von weniger
als 5 Rupien.

Entscheidung über die Auslegung der Zollordnung und des Zolltarifs.

§ 45. Wenn über die Auslegung der Zollordnung oder die Anwendung des
Zolltarifs zwischen dem Zollpflichtigen und der Zollbehörde Meinungsverschiedenheit entsteht, so ist gegen die Entscheidung der Zollbehörde Beschwerde bei dem
Gouverneur, in zweiter Instanz bei dem Reichskanzler (Auswärtiges Amt, Kolonial-Abteilung) zulässig. Die Beschwerde hat keine aufschiebende Wirkung.

Strafbestimmungen.

§ 46. Wer es unternimmt, Gegenstände, deren Ein-, Aus- oder Durchfuhr für das Zollgebiet oder für einen Teil desselben verboten oder erst nach Erfüllung vorgeschriebener Bedingungen gestattet ist (§§ 4 und 5), diesen Bestimmungen zuwider ein- oder auszuführen, macht sich der Konterbande schuldig. Er hat, sofern nicht in anderen Gesetzen oder Verordnungen eine höhere Strafe festgesetzt ist, neben der Einziehung der Gegenstände, in bezug auf welche das Vergehen begangen worden ist, eine Geldstrafe verwirkt, welche dem doppelten Wert jener Gegenstände gleichkommt, mindestens aber 20 Rupien beträgt. Kann die Einziehung der konterbandierten Gegenstände selbst nicht vollzogen werden, so ist auf Erlegung des Wertes der Gegenstände und, wenn sich dieser nicht genau ermitteln läßt, auf Erlegung einer als angemessener Wert festgestellten Geldsumme zu erkennen, daneben auf eine Geldstrafe, welche dem doppelten Betrage des Wertes der konterbandierten Gegenstände gleichkommt.

§ 47. Die Konterbande wird als vollendet angesehen, wenn Gegenstände der in § 46 bezeichneten Art, unter Umgehung der Zollstelle über die Grenze gebracht sind, oder wenn verbotene Gegenstände unrichtig oder gar nicht deklariert oder bei der zollamtlichen Revision verheimlicht werden. Sind jedoch solche Gegenstände vorschriftsmäßig bei einer Zollstelle zur Revision gebracht, so ist dem Einführer zu gestatten, diese Gegenstände wieder über die Grenze zurückzuschaffen; geschieht letzteres nicht, so können die Gegenstände beschlagnahmt oder auf Kosten des Einführers vernichtet werden.

§ 48. Wer es unternimmt, Ein- oder Ausfuhrzölle zu hinterziehen, macht sich des Schmuggels schuldig und hat neben der Einziehung der Gegenstände, in bezug auf welche das Vergehen verübt worden ist, eine dem vierfachen Betrag der vorenthaltenen Zollgefälle gleichkommende Geldstrafe verwirkt. Der Zoll selbst ist neben der Strafe zu entrichten, bei Ausfuhrgegenständen jedoch nur, wenn deren Ausfuhr wirklich stattgefunden hat.

Kann die Einziehung der geschmuggelten Gegenstände selbst nicht vollzogen werden, so ist auf Erlegung des Wertes der Gegenstände und, wenn sich dieser nicht genau feststellen läßt, auf Erlegung einer angemessenen Geldsumme zu erkennen. Daneben ist, falls die Höhe des hinterzogenen Zolles und infolgedessen die Höhe der verwirkten Geldstrafe nicht genau festgestellt werden kann, eine Geldstrafe bis zu 5000 Rupien zu verhängen.

§ 49. Der Schmuggel wird als vollendet angesehen:
1. wenn zollpflichtige Gegenstände entgegen den Bestimmungen dieser Verordnung ohne behördliche Erlaubnis an anderen als den für die Ein- und Ausfuhr bestimmten Plätzen (§ 3) ein- oder ausgeführt oder an anderen als den dafür bestimmten Stellen (§ 21) gelöscht und geladen werden;
2. wenn zollpflichtige Gegenstände der Zollstelle überhaupt nicht oder unrichtig angemeldet werden, so daß sie einen geringeren als den auf ihnen ruhenden Zoll zu zahlen hätten. Kann jedoch der Beschuldigte nachweisen, daß eine Zollhinterziehung nicht beabsichtigt war, so ist nur eine Ordnungsstrafe gemäß § 52 zu verhängen. Auf Warenführer, Spediteure, Zolldeklaranten usw. findet diese Bestimmung mit der Maßgabe Anwendung, daß dieser Nachweis außer von ihnen selbst auch von ihren Auftraggebern zu führen ist. Unrichtige Angaben über Gewicht und Wert der Gegenstände bleiben straffrei, wenn der Unterschied

zwischen den Angaben der Zolldeklaration und dem Revisionsbefund 10 % nicht übersteigt;

3. wenn zollpflichtige Gegenstände bei der Zollrevision verheimlicht oder verborgen werden;

4. wenn über zollpflichtige Gegenstände, die unter Zollkontrolle stehen und auf denen noch ein Zollanspruch ruht, ohne Genehmigung der Zollbehörde verfügt wird;

5. wenn Personen oder Gesellschaften, denen der Bezug an sich zollpflichtiger Gegenstände unter der Bedingung der Verwendung zu einem bestimmten Zweck zollfrei gegen einen geringeren als den tarifmäßigen Zoll gestattet ist, dieselben anderweitig verwenden oder unentgeltlich oder gegen Entgelt veräußern, ohne vorher den vollen Betrag des Zolles nachgezahlt zu haben.

§ 50. Wenn verbotene oder zollpflichtige Gegenstände bei der Ein- oder Ausfuhr zum Zwecke der Umgehung des Verbots oder der Hinterziehung des Zolles in geheimen Verhältnissen oder sonst auf künstliche und schwer zu entdeckende Art verborgen werden, so sind die in den §§ 40 und 43 festgesetzten Strafen um die Hälfte zu verschärfen.

§ 51. Im Wiederholungsfälle der Konterbande oder des Schmuggels nach vorhergegangener rechtskräftiger Verurteilung wird anßer der Einziehung der Gegenstände des Vergehens die in den §§ 40 und 43 festgesetzte Strafe verdoppelt; im zweiten und jedem weiteren Wiederholungsfälle wird diese Strafe verdreifacht. Eine Straferhöhung findet jedoch nicht statt, wenn seit dem Zeitpunkt, in welchem die Strafe für das zuletzt begangene frühere Vergehen bezahlt, verbüßt oder erlassen worden ist, drei Jahre verflossen sind.

§ 52. Alle Übertretungen dieser Verordnung und der zu ihrer Ausführung öffentlich bekannt gemachten Bestimmungen können, soweit nicht Konterbande oder Schmuggel vorliegt, mit einer Ordnungsstrafe von 1 bis 100 Rupien belegt werden.

§ 53. Wenn die in den §§ 46, 48, 50, 51 und 52 vorgesehenen Geldstrafen im Falle des Unvermögens des Verurteilten nicht beigetrieben werden können, so tritt an ihre Stelle in Gemäßheit der Bestimmungen des § 57 eine Freiheitsstrafe bis zu einem Jahre.

An Stelle der Geldbeträge, die nach den §§ 46 und 48 im Falle der Unmöglichkeit der Einziehung der konterbandierten oder geschmuggelten Gegenstände als Wertorlegung zu zahlen sind, kann auf eine Freiheitsstrafe nicht erkannt werden. Auch finden hinsichtlich dieser Geldbeträge die in den §§ 50 und 51 vorgesehenen Straferhöhungen nicht statt.

§ 54. Die Grundsätze über die Bestrafung des Versuchs, der Begünstigung, Beihilfe und Teilnahme, sowie diejenigen über die Verjährung richten sich nach den Bestimmungen des Strafgesetzbuchs.

§ 55. Für die Zollgefälle, Geldstrafen, Ersatz des Wertes konterbandierter oder geschmuggelter Gegenstände (§§ 46 und 48) sowie für die Kosten, zu welchen Personen verurteilt werden, die unter der Gewalt, der Aufsicht oder im Dienste einer anderen Person oder einer Gesellschaft stehen, können diese letzteren im Falle des Unvermögens der Schuldigen haftbar gemacht werden, und zwar unabhängig von der Strafe, zu welcher sie selbst auf Grund dieser Verordnung etwa verurteilt werden. Dabei kann die Zollbehörde nach ihrer Wahl die verhängte

Geldstrafe von den Mitverhafteten einziehen oder unter Verzicht hierauf an den Schuldigen selbst die für den Unvermögensfall vorgesehene Freiheitsstrafe zur Vollstreckung durch das Gericht bringen.

Doch bleibt es den vorbezeichneten Personen und Gesellschaften vorbehalten, ihre Haftung durch den Nachweis auszuschliefsen, dafs die Zuwiderhandlung nicht bei Ausführung der Verrichtungen verübt ist, die sie dem Täter übertragen oder ein für allemal überlassen hatten.

§ 56. Die in den §§ 46, 48, 50, 51 und 52 angeführten Vermögensstrafen werden durch die Hauptzollämter, Zollämter 1. Klasse und die Zollstellen au der Binnengrenze durch Strafbescheid verhängt. Gegen den Strafbescheid steht dem Beschuldigten binnen zweier Wochen vom Tage der Zustellung an die Beschwerde bei dem Gouverneur zu; an Stelle der Beschwerde kann der Beschuldigte den Antrag auf gerichtliche Entscheidung stellen. In der Einlegung des einen dieser beiden Rechtsmittel liegt der Verzicht auf das andere.

Die Beschwerde oder der Antrag auf gerichtliche Entscheidung sind bei der Zollstelle anzubringen, welche den Strafbescheid erlassen, oder bei derjenigen, welche ihn bekannt gemacht hat.

§ 57. Die Umwandlung nicht beizutreibender Geldstrafen in Freiheitsstrafen (§ 58) und die Vollstreckung der letzteren erfolgt auf Antrag der Zollstelle, welche den Strafbescheid erlassen hat, durch die Gerichte; wenn es sich um Farbige handelt, durch die Bezirksämter, Bezirksnebenämter und Stationen. Die Umwandlung erfolgt nach Mafsgabe der §§ 28 und 29 des Strafgesetzbuchs.

§ 58. Der Gouverneur ist ermächtigt, die auf Grund der §§ 46, 48, 50, 51 und 52 durch Strafbescheid oder gerichtliches Erkenntnis verhängten Freiheits- und Geldstrafen, sowie die Vertretungsverbindlichkeiten, Einziehungen und Wertersatzsummen und die Kosten des Verfahrens niederzuschlagen oder zu ermäßigen, ferner die Strafvollstreckung auszusetzen, sowie Strafunterbrechungen und Strafteilungen zu gestatten, soweit es sich um Freiheitsstrafen bis zu sechs Monaten oder um Geldbeträge bis zu 400 Rupien handelt.

§ 59. Bestechungen und Beleidigungen der Zollbeamten werden nach den Bestimmungen des Strafgesetzbuchs bestraft.

§ 60. Hinsichtlich der Eingeborenen und der ihnen gleichstehenden farbigen Personen sind aufser den vorgenannten Strafen alle Strafmittel zugelassen, welche in den die Eingeborenen-Strafgerichtsbarkeit regelnden Verordnungen vorgesehen sind.

§ 61. Unbekanntschaft mit den Vorschriften dieser Verordnung und der zu ihrer Ausführung bekannt gegebenen Verwaltungsvorschriften soll niemand, auch Ausländern nicht, zur Entschuldigung gereichen.

Ausführungsbestimmungen und Inkraftsetzung.

§ 62. Der Gouverneur ist ermächtigt, die zu dieser Verordnung erforderlichen Ausführungsbestimmungen und Dienstvorschriften zu erlassen sowie den Zeitpunkt des Inkrafttretens dieser Zollverordnung durch öffentliche Bekanntmachung zu bestimmen.

Berlin, den 13. Juni 1903.

Der Reichskanzler.
Graf v. Bülow.

Anlage (Unteranlage der Anlage zu No. 122).

Zolltarif.
A. Einfuhrzölle.

Tarifnummer	Benennung der Gegenstände	Zollsatz	Bemerkungen
1	Branntwein aller Art, alkoholhaltige Essenzen und Parfüms	1 Liter 1 Rupie	Zu 1: Bei der Ermittlung des Literinhalts von Flaschen, Kruken usw. wird jedes angefangene Zehntel-Liter einer Flasche, Kruke usw. für ein volles Zehntel gerechnet und danach der gesamte Literinhalt festgestellt.
2	Schaumweine	1 Flasche 1 Rupie	Branntwein und alkoholhaltige Essenzen zum Medizinalgebrauch sind zollfrei.
3	Stille Weine:		
	a) in Flaschen eingehend	1 Flasche 24 Pesa	Zu 2 und 3: Halbe Flaschen tragen den halben Zollsatz.
	b) in Fässern und anderen mehr als 2 Liter fassenden Umschliessungen eingehend	1 Liter 16 Pesa	Zu 5 und 6: Mischungen von geschältem und ungeschältem Reis sind nach dem Satz für geschälten Reis zu verzollen.
4	Biere aller Art:		
	a) in Flaschen eingehend	1 Flasche 8 Pesa	Zu 10 und 11: Bei den in Kisten usw. eingehenden Tabakfabrikaten bleibt es der Wahl des Zollpflichtigen überlassen, die Verzollung nach dem Bruttogewicht unter Abzug von 20 Prozent Tara oder nach dem durch Verwiegen zu ermittelnden Nettogewicht zu bewirken; bei der Ermittlung des Nettogewichts wird das Gewicht der zur unmittelbaren Sicherung notwendigen Umschliessungen, welche in die Hand des Käufers übergehen pflegen (z. B. Kistchen, Schachteln, Blechverhüllungen) nicht in Abzug gebracht.
	b) in Fässern und anderen mehr als 2 Liter fassenden Umschliessungen eingehend	1 Liter 8 Pesa	
5	Reis, ungeschält	100 Ratel 40 Pesa	
6	Reis, geschält	100 Ratel 60 Pesa	
7	Chiroko	100 Ratel 60 Pesa	
8	Mtama, Mais, Bohnen und alle anderen nicht genannten Korn- und Hülsenfrüchte . .	100 Ratel 30 Pesa	
9	Rohtabak und Tabak in negermässiger Zubereitung und Verpackung	1 Ratel brutto 12 Pesa	
10	Zigarren und Zigaretten . .	1 Ratel netto 32 Pesa	Zu 13: Mit dem Zolle wird bei dem zur Einfuhr gelangenden Salz eine innere Verbrauchsabgabe von 1½ Rupien pro 100 Ratel erhoben. Salz zu landwirtschaftlichen und gewerblichen Zwecken ist frei von Zoll und der inneren Verbrauchsabgabe
11	Aller andere verarbeitete Tabak	1 Ratel netto 24 Pesa	
12	Opium, Hanf, Haschisch . .	25 Prozent vom Wert	
13	Salz	100 Ratel 16 Pesa	
14	Alle übrigen Gegenstände, soweit sie nicht ausdrücklich für zollfrei erklärt sind	10 Prozent vom Wert	

Bei der Einfuhr sind zollfrei.

Lfd. No.	Benennung der Gegenstände	Bemerkungen
1	Elfenbein	
2	Andere Zähne und Knochen aller Art	
3	Hörner aller Art	
4	Häute und Felle	
5	Schildpatt	
6	Lebende Tiere aller Art	
7	Kautschuk	
8	Kopal	
9	Orseille	
10	Kopra	
11	Nelken und Nelkenstengel, Pfeffer	
12	Sämereien und lebende Gewächse	Zu 12: Als Sämereien sind Reis, Mtama, Kokosnüsse u. dergl. Landeserzeugnisse nicht anzusehen.
13	Düngungs- und Desinfektionsmittel	
14	Landwirtschaftliche Maschinen und Ersatzteile, Landwirtschaftliche Geräte	
15	Maschinen für gewerbliche und bergmännische Betriebe und Ersatzteile	
16	Transportmittel und Ersatzteile	
17	Physikalische, astronomische, chemische, mathematische, optische und ähnliche Geräte, die wissenschaftlichen Zwecken dienen	
18	Medizinische Instrumente und Apparate, Arzneien und Verbandmittel	
19	Gedruckte Bücher, bedrucktes und beschriebenes Papier	Zu 19: Ausgenommen sind Bücher, deren Blätter Raum zum Nachschreiben und Nachzeichnen gewähren, ferner zu Rechnungen, Etiketten, Frachtbriefen usw. vorgerichtetes Papier.
20	Bilder mit und ohne Rahmen, Statuen	
21	Grabsteine und Grabschmuck	
22	Deutsche Reichsmünzen, ausländische Goldmünzen, Silber- und Kupfermünzen der Deutsch-Ostafrikanischen Gesellschaft	
23	Dienstuniformen	
24	Muster ohne Wert	

Außerdem sind auf Grund des § 18 der Zollverordnung von dem tarifmäßigen Eingangszoll befreit:

1. Alle vom Gouvernement selbst eingeführten Gegenstände.

2. Alle von der Kaiserlichen Marine und der Reichspostverwaltung zu dienstlichen Zwecken eingeführten Gegenstände.

3. Alle von christlichen Missionen, Kirchengesellschaften, Kranken- und Heilanstalten eingeführten Gegenstände, die unmittelbar den Zwecken des Gottesdienstes, des Unterrichts und der Krankenpflege dienen.

4. Alle Maschinen, Geräte, Materialien und Betriebsmittel, welche unmittelbar zum Bau und zur Unterhaltung von Wegen sowie unmittelbar zum Bau, zur Unterhaltung und zum Betriebe von Eisenbahnen und sonstigen Transporteinrichtungen bestimmt sind.

5. Handwerkszeuge und ähnliche Gerätschaften, die von Handwerkern oder Künstlern zur Ausübung ihres Berufes mitgeführt werden.

6. Auf besonderen Antrag Ausrüge- und Heiratsgut (wie Haushaltungsgegenstände, Bekleidungsstücke, fertige Wäsche), welches zum Zweck dauernder Niederlassung und zum eigenen Gebrauch der in das Schutzgebiet einwandernden oder sich nach demselben verheiratenden Europäer und denselben gleichgestellten Personen eingeführt wird.

7. Handgepäck europäischer und denselben gleichgestellter Reisender.

8. Kleidungsstücke, Wäsche, Reiseausrüstungen, photographische Apparate nebst kleineren Mengen von Platten, kleinere Mengen von Verzehrungsgegenständen und dergleichen, welche Reisende zum eigenen Gebrauch mit sich führen.

9. Getragene Kleidungsstücke und getragene Wäsche, sofern sie nicht zum Verkauf eingehen.

10. Umschließungen und Verpackungsmittel, die zum Zweck der Ausfuhr von Gegenständen eingeführt oder, nachdem sie nachweislich dazu gedient haben, aus dem Auslande wieder zurückgebracht werden.

11. Kleinere Warenmengen, von denen der Zoll weniger als 20 Pesa betragen würde.

B. Ausfuhrzölle.

Tarifnummer	Benennung der Gegenstände	Zollsatz	Bemerkungen
1	Elfenbein	} 15 Prozent vom Wert	Zu 1 bis 10: Waren, die aus die-
2	Flußpferd- und Wildschweinzähne . .		sen Rohprodukten
3	Hörner von Büffeln, Elen-, Kudu- und Rapp-Antilopen	das Gehörn 5 Rupien, das Einzelhorn 1 Rupie	gefertigt sind, sind wie diese zu ver-
4	Hörner vom Nashorn	15 Prozent vom Wert	zollen.
5	Hörner anderer Wildarten	{ das Gehörn 2 Rupien, das Einzelhorn 1 Rupie	
6	Hörner von Haustieren	12 Prozent vom Wert	
7	Rohe Häute und Felle von Giraffen, Zebras, Nashorn sowie Teile von solchen Häuten und Fellen	15 Prozent vom Wert	
8	Rohe Häute und Felle, nicht besonders genannt	12 Prozent vom Wert	
9	Schildpatt	12 Prozent vom Wert	
10	Kauri- und andere Muscheln	7 Prozent vom Wert	
11	Lebende Tiere:		
	a) Pferde	1 Stück 25 Rupien	
	b) Maultiere und Maulesel	1 Stück 20 Rupien	
	c) Maskatesel	1 Stück 20 Rupien	
	d) Halbblut- und Wanjamwesi-Esel .	1 Stück 7 Rupien	
	e) Männliches Rindvieh	1 Stück 8 Rupien	
	f) Weibliches Rindvieh	1 Stück 20 Rupien	
	g) Schafe und Ziegen	1 Stück 1 Rupie	
	h) Zebras, Giraffen, Elen-Antilopen, Strauße	1 Stück 10 Rupien	
	i) Hühner	1 Stück 8 Pesa	
	k) Papageien	1 Stück 1 Rupie	
12	Frisches Fleisch	15 Prozent vom Wert	
13	Halfiossen	10 Prozent vom Wert	
14	Kautschuk	100 Ratel 18 Rupien	Zu 14: Auf Plan-
15	Kopal	15 Prozent vom Wert	tagen gewonnener
16	Hölzer aller Art:		Kautschuk ist zoll-
	a) unbearbeitet oder lediglich in der Querrichtung mit der Axt oder Säge bearbeitet, mit oder ohne Rinde	10 Prozent vom Wert	frei.
	b) weiter bearbeitet	5 Prozent vom Wert	
17	Flechtgras, Palmblätter, Matten, Bastsäcke und ·Körbe	5 Prozent vom Wert	
18	Negertabak	10 Prozent vom Wert	
19	Wachs	2 Prozent vom Wert	
20	Zuckerrohr und daraus gewonnene Erzeugnisse	5 Prozent vom Wert	
21	Salz	10 Prozent vom Wert	

Alle nicht besonders genannten Gegenstände unterliegen keinem Ausfuhrzoll.

Außerdem sind auf Grund des § 13 der Zollverordnung von dem tarifmäßigen Ausgangszoll befreit:

1. Alle vom Gouvernement selbst ausgeführten Gegenstände.

2. Alle von der Kaiserlichen Marine und der Reichspostverwaltung im dienstlichen Interesse ausgeführten Gegenstände.

3. Von europäischen und diesen gleichgestellten Reisenden und ebensolchen Mitgliedern von Schiffsbesatzungen ausgeführte oder von farbigen Händlern an Bord nicht einheimischer Schiffe gebrachte Gegenstände, soweit deren Gesamtwert 20 Rupien nicht übersteigt.

4. Kleinere Warenmengen, von denen der Zoll weniger als 20 Pesa betragen würde.

133. Runderlaſs des Gouverneurs von Deutsch-Ostafrika, betreffend den Verkehr mit Hinterladegewehren. Vom 14. November 1903.

Ich mache erneut darauf aufmerksam, daſs es verboten iſt, Farbige ohne meine Genehmigung durch Kauf, Tausch, Schenkung oder sonst wie in den Besitz von Hinterladegewehren gelangen zu lassen (vgl. die Verordnung vom 9. Juli 1892 und 25. Mai 1894).[*]) Farbigen, die ohne Erlaubnisschein Hinterlader führen, sind demnach diese zu konfiszieren, wobei auch eine Geld- bezw. Freiheitsstrafe zu verfügen ist. Sollten sich Farbige im Besitz von Erlaubnisscheinen befinden, die in früherer Zeit von einer Lokalbehörde ausgestellt sind, so ist von der Konfiszierung abzusehen und über die Person des Besitzers zu berichten.

Daressalam, den 14. November 1903.

Der Kaiserliche Gouverneur.
Graf v. Götzen.

134. Runderlaſs des Gouverneurs von Deutsch-Ostafrika, betreffend Ausübung der Jagd in den Jagdreservaten. Vom 15. November 1903.

Es liegt Anlaſs vor, darauf hinzuweisen, daſs den in den Jagdreservaten dauernd angesessenen Europäern und Eingeborenen nicht verwehrt werden soll, zum Schutz ihres Eigentums Raubtiere, Affen (mit Ausnahme von Colobus und Schimpansen), Wildschweine und Krokodile zu töten oder zu fangen.

Daressalam, den 15. November 1903.

Der Kaiserliche Gouverneur.
Graf v. Götzen.

135. Auszug aus der Verfügung des Gouverneurs von Deutsch-Südwestafrika, betreffend Übertragung des Verordnungsrechts. Vom 23. November 1903.

Unter Bezugnahme auf § 6, Absatz 1, der Verfügung des Reichskanzlers vom 27. September 1903, betreffend das Verordnungsrecht der Behörden in den Schutzgebieten usw.,[**]) bestimme ich hiermit, daſs die von mir erlassene Rundverfügung vom 26. Februar 1901 über den Umfang des den Bezirksamtmännern übertragenen Verordnungsrechts[***]) inhaltlich in Kraft bleibt.

Windhuk, den 23. November 1903.

Der Kaiserliche Gouverneur.
Leutwein.

---

[*]) D. Kol. Gesetzgeb. I, No. 144; II, No. 91.
[**]) Vorstehend No. 113.
[***]) Verfügung, betreffend den Erlaſs polizeilicher und sonstiger die Verwaltung betreffender Vorschriften in Deutsch-Südwestafrika. Vom 26. Februar 1901:

Auf Grund des § 15 des neuen Schutzgebietsgesetzes (Reichs-Gesetzbl. 1900, S. 813) und des § 2 der Verfügung des Herrn Reichskanzlers vom 25. Dezember 1900, betreffend die Ausübung konsularischer Befugnisse und sonstiger die Verwaltung betreffender Vorschriften in Deutsch-Südwestafrika, übertrage ich hierdurch den mit der Wahrnehmung der Geschäfte der Bezirkshauptmannschaften betrauten Beamten, einem jeden für seinen Bezirk, die Befugnis, polizeiliche und sonstige die Verwaltung betreffende Vorschriften zu erlassen und gegen die Nichtbefolgung derselben Gefängnis bis zu 6 Wochen, Haft, Geldstrafe bis zu 150 Mark und Einziehung einzelner Gegenstände anzudrohen.

17*

136. Ergänzung der Ausführungsbestimmungen vom 10. Dezember 1901*) zu der Verordnung vom 31. Juli 1901, betreffend die Ausführung und Anwerbung von Eingeborenen als Arbeiter im Schutzgebiete Deutsch-Neu-Guinea. Verfügt vom Gouverneur von Deutsch-Neu-Guinea am 24. November 1904.

Zu § 2 der Verordnung:

Der Gouverneur gibt von der Erteilung einer Anwerbeerlaubnis jeweils den Behörden Kenntnis, auf deren Gebiet sie sich erstreckt.

Zu §§ 7 bis 11:

Als Verwaltungsbehörde (Behörde) wird mit Wirkung vom 1. Januar 1904 für den Bezirk Neu-Mecklenburg-Nord die Kaiserliche Station in Kaewieng bestimmt. Die Angeworbenen sollen tunlichst der Behörde vorgestellt werden, in deren Bezirk ihr Bestimmungsort liegt (Behörde des Bestimmungsortes). Bei Arbeitgebern mit verschiedenen Arbeitsorten soll als Bestimmungsort der Sitz der Geschäftsleitung im Schutzgebiete gewählt werden. Die für Samoa angeworbenen Arbeiter werden stets der Behörde in Herbertshöhe vorgestellt. Bei Überführung von Arbeitern vom Bestimmungsorte nach einem Arbeitsorte, der im Bezirk einer anderen als der Vorstellungsbehörde liegt, ist der Arbeitgeber (Leiter des Betriebes am Arbeitsorte) verpflichtet, der Behörde seines Bezirks ein Namenverzeichnis der Arbeiter nach Anlage 2 zu § 10 der Verordnung einzureichen.

Zu § 12:

Werden die zur Entlassung kommenden Arbeiter einer anderen als der Vorstellungsbehörde (§ 10) zugeführt, so hat die erstere (Entlassungsbehörde) der letzteren Abschrift der Anlage 3 zur Berichtigung der Stammrolle zu übersenden.

Zu § 13:

Die Stammrolle wird von der Behörde der ersten Vorstellung (§ 10) geführt. Die laufenden Nummern der Stammrolle in Friedrich-Wilhelmshafen führen ein F, die der Stammrolle in Kaewieng ein K vor sich.

Zu § 14:

Alljährlich zum 1. Februar ist seitens der Behörden dem Gouvernement eine Aufstellung über den Stand der Anwerbung für das abgelaufene Jahr unter Zugrundelegung der hierfür aufgestellten Tabellen einzureichen.

Herbertshöhe, den 24. November 1903.

Der Kaiserliche Gouverneur.

Hahl.

_____

*) D. Kol. Gesetzgeb. Bd. VI, No. 292.

137. Bekanntmachung des Gouverneurs von Deutsch-Ostafrika, betreffend Ausführung der Jagdverordnung vom 1. Juni 1903, §§ 2, 13. Vom 25. November 1903.

Der Kilimandjaro Handels- und Landwirtschaftsgesellschaft wird bis auf weiteres auf Grund der §§ 2 und 13 der Jagdschutzverordnung vom 1. Juni 1903 das ausschliefsliche Recht des gewerbsmäfsigen Tierfanges erteilt für dasjenige Gebiet, welches im Norden durch den Ngare nairobi-Bach, im Westen durch den östlichen Quellflufs des Magsuru, im Süden durch den Magsuru und Kiluletua und im Osten durch den Weriweribach begrenzt wird.

D a r e s s a l a m , den 25. November 1903.

Der Kaiserliche Gouverneur.
G r a f v. G ö t z e n.

138. Runderlafs des Gouverneurs · von Deutsch-Ostafrika, betreffend den periodischen Nachweis des Viehbestandes. Vom 26. November 1903.

Der Runderlafs vom 10. Juni 1899, No. 4883 I.,[*]) wird hierdurch dahin abgeändert, dafs Nachweisungen über den Viehbestand der Dienststellen nur noch halbjährlich einzureichen sind, am 1. Oktober und 1. April. Aus den Nachweisungen mufs Art und Geschlecht der Tiere und ihre eventuelle Unterbringung bei Jumben usw. ersichtlich sein. Formulare hierfür werden demnächst übersandt werden.

Die Übersichten über den gesamten Viehbestand des betreffenden Verwaltungsbezirkes sind als Anlagen zu dem Jahresbericht einzureichen.

D a r e s s a l a m , den 26. November 1903.

Der Kaiserliche Gouverneur.
G r a f v. G ö t z e n.

139. Beschlufs der Gesellschaft Nordwest-Kamerun, betreffend Änderung ihrer Statuten. Vom 28. November 1903.

(Kol. Bl. 1904, S. 3, Reichmann. vom 26. Januar 1904.)

Die Gesellschaft Nordwest-Kamerun hat in ihrer aufserordentlichen Generalversammlung vom 28. November 1903 nachstehende Statutenänderung beschlossen:

Art. 22 Abs. 1 erhält folgende Fassung:

„Das Direktorium besteht aus mindestens zwei Mitgliedern, welche vom Verwaltungsrat gewählt werden, demselben aber nicht angehören dürfen."

Art. 23 Abs. 3 erhält folgende Fassung:

„Urkunden und Erklärungen sind für die Gesellschaft verbindlich, wenn sie unter dem Namen »Gesellschaft Nordwest-Kamerun« von zwei Mitgliedern des Direktoriums oder einem Mitgliede und einem Prokuristen erfolgen."

Diese Statutenänderung ist von der Aufsichtsbehörde genehmigt worden.

*) Der Runderlafs lautet: Das usw. ersuche ich, den vorhandenen Stationsviehbestand, getrennt nach Arten und Geschlecht, vierteljährlich hierher zu melden.
L i e b e r t.

140. Verordnung des Gouverneurs von Deutsch-Ostafrika, betreffend
Verhütung von Viehseuchen in der Umgegend von Kwamkorro. Vom
'3. Dezember 1903.

Auf Grund des § 13, Abs. 3, des Schutzgebietsgesetzes vom 10. September
1900 in Verbindung mit der Verfügung des Reichskanzlers vom 1. Januar 1901
wird hiermit verordnet:

Zur Verhütung des Verbreitens von Viehseuchen wird das Treiben von
Rindvieh auf den Wegen Ngua-Kwamkorro und der Umführungsstraße Gonye-
berg—Fabrik Kwamkorro verboten.

Sämtliches für Amani bestimmte, aus der Ebene stammende Vieh, darf nur
auf dem Wege Mnyussi-Amani (sogenannter Colbergscher Weg) getrieben werden.

Zuwiderhandlungen gegen dieses Verbot werden auf Grund des § 328 des
Reichsstrafgesetzbuchs bestraft.

Vorstehende Verordnung tritt mit dem Tage der Bekanntgabe in Kraft.

D a r e s s a l a m , den 3. Dezember 1903.

Der Kaiserliche Gouverneur.
G r a f v. G ö t z e n.

141. Ausführungsbestimmungen des Gouverneurs von Deutsch-Ostafrika
zu der Zollverordnung für das deutsch-ostafrikanische Schutzgebiet, vom
13. Juni 1903. Vom 4. Dezember 1903.

(Kol. Bl. 1904, S. 37.)

Auf Grund des § 62 der Zollverordnung für das deutsch-ostafrikanische
Schutzgebiet vom 13. Juni 1903*) bestimme ich hiermit folgendes:

E i n - u n d A u s f u h r p l ä t z e .

§ 1. Die Ein- und Ausfuhr darf nur an den nachstehend aufgeführten
Plätzen stattfinden:

I. a n d e r M e e r e s k ü s t e :

Moa, Tanga, Pangani, Sadani, Bagamojo, Daressalam, Simba-Uranga (§ 10),
Mohoro, Kilwa, Lindi, Mikindani, Kionga.

II. a n d e r B i n n e n g r e n z e :

Wilhelmstal, Moschi, Schirati, Muansa, Bukoba, Ussambura, Ujiji (Kigoma),
Bismarckburg, Unjikaposten, Neu-Langenburg, Muaja, Wiedhafen, Ssongéa.

Anträge auf Gestattung der Ein- und Ausfuhr an anderen Plätzen (§ 10
Z. V.) sind mit Gründen versehen bei den Vorstehern der zuständigen Zollstellen
einzureichen.

F e u e r w a f f e n , S c h i e ß b e d a r f u n d S p r e n g s t o f f e .

§ 2. Die Bestimmungen über die Ein- und Ausfuhr von Feuerwaffen und
Schießbedarf (L. G. No. 255 ff.) bleiben bis auf weiteres in Kraft, desgl. die Anordnung auf Grund des Sprengstoffgesetzes vom 22. November 1902, J. No. I.
4497 (Amtlicher Anzeiger vom 7. Februar 1903, No. 4) und die Bekanntmachung
vom 12. Februar, J. No. Ia. 321, Amtlicher Anzeiger vom 14. Februar 1903, No. 5.

———————
*) Anlage zu No. 152.

Einfuhrverbote.

§ 3. Von der Einfuhr sind ausgeschlossen:

1. Kupfermünzen (Pesa) anderen Gepräges als desjenigen der deutsch-ostafrikanischen Gesellschaft.
2. Maria-Theresiataler, sogenannte Dollare oder Reale, sowie andere denselben gleichwertige Silbermünzen.
3. Britisch-ostafrikanische (Mombasa) Rupien.
4. Weinreben-Stecklinge, -Pflanzen oder -Blätter aus Ländern, in welchen die Reblaus vorkommt.

Bei der Einfuhr von Weinreben-Stecklingen, -Pflanzen oder -Blättern ist ein Ursprungszeugnis beizubringen und eine von dem Kaiserlich Deutschen Konsul, aus dessen Amtsbezirk die Pflanzen oder Stecklinge stammen, beglaubigte Bescheinigung, daß in dem betreffenden Amtsbezirk zur Zeit keine Reblauskrankheiten vorkommen.

Gesundheitspolizeiliche Vorschriften.

§ 4. Die Bekanntmachung vom 8. Mai 1901, J. No. I 3480 (L. G. No. 484), betreffend die gesundheitspolizeiliche Kontrolle der einen Hafen des deutsch-ostafrikanischen Schutzgebietes anlaufenden Seeschiffe und der Einwanderer sowie die auf Grund derselben erlassenen, bezw. noch zu erlassenden Vorschriften, bleiben durch die Bestimmungen der Zollverordnung unberührt.

Ausfuhrverbote.

§ 5. Die Ausfuhr von Maskateseln, Halbbluteseln beiderlei Geschlechts und weiblichen Wanyamwesieseln bleibt verboten.

Ausfuhrbeschränkungen.

§ 6. Die Vorschriften der Verordnung vom 16. Juni 1897, J. No. 4165, betreffend Kautschukhandel (L. G. No. 598), der Verordnung betreffend den Handel mit Bienenwachs vom 24. Februar 1899, J. No. I. 1913 (L. G. No. 597), der Verordnung vom 23. November 1900, J. No. II. 1541, betreffend untergewichtige Elefantenzähne (Amtlicher Anzeiger vom 22. November 1900, No. 34) sowie der Jagdschutzverordnung vom 1. Juni 1903, J. No. VIII. 1114 (Amtlicher Anzeiger vom 13. Juni 1903, No. 14) werden durch die Bestimmungen der Zollverordnung nicht berührt.

Tarife.

§ 7. Sofern nicht durch besondere Verordnung für einzelne Plätze Ausnahmetarife erlassen werden, erfolgt die Verzollung an allen Grenzplätzen ausschließlich und einheitlich nach den Haupttarifen (Anlagen A und C zur Z. V.).

Zollzahlung in Tauschwaren.

§ 8. Die Zahlung der Zölle in Tauschwaren ist nur insofern zulässig, als deren alsbaldige Verwertung gewährleistet ist.

Organisation der Zollverwaltung.

§ 9. Zur Sicherung, Feststellung und Erhebung der Ein- und Ausfuhrzölle sind die nachstehend aufgeführten Zollstellen bestimmt.

Zollämter.

A. An der Meeresküste:

1. Die Hauptzollämter Tanga, Bagamojo, Daressalam, Kilwa.
2. Die Zollämter II. Klasse Pangani, Lindi.

Die Bezirksverwaltungsbehörden in Sâdani und Mikindani gelten als Zollämter II. Klasse im Sinne des § 9 der Zollverordnung.

3. Die Zollämter III. Klasse Moa, Simba-Uranga, Mohôro und Kionga.

Aufserdem bestehen als Wach- und Aufsichtsstationen die ständigen Zollposten Tangata, Kipumbue Bueni, Kwale, Tschole (Mafia-Kisimani), Kilwa Kisiwani, Kiswere, Mtschinga, Sudi.

Die Geschäfte des ständigen Zollpostens Tschole (Mafia-Kisimani) werden von der dortigen Bezirksverwaltungsbehörde und deren farbigen Organen wahrgenommen; auch die Geschäfte der übrigen Zollposten sind tunlichst den vorhandenen farbigen Verwaltungsorganen zu übertragen.

Zollstationen.

B. An der Binnengrenze.

An den in § 1 No. II benannten Plätzen werden die Geschäfte der Zollstationen von den dort befindlichen Bezirksverwaltungsbehörden (Bezirksämtern, Bezirksnebenstellen, Militärstationen und Offizierposten) wahrgenommen.

Die Errichtung vorübergehender Zollposten zur wirksameren Durchführung der Vorschriften der Zollverordnung und zur Erleichterung des Verkehrs (§ 19 Z. V.) erfolgt nach dem Ermessen der zuständigen Hauptzollämter und Zollstationen.

Der Wirkungsbereich des Hauptzollamtes Kilwa erstreckt sich vom Kap Delgado bis zur Msallamündung des Rufiyiflusses einschliefslich Mafia und Tschole, der des Hauptzollamtes Daresalam von der Msallamündung bis ausschliefslich Bueni, der des Hauptzollamts Bagamojo von Bueni bis einschliefslich Kipumbue, der des Hauptzollamts Tanga von Kipumbue ausschliefslich bis zur britischen Grenze.

Die innerhalb dieser Wirkungsweise belegenen Zollämter und Zollposten unterstehen den betreffenden Hauptzollämtern.

Der Wirkungsbereich der Zollstationen deckt sich mit den betreffenden Verwaltungsbezirken mit der Mafsgabe, dafs die Zollstation Schirati der Zollstation Muansa, die Zollstationen Unjikaposten, Muaja und Wiedhafen der Zollstation Neu-Langenburg dienstlich unterstellt sind.

Zuständigkeit der Zollstellen.

§ 10. Die in § 9 unter A 1—3 genannten Hauptzollämter, Zollämter II. und III. Klasse, sowie die daselbst unter B aufgeführten Zollstationen haben die unbeschränkte Befugnis zur zollamtlichen Behandlung von Gegenständen jeder Art und Menge; das Zollamt III. Klasse Simba-Uranga jedoch nur für solche Gegenstände, welche auf Dampfschiffen ein- und ausgehen.

Sämtliche vorgenannten Zollämter und Zollstationen, sowie die ständigen Zollposten haben die Befugnis, Begleitscheine abzufertigen und Segelerlaubnisscheine auszustellen, sofern sie mit des Schreibens kundigem Personal besetzt sind. Andernfalls findet Begleitung durch Zolldiener oder sonstige geeignete Persönlichkeiten statt.

Anmeldung.

§ 11. Die Zollstellen sind berechtigt, von jedem, der die Abfertigung von Gegenständen durch Vorlegung einer Anmeldung beantragt, den Nachweis zu verlangen, dafs er das Verfügungsrecht über die Gegenstände besitzt, falls diese nicht von ihm selbst nach der Zollstelle gebracht worden sind. Der Nachweis ist zu führen durch Vorlegung von Konnossementen, Landesscheinen, Originalrech-

nungen, Geschäftsbriefen, Vollmachten der Warenempfänger, durch volle
Adressen auf den Gütern usw. Die in § 23 der Zollverordnung vorgeschriebene
Anmeldung sowohl zollpflichtiger wie auch zollfreier Gegenstände, die zur Ein-
und Ausfuhr gebracht werden sollen, hat auf dem vorgeschriebenen Formular zu
erfolgen. Der Anmelder hat die Spalten 1 bis 5 des Formulars nach Mafsgabe
des Vordrucks auszufüllen; die Benennung der angemeldeten Gegenstände soll so
gewählt werden, dafs sie sich in eine Position des statistischen Warenverzeichnisses einfügen lassen.

Die Anmeldungen sind in deutscher Sprache auszufertigen; Ausnahmen
können gestattet werden.

Die Anmeldung der Menge hat neben dem Gewicht nach der in den Tarifen
angegebenen Mengeneinheit zu erfolgen, nach welcher der Zoll berechnet wird,
bei lebenden Tieren, lebenden Pflanzen und bei Feuerwaffen mufs auch die Stückzahl angegeben werden. Der Wert ist nach vollen Rupien abzurunden; 47 Pesa
und weniger bleiben unberücksichtigt, 48 Pesa und darüber werden auf eine volle
Rupie abgerundet. Die Anmeldungen müssen deutlich und sauber geschrieben
sein und dürfen Rasuren nicht enthalten; Änderungen sollen durch Namensunterschrift beglaubigt werden. Anmeldungen, die diesen Anforderungen nicht entsprechen, können zurückgewiesen werden.

Bei Gegenständen, welche versehentlich gelandet worden sind, oder bei
solchen Gegenständen, welche alsbald wieder in das Ausland gehen, bedarf es,
wenn sie im Zollhause verbleiben, der Ausfertigung besonderer Zollpapiere nicht.

Auf Wunsch des Verzollers und bei des Schreibens unkundigen Personen
bewirkt die Zollstelle gegen eine Schreibgebühr von 15 Pesa für jede angefangene
Seite des amtlichen Formulars die Anfertigung der Anmeldung auf Grund der
mündlichen usw. Angaben des Verzollers. Derselbe hat in diesem Falle die Anmeldung mit seiner Unterschrift und, falls er nicht schreiben kann, mit seinem
Handzeichen zu versehen. Das Handzeichen mufs durch Unterschrift eines Zollbeamten beglaubigt werden. Statt der schriftlichen Anmeldung genügt die
mündliche, falls der von den Gegenständen zu zahlende Zollbetrag voraussichtlich
10 Rupien nicht übersteigen wird, bei zollfreien Gegenständen, wenn deren Wert
100 Rupien nicht übersteigt. Bei Gegenständen, deren Wert, wie z. B. Elfenbein,
Kopal usw., durch Schätzung ermittelt wird, kann von Anmeldung des Wertes
ausnahmsweise vor erfolgter zollamtlicher Wertfeststellung Abstand genommen
werden.

In den Anmeldungen sind zollpflichtige und zollfreie, ebenso solche Gegenstände, die verschiedenen Zollsätzen unterliegen, voneinander getrennt zu halten.

Begleitscheinverkehr.

§ 12. Die in § 10 Absatz 1 der Zollverordnung erwähnten Gegenstände
deutsch-ostafrikanischen Ursprungs, insbesondere solche, welche von einer Zollstelle mit beschränkten Abfertigungsbefugnissen einer anderen Zollstelle mit
unbeschränkten Abfertigungsbefugnissen behufs endgültiger Abfertigung zur
Ausfuhr überwiesen werden sollen, desgleichen bereits verzollte Gegenstände
fremden Ursprungs, die von einem nach einem anderen Platze des Zollgebietes
durch das Zollausland auf dem Land- oder Seewege übergeführt werden sollen,
sind zur Erlangung der Zollbefreiung von dem Versender auf dem vorgeschriebenen Formular schriftlich in doppelter Ausfertigung anzumelden.

Die Bestimmungen der §§ 23 bis 25 der Zollverordnung und des § 11 dieser
Ausführungsbestimmungen finden für die Ausfertigung dieser Anmeldung entsprechende Anwendung. Die Begleitscheine müssen die Gegenstände während
der Überführung begleiten.

Vom Kaiserlichen Gouvernement oder der Kaiserlichen Postbehörde verschiffte Gegenstände sind von dieser schriftlichen Anmeldung befreit. Für dieselben genügt sowohl bei der Ausfuhr wie bei der Wiedereinfuhr mündliche Anmeldung.

Sofern ein Zollposten nicht mit des Lesens und Schreibens kundigem Personal besetzt ist und demgemäß die zollamtliche Begleitung bis zu einer Zollstelle mit unbeschränkten Abfertigungsbefugnissen behufs endgültiger Abfertigung zur Ausfuhr erfolgen muß, kann die vorgeschriebene Anmeldung ausnahmsweise unterbleiben.

Ausfuhr zur späteren Wiedereinfuhr und umgekehrt.

§ 13. Gegenstände, die zur Ausfuhr mit der Bestimmung der Wiedereinfuhr (§ 10, 2 Z. V.), und Gegenstände, die zur Einfuhr mit der Bestimmung der Wiederausfuhr (§ 11 Z. V.) gebracht werden sollen, sind in doppelter Ausfertigung in Gemäßheit der §§ 23 bis 25 der Zollverordnung und des § 11 dieser Ausführungsbestimmungen anzumelden.

Durchfuhr.

§ 14. Alle Erzeugnisse der Natur sowie des Kunst- und Gewerbefleißes können nach Maßgabe der nachstehenden Bestimmungen frei von Einfuhr- und Ausfuhrzoll durch das Zollgebiet durchgeführt werden, und zwar von jeder Zollstelle zur anderen mit der alleinigen Maßgabe, daß an der Meeresküste nur die Häfen von Daressalam, Tanga und Kilwa als Ein- oder Ausfuhrhäfen zugelassen sind.

§ 15. Die Durchfuhr der in § 3 dieser Ausführungsbestimmungen aufgeführten, einem Einfuhrverbot unterliegenden Gegenstände ist untersagt.

§ 16. Die in § 4 dieser Ausführungsbestimmungen aufgeführten Vorschriften betr. die gesundheitspolizeiliche Kontrolle usw. finden auch auf Durchfuhrgegenstände Anwendung, desgleichen bis auf weiteres die Bestimmungen über die Ein- und Ausfuhr von Feuerwaffen und Schießbedarf sowie von Sprengstoffen aller Art (§ 2 d. A.-B.).

§ 17. Für die Anmeldung von Gegenständen, welche nach Maßgabe des § 12 der Zollverordnung durch das Zollgebiet durchgeführt werden sollen, finden die Vorschriften des § 12 dieser Ausführungsbestimmungen Anwendung.

§ 18. Bei der Einbringung von Durchfuhrgegenständen sind die Einfuhrzölle für dieselben im vollen Betrage zu hinterlegen. Die hinterlegten Eingangszölle werden nach vollendeter Durchfuhr zurückgezahlt.

§ 19. Die Feststellung und Festhaltung der Identität ist Vorbedingung für die zollfreie Durchfuhr. Die Festhaltung der Identität kann auf folgende Weise bewirkt werden:

1. bei verpackten Gegenständen durch Verschnürung und Anbringung eines Bleisiegels,
2. bei unverpackten Gegenständen durch Anbringung eines Bleisiegels, eines anderen Siegels oder Stempels, durch Einschlagen des Reichsadlers,
3. wenn die Feststellung der Identität in der unter 1 und 2 angegebenen Weise nicht möglich ist, durch genaue Beschreibung von Art und Menge, Verpackungsart und besonderen Merkmalen der Gegenstände. Bei Zeug- und ähnlichen Waren kann eine Probe entnommen werden.

§ 20. Die Durchfuhr hat in einem Zuge, und ohne unterwegs nennenswerten Aufenthalt zu erleiden, stattzufinden. Hiernach bemißt die Zollstelle des

Eingangsortes die Frist, innerhalb welcher die Durchfuhr zu bewirken ist. Bei Bestimmung der Frist ist auf Verkehrswege, Witterungsverhältnisse usw. gebührende Rücksicht zu nehmen.

§ 21. Jede während der Beförderung eintretende Veränderung der Gegenstände nach Gattung, Menge und Wert und jede Verletzung der Identitätszeichen hat der Warenführer bei der nächsten in der Beförderungsrichtung liegenden Kaiserlichen Behörde anzumelden. Die Behörde stellt den Tatbestand fest und übergibt eine beglaubigte Abschrift der darüber aufgenommenen Verhandlung dem Warenführer zur Aushändigung an die Ausgangszollstelle.

Die Ausstellung neuer Durchfuhrscheine für verloren gegangene erfolgt von der Zollstelle des Ausgangsortes.

§ 22. Erfolgt die Feststellung der Identität der Durchfuhrgüter, eventuell unter Berücksichtigung der nach den Vorschriften des § 21 dieser Ausführungsbestimmungen gemachten Feststellungen seitens der die Ablassung in das Ausland vornehmenden Zollstelle des Ausgangsortes nicht, oder ist die nach § 20 dieser Ausführungsbestimmungen festgesetzte Frist abgelaufen, ohne daß die Durchfuhr bewirkt ist, so gehen die zur Durchfuhr angemeldeten Gegenstände (§ 16) der Vergünstigung des § 19 der Zollverordnung verlustig und unterliegen demgemäß den tarifmäßigen Ein- und Ausfuhrzöllen.

§ 23. Für die zur Durchfuhr angemeldeten Gegenstände ist bei der Zollstelle des Eingangsortes eine Gebühr von 16 Pesa für jede einzelne Trägerlast ohne Rücksicht auf deren Größe zu entrichten. Eine Rückzahlung dieser Gebühr bei nicht bewirkter Durchfuhr findet nicht statt.

Formulare.

§ 24. Formulare zu den in §§ 11, 12, 13 und 14 vorgeschriebenen Anmeldungen sind bei den Zollstellen erhältlich. Einzelne Formulare können unentgeltlich abgegeben werden. Bei einem Verkauf von Formularen werden weniger als 8 Stück nicht abgegeben. Der Preis beträgt 2 Pesa pro Stück.

Zollbefreiungen.

§ 25. Zu den vom Gouvernement selbst eingeführten Gegenständen (§ 13 a 1 Z. V.) gehören gemäß § 15 Absatz 2 der Zollverordnung auch solche, welche von dem Gouvernement aus einer zollfreien Niederlage gekauft und selbst zur Einfuhr angemeldet werden. Wird der Kauf nachträglich rückgängig gemacht, so sind die Gegenstände in den Zollgewahrsam zurückzubringen.

Die anmeldenden Dienststellen haben in jedem einzelnen Falle zu bescheinigen, daß die Gegenstände zu dienstlichen Zwecken eingeführt bezw. amtliches Eigentum sind.

§ 26. Wird auf Grund des § 13 a 3 und 4 der Zollverordnung Befreiung vom Einfuhrzoll beansprucht, so ist auf der Einfuhranmeldung der Verwendungszweck der einzuführenden Gegenstände zu vermerken sowie die Verpflichtungserklärung abzugeben, daß die einzuführenden Gegenstände zu keinem anderen Zwecke, insbesondere nicht zu Handelszwecken verwendet werden sollen (vgl. § 49, 5 Z. V.). Anträge auf Befreiung von Auszugs- und Heiratsgut vom Einfuhrzoll (§ 13 No. 6 Z. V.) sind bei den zuständigen Hauptzollämtern und Zollstationen zu stellen. Gegen die Entscheidung dieser Zollstellen ist Beschwerde nach § 45 der Zollverordnung zulässig.

Zollnachlässe für christliche Missionsgesellschaften.

§ 27. Die Verordnung, betreffend die Zollbefreiung christlicher Missionsgesellschaften innerhalb des deutschen Schutzgebiets in Ostafrika, vom 13. Januar 1892 — L. G. No. 703 —, tritt außer Kraft.

An deren Stelle sind die Vorschriften des § 13 a 3 der Zollverordnung getreten.

Anträge auf Gewährung weitergehender Zollnachlässe sind nach Schluß des Etatsjahres bei dem Kaiserlichen Gouvernement zu stellen.

Die Anträge müssen die Höhe der in dem vorangegangenen Etatsjahre gezahlten Beträge an Einfuhrzöllen nebst den erforderlichen Quittungen und Belegen enthalten.

Die Zollstellen sind verpflichtet, über die gezahlten Einfuhrzölle den Missionen bezw. deren Agenten auf Antrag bei jeder Wareneinfuhr ein Duplikat der betreffenden Zollanmeldung als Zollquittung, bei Postpaketen eine besondere Quittung zu übergeben.

Auf den einzelnen Duplikatzollanmeldungen ist die Bescheinigung abzugeben, daß die eingeführten Gegenstände zu keinen anderen als Missionszwecken, insbesondere nicht zu Handelszwecken, verwendet worden sind.

Auf Gegenstände, welche nicht von den Missionsgesellschaften oder deren Agenten selbst eingeführt werden, finden die vorstehenden Vorschriften keine Anwendung.

Ausrüstung von Dampfern.

§ 28. Auf Grund des § 13 b 4 der Zollverordnung sollen Vieh und Lebensmittel, die für die Verpflegung der Besatzung und der Reisenden von Dampfern und nicht einheimischen Segelschiffen ausgeführt werden, bei der Ausfuhr vom Zolle befreit sein. Für Rindvieh, das zu dem genannten Zwecke ausgeführt wird, wird der bei der Ausfuhr zu zahlende Zoll ermäßigt, und zwar für weibliches Rindvieh auf 10 Rupien, für männliches Rindvieh auf 4 Rupien das Stück. Saugende Kälber, welche der Mutter folgen, sind zollfrei. Der Schiffsführer oder dessen Agent hat jedoch eine vorgedruckte, bei den Zollstellen erhältliche Verpflichtungserklärung abzugeben, daß das ausgeführte Vieh und Lebensmittel zur Verpflegung der Besatzung oder der Reisenden des Schiffes verwendet werden soll.

Strandgut.

§ 29. Seeauswurf und strandtriftige Gegenstände, sowie solche, welche im Falle der Seenot eines Schiffes geborgen bezw. an Land verbracht sind, müssen unverzüglich der nächsten Zollstelle übergeben werden. Die Hauptzollämter nehmen die Obliegenheiten der Strandämter wahr; das Verfahren richtet sich nach der Strandungsordnung vom 17. Mai 1874.

Die Bezirksverwaltungsbehörden haben die nächste Zollstelle von jedem zu ihrer Kenntnis gelangten derartigen Funde oder Vorfalle zu benachrichtigen.

Ankerplätze der einheimischen Segelschiffe.

§ 30. Die Ankerplätze der einheimischen Segelschiffe einschließlich der Einbäume (galawa) werden von den zuständigen Zollstellen bestimmt und in ortsüblicher Weise, insbesondere durch Anschlag am schwarzen Brett, bekannt gegeben.

Schiffe mit übelriechender Ladung haben so weit vom Lande zu ankern, daß niemand durch den Geruch belästigt wird.

Die Vorschriften der Hafenordnung von Daressalam vom 28. Juli 1903 — J. No. VI. 175 — Amtlicher Anzeiger vom 23. August 1903, No. 19, bleiben unberührt.

Lagerung im Zollgewahrsam.

§ 31. Alle Ein- und Ausfuhrgegenstände dürfen, soweit nach dem Ermessen des Vorstehers der Zollstelle Platz vorhanden ist, unentgeltlich 8 Tage im Zollhause und 30 Tage im Zollhofe lagern, in diese Fristen sind Sonn- und Festtage eingeschlossen.

Bei Überschreitung dieser Frist sind Lagergebühren zu zahlen, welche nach Wahl der Zollstelle für je ½ cbm oder für je 1200 lbs. 10 Pesa für den Monat betragen; Teile von ½ cbm oder von 1200 lbs. sowie jeder angefangene Monat werden für voll gerechnet.

L.

§ 32. Von der Aufnahme in die Zollhäuser sind ausgeschlossen:

1. Alle feuergefährlichen Gegenstände, wie Petroleum, Pulver, sonstige Sprengstoffe, ätherische Öle, alle unverpackten, leicht entzündbaren Gegenstände usw.
2. Alle lebenden Tiere.
3. Alle durch ihren Geruch die Luft verpestenden Gegenstände, wie getrocknete Fische, Kaurimuscheln.

II.

Nach dem Ermessen der Zollstelle können von der Aufnahme in die Zollhäuser ausgeschlossen werden:

1. Alle leicht dem Verderben ausgesetzten Gegenstände, wie frisches Fleisch, Obst usw.
2. Alle die Lagerräume verunreinigenden Gegenstände, wie Kohlen, leckende Fässer und dergleichen.

Haftung der Zollverwaltung.

§ 33. Die Zollbehörde haftet für Beschädigung der im Zollgewahrsam niedergelegten Gegenstände nur, falls ihr diese Gegenstände besonders übergeben worden sind, und nur insoweit, als ihr eine grobe Fahrlässigkeit zur Last fällt.

Es ist Sache der Besitzer der in den Zollhäusern lagernden Gegenstände, sich durch Feuer-, Transport- und andere Versicherungen oder auf andere Weise vor Schaden zu bewahren.

Marktpreis.

§ 34. Unter Marktpreis im Sinne des § 25 der Zollverordnung ist derjenige Preis zu verstehen, welcher für einen bestimmten Gegenstand in ein und derselben Beschaffenheit, Aufmachung und Menge zur Zeit der Anmeldung zur Ein- oder Ausfuhr allgemein an einem Orte im Durchschnitt gewährt wird.

L.

§ 35. Hiernach kann ein Gegenstand, der an einem bestimmten Platze zum ersten Male eingeführt wird, einen Marktpreis an diesem Platze nicht haben. Durch einen einmaligen Verkauf auf Grund von Mustern gewinnt ein neu eintreffender Gegenstand noch nicht den Anspruch, auf Grund dieses Verkaufspreises verzollt zu werden. Erst dann, wenn dieselben Gegenstände längere Zeit hindurch marktgängig waren und zu annähernd denselben Preisen verhandelt wurden, kann dieser Verkaufspreis als Marktpreis gelten. Ist ein sonst allgemein gehandelter Gegenstand zur Zeit der Einfuhr auf dem Markte nicht vorhanden, so kann dieser Gegenstand von einer Kommission, bestehend aus dem Zollvorsteher und zwei erfahrenen unparteiischen Kaufleuten, die von der Zollstelle bestimmt werden, auf Grund der ortsüblichen Verkaufspreise abgeschätzt werden. Falls die Schätzungen um nicht mehr als 5 pCt. voneinander abweichen, soll der Durchschnittspreis als Marktpreis gelten.

Soll der Marktpreis eines Gegenstandes ermittelt werden, dessen Preis gewohnheitsmäßig im Großhandel nach bestimmten Mengeneinheiten, die nicht notwendig mit dem Inhalt der Originalkolli übereinstimmen müssen, berechnet wird, so sind diese Mengeneinheiten mit ihren Preisen der Ermittlung des Marktpreises zugrunde zu legen.

Unter Großhandel ist die Abgabe von Gegenständen in Originalverpackung zu verstehen.

II.

Unter Ursprungspreis im Sinne des § 25 der Zollverordnung ist der Preis zu verstehen, zu welchem ein Gegenstand seitens des hiesigen Empfängers vom Erzeuger, Hersteller, Lieferer oder Händler t a t s ä c h l i c h und nachweislich erworben ist.

III.

Der Wert von Gegenständen an dem Eingangsorte der Binnengrenze wird meist mit dem Marktpreise an diesem Eingangsorte übereinstimmen.

§ 36. Ist bei der Ausfuhr der Marktpreis am Ausgangsorte nicht mit Sicherheit festzustellen, so kann ausnahmsweise eine vorläufige Schätzung sowie Hinterlegung der sich hieraus ergebenden Zollgefälle eintreten. Diese Schätzung muß den späterhin zu entrichtenden Ausfuhrzoll unter allen Umständen sicherstellen.

Die endgültige Zollberechnung erfolgt, wenn durch Vorlage der einwandfreien Abrechnung der tatsächliche Verkaufspreis festgestellt ist. Von dem tatsächlich erzielten Verkaufserlöse sind 10 pCt. Geschäftsgewinn sowie außerdem sämtliche Unkosten für Fracht, Versicherung usw. von dem Ausgangsorte bis zum Verkaufsorte in Abzug zu bringen.

Wird die Verkaufsabrechnung innerhalb einer von der Zollstelle zu bestimmenden Frist nicht vorgelegt, so erfolgt auf Grund der Schätzung die endgültige Einziehung des Zollbetrages.

§ 37. Ist der Verzoller mangels rechtzeitigen Eintreffens der Rechnungen u. dergl. bei solchen Gegenständen, die einen Marktpreis nicht haben, außerstande, eine richtige Anmeldung abzugeben, so kann er trotzdem endgültige Abfertigung durch die Zollbehörde oder eine vorläufige Abfertigung bis zum Eintreffen der Rechnungen beantragen. In beiden Fällen kann die Zollbehörde nach bestem Wissen und Können den Wert festsetzen, jedoch so, daß eine zu geringe Wertschätzung und somit eine Beeinträchtigung des Landesfiskus ausgeschlossen erscheint. Im Falle der vorläufigen Abfertigung wird durch die Zollbehörde nach billigem Ermessen eine Frist bestimmt, bis zu welcher die fehlenden Rechnungen usw. behufs endgültiger Feststellung des Wertes der Gegenstände vorzulegen sind. Der Zoll von dem schätzungsweise festgestellten Werte der Gegenstände ist zu hinterlegen. Werden nach Ablauf dieser Frist die Rechnungen nicht vorgelegt, so wird die vorläufige Abfertigung als endgültig angesehen.

Ordnungsmäßig angemeldete Güter sollen bei der Abfertigung stets den Vorzug genießen.

Umschliefsungen und Verpackungen.

§ 38. Gelangen Körnerfrüchte zur Einfuhr (No. 5 bis 8 des Zolltarifs A), so ist bei der Verzollung das Gewicht der Umschliefsungen oder Verpackungen (Säcke, makanda usw.) nicht in Abzug zu bringen. Dasselbe gilt bei der Einfuhr von Salz.

§ 39. Für den Begriff „Flasche" im Sinne der Nummern 2 bis 4 des Zolltarifs A ist die handelsübliche Benennung mafsgebend. In zweifelhaften Fällen gelten Umschliefsungen von ½ Liter Inhalt und darunter als halbe Flaschen, von mehr als ½ bis 1 Liter Inhalt als ganze Flaschen.

Flaschen von mehr als 1 Liter Inhalt gelten als 2 ganze Flaschen.

Zollzahlung.

§ 40. Ist der Zoll festgestellt, so mufs derselbe binnen 48 Stunden im Zollamt entrichtet werden, widrigenfalls derselbe gegen eine Gebühr von 1 Rupie durch Zolldiener eingeholt wird.

Nach erfolgter Zollzahlung sind alle Gegenstände bei Vermeidung von Ordnungsstrafen sofort aus dem Zollgewahrsam zu entnehmen. Die Verabfolgung von zollpflichtigen Gegenständen vor Bezahlung oder Hinterlegung des Zolles ist nicht gestattet. Die Vorstcher der Zollstellen können auf eigene Verantwortung hin Ausnahmen zulassen.

Abfertigung von Einfuhrgegenständen für im Innern stationierte Beamte und Privatpersonen.

§ 41. Das Kommando der Schutztruppe vermittelt auf Antrag der im Innern stationierten Schutztruppenangehörigen gegen Erstattung der erwachsenen Kosten bei vorheriger Hinterlegung einer angemessenen Summe die zollamtliche Abfertigung der für dieselben eingehenden Gegenstände. Ist das Kommando durch die eingesandten Frachtbriefe, Rechnungen usw. in der Lage, die Gegenstände richtig anzumelden, so erfolgt die endgültige Abfertigung, andernfalls findet das unter § 37 bezeichnete Verfahren statt.

Es bleibt den im Innern stationierten Schutztruppenangehörigen unbenommen, auch Privatpersonen mit der zollamtlichen Abfertigung zu bevollmächtigen; an anderen Plätzen wie Daressalam kann eine zollamtliche Abfertigung durch eine Dienststelle nicht stattfinden.

Die im Innern ansässigen Beamten und Privatpersonen werden im eigenen Interesse sich am Sitze der für sie in Betracht kommenden Zollstelle einen bevollmächtigten Vermittler zu bestellen und den Namen desselben der Zollstelle mitzuteilen haben.

Postsendungen.

§ 42. Sämtliche mittels der Reichspost vom Auslande eingehenden Pakete unterliegen der zollamtlichen Abfertigung. Die den Paketen beizufügenden Zollinhaltserklärungen dürfen in deutscher, englischer oder französischer Sprache verfafst sein, sie werden wie Zollanmeldungen behandelt (siehe § 11 A.-B.).

In Fällen dringenden Verdachts der Zollhinterziehung oder der Konterhande, insbesondere auch, wenn der auf der Inhaltserklärung angegebene Wert offenbar zu gering ist, kann die Zollstelle Eröffnung der Pakete und spezielle Revision eintreten lassen oder Vorlage von Rechnungen oder dergleichen verlangen. Alsdann findet die Verzollung auf Grund der hiernach gemachten Feststellungen statt.

Die Begleitadressen berechtigen den Vorzeiger nur dann zur Empfangsnahme von Paketen, wenn eine Ablösung von Postwertzeichen nicht stattgefunden hat, andernfalls bedarf es zur Herausgabe einer besonderen Genehmigung der Postatelle.

Die zur Versendung aus dem Schutzgebiet im Postverkehr bestimmten Pakete sind vor der Aufgabe der Zollstelle des Versendungsortes mit den zugehörigen Begleitadressen und Inhaltserklärungen zur Ausgangsabfertigung vorzuführen.

Über die Anzahl der im Verkehr mit den einzelnen Ländern für jede Paketsendung erforderlichen Inhaltserklärungen erteilen die Postanstalten Auskunft. Die Inhaltserklärung soll in einer Ausfertigung mehr, als seitens der Postanstalt verlangt wurde, abgegeben werden. Eine Ausfertigung verbleibt bei der Zollstelle, die andere bezw. anderen werden ebenso wie die Paketadresse und das Paket selbst zum Zeichen der geschehenen zollamtlichen Abfertigung abgestempelt und dem Versender zur Aufgabe bei der Postatelle ausgehändigt.

Abfertigungserleichterungen in Daressalam.

§ 43. Den Angehörigen des Gouvernements, der Schutztruppe und der Postverwaltung wird bis auf weiteres gestattet, in Daressalam ihr Reisegepäck, ohne durch das Zollamt zu gehen, unmittelbar vom Dampfer an Land zu bringen. Sie haben jedoch über alle außerhalb des Zollgebiets erworbenen Gegenstände, gleichgültig, ob dieselben zollpflichtig oder zollfrei sind, eine Zolleingangserklärung auszufüllen und abzugeben.

Formulare zu diesen Zolleingangserklärungen sind bei den Schiffsführern oder dem an Bord kommenden Zollbeamten erhältlich. Der etwaige Zoll ist binnen 48 Stunden nach Ankunft des Dampfers im Hauptzollamte zu entrichten. Erfolgt die Zahlung innerhalb dieser Frist nicht, wird er von Amts wegen gegen Erlegung einer Gebühr von 1 Rupie abgeholt.

Bei Verschiffungen von Land soll es den Genannten gleichfalls gestattet sein, ihr Gepäck unter Umgehung des Zollamtes ohne weiteres an Bord zu bringen, sofern es keinerlei ausfuhrzollpflichtige Gegenstände enthält. Gepäckstücke mit ausfuhrzollpflichtigen Gegenständen dagegen, insbesondere mit Elfenbein, Häuten, Hörnern, Flußpferdzähnen und Schildpatt, sind stets vorher bei Vermeidung von Bestrafungen nach § 48 ff. der Zollverordnung dem Zollamte zur Abfertigung vorzuführen.

Öffentliche Zollniederlagen.

§ 44. In Tanga, Bagamojo, Daressalam und Kilwa bestehen öffentliche zollfreie Niederlagen für solche Einfuhrgegenstände, die nicht sofort in den freien Verkehr gebracht werden sollen.

§ 45. Die Aufbewahrung dieser Gegenstände findet in den Zollhäusern der genannten Plätze in einem hierzu besonders bestimmten Raume, und zwar auf Gefahr des Eigentümers, statt.

§ 46. Die zur Einlagerung angemeldeten Gegenstände müssen, sofern es ihre Beschaffenheit verlangt, gut verpackt sein. Beschädigte Verpackungen müssen vor der Aufnahme in die Niederlage ausgebessert werden (leckende Fässer, Säcke mit Löchern, zerbrochene Kisten). Auf der Verpackung muß Marke und Nummer, letztere in arabischen Zahlen, deutlich erkennbar sein.

Auch muß die Bezeichnung der einzelnen Kolli durch Marke und Nummer eine derartige sein, daß eine Vertauschung oder Verwechslung ausgeschlossen ist.

§ 47. Gegenstände, deren Lagerung in den Zollhäusern nicht gestattet ist (vgl. § 32), sind auch von der Aufnahme in die öffentlichen Zollniederlagen ausgeschlossen.

§ 48. Alle zur Aufnahme in eine öffentliche Zollniederlage bestimmten Gegenstände müssen zunächst in Gemäßheit des § 23/25 der Zollverordnung und des § 11 dieser Ausführungsbestimmungen angemeldet werden; alsdann ist durch den Vermerk „zur öffentlichen zollfreien Niederlage" ihre Aufnahme in die Zollniederlage zu beantragen.

§ 49. Die Hauptzollämter sind ermächtigt, für solche Gegenstände, welche in eine öffentliche Zollniederlage aufgenommen sind, Lagerscheine auszustellen.

§ 50. Jeder Einlagerer erhält einen von dem Hauptzollamte ausgestellten, auf seinen Namen oder an Order lautenden Lagerschein. Dieser Lagerschein muß enthalten:

Die Anzahl der Kolli, Art der Verpackung, ihre Marke und Nummer, Warengattung, Gewicht bezw. Stückzahl oder Literinhalt und Wert in Rupien und Pesa, auch ist er mit der Unterschrift des die Kolli übernehmenden Beamten zu versehen. Sofern die Lagerscheine an Order lauten, finden die Vorschriften der §§ 363, Absatz 2, und 424 des H. G. B. vom 10. Mai 1897 Anwendung.

§ 51. Der Einlagerer hat sich durch Unterschrift eines Vermerks auf dem Lagerschein zur Zahlung einer von dem Hauptzollamt vorher zu bestimmenden Konventionalstrafe bis zu 500 Rupien zu verpflichten, falls in den Kolli eine der nach § 47 dieser Ausführungsbestimmungen von der Aufnahme in die öffentliche Zollniederlage ausgeschlossenen Gegenstände verborgen sein sollte.

§ 52. Für die Ausstellung eines jeden Lagerscheines ist sofort beim Empfang desselben eine Rupie Schreibgebühr zu entrichten. Für die Aufbewahrung in der öffentlichen Zollniederlage sind die in § 31 dieser Ausführungsbestimmungen festgesetzten Lagergelder zu entrichten.

Für Bretter, Bauhölzer, Wellbleche, Eisentüren, Mauersteine und Kolli in Größe der hier üblichen Seife-, Wein- oder Bierkisten wird das Lagergeld nach dem Gesamtkubikinhalt bezw. Gesamtgewicht der auf einmal eingelagerten Menge berechnet.

§ 53. Die Ausgabe der Kolli aus der öffentlichen Zollniederlage erfolgt nur gegen Rückgabe des Lagerscheines.

Ist ein Lagerschein auf irgend eine Weise verloren gegangen, so ist es im Interesse des rechtmäßigen Eigentümers geboten, dies möglichst schnell dem betreffenden Hauptzollamt anzuzeigen. Das Hauptzollamt hat über diese Anzeige einen Vermerk im Niederlageregister zu machen und so lange keine Verfügung über die niedergelegten Kolli zuzulassen, bis über den rechtmäßigen Besitz des Lagerscheines bezw. die Kraftloserklärung desselben von der zuständigen Behörde entschieden ist.

§ 54. Die niedergelegten Gegenstände können jederzeit ganz oder teilweise, jedoch nur in ganzen Kolli in den üblichen Dienststunden aus der öffentlichen Zollniederlage entnommen werden. Auch können sie in jeder Woche an einem von dem Vorsteher des betreffenden Hauptzollamtes festzusetzenden Tage unter Aufsicht eines Zollbeamten besichtigt und nach Anleitung desselben umgelagert werden. Die etwa hierdurch entstehenden Kosten fallen dem Lagerscheininhaber zur Last. Entnommene Teilposten sind auf dem Lagerschein abzuschreiben.

Die Entrichtung des Zolles und der sonstigen Abgaben findet erst dann statt, wenn die Gegenstände aus der öffentlichen Zollniederlage in den freien Verkehr des Zollgebiets gesetzt werden sollen. Der Verzollung ist alsdann gemäfs § 30 der Zollverordnung derjenige Wert (Gewicht oder Literinhalt) zugrunde zu legen, den die Gegenstände zur Zeit der Einlagerung hatten. Gegenstände, welche wieder in das Ausland ausgeführt werden, bezahlen aufser den in § 31 dieser Ausführungsbestimmungen festgesetzten Lagergeldern und der nach § 32 zu erhebenden Schreibgebühr keinerlei Abgaben.

§ 55. Länger als drei Jahre dürfen Gegenstände in der öffentlichen zollfreien Niederlage nicht belassen werden; nach Ablauf dieser Frist müssen sie in den freien Verkehr des Zollinlandes gesetzt oder wieder in das Zollausland versandt werden. Geschieht dies nicht, so wird der Einlagerer, soweit dessen Aufenthalt dem Hauptzollamte bekannt ist, unter Androhung der nachstehend genannten Folgen zur Entnahme der Gegenstände aufgefordert. Wird dieser Aufforderung innerhalb vier Wochen nicht Folge geleistet, so wird angenommen, dafs der Empfänger der eingelagerten Gegenstände nicht feststeht, und nach den Vorschriften des § 17 der Zollverordnung verfahren.

§ 56. Gleichzeitig mit der Vorlage des Lagerscheines zwecks Entnahme der Gegenstände aus der öffentlichen Zollniederlage sind die Kolli, welche entnommen werden sollen, mittels Auszuges aus dem Lagerschein zur Abfertigung (Verzollung bezw. Versand in das Zollausland) anzumelden. Auf dem Lagerscheinauszuge ist die Übereinstimmung des Lagerscheines mit dem Niederlageregister zollamtlich zu bescheinigen. Die Spalten 1 bis 6 des für den Auszug aus dem Lagerschein vorgeschriebenen Formulars sind von dem Inhaber des Lagerscheines, Spalte 7 bis 9 von dem Hauptzollamte auszufüllen.

§ 57. Sofern Einfuhrgegenstände nach Ablauf der in § 31 festgesetzten Frist nicht aus dem Zollamte entnommen oder zur Zollniederlage angemeldet und übergeführt worden sind, können sie von Amts wegen auf Kosten des Eigentümers zur öffentlichen Zollniederlage gebracht werden. In diesem Falle sind die entstandenen Kosten, wie Schreibgebühren, Transportkosten und Lagerraum, dem Eigentümer zur Last zu schreiben und von diesem baldmöglichst, spätestens bei der Entnahme der Gegenstände aus der öffentlichen Zollniederlage, wieder einzuziehen.

Gegenstände, deren Empfänger nicht feststehen und welche den vorstehenden Vorschriften zufolge von Amts wegen zur öffentlichen Zollniederlage gebracht werden, dürfen gemäfs § 17 der Zollverordnung nur bis zur Dauer eines Jahres in dieser Niederlage aufbewahrt werden. Nach Ablauf dieser Frist ist nach den Vorschriften des § 17 der Zollverordnung zu verfahren.

Private Zollniederlagen.

§ 58. Denjenigen Geschäftshäusern, welche jährlich mindestens 2000 Rupien an Einfuhrzöllen entrichten, kann auf Antrag bei dem Kaiserlichen Gouvernement gestattet werden, dafs sie private Zollniederlagen für Einfuhrgegenstände in ihren eigenen Räumen unter Mitverschlufs der Zollbehörde einrichten, wenn diese Räume den zur Sicherung des Zollinteresses nötigen Bedingungen entsprechen. Diese Bedingungen sind:

Der Raum darf möglichst nur eine Ausgangstür haben; in Nebenräume führende Türen dürfen nur belassen werden, wenn sie unter Verschlufs der Zollbehörde stehen. Die Türen des Raumes müssen fest und die Fenster mit Eisenstäben vergittert und aufserdem noch mit einem nicht zu weitmaschigen, starken Drahtnetze verschlossen sein. Die zum Zollverschlufs nötigen Kunstschlösser werden auf Kosten des Lagerbesitzers von der Zollbehörde beschafft und nach Auflösung des Lagers ohne Erstattung der Anschaffungskosten zurückgenommen.

Der Zutritt zum Lager ist dem Besitzer nur an bestimmten, mit dem Vorsteher des zuständigen Hauptzollamtes vorher zu vereinbarenden Wochentagen gestattet. Die Lagerfrist für private Zollniederlagen beträgt drei Jahre. Im übrigen finden die Vorschriften über öffentliche Zollniederlagen (vgl. §§ 44 bis 57) entsprechende Anwendung.

Teilungslager.

§ 59. Auf besonderen Antrag können für die in Daressalam ansässigen Firmen im Hauptzollamte Daressalam private Zollniederlagen in abgesonderten Räumen des Zollhauses unter Mitverschluß der Zollverwaltung — Teilungslager für Einfuhrgegenstände — eingerichtet werden.

§ 60. Anträge auf Einrichtung von Teilungslagern sind an das Hauptzollamt zu richten, die Bewilligung erfolgt durch das Gouvernement und kann jederzeit widerrufen werden.

§ 61. Die Kosten der Einrichtung und der Unterhaltung des zollsicheren Abschlusses fallen dem Lagerinhaber zur Last. Für die in den Teilungslagern untergebrachten Gegenstände wird Lagergeld nicht erhoben; es ist jedoch für die Benutzung der Räume eine monatlich im voraus zu zahlende Lagermiete zu entrichten, deren Höhe bei der Einrichtung des Teilungslagers festgesetzt wird.

§ 62. Dem Inhaber des Teilungslagers steht der Zutritt zu demselben an allen Wochentagen während der Dienststunden frei. Das Hauptzollamt trifft dabei die zur wirksamen Durchführung der zollamtlichen Aufsicht erforderlichen Maßnahmen.

§ 63. Auf die Teilungslager und die darin niedergelegten Gegenstände finden die Vorschriften über öffentliche Zollniederlagen Anwendung, sofern nicht nachstehend etwas anderes bestimmt ist:

1. Über die niedergelegten Gegenstände werden Lagerscheine nicht ausgestellt.

2. Dem Inhaber steht die Behandlung, Umpackung und Teilung der Kolli ohne Anmeldung frei, soweit diese Waren dadurch nicht eine andere Benennung erlangen oder einem anderen Tarifsatze untergeordnet werden.

3. Jährlich mindestens einmal findet eine Bestandsaufnahme des Lagers statt. Unaufgeklärte Fehlmengen sind zur Verzollung zu ziehen.

Mitwirkung der lokalen Verwaltungsbehörden.

§ 64. Die lokalen farbigen Organe der Bezirksverwaltungen, Akiden, Jumben und dergleichen sind, auch wenn ihnen die Geschäfte von Zollposten nicht übertragen sind, tunlichst zur zollamtlichen Überwachung der Grenze heranzuziehen. Dieselben sind verpflichtet, die ihnen seitens der zuständigen Zollstelle im Einvernehmen mit den Bezirksverwaltungsbehörden erteilten Anweisungen zu befolgen.

Segel-Erlaubnisscheine.

§ 65. Außer dem in § 39 der Zollverordnung angeführten Falle sind Segelerlaubnisscheine auch für diejenigen einheimischen Fahrzeuge erforderlich, welche mit besonderer Erlaubnis (§ 19 Z. V.) einen benachbarten Küstenplatz anlaufen, an dem sich eine Zollstelle nicht befindet.

Dienststunden.

§ 66. Dienststunden für alle Zollstellen sind an allen Wochentagen 8 bis 12 Uhr vormittags und 3 bis 5 Uhr nachmittags. An Sonntagen 10 bis 11 Uhr vormittags und 3 bis 4 Uhr nachmittags.

In Tanga und Daressalam darf von 6 Uhr morgens bis 6 Uhr abends gelöscht und geladen werden. Warenabfertigungen finden nur in den für alle Zollstellen vorgeschriebenen Dienststunden, und zwar nur an Wochentagen, statt. Die Abfertigung von Reisenden mit Seeverkehr kann jederzeit auch nachts erfolgen. Soll jedoch die Abreise mit einheimischen Segelschiffen erfolgen, so ist die Zollstelle rechtzeitig vorher zu benachrichtigen.

Gebühren.

§ 67. Die nach No. 1 bis 3 des § 43 der Zollverordnung zu erhebenden Gebühren betragen für jede angefangene Stunde: 2 Rupien für jeden europäischen Beamten, 1 Rupie für jeden farbigen Beamten, 12 Pesa für jeden Zolldiener.

Erfolgt nach Maßgabe der Vorschriften des § 19 der Zollverordnung eine Ein- und Ausfuhr an solchen Plätzen, welche nicht Zollstellen sind, so können an Stelle der Gebühren die Kosten der besonderen Kontrollmaßregeln zur Erhebung gelangen.

Für die Ausstellung eines Segelerlaubnisscheines (No. 4 des § 43) ist eine Gebühr von 6 Pesa zu zahlen.

Strafverfahren.

§ 68. Falls eine Zollstelle davon Kenntnis erhält, daß sich jemand einer Zuwiderhandlung gegen die Vorschriften der Zollverordnung schuldig gemacht hat, so soll sie die vorläufigen Ermittlungen zur Aufklärung des Sachverhalts vornehmen und alle, keinen Aufschub gestattenden, im Zollinteresse liegenden Maßnahmen treffen. Ist diese Zollstelle nach Maßgabe der Vorschriften des § 56 der Zollverordnung zur Verhängung von Vermögensstrafen nicht befugt, so ist die Sache unverzüglich dem übergeordneten Hauptzollamte oder der übergeordneten Zollstation zur weiteren Behandlung zu übergeben.

§ 69. Gegenstände, welche nach §§ 46 und 48 der Zollverordnung der Einziehung unterliegen oder als Beweismittel für die Untersuchung von Bedeutung sein können, sind vorläufig in Beschlag zu nehmen. Erfolgt die Beschlagnahme seitens einer untergeordneten Zollstelle, so ist unverzüglich die Bestätigung des übergeordneten Hauptzollamtes oder der übergeordneten Zollstation einzuholen.

§ 70. Zur Sicherung der den Beschuldigten voraussichtlich treffenden Geldstrafe, der Kosten des Verfahrens und der vorenthaltenen Zollgefälle können ferner die bei Begehung der Zuwiderhandlung in seinem Gewahrsam befindlichen Transportmittel und sonstige von ihm mitgeführte Gegenstände mit Beschlag belegt werden.

Von der Beschlagnahme kann Abstand genommen werden, wenn der Beschuldigte eine entsprechende Sicherheit hinterlegt.

§ 71. In Beschlag genommene Gegenstände, deren Aufbewahrung, Pflege und Unterhaltung einen unverhältnismäßigen Kostenaufwand erfordert oder welche dem Verderben ausgesetzt sind, können auf Anordnung des zuständigen Hauptzollamtes oder der Zollstation öffentlich versteigert werden.

Von dem Zeitpunkte und dem Orte der Veräußerung soll der Beschuldigte, und wenn dieser nicht der Eigentümer ist, auch der letztere nach Möglichkeit vorher benachrichtigt werden.

§ 72. In betreff der vorläufigen Festnahme greifen die §§ 127 und 128 St. P. O. Platz. Die Zollbeamten haben die in § 127, Absatz 2, daselbst vorgesehene Befugnis. In diesen Fällen kann der Beschuldigte zuerst dem nächsten Hauptzollamte oder Zollstation behufs Vernehmung zugeführt werden.

Erforderlichenfalls ist der Beschuldigte zur Vernehmung vorzuladen.

§ 73. Zeugen und Sachverständige sind verpflichtet, den an sie von den zuständigen Zollstellen ergehenden ordnungsmäßigen Ladungen Folge zu leisten. Wenn dieselben dieser Pflicht nicht nachkommen, so gelangen die Bestimmungen der §§ 50 und 60 St. P. O. mit der Einschränkung zur Anwendung, daß eine zwangsweise Vorführung des Zeugen oder Sachverständigen und die in § 69, Absatz 2, daselbst vorgesehene Erzwingung des Zeugnisses durch Haft nicht stattfindet. Die Festsetzung und Vollstreckung der gegen Zeugen und Sachverständigen zu verhängenden Geldstrafen erfolgt durch die zuständigen Gerichte.

Eine Vereidigung des Zeugen und Sachverständigen findet bei ihrer Vernehmung vor den Zollstellen nicht statt.

§ 74. Seitens der Hauptzollämter oder Zollstationen sind über den Tatbestand der Zuwiderhandlungen gegen die Vorschriften der Zollverordnung und die zu ihrem Beweise dienenden Umstände mit dem Beschuldigten, sowie erforderlichenfalls mit etwaigen Zeugen Verhandlungen aufzunehmen. Die Verhandlungen sollen enthalten Zeit und Ort der Aufnahme, die persönlichen Verhältnisse des zu Vernehmenden, Anzahl etwaiger Vorstrafen, eingehende Erzählung des Vorganges, etwaige Anträge sowie Unterschrift des Vernommenen und Vernehmenden.

§ 75. Ergeben die Verhandlungen den Tatbestand einer Zuwiderhandlung gegen die Vorschriften der Zollverordnung, so ist seitens der Hauptzollämter oder Zollstationen ein Strafbescheid zu erlassen. Der Strafbescheid muß enthalten Namen, Stand und Wohnort des Angeklagten, die strafbare Handlung, die angewendete Strafbestimmung und eventuell den Wert der einzuziehenden Gegenstände. Die Begründung soll den Tatbestand, den darin liegenden Verstoß gegen die Vorschriften der Zollverordnung, die Berechnung der Strafsumme und etwaige Strafverschärfungsgründe (§§ 50, 51) darlegen. Endlich soll der Bestrafte über die Zulässigkeit der Anrufung einer höheren Instanz und die zu diesem Zwecke zu ergreifenden Schritte (§ 56 Z. V.) belehrt und vor der erhöhten Strafe im Rückfalle gewarnt werden.

§ 76. Ist der Verurteilte mit der Entscheidung der Zollstelle einverstanden und verzichtet er auf die Einlegung eines Rechtsmittels, so ist dies protokollarisch festzustellen. Die verhängte Strafe nebst den entstandenen Kosten ist in diesem Falle sofort zu erlegen.

Ergreift der Verurteilte ein Rechtsmittel nach § 56 (Beschwerde oder Antrag auf gerichtliche Entscheidung), so soll er eine Summe in Höhe der festgesetzten Strafe und der voraussichtlichen Kosten sowie des Wertes der einzuziehenden Gegenstände hinterlegen.

§ 77. Die zwangsweise Beitreibung der rechtskräftigen Geldstrafen usw. erfolgt durch die Hauptzollämter oder Zollstationen nach Maßgabe der Vorschriften über das Verwaltungsverfahren.

Abgekürztes Strafverfahren.

§ 78. Im Falle einer Übertretung der Zollvorschriften — § 52 — oder, falls die festzusetzende Strafe einschließlich des Wertes der einzuziehenden Gegenstände 50 Rupien nicht übersteigt, und ferner, wenn der Beschuldigte von vornherein auf jedes weitere Rechtsmittel und die Ausfertigung eines förmlichen Strafbescheides verzichtet, kann ein abgekürztes Verfahren und ein Strafbescheid nach vorgeschriebenem Formulare ergehen.

Belohnungen für Entdeckung von Zollvergehen.

§ 79. Zollbeamte vom Zollassistenten II. Klasse abwärts, sowie Privatpersonen, welche ein Zollvergehen entdeckt und zur Anzeige gebracht haben, können — sofern die rechtskräftige Verurteilung erfolgt ist — auf Antrag der zuständigen Zollstelle eine Belohnung erhalten, welche ein Drittel des Strafgeldes einschließlich des Wortes der eingezogenen Gegenstände nicht übersteigen darf und aus diesem zu bestreiten ist.

Die Höhe der Belohnung wird auf Vorschlag der Zollstellen vom Gouvernement in jedem einzelnen Falle besonders festgesetzt.

§ 80. Diese Ausführungsbestimmungen treten mit dem 1. April 1904 in Kraft.

D a r e s s a l a m , den 4. Dezember 1903.

Der Kaiserliche Gouverneur.
G r a f v. G ö t z e n.

142. Verfügung der Kolonial-Abteilung des Auswärtigen Amtes, betreffend den Sitz des Kaiserlichen Obergerichts für die Schutzgebiete Kamerun und Togo. Vom 4. Dezember 1903.

(Kol. Bl. S. 689.)

Auf Grund des § 1, No. 7, der Verfügung des Reichskanzlers, betreffend die Ausübung der Gerichtsbarkeit in den Schutzgebieten Afrikas und der Südsee, vom 25. Dezember 1900, wird hierdurch bestimmt, dafs das Kaiserliche Obergericht für die Schutzgebiete Kamerun und Togo seinen Amtssitz in Buea, Kamerun, hat.

B e r l i n , den 4. Dezember 1903.

Auswärtiges Amt. Kolonial-Abteilung.
S t u e b e l.

143. Verordnung des Gouverneurs von Deutsch-Ostafrika, betreffend die Ausfuhrzölle in Kionga. Vom 5. Dezember 1903.

Auf Grund des § 6, Absatz 2, der Zollverordnung für das deutsch-ostafrikanische Schutzgebiet vom 13. Juni 1903*) verordne ich hiermit, was folgt:

§ 1. Die Tarifanlage B zur Zollverordnung für die in Kionga zur Ausfuhr gelangenden Gegenstände findet mit folgenden Abänderungen Anwendung.

§ 2. Es werden erhoben bei der Ausfuhr von:

a) Elfenbein 12 Prozent vom Wert,
b) Flufspferd- und Wildschweinzähne 7 Prozent vom Wert,
c) Kopal 10 Prozent vom Wert,
d) Negertabak 5 Prozent vom Wert,
e) Kautschuk 12 Rupien für 100 Pfund, ohne Rücksicht auf die Güte desselben.

§ 3. Die Überschiffung von Ausfuhrgegenständen von anderen Küstenplätzen nach Kionga zwecks Erlangung eines billigeren Zollsatzes bei der Ausfuhr ist nicht gestattet.

§ 4. Diese Verordnung tritt am 1. April 1904 in Kraft.

D a r e s s a l a m , den 5. Dezember 1903.

Der Kaiserliche Gouverneur.
G r a f v. G ö t z e n.

———

*) Anlage zu No. 132.

144. Verordnung des Gouverneurs von Deutsch-Ostafrika, betreffend den Ausfuhrzoll auf Kautschuk beim Zollamt III. Klasse in Moa. Vom 5. Dezember 1903.

Auf Grund des § 6, Absatz 2, der Zollverordnung für das deutsch-ostafrikanische Schutzgebiet vom 13. Juni 1903*) verordne ich hiermit, was folgt:

§ 1. Die Nummer 14 des Tarifs der Ausfuhrzölle, Anlage B, zur Zollverordnung wird für den bei dem Zollamt III. Klasse Moa auszuführenden Kautschuk dahin abgeändert, dafs dortselbst für je 100 Ratel ohne Rücksicht auf seine Güte 15 Rupien Ausfuhrzoll zur Erhebung gelangen.

§ 2. Die Überschiffung von Kautschuk von einem anderen Küstenplatz nach Moa zwecks Erlangung des billigeren Zollsatzes ist nicht gestattet.

§ 3. Diese Verordnung tritt zugleich mit der Zollverordnung vom 13. Juni 1903 am 1. April 1904 in Kraft.

Daressalam, den 5. Dezember 1903.

Der Kaiserliche Gouverneur.
Graf v. Götzen.

145. Verordnung des Gouverneurs von Deutsch-Neu-Guinea, betreffend das Verbot der Einfuhr und des Handels getragener Stoffe und Bekleidungsgegenstände. Vom 5. Dezember 1903.

(Kol. Bl. 1904, S. 116.)

Auf Grund des § 2 der Verfügung des Reichskanzlers zur Ausführung der Allerhöchsten Verordnung, betreffend die Übernahme der Landeshoheit über das Schutzgebiet von Deutsch-Neu-Guinea durch das Reich, vom 27. März 1899, wird für das Schutzgebiet Deutsch-Neu-Guinea, mit Ausschlufs des Inselgebiets der Karolinen, Palau und Marianen, folgendes bestimmt:

§ 1. Es ist verboten, getragene Stoffe und getragene Bekleidungsstücke aller Art, gebrauchte Matten, Decken und Bettstücke sowie gebrauchtes Füllmaterial zu Bettstücken einzuführen oder im Wege des Handels weiterzuvertreiben.

Die das Mafs des persönlichen Bedarfs nicht übersteigende Mitführung an Bekleidungsstücken, Matten, Decken und Bettstücken von Reisenden und Einwanderern fällt nicht unter dieses Einfuhrverbot. Die Quarantänebehörde ist zur Anordnung von Desinfektionsmafsregeln für solche Gegenstände des persönlichen Bedarfes ermächtigt.

§ 2. Zuwiderhandlungen gegen das Verbot des § 1 dieser Verordnung werden mit Gefängnis bis zu drei Monaten oder mit Geldstrafe bis zu 1000 Mark bestraft. Auch kann auf Einziehung der eingeführten oder gehandelten Stoffe, Bekleidungsstücke, Matten, Decken, Bettstücke, Füllmaterialien ohne Rücksicht auf den Eigentümer erkannt werden. Eingezogene Bestände sind zu vernichten.

§ 3. Bestellungen, die vor dem 1. Oktober 1903 aufgegeben worden sind, können mit der Erlaubnis der Polizeibehörde des Einfuhrortes zur Einfuhr und zum Vertriebe zugelassen werden. Die Erteilung der Erlaubnis kann von Bedingungen abhängig gemacht werden.

Herbertshöhe, den 5. Dezember 1903.

Der Kaiserliche Gouverneur.
Hahl.

*) Anlage zu No. 132.

146.- Verordnung des Gouverneurs von Deutsch-Ostafrika, betreffend das Marktwesen im Bezirk Daressalam. Vom 12. Dezember 1903.

Auf Grund des § 15, Absatz 3, des Schutzgebietsgesetzes, in Verbindung mit der Verfügung des Reichskanzlers vom 1. Januar 1891 wird hiermit für die Orte Daressalam, Kisidju, Kifmangao, Konde sowie für diejenigen Ortschaften, in denen die Errichtung von Märkten späterhin angeordnet wird, hinsichtlich des Marktwesens verordnet, was folgt:

§ 1. Alle Erzeugnisse der afrikanischen Landwirtschaft, Viehzucht, Jagd und Fischerei sowie daraus hergestellte Lebensmittel, soweit alle diese Erzeugnisse der Befriedigung täglicher Bedürfnisse der Bevölkerung dienen, dürfen an Verbraucher oder Kleinhändler nur innerhalb der Markthalle zum Verkauf gestellt werden. Das Aufkaufen der vorgenannten Produkte auf den nach dem Marktorten führenden Strafsen zwecks Einführung in den betreffenden Marktort ist verboten.

§ 2. Alle in § 1 genannten, sowie alle sonstigen in die Markthalle eingebrachten Produkte und Waren unterliegen beim Verkaufe der durch den anliegenden Tarif festgesetzten, vom Verkäufer zu entrichtenden Markthallengebühr.

Diese Gebühren können in den ländlichen Marktorten zeitweilig oder dauernd auf die Hälfte herabgesetzt werden.

§ 3. Die in § 1 genannten Produkte, welche zum eigenen Gebrauch des Produzenten bestimmt sind, müssen auf Verlangen ebenfalls in die Markthalle gebracht und dem Markthallenaufseher vorgezeigt werden, bleiben aber von jeder Markthallenabgabe frei.

§ 4. Auf Antrag des Verkäufers können alle in die Markthalle gebrachten Erzeugnisse durch einen amtlich zugelassenen Auktionator öffentlich versteigert werden. Es ist dafür eine besondere Gebühr für jede Rupie und 1 Pesa für jede angefangene ½ Rupie des Erlöses zu zahlen.

§ 5. Die Vorschriften des § 1 bis 3 finden keine Anwendung auf den Verkauf von:

1. Mais, Mtama, Reis, Sesam, Hülsenfrüchten aller Art und geschälten Erdnüssen,

2. Eseln, Pferden, Maultieren, Rindern und Kleinvieh, sofern nachgewiesen wird, dafs dieselben nicht zum Schlachten in der Stadt bestimmt sind,

3. Milch, Tembo, Pombe und europäischem Gemüse,

4. Fleisch und Backwaren, soweit der Verkauf in offenen Verkaufsstellen geschieht,

5. Holz aller Art, jedoch ist das Bezirksamt befugt, die Bestimmungen dieser Verordnung für Brennholz für anwendbar zu erklären.

§ 6. Rind-, Schaf- und Schweinefleisch darf nur dann in die Markthalle gebracht werden, wenn es zuvor der Fleischbeschau unterworfen und für gesund befunden ist.

§ 7. Der Verkauf von zubereiteten Efswaren der Eingeborenen, Geflügel, Obst und Eiern ist auch auf der Strafse oder von Haus zu Haus zulässig, aber nur nach Erteilung einer Bescheinigung über die gezahlte Markthallengebühr durch den Markthallenverwalter. Die Bescheinigung hat der Verkäufer bei sich zu führen.

Unberührt bleibt hierdurch die Befugnis der Polizeibehörde, im Interesse der öffentlichen Ordnung den Verkauf auf der Straße überhaupt oder bezüglich einzelner Gegenstände zu verbieten.

§ 8. Zuwiderhandlungen gegen diese Vorschriften dieser Verordnung werden, soweit nicht nach den bestehenden Gesetzen eine härtere Strafe verwirkt ist, mit Geldstrafe bis zu 20 Rupien, an deren Stelle im Unvermögensfalle Haft bis zu einer Woche, bei Eingeborenen Gefängnis mit Zwangsarbeit oder Kettenhaft tritt, bestraft.

Sofern eine Hinterziehung der nach § 2 zu entrichtenden Gebühren stattgefunden hat, ist außerdem der vierfache Betrag der hinterzogenen Gebühr, mindestens jedoch 1 Rupie an die Markthallenverwaltung zu entrichten.

§ 9. Die auf Grund dieser Verordnung zu erhebenden Abgaben und Gebühren fließen zur Kommunalkasse.

§ 10. Diese Verordnung tritt mit dem 1. April 1904 in Kraft.

Daressalam, den 12. Dezember 1903.

Der Kaiserliche Gouverneur.
Graf v. Götzen.

Anlage zu No. 146.

Markthallentarif.

Es werden folgende Gebühren erhoben:

1. Für Verkaufsstände:
   a) In den Fleischständen pro Stand . . . . . . 12 Pesa
   b) In den Fischständen pro Stand . . . . 10 „
   c) In allen übrigen Ständen innerhalb der Markthalle 6 „
   d) An den Außenständen auf der Barasa pro qm . 2 „

2. Bei Verkäufen,
für welche ein bestimmter Stand nicht in Anspruch genommen wird (Verkauf von zubereiteten Eßwaren, Früchten, Geflügel usw.),
   2 Pesa für jede Rupie des Wertes der ausgebotenen Ware.

3. Bei Verkauf von lebendem Vieh:
   a) für ein Stück Großvieh, Esel und Fohlen . . . 1 Rupie,
   b) für ein Kalb . . . . ½ Rupie,
   c) für ein Stück Kleinvieh . . . . 10 Pesa.

4. In der Halle für getrocknete Fische:
   pro Verkaufsstand . . . 12 Pesa.

Die Kammern für Aufbewahrung der Waren werden besonders vermietet.

147. Verordnung des Gouverneurs von Deutsch-Ostafrika, betreffend die obligatorische Benutzung der städtischen Schlachtstätte in Daressalam. Vom 12. Dezember 1903.

Auf Grund des § 15 Absatz 3, des Schutzgebietsgesetzes, in Verbindung mit der Verfügung des Reichskanzlers vom 1. Januar 1891 wird hiermit verordnet, was folgt:

§ 1. Das Abschlachten von Kamelen, Rindern, Schafen, Ziegen und Schweinen zum Zwecke des Fleischverkaufes darf im Gebiete der Stadt Dares-

salam und in einem Umkreis um dasselbe von zwei Kilometern vom Weichbilde
an gerechnet nur in der von der Kommune errichteten Schlachtstätte stattfinden.

Der Bezirksamtmann ist nach Anhörung des Bezirksrates ermächtigt,
europäische Schlächter von dieser Bestimmung frei zu stellen, falls dieselben
eine allen Anforderungen entsprechende eigene Schlachtstätte besitzen.

§ 2. Für die Abschlachtung des Viehes in der Schlachthalle wird die in
§ 7 der Verordnung vom 10. April 1899 über die Einführung einer obligatorischen
Fleischbeschau für den Stadtbezirk Daressalam festgesetzte Gebühr erhoben, ohne
Rücksicht darauf, ob das Fleisch nach den Vorschriften der genannten Verordnung der Fleischbeschau unterworfen wird oder nicht. Für die Ausübung
der Fleischbeschau wird eine besondere Gebühr nicht erhoben.

Für die Benutzung der auf der Schlachtstätte befindlichen Ställe und
Magazinräume kann eine besondere Gebühr erhoben und die Schlächter zur Reinigung der Schlachtstätte herangezogen werden.

§ 3. Den vom Bezirksamt zu erlassenden Anordnungen bezüglich der Aufrechterhaltung der Ordnung bei Benutzung der Schlachtstätte ist unbedingt Folge
zu leisten.

Derjenige, welcher sich wiederholt gegen diese Anordnung vergeht, kann
durch das Bezirksamt von der Benutzung der Schlachtstätte ausgeschlossen
werden.

§ 4. Zuwiderhandlungen gegen die Bestimmungen des § 1 dieser Verordnung werden, sofern nicht nach den bestehenden Gesetzen eine härtere Strafe
verwirkt ist, mit Geldstrafe bis zu 1000 Rupien oder Gefängnis bezw. Kettenhaft
bis zu drei Monaten allein oder in Verbindung miteinander bestraft.

§ 5. Die auf Grund dieser Verordnung zu erhebenden Abgaben und Gebühren fließen zur Kommunalkasse.

§ 6. Diese Verordnung tritt mit dem 1. Januar 1904 in Kraft.

Daressalam, den 12. Dezember 1903.

Der Kaiserliche Gouverneur.
Graf v. Götzen.

148.   Auszug aus dem Runderlaß der Kolonial-Abteilung des Auswärtigen Amtes, betreffend Etatsanmeldungen. Vom 19. Dezember 1903.

Die nunmehr abgeschlossenen Etatsverhandlungen für das Rechnungsjahr
1904 geben mir zu folgenden allgemeinen und bindenden Anordnungen Veranlassung.

1. Die Ab- und Zugangsnachweisungen für den Etat des folgenden Rechnungsjahres müssen in Zukunft so zeitig abgesandt werden, daß sie spätestens
am 1. Juni hier vorliegen.

2. Mit den Ab- und Zugangsnachweisungen sind unbedingt auch die vorläufigen Kassenabschlüsse des letztvergangenen Rechnungsjahres vorzulegen: also
mit den Ab- und Zugangsnachweisungen für 1905 die vorläufigen Kassenabschlüsse für 1903. Diese Kassenabschlüsse sind unentbehrlich, da ohne sie der
Stand der Finanzen des Schutzgebiets im ganzen und die Notwendigkeit von
Veränderungen bei den einzelnen Fonds, insbesondere denjenigen der fortdauern-
den Ausgaben nicht beurteilt werden kann.

3. Die Begründung von Mehrforderungen und neuen Forderungen läßt
immer noch die nötige Bestimmtheit vermissen. Allgemeine Wendungen, wie:

„im Interesse der Entwicklung des Schutzgebiets unbedingt notwendig" und ähnliches genügen nicht. Es bedarf der positiven Unterlagen, besonders des erforderlichen Zahlenmaterials. Da der Termin für Einreichung der Ab- und Zugangsnachweisungen nunmehr bis zum 1. Juni hinausgerückt ist, muß es den Gouvernements möglich sein, die Anmeldungen genügend vorzubereiten. Die Einholung ergänzender Begründungen aber ist in Zukunft nicht mehr möglich. Es müssen deshalb nicht genügend begründete Anmeldungen ohne weiteres fallen gelassen werden.

4. Nachträgliche Anmeldungen können keine Berücksichtigung mehr finden. Derartige Forderungen sind bis zum nächsten Etatsjahre zu verschieben. Handelt es sich um einen Notstand, so kann unter Umständen die Gewährung außeretatsmäßiger Mittel in Frage kommen.

5. Bei einmaligen Ausgaben müssen, soweit nach den allgemeinen Vorschriften die Vorlage eines Projekts nebst Kostenanschlag erforderlich ist, Projekt und Kostenanschlag der Ab- und Zugangsnachweisung fertig beigefügt sein, da sonst eine Nachprüfung nicht möglich ist. Die Anmeldung von Bauten und sonstigen Anlagen mit der Bemerkung „Projekt und Kostenanschlag folgen nach", hat zu unterbleiben, da derartige Anmeldungen von vornherein keine Berücksichtigung finden können.

6. Ich bitte, in Zukunft ohne meine Genehmigung keinen Bau in Angriff zu nehmen, für den die Mittel nicht ausdrücklich bewilligt sind, und keine Bauten anzumelden, die mit den verfügbaren Kräften in dem betreffenden Rechnungsjahre nicht ausgeführt werden können.

Um in Zukunft einen besseren Überblick über den Stand des Bauwesens in den einzelnen Schutzgebieten zu gewinnen, bestimme ich hiermit, daß dem vorläufigen Kassenabschluß jeweils ein Verzeichnis beigelegt wird, aus welchem ersichtlich ist, welche Bauten in dem betreffenden Rechnungsjahre vollendet worden sind und welche Bauten zwar begonnen, aber noch nicht fertiggestellt worden sind. An Hand dieser Verzeichnisse haben die Gouvernements selbst zu prüfen, ob die für das laufende Rechnungsjahr genehmigten Bauten überhaupt in diesem Jahre fertiggestellt werden können. Die Anmeldungen für das künftige Rechnungsjahr sind nach dem Ergebnis dieser Prüfung einzurichten bezw. einzuschränken.

Berlin, den 19. Dezember 1903.

Auswärtiges Amt. Kolonial-Abteilung.
Stuebel.

149. Allerhöchste Ordre, betreffend das Münzwesen des deutsch-ostafrikanischen Schutzgebiets. Vom 23. Dezember 1903.

(Kol. Bl. 1904, S. 723, Reichsanz. vom 2. April 1904.)

Auf Ihren Bericht vom 27. d. Mts. will Ich genehmigen, daß für das deutsch-ostafrikanische Schutzgebiet Silbermünzen zu 2, 1, ½ und ¼ Rupien sowie Kupfermünzen zu $\frac{1}{100}$ Rupie (Heller) und $\frac{1}{200}$ Rupie (½ Heller) nach den Mir vorgelegten Zeichnungen ausgeprägt werden. Gleichzeitig ermächtige Ich Sie, die zur Ordnung des Münzwesens im ostafrikanischen Schutzgebiet weiterhin erforderlichen Vorschriften zu erlassen.

Neues Palais, den 23. Dezember 1903.

Wilhelm I. R.
Graf v. Bülow.

An den Reichskanzler.

150. Verfügung des Reichskanzlers, betreffend die Bildung von
Gouvernementsräten. Vom 24. Dezember 1903.

(Kol. Bl. 1904 S. 1. Reichsanz. vom 3. Januar, nichtamtlicher Teil.)

Auf Grund des § 15 des Schutzgebietsgesetzes (Reichs-Gesetzbl. 1900,
S. 813) wird für die Schutzgebiete Deutsch-Ostafrika, Deutsch-Südwestafrika,
Kamerun, Togo, Deutsch-Neu-Guinea und Samoa folgendes bestimmt:

§ 1. Bei jedem Gouvernement wird ein Gouvernementsrat gebildet, der
sich aus dem Gouverneur, aus einer Anzahl von Schutzgebietsbeamten (den amtlichen Mitgliedern) und einer Anzahl von weißen Einwohnern des Schutzgebiets
(den außeramtlichen Mitgliedern) oder deren Stellvertretern zusammensetzt. Als
Mindestzahl müssen jedem Gouvernementsrate drei außerordentliche Mitglieder
angehören. Die Zahl der amtlichen Mitglieder darf diejenige der nichtamtlichen
nicht übersteigen.

§ 2. Der Gouverneur bestimmt, welche Beamte dem Gouvernementsrat
als amtliche Mitglieder und deren Stellvertreter angehören sollen. Die außeramtlichen Mitglieder und deren Stellvertreter werden von dem Gouverneur berufen.
Der Gouverneur soll vorher Berufskreise gutachtlich hören.

Die Namen der außeramtlichen Mitglieder und ihrer Stellvertreter sind
dem Auswärtigen Amte, Kolonial-Abteilung, mitzuteilen.

§ 3. Die Zeit, auf welche die Berufung der außeramtlichen Mitglieder
und ihrer Stellvertreter erfolgt, wird von dem Gouverneur bestimmt und soll mindestens ein Jahr betragen.

§ 4. Das Amt der Mitglieder des Gouvernementsrats ist ein Ehrenamt.
Soweit außeramtliche Mitglieder nicht am Orte der Verhandlungen wohnen,
können ihnen Fuhrkosten und Tagegelder bewilligt werden, deren Höhe der Gouverneur bestimmt. Die außeramtlichen Mitglieder müssen im Schutzgebiet
ihren Wohnsitz haben, es sollen jedoch nach Möglichkeit solche Personen berufen
werden, die am Sitze des Gouvernements oder in dessen Nähe wohnen.

§ 5. Die außeramtlichen Mitglieder und ihre Vertreter erhalten eine Er-
nennungsurkunde. Durch die Annahme verpflichten sie sich, den Sitzungen des
Gouvernementsrats beizuwohnen, sofern sie nicht durch wichtige Gründe be-
hindert sind. Der Verlust der Mitgliedschaft tritt in denselben Fällen ein, in
welchen gemäß § 32 des deutschen Gerichtsverfassungsgesetzes ein Schöffe zu
diesem Amte unfähig ist.

§ 6. Dem Gouvernementsrate sind vor der Einreichung an das Auswärtige Amt, Kolonial-Abteilung, zur Beratung vorzulegen:

a) die Vorschläge für den jährlichen Haushaltsanschlag,
b) die Entwürfe der von dem Gouverneur zu erlassenden oder in Vorschlag
zu bringenden Verordnungen, soweit sie nicht lediglich lokale Bedeutung haben.

Glaubt der Gouverneur, bei Gefahr im Verzug oder aus anderen Gründen,
ausnahmsweise von der Vorlage eines solchen Entwurfs an den Gouvernementsrat
absehen zu müssen, so hat er hierüber an das Auswärtige Amt, Kolonial-Abteilung,
zu berichten.

§ 7. Dem Gouverneur steht es frei, dem Gouvernementsrat auch andere als
die im § 6 bezeichneten Angelegenheiten zur Beratung zu unterbreiten.

§ 8. Die Sitzungen werden vom Gouverneur anberaumt und geleitet.

§ 9. Den Mitgliedern ist rechtzeitig von den für die Sitzungen aufgestellten Tagesordnungen Kenntnis zu geben.

Anträge von aufseramtlichen Mitgliedern, welche einen selbständigen Gegenstand der Tagesordnung bilden sollen, sind schriftlich anzubringen. Der Gouverneur kann ihre Beratung versagen, wenn sie nicht von einem zweiten aufseramtlichen Mitglied unterstützt sind.

§ 10. Nach dem Ermessen des Gouverneurs oder auf Verlangen eines aufseramtlichen Mitglieds ist eine Abstimmung herbeizuführen und über das Ergebnis ein besonderer Vermerk in das Protokoll (§ 11) aufzunehmen.

Der Gouverneur ist an das Ergebnis der Beratung, auch im Falle der Abstimmung, nicht gebunden.

§ 11. Über die Sitzungen des Gouvernementsrats wird ein Protokoll geführt, welches den Hergang der Sitzung wiederzugeben hat. Das Protokoll ist von dem Gouverneur, dem Protokollführer und mindestens zwei aufseramtlichen Mitgliedern zu unterzeichnen.

§ 12. Eine Abschrift des Protokolls über eine jede Beratung ist dem Auswärtigen Amte, Kolonial-Abteilung, einzureichen.

§ 13. Die Mitglieder des Gouvernementsrats sind, sobald dies bei einem Gegenstande von dem Gouverneur gewünscht wird, zur Geheimhaltung verpflichtet.

§ 14. Die Vertreter der Mitglieder haben, soweit sie zur Teilnahme an den Gouvernementsrat zugezogen werden, dieselben Rechte und Pflichten, wie die Mitglieder.

§ 15. Der Gouverneur ist befugt, Ausführungsbestimmungen zu dieser Verfügung zu erlassen.

B e r l i n , den 24. Dezember 1903.

Der Reichskanzler.
G r a f v. B ü l o w.

151. Erklärung des Reichskanzlers über Verlängerung der Konzession des Usinja-Goldsyndikats. Vom 25. Dezember 1903.*)

Ich genehmige hiermit, dafs die im § 1, Absatz 1, der Konzession des Usinja-Goldsyndikats vom 28. Januar 1899 festgesetzte Konzessionsdauer bis zum 28. Januar 1905 verlängert wird.

Gleichzeitig bestimme ich unter Abänderung des § 1, Satz 2 a. a. O., dafs die Konzessionsdauer auf weitere fünf Jahre verlängert werden soll, wenn sich der Konzessionar bis zum 1. Januar 1905 bereit erklärt, seine Unternehmungen fortzusetzen, und nachweist, dafs ihm zu diesem Zwecke ein Betrag von fünfhunderttausend Mark zur Verfügung steht.

B e r l i n , den 25. Dezember 1903.

Der Reichskanzler.
G r a f v. B ü l o w.

*) Vgl. D. Kol. Gesetzgeb. VI, No. 106.

Dritter Teil.

Bestimmungen für das Schutzgebiet Kiautschou.

Nachtrag für das Jahr 1902.

1. Bekanntmachung des Zivilkommissars, betreffend die Gewinnung von Steinen. Vom 4. Juni 1902.

(Amtsblatt 1903, S. 104.)

Die Bekanntmachung vom 12. Dezember 1901 (Amtsblatt 1901, Seite 300) erhält folgende Fassung:*)

Erlaubnisscheine zum Steinebrechen werden nur vom Landamte erteilt, und zwar auf jederzeitigen Widerruf. Eine Gebühr hierfür wird nicht erhoben. Auch ohne Widerruf verlieren diese Scheine mit Ablauf des Kalenderjahres, für welches sie ausgestellt sind, ihre Gültigkeit. Die Erlaubnis bezieht sich auf ein bestimmtes vom Katasteramt versteintes Gelände. Die Kosten der Versteinung trägt der um die Erlaubnis Nachsuchende.

Es wird darauf hingewiesen, daß das unbefugte Brechen von Steinen nach § 370, Ziffer 2, des deutschen Reichs-Strafgesetzbuches mit Geldstrafe bis zu 150 Mark oder Haft bis zu 6 Wochen bestraft wird.

Tsingtau, den 4. Juni 1902.

Der Kaiserliche Zivilkommissar.

1903.

2. Verordnung des Gouverneurs, betreffend Schonzeit der Hasen. Vom 20. Januar 1903.

(Amtsblatt 1903, S. 14.)

Aufgehoben durch Verordnung vom 22. Oktober 1903 (Amtsblatt 1903, Seite 183).**)

3. Zollamtliche Bekanntmachung No. 42. Vom 22. Januar 1903.

(Amtsblatt 1903, S. 15.)

Nachstehende Bekanntmachung des Kaiserl. Chines. Seezollamtes wird hiermit zur öffentlichen Kenntnis gebracht:

Das Kaiserlich Chinesische Seezollamt bleibt geschlossen für den Dschunken- und Warenverkehr am Dienstag, den 27. Januar, dem Geburtstage Seiner

---

*) D. Kol. Gesetzgeb. Bd. VI, S. 593.
**) Unten S. 810.

Majestät des Deutschen Kaisers; ferner während der chinesischen Neujahrs-Feiertage von Mittwoch, den 28., bis Sonnabend, den 31. Januar d. Js.

Dampfer und Segelschiffe können an diesen vier Tagen nach vorheriger Anmeldung ein- und ausklariert werden wie an Wochentagen. Auf Sonderantrag werden auch Ausfuhrwaren sowie Eisenbahnfrachtgut zwischen 11 und 12 Uhr mittags passiert.

Kiautschou-Zollamt, T s i n g t a u , den 22. Januar 1903.

E. O h l m e r ,
Kaiserlich Chinesischer Seezolldirektor.

T s i n g t a u , den 23. Januar 1903.

Kaiserliches Gouvernement.

4. Bekanntmachung des Zivilkommissars, betreffend Schutzpocken-impfung. Vom 11. Februar 1903.

(Amtsblatt 1903, S. 24.)

Die chinesische Bevölkerung des Schutzgebietes ist in der Bekanntmachung vom 17. Juni 1902 (Amtsblatt 1902, Seite 105)*) darauf hingewiesen worden, daß zum Schutze gegen die Blattern alljährlich unentgeltlich öffentliche Schutz-pockenimpfungen in Tsingtau und in Litsun stattfinden, damit möglichst viele Personen vor der Erkrankung an Blattern und schwerer Lebensgefahr bewahrt werden.

Diese unentgeltlichen Impfungen finden in diesem Jahre in den Monaten Februar und März jeden Sonnabend von 2 bis 4 Uhr nachmittags im Faber-hospital in Tsingtau statt.

In Litsun werden die Impfungen bis auf weiteres an jedem Markttage vor-genommen.

Die Kinder sollen mindestens 1 Jahr alt sein, wenn sie zur Impfung ge-bracht werden. Alle sollen den Oberkörper, namentlich die Oberarme, gut mit Seife gewaschen haben und reines Zeug auf dem Leibe tragen, damit nicht durch Eindringen von Schmutz in die Impfstellen gefährliche Wundkrankheiten ent-stehen.

Wer schon die Blattern überstanden hat, bedarf der Impfung nicht mehr.

T s i n g t a u , den 11. Februar 1903.

Der Zivilkommissar.

5. Bekanntmachung des Zivilkommissars, betreffend die Genehmigung des Gouvernements bei Neubauten. Vom 16. Februar 1903.

(Amtsblatt 1903, S. 29.)

In der Bekanntmachung vom 3. Januar 1898 ist für die chinesische Be-völkerung des deutschen Gebietes angeordnet worden, daß vor Errichtung von Neubauten in den Ortschaften des deutschen Gebietes die Genehmigung der Be-hörde einzuholen ist. Diese Bekanntmachung wird hiermit erneut in Erinnerung gebracht. Vor Errichtung von Neubauten in sämtlichen Ortschaften des Schutz-gebietes ist die vorherige Genehmigung des Gouvernements in Tsingtau in der

---

*) D. Kol. Gesetzgeb. Bd. VI, S. 644 ff.

Chinesischen Kanzlei nachzusuchen. Neubauten, die ohne Genehmigung des Gouvernements errichtet sind, werden niedergerissen, ohne dafs eine Entschädigung geleistet wird; oder bei Ankauf des Landes durch das Gouvernement gehen die Häuser ohne weiteres in das Eigentum des Fiskus über, ohne dafs irgend eine Entschädigung gezahlt wird.

Der zuständige Tipau hat die Pflicht, bei Entstehen von Neubauten dem Gouvernement sofort Anzeige zu erstatten.

Diese Bekanntmachung wird aufs strengste durchgeführt werden.

Tsingtau, den 16. Februar 1903.

Der Kaiserliche Zivilkommissar.

6. Verordnung des Reichskanzlers, betreffend die Dienstaufsicht über die Notare im Kiautschougebiete. Vom 18. Februar 1903.*)

(V. Bl. für das Kiautschougebiet 1903, S. IX, Amtsblatt 1903, S. 65.)

Auf Grund des § 15 des Schutzgebietsgesetzes und des § 11 der Kaiserlichen Verordnung vom 9. November 1900, betreffend die Rechtsverhältnisse in den deutschen Schutzgebieten, wird hierdurch bestimmt:

Die für das Schutzgebiet Kiautschou ernannten Notare unterstehen der Aufsicht des Kaiserlichen Oberrichters.

Berlin, den 18. Februar 1903.

In Vertretung des Reichskanzlers.

v. Tirpitz.

7. Polizeiverordnung des Gouverneurs, betreffend Hundesperre. Vom 25. Februar 1903.

(Amtsblatt 1903, S. 33.)

Aufgehoben durch Verordnung vom 19. Mai 1903 (Amtsblatt 1903, S. 96)**).

8. Erlafs des Reichskanzlers, betreffend Zeitbestimmung im Schutzgebiet. Vom 9. März 1903.

(V. Bl. für das Kiautschougebiet 1903, S. IX und X. Bekanntmachung des Gouverneurs vom 5. Januar 1903, Amtsblatt 1903, S. 1.)

Auf Grund des § 15 des Schutzgebietsgesetzes vom Jahre 1900 (Reichs-Gesetzbl. Seite 813) wird folgendes bestimmt:

Im Schutzgebiet Kiautschou gilt vom 15. Januar 1903 ab an Stelle der mittleren Ortszeit die mittlere Sonnenzeit des einhundertundzwanzigsten Längengrades östlich von Greenwich.

In Vertretung des Reichskanzlers.

v. Tirpitz.

*) Vgl. die Dienstanweisung vom 3. Mai 1903, unten S. 302 f.
**) Unten S. 307.

9. Polizeiverordnung des Gouverneurs, betreffend das Feilhalten von Bäumen und Sträuchern im Umherziehen. Vom 12. März 1903.

(Amtsblatt 1903, S. 48.)

§ 1. Wer im Schutzgebiete Bäume oder Sträucher im Umherziehen verkauft oder feilhält, wird mit Geldstrafe bis zu einhundert und fünfzig Mark oder mit Haft bis zu sechs Wochen bestraft. Gegen Chinesen kann neben oder an Stelle der Geld- oder Freiheitsstrafe auf Prügelstrafe bis zu fünfzig Hieben erkannt werden.

Die im Umherziehen feilgehaltenen Bäume und Sträucher unterliegen der Einziehung.

§ 2. Der Handel im Umherziehen mit Zierbäumen und Ziersträuchern, welche ordnungsmäßig in Kübel oder Töpfe verpflanzt sind, fällt nicht unter das Verbot des § 1.

§ 3. Diese Verordnung tritt am 15. März 1903 in Kraft. Mit dem gleichen Tage wird die Verordnung vom 21. Juni 1900, betreffend das Feilhalten von Bäumen und Sträuchern im Umherziehen (Amtsblatt 1900, Seite 13), aufgehoben.[*])

Tsingtau, den 12. März 1903.

Der Kaiserliche Gouverneur.
Truppel.

10. Bekanntmachung des Hafenamts, betreffend Signale beim Sichten der Postdampfer. Vom 20. März 1903.

(Amtsblatt 1903, S. 62.)

Um Verwechslungen mit den Feueralarmsignalen zu vermeiden, werden vom 1. April d. Js. ab die Postdampfer bei Nacht auf der Signalstation wie folgt angezeigt:

1 rote Laterne bedeutet: Postdampfer von Norden in Sicht,
2 rote Laternen bedeuten: Postdampfer von Süden in Sicht.
Die Tafel mit den Einlaufsignalen ist entsprechend zu berichtigen.

Tsingtau, den 20. März 1903.

Kaiserliches Hafenamt.

11. Alarmordnung für die freiwillige Feuerwehr Tsingtau, erlassen vom Gouverneur. Vom 23. März 1903.

(Amtsblatt 1903, S. 58 und 59.)

1. Bezirkseinteilung.

Zwecks schneller Alarmierung der Freiwilligen Feuerwehr Tsingtau bei Ausbruch von Bränden wird das Gebiet Tsingtau und Vororte in vier Bezirke eingeteilt, und zwar:

Bezirk I: „Tsingtau Stadt".

Dazu gehört Tsingtau innerhalb folgender Grenzen einschließlich der genannten Punkte: Yamenbrücke, Signalberg, Lazarett, Markthalle, Haus Oster, Höhenlager, Feldbatterie. (Im Plane rot.)

---

[*]) D. Kol. Gesetzgeb. Bd. V, S. 213.

Bezirk II: „Auguste Viktoria-Bucht“.

Das ist östlich außerhalb Bezirk I und südlich der Grenzlinie Ostlager, Friedhof, Forsthaus, Iltisbrunnen einschließlich dieser Bauten. (Im Plane grün.)

Bezirk III: „Tapautau“.

Ist Tapautau und Hafen. (Im Plane gelb.)

Bezirk IV: „Umgegend“.

Umfaßt alle Orte außerhalb der vorgenannten Bezirke I, II, III. (Im Plane weiß.)

Ein Plan der Bezirkseinteilung hängt auf allen besonders kenntlich gemachten Feuermeldestellen aus.

2. Alarmsignale.

Als Alarmsignale gelten:

a) Blasen der Signalhuppen durch alle verfügbaren Mannschaften der Polizei und durch die im Besitz einer Huppe befindlichen Feuerwehrleute.

Das Signal wird während der Dauer von 20 Minuten, eventuell länger, falls es bis dahin nicht allseitig aufgenommen ist, abgegeben.

Zur Bezeichnung der Brandstelle ist das Signal nach den Bezirken, innerhalb deren der Brand ausgebrochen ist, verschieden, und zwar:

Bezirk I: je 1 Ton von zirka 2 Sekunden Länge mit 5 Sekunden Pause. — — —

Bezirk II: 2 Stöße von je 2 Sekunden Länge, zwischen jedem Signal (je 2 Stöße) 5 Sekunden Pause. —— —— ——

Bezirk III: 3 Stöße von je 2 Sekunden Länge, zwischen jedem Signal (je 3 Stöße) 5 Sekunden Pause. ——— ——— ———

Bezirk IV: 4 Stöße von je 2 Sekunden Länge, zwischen jedem Signal (je 4 Stöße) 5 Sekunden Pause. ———— ———— ————

b) Ferner werden auf der Signalstation bei Tage:

für Bezirk   I: 1 große grüne Flagge,
für Bezirk II: 2 große grüne Flaggen,
für Bezirk III: 3 große grüne Flaggen,
für Bezirk IV: 4 große grüne Flaggen

aufgezogen;

bei Nacht: treten an Stelle der Flaggen grüne Laternen.

c) Außerdem wird durch die Signalisten der Feuerwehr das frühere Militäralarmsignal geblasen.

Alle signalgebenden Mannschaften haben möglichst an allen Stellen, wo Europäer wohnen bezw. sich aufhalten, unter beständigem Rundgang durch alle Straßen ihres Reviers das Signal oft und laut zu wiederholen.

3. Feuermeldestellen.

Am Tage kann zur Feuermeldung jedes Telephon benutzt werden, das an Yamen oder Post angeschlossen ist, da die Post die Meldung sofort an Yamen weitergibt.

Zur leichteren Auffindbarkeit sind nachstehende Stellen durch weiße Blechschilder mit roter Inschrift „Feuermeldestelle" und darunter dem chinesischen Text besonders kenntlich gemacht:

1. Apotheke,
2. Hotel Krippendorff (als Wohnung des derzeitigen Brandmeisters),
3. Baugeschäft von Lieb & Leu (Tapautau),
4. Bureaugebäude von C. Vering (am großen Hafen),
5. Ziegelei von Diederichsen, Jebsen & Co (Tapautau),
6. Geschäft von Ta Tschen Tschan (Tapautau-Telephon No. 34),
7. Neues Elektrizitätswerk,
8. Singtai & Co. (Hohenzollernstraße),
9. Andreas Vogt (gegenüber der Fortifikation),
10. Sägewerk der Tsingtauer Industrie- und Handelsgesellschaft,
11. Seemannshaus,
12. Polizeihauptwache,
13. Yamen,
14. Hauptwache (Yamenlager),
15. Iltiskasernenwache,
16. Bismarckkasernenwache (nach Beziehen der Kaserne),
17. Feldbatteriewache.

Um auch bei Nachtzeit außer durch Vermittlung der militärischen Wachen Feuermeldungen an Yamen gelangen lassen zu können, werden die ersten 10 der oben aufgeführten Privattelephonanschlüsse nach Schluß der Posttelephondienststunden bis zum Wiederbeginn derselben seitens der Post durch gemeinschaftlichen Umschalter mit Yamen verbunden. Diese Einrichtung darf nur zu Feuermeldezwecken benutzt werden.

Diese 10 Stellen sind durch Laternen mit der Inschrift „Nachtfeuermeldestelle" gekennzeichnet.

4. Veranlassen des Alarms.

Wer den Ausbruch eines Feuers bemerkt, hat sofort eventuell durch Vermittlung der Telephon- bezw. der besonders bezeichneten Feuermeldestellen das Yamen zu benachrichtigen.

Es wird hierbei darauf aufmerksam gemacht, daß ein mißbräuchliches oder mutwillig falsches Melden von Feuer auf Grund des Reichsstrafgesetzbuchs bestraft wird.

Sobald Yamen eine Feuermeldung erhält, hat das dortige Telephonpersonal sofort die Feld-Batterie, welche die Bespannung für die Lösch- und Rettungsgeräte stellt, und Polizeiamt, welches den Strafsenalarm veranlaßt, zu benachrichtigen, ferner auch die Signalstation, damit diese die betreffenden Signale heißt, dann den Brandmeister, den Platzmajor, den Offizier vom Ortsdienst, den Leiter der Garnisonfeuerwehr und die Kasernenwachen.

Gleichzeitig mit dem Alarm wird auch seitens der Bauabteilung II bezw. nachts direkt durch Yamen die Pumpstation Haipo beauftragt, die Pumpen in Betrieb zu setzen.

Die im Besitz einer Huppe bezw. eines Signalhornes befindlichen Polizisten und Feuerwehrleute sind berechtigt und verpflichtet, das Alarmsignal selbständig zu blasen:

wenn sie selbst das Feuer bemerken,
sobald das Feuersignal auf der Signalstation geheißt wird,

wenn sie von einer Person, die ihnen bekannt ist, oder die sich ausweisen kann, die Aufforderung dazu bekommen,
wenn die ihnen unbekannten Personen sich bereit erklären, nach Blasen des Alarms zur Feststellung ihrer Persönlichkeit mit zur nächsten Polizeistation zu kommen.

5. Tätigkeit der Feuerwehrleute nach dem Alarm.

Sobald das Alarmsignal geblasen wird, begibt sich jeder Feuerwehrmann, falls er nicht bedeutend näher am Brandplatze sich aufhält, sofort zum Spritzenhaus, um die Lösch- und Rettungsgeräte zum Brandplatz zu befördern, und sorgt dabei möglichst für Verbreitung des Alarms.

Die Führer und Ordnungsmannschaften begeben sich sofort zur Brandstelle.

Bei Feueralarm für Bezirk IV jedoch gehen sämtliche Wehrmänner zum Spritzenhaus.

Am Spritzenhaus ist eine schwarze Tafel aufgehängt, auf welcher zu notieren ist, wohin die Löschgeräte abgerückt sind. Sobald die Löschgeräte oder Löschzüge abgerückt sind, wird seitens der Feld-Batteriewache die Signalstation davon benachrichtigt, die unter die dort gezogenen Signale bei Tage einen roten Wimpel, bei Nacht eine rote Laterne holtst. Nachdem diese Signale sichtbar geworden, begeben sich sämtliche Feuerwehrleute nicht mehr zum Spritzenhaus, sondern sofort zum Brandplatze.

T s i n g t a u , den 23. März 1903.

Der Kaiserliche Gouverneur.

T r u p p e L

12. Garnisonfeuerlöschordnung, erlassen vom Gouverneur.
Vom 23. März 1903.
(Amtsblatt 1903, S. 59 bis 61.)

Vorbemerkung:
1. Die Garnisonfeuerwehr sichert das fiskalische Eigentum gegen Brandschaden und unterstützt die freiwillige Feuerwehr.
2. Bei einer Mobilmachung bildet sie den Stamm für die Aufstellung einer Festungsfeuerwehr.

1. Leitung des Feuerlöschwesens, Zusammenwirken mit der freiwilligen Feuerwehr.

I. Vorgesetzte der Garnisonfeuerwehr sind nur der Gouverneur und der Chef des Stabes.

Leiter der Garnisonfeuerwehr ist der älteste Subalternoffizier der Fortifikation als Garnisonbranddirektor; sein Stellvertreter ist in erster Linie der Platzmajor, in zweiter der Offizier vom Ortsdienst.

II. Beim Zusammenwirken der Garnison- mit der freiwilligen Feuerwehr bleibt die Leitung der einzelnen Wehren getrennt. Die Leiter sind jedoch verpflichtet, der Requisition der Oberleitung nachzukommen.

Die Oberleitung hat:

a) bei Bränden von fiskalischen Gebäuden (ausgenommen sind Munitions-
magazine und solche Gebäude, die nur reine Wohngebäude für Offiziere
und Gouvernementsbeamte sind):
  der Garnisonbranddirektor;

b) bei Bränden in dem Munitionsmagazinterrain:
  der Vorstand der Artillerieverwaltung (bis zu dessen
  Eintreffen der Garnisonbranddirektor);

c) bei Bränden von Privatgebäuden und den fiskalischen Wohngebäuden
für Offiziere und Gouvernementsbeamte:
  der Brandmeister.

2. Absperrung des Brandplatzes.

Die Absperrung des Brandplatzes sowie Bewachung geretteter Gegenstände besorgt stets die Polizei (bei Kasernenbränden das Militär bis zum Eintreffen der Polizei).

Auf den Brandplatz werden nur zugelassen:

1. Löschmannschaften der Garnison,
2. Mitglieder der freiwilligen Feuerwehr, soweit sie durch ihre Ausrüstung als solche kenntlich sind, aber nur, wenn die freiwillige Feuerwehr alarmiert ist,
3. dienstlich beteiligte Militärpersonen,
4. Polizeibeamte,
5. der vom Gouverneur bestellte Aufsichtsbeamte (bis auf weiteres der
Polizeichef),
6. die Einwohner der gefährdeten Gebäude, falls nicht durch den Aufsichtsbeamten die Entfernung verlangt wird,
7. die Agenten der beteiligten Feuerversicherungsgesellschaften,
8. die durch den Aufsichtsbeamten, Garnisonbranddirektor oder Brandmeister mit Erlaubnis versehenen Personen.

3. Pikett und Hilfsmannschaften.

Der Marineteil, der den Offizier vom Ortsdienst stellt, hat auch ein Feuer-
pikett, bestehend aus 1 Offizier oder Portepeeunteroffizier, 1 Sanitätsunteroffizier und 30 Mann bereit zu halten. Der Sanitätsunteroffizier hat die Sanitäts-
tasche und die gefüllte Umhängetasche für Verbandmittel mitzubringen.

Das Pikett rückt, wenn die Löschmannschaften der anderen Lager herangezogen werden, sofort nach dem Brandplatze ab (Anzug: umgeschnallt mit Ge-
wehr), wo es sich unter den Befehl des Garnisonbranddirektors stellt. In allen
anderen Fällen erwartet es in Bereitschaft zum Heranrücken die Befehle des
Garnisonbranddirektors.

Das Requirieren von Hilfs- und Ablösungsmannschaften hat durch Vermittlung des Garnisonbranddirektors zu erfolgen.

4. Feuer in fiskalischen Gebäuden.

Die Dienststellen und Behörden pp. des Gouvernements haben für ihren
Bereich eingehende Vorkehrungen für die Löschung eines bei Tage oder Nacht
etwa ausbrechenden Feuers zu treffen, die von Zeit zu Zeit, sowie bei jedem Per-
sonalwechsel bekannt zu geben und einzuexerzieren sind.

Löschen kleinerer Brände ist Sache der Bewohner.

Droht das Feuer solchen Umfang anzunehmen, dafs die Gefahr mit eigenen Mitteln zu beseitigen nicht mehr möglich scheint, so ist durch Telephon sofort das Gouvernement zu benachrichtigen.

Die Gouvernements-Telephonzentrale hat dann sofort weiter zu benachrichtigen die Feld-Batterie, welche die Bespannung für die Lösch- und Rettungsgeräte der freiwilligen Feuerwehr stellt, das Polizeiamt, welches den Strafsenalarm veranlafst, die Signalstation, den Brandmeister, den Garnisonbranddirektor, den Platzmajor, den Offizier vom Ortsdienst, den Aufsichtsbeamten und die Kasernenwachen.

Die Kasernen haben dann all ihr Löschmaterial, ohne weitere Befehle abzuwarten, nach der Brandstelle zu entsenden.

5. Feuer bei den Munitionsmagazinen.

Bei Ausbruch eines Feuers, gleichviel welchen Umfanges, dicht bei oder in dem Munitionsmagazinterrain ist das Gouvernement sofort zu benachrichtigen. Die Gouvernements-Telephonzentrale verfährt ebenso wie zu 4.

Die Wachtmannschaft einschliefslich der jeweiligen Posten steht sofort zur Verfügung desjenigen Offiziers oder Beamten, der von der Artillerieverwaltung zuerst zur Stelle ist.

Ein Betreten der einzelnen Magazine ist nur auf Befehl gestattet.

Ist Feuer in einem mit Munition belegten Magazin ausgebrochen, so mufs der die Löscharbeiten Leitende sich durch das Personal der Artillerieverwaltung über die Natur der im Magazin liegenden Munition unterrichten und entscheiden, ob eine Rettung des Magazins möglich, oder ob die Gefahr einer Explosion vorliegt und die Löschmannschaften aus dem Gefahrbereich zurückzuziehen sind.

Ist der Brand nur aufserhalb des umzäunten Munitionsmagazinterrains entstanden, so dafs dieselben zunächst nur durch Flugfeuer bedroht werden, so ist durch Verteilung der Militärmannschaften auf die Dächer bezw. die bedrohten Seiten für das Ablöschen der eventuell haftenbleibenden Funken Sorge zu tragen.

Zur Wasserentnahme dienen in erster Linie die auf dem unteren Terrain des Munitionshofes befindliche Zisterne und der Brunnen, ferner der zwischen den Magazinen und Tapautau liegende Brunnen und der etwa 400 Meter entfernte Hydrant an der Ecke der Kiautschou- und der Tsiningstrafse.

Die erforderlichen Geräte, wie Spritze, Feuereimer, Äxte, Hacken, Spaten, Haarlocken pp. sind im Raume C des Magazins III niedergelegt. Der Schlüssel zu diesem Raume befindet sich auf der Wachtstube.

Die Schlüssel der Magazine der oberen Anlage (Inventar pp. des Gouvernements) befinden sich in dem Schlüsselschrank, der in der Feldwebelstube gegenüber dem Wachtstubeneingang angebracht ist. Die Schlüssel der Schiffsmunitionsmagazine hängen im Schlüsselschrank der in dem Häuschen westlich vom Wachtlokal befindlichen Feldwebelstube.

Für den Fall, dafs die Schlüssel nicht rechtzeitig zur Stelle sein sollten, sind erforderlichenfalls die Türen mit Äxten einzuschlagen.

6. Feuer im sonstigen Stadtgebiet.

Bricht im sonstigen Stadtgebiet Feuer aus, so ist nach der Alarmordnung für die freiwillige Feuerwehr zu verfahren.

Auf das Alarmsignal begeben sich sämtliche nicht im Dienst und aufserhalb der Kasernen befindlichen Unteroffiziere und Mannschaften sofort in ihre Quartiere, der Garnisonbranddirektor zur Brandstelle. Die Löschmannschaften halten sich bereit, auf Befehl des Gouverneurs oder Garnisonbranddirektors nach der Brandstelle abzurücken).

7. Abrücken der Mannschaften nach der Brandstelle.

Die in den Lagern bezw. Kasernen vorhandenen Feuerspritzen und Schlauchwagen sind, sobald der Befehl eingetroffen, bezw. bei Bränden von fiskalischen Gebäuden, ohne weiteren Befehl, von den Bedienungsmannschaften schnellstens zur Brandstelle zu schaffen und dem Garnisonbranddirektor zur Stelle zu melden. Bei jeder Spritze müssen ein Stadtplan mit den eingezeichneten Hydranten und Brunnen, ein Hydrantenaufsatz, Schlüssel und einige Fackeln vorhanden sein.

Die Löschmannschaften der nicht mit fahrbaren Spritzen ausgerüsteten Kasernen folgen (außer bei Feuer bei den Munitionsmagazinen) erst auf besonderen Befehl des Garnisonbranddirektors mit den leeren fahrbaren Wassertanken, Eimern, Äxten, Beilpicken, Tauen, Fackeln usw. nach.

Sonstige Ablösungs- und Hilfsmannschaften requiriert der Garnisonbranddirektor.

8. Tätigkeit des Aufsichtsbeamten.

Als Aufsichtsbeamter ist seitens des Gouvernements der Polizeichef bezw. sein Stellvertreter bestellt.

Derselbe hat sich sofort, wenn er Feueralarm hört oder telephonische Meldung davon erhält, nach der Brandstelle zu begeben. Er sorgt für richtige Absperrung des Brandplatzes, ferner dafür, daß gefährdete Häuser pp. rechtzeitig geräumt werden.

Er ist berechtigt, dem Brandmeister und den Mitgliedern der freiwilligen Feuerwehr, letzteren in der Regel durch den Brandmeister, Anweisungen zu erteilen, sobald sie ihre Befugnisse überschreiten.

Etwaige Wünsche, betreffend die militärische Feuerwehr, hat er dem Garnisonbranddirektor auszusprechen. Im allgemeinen regelt sich das Verhältnis zwischen Militärpersonen und Polizei nach der Allerhöchsten Kabinetts-Order vom 6. Dezember 1855.

9. Feuerlöschgeräte. Ausbildung der Löschmannschaft.

Die mit Löschgeräten ausgerüsteten Dienststellen melden zum 1. Januar, 1. April, 1. Juli, 1. Oktober, ob
1. die Feuerlöschgeräte in Ordnung,
2. die Mannschaften in der Handhabung derselben unterrichtet sind.

Tsingtau, den 23. März 1903.

Der Kaiserliche Gouverneur.
Truppel.

13. Bekanntmachung des Zivilkommissars, betreffend die freiwillige Feuerwehr Tsingtau. Vom 26. März 1903.*)

(Amtsblatt 1903, S. 62.)

Vom 1. April d. Js. ab wird die Freiwillige Feuerwehr Tsingtau beim Löschen von Bränden in Tätigkeit treten. Die näheren Bestimmungen über ihr Zusammenwirken mit der militärischen Garnisonfeuerwehr sind in der Garnison-

---

*) Vgl. oben S. 292 ff.

feuerlöschordnung vom 23. d. Mts. und die Bestimmungen über das Feuermelde-
wesen und die Alarmierung der freiwilligen Feuerwehr in der Alarmordnung
vom gleichen Tage enthalten.

Tsingtau, den 26. März 1903.

Der Zivilkommissar.

14. Verordnung des Gouverneurs, betreffend die Rechte an Grundstücken
im Kiautschougebiet. Vom 30. März 1903.*)

(Amtsblatt 1903, S. 67 und 68.)

Zur Ausführung der Kaiserlichen Verordnung über die Rechte an Grundstücken in den Deutschen Schutzgebieten vom 21. November 1902**) und der
dazu erlassenen Verfügung des Reichskanzlers vom 30. November 1902***) verordne ich für das Schutzgebiet Kiautschou auf Grund der Ermächtigung des
Reichskanzlers vom 27. April 1898 folgendes:

§ 1. Die Verordnung betreffend den L a n d e r w e r b in dem Deutschen
Kiautschou-Gebiete vom 2. September 1898†) bleibt bestehen, soweit sie nicht in
den folgenden Bestimmungen abgeändert wird.

§ 2. Die Frist zur Ausführung des Benutzungsplanes wird bei der Versteigerung in den Kaufbedingungen bestimmt.

Der in Ziffer 3 Absatz 4 der Landerwerbsverordnung als Folge der Abweichung vom Benutzungsplane oder seiner Nichtausführung gesetzte Verlust
des Eigentums an den Fiskus des Schutzgebiets gegen Rückzahlung der Hälfte
des Erwerbspreises tritt für die nach dem 1. April 1903 von dem Fiskus ver-
äußerten Grundstücke nicht mehr ein.

§ 3. Die Ersteher haben sich zur Sicherung für die Ausführung des Benutzungsplanes einer Vertragsstrafe zu unterwerfen, deren Höhe in den Kaufbedingungen festzusetzen ist. Sie wird nur in Ausnahmefällen auf einen höheren
Betrag als das Fünffache des Erwerbspreises bestimmt werden.

§ 4. Der Ersteher hat für die Vertragsstrafe eine Sicherungshypothek zur
ersten Stelle einzutragen zu lassen. Die Löschung dieser Hypothek kann nach Ausführung des Benutzungsplanes verlangt werden. Nach teilweiser Ausführung
des Benutzungsplanes können Teillöschungen bewilligt werden. Die Kosten für
Eintragung und Löschung der Sicherungshypothek bleiben außer Ansatz.

§ 5. Das in Ziffer 6 Absatz 3 der Landerwerbsverordnung erwähnte Vorkaufsrecht umfaßt alle Verkaufsfälle (§ 1097 des Bürgerlichen Gesetzbuches).
Der Ersteher hat das Vorkaufsrecht in das Grundbuch eintragen zu lassen. Dies
ist in die Kaufbedingungen aufzunehmen.

Vor der Auflassung muß dem Grundbuchrichter durch eine Bescheinigung
des Landamts nachgewiesen werden, daß der Fiskus sein Vorkaufsrecht nicht
ausüben will.

§ 6. Die in Ziffer 6 der Landerwerbsverordnung gedachte Pflicht zur Aus-
kehrung eines Reingewinnes an den Fiskus und die nach Ziffer 7 dieser Verordnung zu entrichtenden Abgabe sind öffentliche Lasten des Grundstücks. Das
Grundstück haftet dafür auch ohne Eintragung in das Grundbuch.

Das Gleiche gilt von der Grundsteuer.

---
*) Vgl. Abänderung unten S. 312.
) D. Kol. Gesetzgeb. Bd. VI, S. 4 ff. — *) Ebenda S. 10 ff. — †) Ebenda Bd. V,
S. 198 ff.

§ 7. Der Fiskus des Schutzgebietes Kiautschou wird in allen durch die
Verordnung betreffend den Landerwerb vom 2. September 1898 geregelten Angelegenheiten durch das Kaiserliche Landamt vertreten.

Bei Verkäufen von Grundstücken im Schutzgebiete durch den Fiskus ist
auch der das Landamt verwaltende Beamte für die Beurkundung des im § 313
des Bürgerlichen Gesetzbuches bezeichneten Vertrages, sowie für die nach § 873
Absatz 2 des Bürgerlichen Gesetzbuches zur Bindung der Beteiligten erforderliche
Beurkundung der Erklärungen zuständig (Artikel 142 des Einführungsgesetzes
zum Bürgerlichen Gesetzbuche).

Soweit der das Landamt verwaltende Beamte durch die Vornahme der Beurkundung an der Vertretung des Fiskus verhindert ist, wird der Fiskus durch
den Zivilkommissar vertreten, welcher berechtigt ist, andere Personen mit der
Vertretung zu beauftragen.

§ 8. Der Ersteher eines Grundstücks in der Landversteigerung hat binnen
zwei Monaten vom Tage des Zuschlags seine Eintragung als Eigentümer in das
Grundbuch zu beantragen. Die Nichterfüllung dieser Pflicht gilt als auflösende
Bedingung für den durch den Zuschlag zustande gekommenen Kaufvertrag.
Dies ist in die Kaufbedingungen aufzunehmen.

§ 9. Bis auf weiteres können für Grundstücke, die der Fiskus an Chinesen
verkauft hat, Grundbuchblätter ohne besondere Beschränkungen oder Bedingungen angelegt werden.

§ 10. Das Grundbuch ist für das gesamte Schutzgebiet anzulegen.

§ 11. Das Reichsgesetz, betreffend die Zwangsversteigerung und Zwangs-
verwaltung vom $\frac{24.\ März\ 1897}{20.\ Mai\ 1898}$ (R. G. Bl. 1897 S. 97 und 1898 S. 713) findet auf
Grundstücke, für die ein Grundbuchblatt angelegt ist, mit folgenden Maßgaben
Anwendung.

§ 12. Wer zur Bestellung einer Sicherheit verpflichtet ist, und welche
Werte als Sicherheiten geeignet sind, bestimmt das Vollstreckungsgericht nach
freiem Ermessen.

Bei der Umrechnung von Geldbeträgen in Dollarwährung ist der Kurs des
Dollars bei der Gouvernementskasse am Tage vor dem Versteigerungstermine
maßgebend.

Die in § 6 dieser Verordnung genannten öffentlichen Lasten sind wie die
in § 10 No. 3 des Reichsgesetzes, betreffend die Zwangsversteigerung und Zwangsverwaltung, erwähnten Lasten zu behandeln.

Vor dem Versteigerungstermine hat das Landamt dem Vollstreckungs-
gerichte den Wert mitzuteilen, welchen es dem Grundstücke beimißt. Das Gericht hat bei Ermittlung dieses Wertes auf Ersuchen des Landamtes mitzuwirken.

Der Richter hat bei Feststellung der Kaufbedingungen darauf hinzuweisen,
daß ein Drittel des Unterschiedes zwischen diesem Wert und dem ihn übersteigenden Gebot an den Fiskus bar zu zahlen ist.

Gegebenenfalls ist das geringste Gebot so zu bestimmen, daß es die Ge-
winnauskehrungspflicht mit umfaßt.

§ 13. Die Zwangsverwaltung eines Grundstücks findet nicht statt.

§ 14. In den Fällen der §§ 64 und 112 des Reichsgesetzes, betreffend die
Zwangsversteigerung und Zwangsverwaltung, hat das Gericht den Wert der
Grundstücke nach freiem Ermessen, nötigenfalls unter Zuziehung von Sach-
verständigen, zu bestimmen.

§ 15. Geldbeträge, die der Berechtigte nicht im Termin zur Verteilung des Versteigerungserlöses abhebt, werden ihm durch Boten oder durch die Post übersandt, sofern er nicht in einer Urkunde, die durch eine siegelführende Behörde beglaubigt ist, andere Bestimmungen trifft.

§ 16. Diese Verordnung tritt am 1. April 1903 in Kraft.

Tsingtau, den 30. März 1903.

Der Kaiserliche Gouverneur.
Allerhöchst mit der Stellvertretung beauftragt.
van Semmern.

15. Bekanntmachung für Seefahrer über Ansteuerung des kleinen Hafens von Tsingtau, erlassen vom Gouverneur. Vom 13. April 1903.*)

(Amtsblatt 1903, S. 75.)

Die Ansteuerung zum kleinen Hafen von Tsingtau wird durch folgende Baken (eiserne Gerüste), beziehungsweise Feuer, welche mit dem 1. April d. Js. in Betrieb genommen sind, gekennzeichnet:

a) eine rote Bake mit rotem Feuer auf dem Molenkopf der Nordmole. Höhe über mittl. H. W. 6,8 m;

b) eine rote Bake mit rotem Feuer auf einem Felsen nordnordwestlich des Gebäudes der Hafenbauabteilung in NOzO½O, etwa 510 m von dem roten Molenkopffeuer. Höhe über mittl. H. W. 12 m;

c) eine grüne Bake mit grünem Feuer auf dem Molenkopf der Südmole. Höhe über mittl. H. W. 6,8 m;

d) eine grüne Bake mit grünem Feuer auf der Südmole in SzO½O, etwa 180 m von dem grünen Molenkopffeuer. Höhe über mittl. H. W. 8 m.

Bei der Ansteuerung von SW kommend, sind die beiden roten Baken, beziehungsweise Feuer in Linie zu halten. Dieser Kurs führt frei von Hufeisenriff und Barkalsfelsen.

Bei der Ansteuerung von NW kommend, sind die beiden grünen Baken, beziehungsweise Feuer in Linie zu halten. Dieser Kurs führt frei von Hufeisenriff und Tapautaufelsen.

Auf dem Brückenkopf der im kleinen Hafen liegenden Tapautaubrücke befinden sich zwei grüne und zwei rote Brückenkopflaternen untereinander.

Der Kaiserliche Gouverneur.
Allerhöchst mit der Stellvertretung beauftragt.
van Semmern.

16. Bekanntmachung des Deutschen Postamts, betreffend Barverkehr an den Postschaltern. Vom 30. April 1903.

(Amtsblatt 1903, S. 83.)

Es wird darauf aufmerksam gemacht, daß für den Barverkehr an den Postschaltern als Zahlungsmittel lediglich der Dollar mexikanischer Prägung gilt. Scheidemünzen der Dollarwährung werden nur bis zum Betrage von 50 Cts. angenommen.

Außerdem wird von jetzt ab beim Verkauf der Wertzeichen und Formulare, sowie bei der Erhebung von Portobeträgen für in Scheidemünze geleistete Zahlungen ein Zuschlag von 10 % erhoben.

Tsingtau, den 30. April 1903.

Kaiserlich Deutsches Postamt.

*) Im Amtsblatt ohne Datum veröffentlicht.

17. **Dienstanweisung für die Notare im Bezirk des Kaiserlichen Gerichts von Kiautschou, erlassen vom Gouverneur. Vom 3. Mai 1903.**

Genehmigt vom Reichskanzler (Reichs-Marine-Amt) am 17. August 1908.
(V. Bl. für das Kiautschougebiet 1903, S. XXI, Amtsblatt 1903, S. 65 bis 89.)

Auf Grund der §§ 6 und 15 des Schutzgebietsgesetzes vom 25. Juli 1900, des § 11 der Kaiserlichen Verordnung, betreffend die Rechtsverhältnisse in den deutschen Schutzgebieten vom 9. November 1900 und der Ermächtigung des Reichskanzlers vom 27. April 1898 verordne ich über die Dienststellung der Notare im Bezirke des Kaiserlichen Gerichts von Kiautschou folgendes:

§ 1. Der Notar hat vor dem Oberrichter einen Diensteid dahin zu leisten, „daß er die Pflichten eines Notars treu und gewissenhaft erfüllen werde".

Das über die Vereidigung aufzunehmende Protokoll hat er mit der von ihm bei Amtshandlungen anzuwendenden Unterschrift zu unterzeichnen. Die Aushändigung der Urkunde über die Ernennung zum Notar erfolgt im Anschluß an die Eidesleistung.

§ 2. Der Notar bedarf zur Übernahme von Nebenämtern oder Nebenbeschäftigung keiner Genehmigung der Aufsichtsbehörde. Jedoch kann ihm die Verwaltung eines Nebenamtes, sowie die Fortsetzung einer Nebenbeschäftigung untersagt werden, wenn die Verwaltung des Amtes oder die Beschäftigung der Würde der Stellung eines Notars nicht entspricht.

§ 3. Der Notar darf seine Dienste nicht ohne triftigen Grund verweigern. Nimmt er einen Auftrag nicht an, so ist er verpflichtet, die Ablehnung dem Auftraggeber unverzüglich anzuzeigen.

§ 4. Auf Amtshandlungen des Notars, die nicht die Beurkundung eines Rechtsgeschäfts zum Gegenstande haben, finden die Vorschriften, die in den §§ 6 bis 9 des Reichsgesetzes über die Angelegenheiten der freiwilligen Gerichtsbarkeit in bezug auf die Ausschließung des Richters, in bezug auf seine Befugnis, sich wegen Befangenheit der Ausübung seines Amtes zu enthalten, sowie in bezug auf die Gerichtssprache und die Dolmetscher getroffen sind, entsprechende Anwendung.

§ 5. In einer Sache, in der mehrere Personen beteiligt sind, soll der Notar, der in dieser Sache für einen der Beteiligten als Prozeßbevollmächtigter tätig ist oder gewesen ist, keine Amtshandlungen vornehmen, wenn einer der Beteiligten widerspricht. Der Notar soll den Beteiligten von einem solchen Widerspruchsgrund unverzüglich Mitteilung machen; der Widerspruch ist nur zulässig, wenn er unverzüglich nach der Mitteilung erfolgt.

§ 6. Als Dolmetscher soll der Notar Chinesen oder diesen nach § 2 der Kaiserlichen Verordnung, betreffend die Rechtsverhältnisse in den deutschen Schutzgebieten, gleichgestellte Farbige nicht zuziehen; das Gericht kann Ausnahmen zulassen.

Die Beeidigung der von dem Notar als Dolmetscher zuzuziehenden Personen erfolgt ausschließlich durch das Gericht. Der Richter ist befugt, die Beeidigung abzulehnen, wenn er die Überzeugung gewinnt, daß der zu Beeidigende der fremden Sprache nicht genügend mächtig ist.

Bei den ein für allemal beeidigten Gerichtsdolmetschern genügt die Berufung auf den früher geleisteten Eid. Sie dürfen, sofern sie Beamte sind, als Dolmetscher eines Notars nur mit Genehmigung des Oberrichters tätig werden. Die Genehmigung kann generell erteilt werden und ist jederzeit widerruflich.

§ 7. Der Notar ist zuständig, Siegelungen und Entsiegelungen im Auftrage des Gerichts oder des Konkursverwalters vorzunehmen.

§ 8. Der Notar soll in Ansehung von Geschäften, die er beurkundet, keine Gewährleistung übernehmen.

§ 9. Der Notar hat, soweit nicht das Gesetz ein anderes bestimmt, über die Verhandlungen, bei denen er mitgewirkt hat, Verschwiegenheit zu beobachten, es sei denn, daß die in der Sache Beteiligten ihn von dieser Verpflichtung entbinden.

§ 10. Die Dienstaufsicht über die Notare wird von dem Oberrichter geführt (Verordnung des Reichskanzlers vom 18. Februar 1903).*)

§ 11. Der Notar ist verpflichtet, dem Oberrichter auf Verlangen die Urkunden und Register zur Einsicht vorzulegen.

§ 12. Der Notar hat folgende Register und Bücher zu führen:

1. das allgemeine Notariatsregister nach anliegendem Muster, in welches die aufgenommenen Verhandlungen, die angefertigten und beglaubigten Entwürfe und die Beglaubigungen von Unterschriften oder Handzeichen, sowie die sonstigen Zeugnisse mit Ausnahme der Beglaubigung von Abschriften in ununterbrochener Reihenfolge unter fortlaufenden Nummern einzutragen sind. Das Register ist mit fortlaufenden Seitenzahlen zu versehen und die Zahl von dem Oberrichter zu beglaubigen.
Auf der Urschrift jeder Urkunde sowie auf jeder Ausfertigung oder Abschrift soll der Notar die Nummer angeben, unter der die Urschrift im Register eingetragen ist;

2. das Register über Wechselproteste (Art. 90 der Wechselordnung) zur Eintragung einer wortgetreuen Abschrift der aufgenommenen Proteste in der Reihenfolge der Vornahme. Die Eintragung ist mit einem durch den Notar eigenhändig vollzogenen Beglaubigungsvermerk zu versehen;

3. ein Verwahrungsbuch in zwei Abteilungen nach anliegendem Muster über die bei ihm eingehenden fremden Gelder, geldwerten Papiere und Kostbarkeiten.

Auf die Einrichtung und Führung der Register und des Verwahrungsbuches findet der § 2 der allgemeinen Verfügung des preußischen Justizministers, betreffend das Notariat vom 21. Dezember 1899 (Justiz-Ministerial-Blatt Seite 834), sinngemäße Anwendung.

§ 13. Das Dienstsiegel des Notars enthält in der Mitte den heraldischen Adler (Marine-Adler) und in der Umschrift den Vor- und Zunamen des Notars, sowie die Worte „Notar im Bezirk des Kaiserlichen Gerichts von Kiautschou". Notaren, welche einen ihnen verliehenen Titel oder den Doktortitel führen, ist gestattet, diese Titel dem Vornamen im Dienstsiegel voranzusetzen. Die Verwendung von Siegelmarken an Stelle des Dienstsiegels ist unzulässig.

§ 14. Der Notar ist nicht verpflichtet, Urlaub zu nehmen, soll jedoch, wenn er seinen Amtssitz für länger als eine Woche verläßt, dem Oberrichter von Beginn und Beendigung der Abwesenheit Anzeige machen.

Dauert die Abwesenheit länger als sechs Wochen oder ist der Notar für einen sechs Wochen übersteigenden Zeitraum durch Krankheit oder sonst an der Wahrnehmung seiner Geschäfte verhindert, so hat er die sein Amt betreffenden Akten (Urschriften, Register usw.) einem anderen zur Empfangnahme bereiten Notar im Bezirke des Gerichts von Kiautschou oder in Ermangelung eines solchen dem Gericht zur Verwahrung zu übergeben. Von der Übergabe der Akten an einen anderen Notar ist dem Gericht Anzeige zu erstatten.

---

*) Oben S. 291.

§ 15. Hat der Notar für die Zeit, während welcher er an der Wahrnehmung seiner Geschäfte verhindert ist, die Verwahrung seiner Akten in der im § 14 bezeichneten Art nicht veranlaßt, so hat, falls ein Antrag auf Erteilung einer Ausfertigung aus den Akten des Notars oder auf Erteilung einer Abschrift oder auf Gewährung der Einsicht gestellt wird, auf Anordnung des Oberrichters das Gericht die Dienstakten in Verwahrung zu nehmen, bis der Notar die Geschäfte übernimmt.

§ 16. Ist dem Notar auf seinen oder seines nach § 1910 des Bürgerlichen Gesetzbuches bestellten Pflegers Antrag ein Vertreter bestellt, so finden auf ihn die Vorschriften dieser Dienstanweisung sinngemäße Anwendung. Der Anfang sowie die Beendigung der Vertretung ist dem Oberrichter anzuzeigen. Der Vertreter versieht das Amt des Vertretenen unter dessen und seiner eigenen Verantwortlichkeit und auf dessen Kosten. Er hat seiner Unterschrift einen ihn als Vertreter kennzeichnenden Zusatz beizufügen und das Dienstsiegel des Vertretenen zu gebrauchen.

Der Vertreter soll, unbeschadet der aus seiner Person sich ergebenden Hinderungsgründe, auch insoweit keine Amtshandlungen vornehmen, als der von ihm vertretene Notar ausgeschlossen sein würde. Der Vertretene*) soll während der Dauer der Vertretung keine Amtshandlungen vornehmen.

§ 17. Bei dem Ausscheiden oder dem Tode des Notars hat auf Anordnung des Oberrichters das Gericht die das Amt betreffenden Papiere in Verwahrung und das Dienstsiegel zum Zwecke der Vernichtung an sich zu nehmen.

§ 18. Bis zur allgemeinen Regelung des Kostenwesens im Schutzgebiete finden auf die Gebühren der Notare die Vorschriften der Preußischen Gebührenordnung für Notare vom 25. Juni 1895 in der Fassung vom 6. Oktober 1899 (Gesetz-Sammlung 1899, S. 203) Anwendung mit der Maßgabe, daß bei der Berechnung des Objekts der mexikanische Dollar zum Werte von 2 Mark gerechnet wird und die Gebühren im Schutzgebiete soviel Dollars und Cents betragen, wie sie in Preußen Mark und Pfennige betragen würden.

§ 19. Diese Dienstanweisung tritt mit ihrer Verkündung in Kraft.

Tsingtau, den 3. Mai 1903.

Der Kaiserliche Gouverneur.

Truppel.

Das allgemeine Notariatsregister.

Jährlich fortlaufende No.	Tag der Ausstellung der Urkunde	Gegenstand	Namen der Beteiligten	Stand	Wohnort	Bemerkungen

*) Versehentlich steht im amtlichen Text an dieser Stelle „Vertreter" statt „Vertretene".

No. I. Verwahrungsbuch.

Einnahmen:

Laufende No.	Datum Monat Tag	Bezeichnung des Hinterlegers	Es sind hinterlegt					Unterschrift des Notars	Hinweis auf die Eintragung in Abteilung II Seite No.
			besonders aufzubewahrende		bare Gelder,				
			Wertpapiere und Kostbarkeiten		bare Gelder	welche von dem eigenen Gelde getrennt aufzubewahren sind	welche mit dem eigenen Gelde vermischt werden dürfen		
			Bezeichnung	Nennwert oder Taxwert					
				$ Cts	$ Cts	$ Cts	$ Cts		Seite No.
1	2	3	4	5	6	7	8	9	

Ausgaben:

Laufende No.	Datum Monat Tag	Bezeichnung des Empfängers	Es sind verausgabt					Unterschrift des Notars	Hinweis auf die Eintragung in Abteilung II Seite No.	Bemerkungen
			bes. oder aufbewahrte		bare Gelder,					
			Wertpapiere und Kostbarkeiten		bare Gelder	welche von dem eigenen Gelde getrennt aufbewahrt sind	welche mit dem eigenen Gelde vermischt sind			
			Bezeichnung	Nennwert oder Taxwert						
				$ Cts	$ Cts	$ Cts	$ Cts		Seite No.	
1	2	3	4	5	6	7	8	9	10	

No. II. Verwahrungsbuch.

Einnahmen:

Nummer des Verwahrungsbuches Abteilung I.	Datum Monat Tag	Bezeichnung des Hinterlegers	Es sind hinterlegt					Unterschrift des Notars
			besonders aufzubewahrende		bare Gelder,			
			Wertpapiere und Kostbarkeiten		bare Gelder	welche von dem eigenen Gelde getrennt aufzubewahren sind	welche mit dem eigenen Gelde vermischt werden dürfen	
			Bezeichnung	Nennwert oder Taxwert				
				$ Cts	$ Cts	$ Cts		
1	2	3	4	5	6	7	8

Ausgaben:

Nummer der Verwahrungsbücher Abteilung I	Datum (Monat Tag)	Bezeichnung des Empfängers	Es sind verausgabt					Unterschrift des Notars	Nummer der Belege	Bemerkungen
			besonders aufbewahrte		bare Gelder					
			Wertpapiere und Kostbarkeiten	baar Gelder	solche von den einzelnen Geldern gesondert aufbewahrt sind	welche mit den eigenen Geldern vermischt sind				
			Bezeichnung	Nennwert oder Taxwert						
			$ Cts	$ Cts	$ Cts	$ Cts			
1	2	3	4	5	6	7	8	9	10

18. Bekanntmachung für Seefahrer über Einrichtung von provisorischen Nebelsignalstationen vor Tsingtau, erlassen vom Gouverneur.

Vom 14. Mai 1903.

(Amtsblatt 1903, S. 95.)

Betrifft Knallpatronen-Signale auf Tschalienten und Ukishuk.

19. Verordnung des Reichskanzlers, betreffend das Bergwesen im Kiautschougebiete. Vom 16. Mai 1903.

(V. Bl. für das Kiautschougebiet 1903, S. XVIII, Amtsblatt 1903, S. 143.)

Auf Grund des § 3 des Schutzgebietsgesetzes (Reichs-Gesetzbl. 1900, Seite 813) in Verbindung mit § 21 des Gesetzes über die Konsulargerichtsbarkeit (Reichs-Gesetzbl. 1900, Seite 213) und § 3 der Kaiserlichen Verordnung, betreffend die Rechtsverhältnisse in den deutschen Schutzgebieten, vom 9. November 1900 (Reichs-Gesetzbl. Seite 1005) wird verordnet:

Im Schutzgebiete Kiautschou sind die in § 1 des Allgemeinen Berggesetzes für die preußischen Staaten vom 24. Juni 1865 (Gesetz-Sammlung Seite 705) bezeichneten Mineralien von der Verfügung des Grundeigenthümers ausgeschlossen.

Das Recht, solche Mineralien aufzusuchen und zu gewinnen, steht ausschließlich dem Fiskus des Schutzgebietes zu.

In Vertretung des Reichskanzlers.

v. Tirpitz.

20. Bekanntmachung für Seefahrer über Auslegen von Seezeichen, erlassen vom Gouverneur. Vom 16. Mai 1903.

(Amtsblatt 1903, S. 95.)

Auf dem blinden Felsen zwischen der Arkona-Insel und Petroleum-Halbinsel, sowie auf dem vor der Aufschlepphelling der Marinewerkstatt gelegenen Felsen und der sich nördlich der Arkona-Insel erstreckenden Sandbank sind zur größeren Sicherheit für den Bootsverkehr folgende Seezeichen ausgelegt worden:

a) Östlich der Arkona-Insel, ungefähr in der Mitte zwischen dieser und der Petroleum-Halbinsel, zur Kennzeichnung des Steins ein Pricken auf 0,5 m Wasser. Dieser Pricken ist von Süd einlaufend 15 m an Steuerbord zu lassen. Zur Bestimmung der Lage wurden folgende Doppelwinkel gemessen: Q Tsingtau (Höhe 34,5 beim Höhenlager, cfr. Karte Kiautschou, No. 157 [Tit. XIV, No. 37]) 76° 16' Signalberg, 51° 2' Iltisberg.

b) Ein Pricken zur Kennzeichnung des blinden Felsens, welcher ungefähr 150 m westsüdwestlich von der Abschlepphelling der Marinewerkstatt liegt. Der Pricken liegt in 1,1 m Wasser und ist von Booten, welche von Süden kommend nach der Jamenbrücke fahren, ebenfalls gut frei an Steuerbord zu lassen. Es wurden zur Feststellung der Lage dieses Prickens Doppelwinkel gemessen: Leuchtturm 41° 21' Q Tsingtau, 89° 81' Signalberg.

c) Zur Umsteuerung der sich von der Arkona-Insel nach Nord erstreckenden Sandbank ist auf 2,2 m Wassertiefe, 200 m vom Nordrande der Insel entfernt, eine rote Spierentonne mit Besentoppzeichen ausgelegt. Lage derselben: Leuchtturm 46° 44' Q Tsingtau, 93° 41' Signalberg.

Tsingtau, den 10. Mai 1903.

Der Kaiserliche Gouverneur.
Truppel.

21. Verordnung des Gouverneurs, betreffend Aufhebung der Hundesperre. Vom 19. Mai 1903.

(Amtsblatt 1903, S. 96.)

Hebt die Verordnung vom 25. Februar 1903 auf.*)

22. Verordnung des Gouverneurs, betreffend Maulkorbzwang. Vom 19. Mai 1903.

(Amtsblatt 1903, S. 96.)

Im Stadtgebiete Tsingtau ist es verboten, Hunde, welche nicht mit Maulkörben versehen sind, frei umherlaufen zu lassen. Maulkörbe, welche das Beißen nicht unbedingt verhindern oder leicht abgestreift werden können, sind unzulässig.

Zuwiderhandlungen gegen diese Verordnung werden mit Geldstrafe bis zu 20 Mark, im Nichtbeitreibungsfalle bis zu 4 Tagen Haft bestraft. Die Polizei ist berechtigt, Hunde, welche ohne Maulkorb umherlaufen, auf der Stelle zu töten.

Unter Stadtgebiet ist zu verstehen das Gelände vom Leuchtturm Yu nui san an nach Osten bis an die Linie Iltishalbinsel—Iltisberg—Haipofuls, einschließlich der Orte Tai tung tschen und Sautschutan.

Tsingtau, den 19. Mai 1903.

Der Kaiserliche Gouverneur.
Truppel.

23. Bekanntmachung für Seefahrer, erlassen vom Hafenamt. Vom 23. Mai 1903.

(Amtsblatt 1903, S. 99.)

Betrifft Tagesmerken auf dem Barkafs- und Tapautaufelsen.

24. Bekanntmachung des deutschen Postamts. Vom 16. Juli 1903.

(Amtsblatt 1903, S. 150.)

Vom 18. Juli d. Js. ab unterliegen im Verkehr der Postanstalten des Deutschen Kiautschougebietes und der Deutschen Postanstalten in China die Postpakete und Postfrachtstücke der Zollkontrolle.

Vom genannten Zeitpunkte ab müssen daher sämtliche hier aufzuliefernde Pakete nach Orten aufserhalb des Schutzgebietes von Zollinhaltserklärungen begleitet sein.

Die näheren Bestimmungen über die Handhabung der Zollkontrolle werden noch bekannt gegeben.*)

Tsingtau, den 16. Juli 1903.

Kaiserlich Deutsches Postamt.
Henniger.

25. Verordnung des Gouverneurs über die Führung des Güterrechts-, Handels-, Genossenschafts- und Seeschiffsregisters im Schutzgebiete Kiautschou. Vom 4. August 1903.

Genehmigt vom Reichskanzler (Reichs-Marine-Amt) am 30. Oktober 1903.
(V. Bl. für das Kiautschougebiet 1903, S. XXX, Amtsblatt 1903, S. 139.)

Für die Einrichtung und Führung des Güterrechts-, Handels-, Genossenschafts- und Seeschiffsregisters im Schutzgebiete Kiautschou finden die Allgemeinen Verfügungen des preufsischen Justizministers vom 6., 7. und 8. November, sowie vom 11. Dezember 1899 (Justiz-Ministerialblatt 1899, S. 299, 813, 834 und 753) sinnentsprechende Anwendung. Der § 10 der Verfügung vom 7. November 1899 findet nicht Anwendung.

Diese Verordnung tritt sofort in Kraft.

Tsingtau, den 4. August 1903.

Der Kaiserliche Gouverneur.
Truppel.

26. Seepolizeiordnung des Gouverneurs. Vom 26. August 1903.

(Amtsblatt 1903, S. 151.)

Betrifft Geschütz-Schiefsübungen im Jahre 1903.

---

*) Vgl. unten S. 911.

27. Bekanntmachung für Seefahrer, betreffend Leuchtfeuer auf der Insel Tschalientau, erlassen vom Hafenamt. Vom 8. Oktober 1903.

(Amtsblatt 1903, S. 177.)

Auf der ungefähr 29 Seemeilen ostsüdöstlich von Tsingtau gelegenen Insel Tschalientau ist am 3. Oktober ein neues Leuchtfeuer in Betrieb gesetzt.

Die Höhe des aus grauem Sandstein erbauten Leuchtturms beträgt vom Erdboden bis Kuppeloberkante 15 m.

Das Licht ist ein Petroleumglühlicht, 80 m über Hochwasser befindlich und bei dunkler Nacht und klarem Wetter 21 Sm weit sichtbar. Es ist ein nach allen Seiten sichtbares weißes Blitzfeuer, welches alle 10 Sekunden einen kurzen Blitz zeigt.

Tsingtau, den 8. Oktober 1903.

Kaiserliches Hafenamt.

28. Erlaß des Staatssekretärs des Reichs-Marine-Amts, betreffend Ableistung der Wehrpflicht in Kiautschou. Vom 13. Oktober 1903.

(V. Bl. für das Kiautschougebiet 1903, S. XXIX.)

Personen, welche auf Grund der Allerhöchsten Kabinetts-Order vom 27. Februar 1899[*]) — Anhang zum Marineverordnungsblatt No. 5, vergleiche Anlage 2,10 zu den „Organisatorischen Bestimmungen für die Besatzung des Schutzgebiets Kiautschou und deren Stamm-Kompagnien" — bei den Marineteilen im Schutzgebiet Kiautschou zur Ableistung ihrer gesetzlichen Dienstpflicht oder zu Übungen zugelassen sind, können für die Reise nach Tsingtau und für die Rückreise nach beendeter Dienstpflicht oder Übung — vorausgesetzt, daß freier Platz vorhanden ist — auch dann Ablösungstransportdampfer der Marine benutzen, wenn unter Umständen der Schiffsreederei die Kosten für ihre Verpflegung zu vergüten sind. In diesem Falle müssen sie aber den Betrag bei der Aufnahme auf dem Dampfer erlegen. Die Sätze betragen zur Zeit

für Fahrgäste	I. Klasse	. . . .	5,00 ℳ.,
„	„ II. „	. . . .	3,00 ℳ.,
„	„ III. „	. . . .	1,50 ℳ.,

täglich.

Unter den gleichen Bedingungen können solche Dienstpflichtige auch auf Ablösungstransportdampfern für die Ostasiatische Besatzungs-Brigade befördert werden.

Absatz 5 der Verfügung vom 28. Februar 1899 — A. 1994. Marineverordnungsblatt 1899 Anhang zu No. 5 Seite 11 und Anlage 2,10 zu den Organisatorischen Bestimmungen für die Besatzung des Schutzgebiets Kiautschou und deren Stamm-Kompagnien — wird hierdurch ergänzt.

Der Staatssekretär des Reichs-Marine-Amts.

v. Tirpitz.

---

*) D. Kol. Gesetzgeb. Bd. IV, S. 165 ff. — Vgl. dazu die Bekanntmachung des Gouverneurs vom 2. März 1901, D. Kol. Gesetzgeb. Bd. VI, S. 573.

29. Verordnung des Gouverneurs, betreffend Hasenjagd.
Vom 22. Oktober 1903.
(Amtsblatt 1903, S. 183.)

Hebt die Verordnung über Schonzeit der Hasen vom 20. Januar 1903 auf. (Amtsblatt 1903, S. 14.)*)

30. Allerhöchste Order, betreffend Gerichtsherrliche usw. Befugnisse.
Vom 21. November 1903.
(V. Bl. für das Kiautschougebiet 1903, S. XXXIII.)

Ich verleihe dem mit der Führung der Stamm-Kompagnien für das III. Seebataillon beauftragten Stabsoffizier die gerichtsherrlichen, Disziplinar- und Urlaubsbefugnisse eines selbständigen Bataillonskommandeurs. Sie haben das Weitere zu veranlassen.

Neues Palais, den 21. November 1903.

Wilhelm.

An den Reichskanzler (Reichs-Marine-Amt).

31. Bekanntmachung für Seefahrer, erlassen vom Hafenamt.
Vom 3. Dezember 1903.
(Amtsblatt 1903, S. 203.)

Betrifft Auslegen und Einziehen von Bojen für die Winterzeit.

32. Zollamtliche Bekanntmachung No. 44. Vom 23. Dezember 1903.
(Amtsblatt 1903, S. 209.)

In Abänderung der zollamtlichen Bekanntmachung No.44**) treten für die zollamtliche Behandlung der Post- und Frachtpakete folgende Bestimmungen vom 1. Januar 1904 in Kraft.

1. Pakete nach dem Hinterlande und Peking sind bei der Paketabfertigungsstelle des Hauptzollamts unter Einreichung einer Inhaltserklärung zu verzollen.

2. Pakete nach chinesischen Häfen sind am Bestimmungsorte verzollbar und brauchen dem hiesigen Zollamt nicht vorgezeigt zu werden.

3. Pakete nach Deutschland und dem Auslande sind bei der Paketabfertigungsstelle des Hauptzollamts unter Einreichung einer Inhaltserklärung zu deklarieren bezw. zu verzollen.

Der tarifmäßige Ausfuhrzoll wird erhoben auf alle aus dem Hinterlande stammenden, nach Deutschland oder dem Auslande ausgeführten Waren. Auf Waren nichtchinesischen Ursprungs, die bereits Ausfuhrzoll in China entrichtet

*) Oben S. 289.
**) Die ursprüngliche Bekanntmachung No. 44 vom 25. September 1903 ist nicht abgedruckt worden, da sie inzwischen durch obenstehende vom 23. Dezember 1903 ersetzt ist.

haben, wird bei der Ausfuhr nach Deutschland oder dem Auslande Zoll nicht erhoben. Im Falle der Nichtöffnung eines Paketes wird Zoll in der Höhe von 5 %
des angegebenen Wertes erhoben. Beträgt der Zoll weniger als 0,75 Dollar, so
wird er nicht erhoben. Mehrere Pakete desselben Absenders an dieselbe Adresse
und gleichen Inhalts sind zollpflichtig, wenn der Gesamtzoll 0,75 Dollar übersteigt.

4. Inhaltserklärungsformulare sind im Zollamt zu erhalten; einzelne
Exemplare kosten 10 Käsch, 10 Exemplare kosten 0,10 Dollar. Der Zoll ist zahlbar
in Dollarwährung. Für den bezahlten Betrag wird eine Quittung verabfolgt. Die
Zollabfertigung erfolgt durch Abstempelung. Abgefertigte Pakete sind vom Absender der Post oder der Dampferagentur zu überreichen.

5. Der Paketschalter des Hauptzollamts ist geöffnet für den Paketverkehr
an Werktagen von 9 bis 12 und 1 bis 5 Uhr.

Kiautschou-Zollamt, T s i n g t a u , den 23. Dezember 1903.

E. O h l m e r.

Kaiserlich chinesischer Seezolldirektor.

Genehmigt.

T s i n g t a u , den 25. Dezember 1903.

Der Kaiserliche Gouverneur.

T r u p p e l.

33. Bekanntmachung des deutschen Postamts, betreffend zollamtliche
Behandlung der Postpakete. Vom 25. Dezember 1903.

(Amtsblatt 1903, S. 310.)

Im Anschluß an die von dem Kaiserlich Chinesischen Seezollamte erlassene Bekanntmachung No. 44 über die zollamtliche Behandlung der Postpakete*) wird folgendes bekannt gemacht:

I. Aufgelieferte Pakete
  1. nach dem Hinterlande, nach Deutschland und dem Auslande, sowie
     nach Peking müssen vor der Auflieferung beim Zollamte vorgezeigt
     sein und einen entsprechenden Vermerk tragen;
  2. nach chinesischen Häfen gelangen ohne Zollkontrolle zur Annahme
     und Absendung.

II. Eingehende Pakete
  1. aus Peking, welche nicht in Tientsin verzollt sind, werden dem Zoll-
     amt überwiesen. Der Empfänger erhält eine Benachrichtigung, das
     Paket beim Zollamte abzuholen;
  2. alle übrigen im Schutzgebiete verbleibenden Pakete werden dem
     Empfänger zugeführt, ohne daß eine Zollkontrolle stattfindet.

III. Durchgangspakete
  1. aus dem Innern nach chinesischen Häfen gehen ohne Zollkontrolle
     weiter;
  2. a u s dem Innern nach Deutschland, dem Auslande und Peking, so-
     wie n a c h dem Innern unterliegen der Zollkontrolle.

Die Verzollung der unter III 2 aufgeführten Pakete wird für den im
Innern wohnenden Absender bezw. Empfänger durch das Postamt in Tsingtau

_____
*) Oben S. 310.

wahrgenommen, welches den Zollbetrag verauslagt und später wieder einzieht.
Als Entgelt für die Mühewaltung wird eine Verzollungsgebühr von 20 Cents für
jedes Paket erhoben. Verlangt das Zollamt die Öffnung eines Paketes, so holt
das Postamt vorher die Genehmigung des Absenders oder Empfängers dazu ein.

Tsingtau, den 25. Dezember 1903.

Kaiserlich Deutsches Postamt.
Henniger.

34. Verordnung des Gouverneurs über Abänderung und Ergänzung
der Verordnung, betreffend die Rechte an Grundstücken im Kiautschou-
gebiete. Vom 31. Dezember 1903.

(Amtsblatt 1904, S. 1.)

Die Paragraphen 3 und 4 der Verordnung vom 30. März 1903, betreffend
die Rechte an Grundstücken im Kiautschou-Gebiete (Amtsblatt 1903, Seite 67),*)
werden hiermit aufgehoben.

An ihre Stelle treten folgende Paragraphen:

§ 3. Bei Abweichung von dem genehmigten Benutzungsplane oder seiner
Nichtausführung innerhalb der gesetzten Frist erhöht sich die Grundsteuer auf jährlich 9 % des jeweiligen Steuerwertes. Ist nach Ablauf
einer weiteren dreijährigen Frist die Bebauung nicht ausgeführt, so
erhöht sich die Grundsteuer auf 12 % und so nach je weiteren drei
Jahren fortschreitend um 3 % bis zur Höhe von 24 %.

§ 4. Nach nachträglicher Ausführung der vorgesehenen Bebauung ermäßigt sich die Grundsteuer wieder auf den allgemein festgesetzten
Betrag von 6 %.

Diese Verordnung tritt am 1. Januar 1904 in Kraft mit der Maßgabe,
daß für alle vor dem 1. Januar 1904 verkauften Grundstücke die erste drei-
jährige Bebauungsfrist von diesem Tage an rechnet.

Tsingtau, den 31. Dezember 1903.

Der Kaiserliche Gouverneur.
Truppel.

_____
*) Oben S. 299.

Anhang.

Allgemeine Bestimmungen von Bedeutung für die Schutzgebiete.

1. Bekanntmachung des Reichskanzlers, betreffend das Strafverfahren vor den Seemannsämtern. Vom 13. Mai 1903.

(Reichs-Gesetzbl. S. 42.)

Auf Grund des § 123, Absatz 4, der Seemannsordnung vom 2. Juni 1902 (Reichs-Gesetzbl. S. 175) hat der Bundesrat in seiner Sitzung vom 13. März 1903 die nachstehende Verordnung beschlossen:

Verordnung, betreffend das Strafverfahren vor den Seemannsämtern.

§ 1. Die Einleitung des Strafverfahrens auf Grund des § 122 der Seemannsordnung erfolgt unbeschadet der Vorschriften der §§ 5, 12 dieser Verordnung durch Beschluß des Seemannsamts.

§ 2. In den Fällen, in welchen die Entscheidung unter Zuziehung von Beisitzern ergeht (§ 5, Absatz 2 der Seemannsordnung), steht die Beschlußfassung über die Einleitung des Strafverfahrens dem Vorsitzenden zu. Der Vorsitzende hat auch die Obliegenheit wahrzunehmen, welche in den §§ 3, 4, 6, 7, 15, 16 dieser Verordnung dem Seemannsamt zugewiesen sind.

§ 3. Der Beschluß über die Einleitung des Strafverfahrens (§ 1) ist zu den Akten des Seemannsamts zu bringen. Er soll die Bezeichnung des Angeschuldigten, des Schiffes und des Heimathafens, in Ermangelung eines solchen des Registerhafens, der strafbaren Handlung, der verletzten Strafvorschrift, der etwaigen Beweismittel sowie gegebenenfalls des Antragstellers enthalten.

§ 4. Der Einleitungsbeschluß ist dem Angeschuldigten zuzustellen (§ 16). Der Angeschuldigte ist zur mündlichen Verhandlung vor dem Seemannsamt schriftlich mit der Aufforderung zu laden, die zu seiner Verteidigung dienenden Beweismittel mit zur Stelle zu bringen oder dem Seemannsamt so zeitig anzuzeigen, daß sie zum Termin für die mündliche Verhandlung herbeigeschafft werden können. Die Ladung muß ferner die Eröffnung enthalten, daß im Falle des Ausbleibens des Angeschuldigten in seiner Abwesenheit gegen ihn verhandelt werden könne (§ 11).

Ist der Angeschuldigte auf dem Seemannsamt anwesend, so kann die Ladung durch mündliche Bestellung ersetzt werden.

§ 5. Ist der Angeschuldigte auf dem Seemannsamt anwesend und stehen der mündlichen Verhandlung Hindernisse nicht entgegen, so kann sofort ohne vorgängigen Einleitungsbeschluß (§ 1) in die Verhandlung eingetreten werden.

§ 6. Der Angeschuldigte kann sich in jeder Lage des Verfahrens des Beistandes eines Verteidigers bedienen. Das Seemannsamt kann Personen, die nicht Rechtsanwälte sind, als Verteidiger zurückweisen. Hat das Seemannsamt seinen Sitz außerhalb des Reichsgebiets, so ist die Zulassung eines Verteidigers von dem Ermessen des Seemannsamtes abhängig.

§ 7. Der Termin zur mündlichen Verhandlung ist möglichst nahe anzusetzen. Das Seemannsamt hat die erforderlichen Beweismittel herbeizuschaffen.

§ 8. Die zur Entscheidung zugezogenen Beisitzer des Seemannsamts sind,
falls dies nicht bereits bei ihrer Bestellung ein für allemal geschehen ist, von
dem Vorsitzenden auf die Erfüllung der Obliegenheiten ihres Amts eidlich zu
verpflichten.

§ 9. Die Leitung der mündlichen Verhandlung, die Vernehmung des Angeschuldigten sowie die Aufnahme des Beweises erfolgt, wenn unter Zuziehung
von Beisitzern verhandelt wird, durch den Vorsitzenden. Der Vorsitzende hat
den Beisitzern auf Verlangen zu gestatten, an die zur Vernehmung erschienenen
Personen Fragen zu stellen. Ungeeignete oder nicht zur Sache gehörige Fragen
kann der Vorsitzende zurückweisen.

§ 10. In der mündlichen Verhandlung ist der Angeschuldigte über die ihm
zur Last gelegte strafbare Handlung zu vernehmen. Soweit erforderlich, ist der
Tatbestand durch Beweisaufnahme festzustellen. Nach deren Abschluß ist dem
Angeschuldigten das Wort zu seinen Ausführungen und Anträgen zu erteilen.

§ 11. Ist der Angeschuldigte gehöriger Ladung ungeachtet nicht erschienen, so kann in seiner Abwesenheit gegen ihn verhandelt werden. Das
Seemannsamt kann jedoch das persönliche Erscheinen des Angeschuldigten anordnen und ihn im Wege polizeilichen Zwanges vorführen lassen.

§ 12. Macht sich in der mündlichen Verhandlung ein Kapitän oder
Schiffsmann einer Zuwiderhandlung gegen § 115 der Seemannsordnung schuldig,
so kann die Festsetzung einer Strafe wegen dieser Zuwiderhandlung ohne Einleitung eines besonderen Verfahrens (§ 1) erfolgen. Der Zuwiderhandelnde ist
jedoch zuvor auf das Strafbare seines Verhaltens hinzuweisen; auch ist ihm zur
Erklärung darüber Gelegenheit zu geben.

§ 13. Die mündliche Verhandlung schließt mit dem Erlasse des Bescheids.
Wird unter Zuziehung von Beisitzern verhandelt, so wird der Bescheid mit
Stimmenmehrheit festgestellt.

Der Bescheid muß auf Festsetzung einer Strafe, Freisprechung oder Einstellung des Verfahrens lauten. Die Einstellung des Verfahrens ist zu beschließen, wenn sich herausstellt, daß es an dem erforderlichen Strafantrage
fehlt, oder wenn der Strafantrag zurückgenommen wird.

Dem Angeschuldigten, gegen welchen eine Strafe festgesetzt wird, sind
die baren Auslagen des Verfahrens aufzuerlegen.

Der Zeitpunkt der Verkündung und der Zustellung des Bescheides ist zu
den Akten zu vermerken.

§ 14. Über die mündliche Verhandlung vor dem Seemannsamt ist ein
Protokoll aufzunehmen, welches die Namen der an der Verhandlung Beteiligten
enthalten, den Gang und die Ergebnisse der Verhandlung, insbesondere auch die
Vernehmungen, im wesentlichen wiedergeben und die Entscheidung im Wortlaut
anführen muß. Die Protokollführung ist, sofern sie nicht durch den leitenden
Beamten erfolgt, einem vereidigten Protokollführer oder einem Beisitzer des
Seemannsamts zu übertragen. Das Protokoll ist von dem leitenden Beamten
und, sofern es von einem anderen geführt wird, auch von diesem zu unterzeichnen.

§ 15. Trägt der Angeschuldigte gegen den Bescheid auf gerichtliche Entscheidung an, so hat das Seemannsamt den Zeitpunkt des Eingangs des Antrags
zu vermerken und ohne Rücksicht darauf, ob die Frist gewahrt ist, die Akten der
Staatsanwaltschaft bei dem für die weitere Verhandlung zuständigen Gerichte
vorzulegen.

§ 16. Die Zustellungen im Verfahren vor dem Seemannsamt erfolgen, wenn dieses seinen Sitz im Reichsgebiete hat, nach den Vorschriften der Zivilprozeßordnung über die Zustellungen von Amts wegen (§§ 208 bis 212 der Zivilprozeßordnung) mit der Maßgabe, daß die Obliegenheiten des Vorsitzenden des Prozeßgerichts und des Gerichtsschreibers von dem Seemannsamt wahrgenommen werden, und daß die Zustellung auch durch einen Beamten des Seemannsamts vollzogen werden kann.

Hat das Seemannsamt seinen Sitz in einem Schutzgebiete, so erfolgen die Zustellungen nach den in dem Schutzgebiete für Zustellungen in bürgerlichen Rechtsstreitigkeiten geltenden Vorschriften mit der Maßgabe, daß die Obliegenheiten der bei der Zustellung mitwirkenden Beamten von dem Seemannsamte wahrgenommen werden.

Hat das Seemannsamt seinen Sitz im Auslande, so erfolgen die Zustellungen an Personen im Auslande nach den für Zustellungen durch die Konsuln geltenden Vorschriften mit der Maßgabe, daß das Seemannsamt bei Zustellungen außerhalb seines Bezirks die erforderlichen Ersuchungsschreiben erläßt. Zustellungen an Personen im Reichsgebiet erfolgen durch die Gerichtsvollzieher; der § 162 des Gerichtsverfassungsgesetzes findet entsprechende Anwendung. Zustellungen an Personen in den Schutzgebieten erfolgen durch Ersuchen der zur Ausübung der Gerichtsbarkeit ermächtigten Beamten.

Die Zustellung kann auch durch Aushändigung des Schriftstücks gegen einen Empfangsschein derjenigen Person erfolgen, für welche das Schriftstück bestimmt ist.

§ 17. Diese Verordnung tritt am 1. April 1903 in Kraft.

Berlin, den 13. März 1903.

Der Reichskanzler.

I. V. Graf v. Posadowsky.

2. Dienstanweisung, betreffend das Strafverfahren vor den Kaiserlichen Konsulaten als Seemannsämtern. Erlassen vom auswärtigen Amt am 30. Mai 1903.

(Reichsanzeiger vom 27. August 1903.)

Das Strafverfahren vor den Seemannsämtern ist durch die Seemannsordnung vom 2. Juni 1902 (Reichs-Gesetzbl. S. 175) sowie durch die in Abdruck anliegende (Anlage 1) auf Grund des § 123, Absatz 4, dieses Gesetzes erlassene Verordnung des Bundesrats vom 13. März 1903 (Reichs-Gesetzbl. S. 42) neu geregelt worden. Zur Ausführung dieser Vorschriften werden für die Konsulate als Seemannsämter im Auslande folgende Weisungen erlassen:

§ 1. Organisation.

1. Die Konsulate als Seemannsämter entscheiden nach § 5 der Seemannsordnung in Strafsachen ebenso wie in allen anderen seemannsamtlichen Angelegenheiten ohne Zuziehung von Beisitzern.

Nach allgemeinen Rechtsgrundsätzen ist der Konsul von der Entscheidung ohne weiteres ausgeschlossen, wenn die Voraussetzungen des § 22 der Strafprozeßordnung vorliegen. Er wird indes den Straffall auch dann nicht entscheiden dürfen, wenn er persönlich als Reeder beteiligt ist und der Angeschuldigte oder der zum Strafantrage Berechtigte widerspricht.

2. Zur Aufnahme des Protokolls über die mündliche Verhandlung vor dem Seemannsamte kann nach § 14 der Verordnung des Bundesrats ein vereidigter Protokollführer zugezogen werden. Als solcher ist, sofern dies für angezeigt erachtet wird, ein Beamter des Konsulats oder eine sonst geeignete Person zu bestellen. Der für Personen, die nicht den Diensteid als Konsulatsbeamte abgelegt haben, im § 14 der Verordnung vorgesehene Eid ist dahin zu leisten:

> „Ich schwöre bei Gott dem Allmächtigen und Allwissenden, die Obliegenheiten eines Protokollführers getreulich zu erfüllen, so wahr mir Gott helfe.“

3. Die Zulassung eines Verteidigers ist nach § 6, Satz 3, der Verordnung des Bundesrats von dem Ermessen des Konsuls abhängig. Der Verteidiger wird hiernach stets abgelehnt werden können, wenn von seinem Auftreten Unzuträglichkeiten zu besorgen sind.

§ 2. Zuständigkeit.

1. Die sachliche Zuständigkeit der Seemannsämter ist im § 122 der Seemannsordnung geregelt. Danach sind die Konsulate zur Untersuchung und Entscheidung in den Fällen des § 93, Absatz 1, 2 und der §§ 95, 96, 107, 114 bis 116 der Seemannsordnung berufen; ferner sind sie zuständig in den Fällen des § 8 des Gesetzes, betreffend die Verpflichtung der Kauffahrteischiffe zur Mitnahme heimzuschaffender Seeleute, vom 2. Juni 1902 (Reichs-Gesetzbl. S. 212) sowie des § 9, Absatz 1, No. 3, 4 des Gesetzes, betreffend die Stellenvermittlung für Schiffsleute, vom 2. Juni 1902 (Reichs-Gesetzbl. S. 215). Alle diese Fälle betreffen Personen, die zur Schiffsbesatzung gehören, also den Kapitän, den Schiffsoffizier oder den Schiffsmann. Die Straftaten stellen sich im allgemeinen als Übertretungen dar, doch sind als Vergehen strafbar die Entweichung des Schiffsmanns im Falle des § 93, Absatz 2, der Seemannsordnung und die Zuwiderhandlungen gegen die §§ 95, 96, sofern in den Fällen des § 95 und des § 96, Absatz 1, die Monatsheuer und in den Fällen des § 96, Absatz 2, die zweimonatliche Heuer des Angeschuldigten einhundertfünfzig Mark übersteigt.

2. Als örtlich zuständig gelten zunächst und gleichmäßig:
   a) das zum Zwecke der Abmusterung des Angeschuldigten angegangene Konsulat,
   b) das Konsulat für einen anderen Hafen, den das Schiff vor der Abmusterung des Angeschuldigten anläuft,
   c) das Konsulat für den Hafen, in dem sich der Angeschuldigte aufhält oder der seinem Aufenthaltsorte zunächst belegen ist.

Doch wird hierdurch, zumal solange von diesen Stellen noch nicht eingeschritten ist, die Zuständigkeit anderer Konsulate in den dazu geeigneten Fällen nicht ausgeschlossen.

§ 3. Strafantrag und Verjährung.

1. Tritt die Verfolgung nur auf Antrag ein (§ 93, Absatz 1, 2, § 96, § 114 No. 5 der Seemannsordnung), so kann der Antrag im Auslande bei einem der nach § 2 No. 2 zuständigen Konsulate schriftlich oder zu Protokoll angebracht werden; das Protokoll ist von dem Antragsteller zu unterschreiben. Der Antrag muß in den Fällen des § 93, Absatz 1, 2, gemäß § 61 des Strafgesetzbuchs innerhalb drei Monaten und in den Fällen des § 96, § 114 No. 5 innerhalb der dort bezeichneten Fristen gestellt werden.

Ein verspätet angebrachter Antrag ist durch schriftlichen Bescheid des Konsulats zurückzuweisen; das Gleiche gilt, wenn der Strafantrag von vornherein sachlich unbegründet erscheint. Gegen den abweisenden Bescheid ist nur Beschwerde an den Reichskanzler (Auswärtiges Amt) zulässig.

Die Zurücknahme des Strafantrags ist in den Fällen des § 98, Absatz 1, 2, gemäß Absatz 4 in Verbindung mit § 64 des Strafgesetzbuchs bis zur Verkündung eines auf Strafe lautenden Urteils, in den Fällen des § 96 gemäß Absatz 4 bis zur rechtskräftigen Entscheidung zulässig, während im Falle des § 114 No. 5 der Antrag nicht zurückgenommen werden kann.

2. Die Verjährung der Strafverfolgung wird nach § 67, Absatz 2 bis 4, § 68 des Strafgesetzbuchs in der Regel anzunehmen sein, wenn im Falle des § 93, Absatz 2, der Seemannsordnung, sowie in den als Vergehen strafbaren Fällen der §§ 95, 96 (vgl. § 2 No. 1 der Dienstanweisung) drei Jahre, in allen übrigen Fällen drei Monate seit Begehung der strafbaren Handlung verflossen sind, auch eine Unterbrechung der Verjährung nicht festzustellen ist. Sind indes die strafbaren Handlungen auf hoher See oder sonst außerhalb des Reichsgebiets begangen, so beginnt nach § 121, Absatz 2, der Seemannsordnung die Verjährung erst mit dem Tage, an dem das Schiff zuerst ein Seemannsamt erreicht.

§ 4. Zustellungen.

Im seemannsamtlichen Strafverfahren kommen Zustellungen nach § 4 der Verordnung des Bundesrats bei dem Einleitungsbeschluß und bei der Ladung des Angeschuldigten zur mündlichen Verhandlung, ferner nach § 123, Absatz 1, der Seemannsordnung im Falle der Abwesenheit des Angeschuldigten bei der Verkündung des Strafbescheids in Betracht. Das Verfahren bei den Zustellungen ist im § 16 der Verordnung geregelt. Danach kann zur möglichsten Vereinfachung die Zustellung in allen Fällen durch Aushändigung des zuzustellenden Schriftstücks gegen einfachen Empfangschein erfolgen, so daß es der förmlichen Zustellung nur bedarf, wenn ein solcher Empfangsschein von der Person, für welche das Schriftstück bestimmt ist, wegen Abwesenheit, Verweigerung oder aus sonstigen Gründen nicht zu erlangen ist. Bei der förmlichen Zustellung sind nach § 16, Absatz 3, der Verordnung drei Fälle zu unterscheiden, je nachdem die Zustellung im Ausland, im Reichsgebiet oder in einem Schutzgebiet zu erfolgen hat.

a) Bei Zustellungen an Personen im Ausland, also in den Konsularbezirken, kommt es darauf an, ob die Zustellung innerhalb oder außerhalb des Amtsbezirkes des als Seemannsamt tätigen Konsulats zu bewirken ist. In beiden Fällen hat die Zustellung nach den Vorschriften des § 19 des Konsulatsgesetzes vom 8. November 1867 zu erfolgen, jedoch mit dem Unterschiede, daß im ersteren Falle der Konsul die Zustellung ohne das sonst erforderliche Ersuchen bewirkt und das vorgeschriebene schriftliche Zeugnis über die erfolgte Zustellung ausstellt, während im letzteren Falle das Konsulat ein Ersuchungsschreiben an den Konsul erläßt, in dessen Bezirke die Zustellung zu erfolgen hat. (§ 16, Absatz 3, Satz 1, der Verordnung.)

b) Zustellungen an Personen im Reichsgebiet erfolgen durch den Gerichtsvollzieher, wobei zweckmäßig gemäß § 162 des Gerichtsverfassungsgesetzes die Mitwirkung des Gerichtsschreibers des zuständigen Amtsgerichts nachzusuchen ist. (§ 16, Absatz 3, Satz 2, der Verordnung.)

c) Bei Zustellungen an Personen in den Schutzgebieten ist das Ersuchen unmittelbar an den zur Ausübung der Gerichtsbarkeit ermächtigten Beamten zu richten, oder, sofern dieser nicht bekannt ist, die Vermittlung des Gouverneurs oder Landeshauptmanns in Anspruch zu nehmen. (§ 16, Absatz 3, Satz 3, der Verordnung.)

§ 5. Mündliche Verhandlung.

1. Im seemannsamtlichen Verfahren hat nach § 4 der Verordnung des Bundesrats dem Erlasse des Strafbescheids in jedem Falle eine mündliche Verhandlung vorauszugehen. Diese Verhandlung ist indes, wie sich aus dem § 123, Absatz 3, der Seemannsordnung ergibt, in dem Verfahren vor den Konsulaten nicht öffentlich.

2. In die mündliche Verhandlung kann nach § 5 der Verordnung des Bundesrats ohne weitere Förmlichkeiten eingetreten werden, wenn, wie es meist der Fall ist, alle zur Verhandlung notwendigen Personen sich auf dem Seemannsamt einfinden, auch das sonst etwa erforderliche Beweismaterial zur Stelle ist. Andernfalls beginnt das Verfahren gemäß § 1 der Verordnung mit dem Erlaß eines Einleitungsbeschlusses, dessen Erfordernisse im § 3 näher bezeichnet sind. Dieser Beschluß ist dem Angeschuldigten vor oder mit der Ladung zur mündlichen Verhandlung durch Übergabe einer beglaubigten Abschrift zuzustellen (§ 4); der Beschluß und die Ladung werden zweckmäßig zu verbinden sein. Ein Beispiel für einen Einleitungsbeschluß nebst Ladung liegt bei. (Anlage 2.)

3. In der mündlichen Verhandlung ist zunächst der Angeschuldigte über die ihm zur Last gelegte strafbare Handlung verantwortlich zu vernehmen. Darauf wird, soweit dies noch erforderlich ist, der Tatbestand durch Abhörung von Zeugen, Einsicht des Schiffstagebuchs oder auf sonst geeignete Weise festgestellt; eine Vereidigung von Zeugen findet jedoch nach § 123, Absatz 1 der Seemannsordnung nicht statt; die Zeugen werden im allgemeinen einzeln und in Abwesenheit der später abzuhörenden Zeugen zu vernehmen sein. Nach Beendigung der Beweisaufnahme ist dem Angeschuldigten zu seinen Ausführungen und Anträgen das Wort zu erteilen und darauf der Bescheid unter Eröffnung der Gründe zu verkünden.

4. Nach § 11 der Verordnung des Bundesrats kann die mündliche Verhandlung, und zwar auch im Falle des § 93, Absatz 2 der Seemannsordnung, in Abwesenheit des Angeschuldigten erfolgen, wenn dieser trotz gehöriger Zustellung des Einleitungsbeschlusses und der Ladung nicht erschienen ist. Das Konsulat ist indes befugt, zur Aufklärung des Sachverhalts das persönliche Erscheinen des Angeschuldigten zu erzwingen, wenn der Konsul zur Ausübung der Gerichtsbarkeit ermächtigt ist, oder die Landesbehörden ihm den erforderlichen Beistand gewähren. Ist der Angeschuldigte bei Verkündung des Bescheids nicht anwesend, so muß ihm dieser nach § 123, Absatz 1 der Seemannsordnung, zugestellt werden.

5. Wenn ein zur mündlichen Verhandlung vor dem Konsulat als Angeschuldigter oder Zeuge erschienener Kapitän oder Schiffsmann sich ungebührlich benimmt und dadurch einer Zuwiderhandlung gegen § 115 der Seemannsordnung schuldig macht, so kann das Konsulat die strafrechtliche Ahndung gemäß § 12 der Verordnung des Bundesrats in einem kurzen Zwischenverfahren eintreten lassen. Diese Befugnis stellt sich indes nicht etwa als eine sitzungspolizeiliche Strafbefugnis dar; vielmehr unterliegt das Verfahren im übrigen den allgemeinen Vorschriften über das seemannsamtliche Strafverfahren.

6. Über die mündliche Verhandlung ist ein Protokoll zu führen, dessen Erfordernisse im § 14 der Verordnung angegeben sind. Eine Verlesung des Protokolls ist nicht ausdrücklich vorgeschrieben, doch wird sich eine solche empfehlen, und insbesondere zur Vermeidung jeden Zweifels der Bescheid in seinem entscheidenden Teile stets zu verlesen sein. Ein Beispiel für die Abfassung des Protokolls ist angeschlossen. (Anlage 3.)

§ 6. Strafbescheid.

1. Der Bescheid hat nach § 13, Absatz 2 der Verordnung des Bundesrats auf Festsetzung einer Strafe, Freisprechung oder Einstellung des Verfahrens zu lauten. Der Mindestbetrag der Geldstrafe ist im Falle des § 93, Absatz 2 der Seemannsordnung sowie in den als Vergehen strafbaren Fällen der §§ 95, 96 (vgl. § 2 No. 1 der Dienstanweisung) drei Mark, in den übrigen Fällen eine Mark. Der Höchstbetrag der Haft ist, sofern nicht die Seemannsordnung eine besondere Vorschrift enthält, 6 Wochen, ihr Mindestbetrag, ebenso wie der Mindestbetrag der Gefängnisstrafe im Falle des § 93, Absatz 2, ein Tag. Wird in dem Strafbescheid eine Geldstrafe festgesetzt, so ist zugleich für den Fall, dafs sie nicht beigetrieben werden kann, die Dauer der an ihre Stelle tretenden Gefängnisstrafe oder Haft zu bestimmen; dabei ist gemäfs § 29 des Strafgesetzbuchs je nach den Umständen der Betrag von 1 bis 15 Mark einer eintägigen Freiheitsstrafe gleich zu achten.

2. Das Verfahren vor dem Seemannsamt ist nach § 123, Absatz 2 der Seemannsordnung gebührenfrei. Dagegen sind nach § 13, Absatz 3 der Verordnung des Bundesrats dem Angeschuldigten, gegen den eine Strafe festgesetzt wird, die baren Auslagen des Verfahrens aufzuerlegen.

3. Die Verhängung einer angedrohten Strafe wird dadurch nicht ausgeschlossen, dafs der Schiffsmann aus Anlafs der ihm zur Last gelegten Tat von dem Kapitän bereits disziplinarisch bestraft worden ist. Jedoch mufs eine erlittene Disziplinarstrafe in dem Strafbescheide des Konsuls bei Abmessung der Strafe berücksichtigt werden.

4. Der Bescheid mit den Gründen ist binnen drei Tagen nach der Verkündung zu den Akten zu bringen, falls er nicht bereits vollständig in das Protokoll aufgenommen worden ist. Ein Beispiel für die Abfassung eines Bescheids sowie für die Ausfertigung eines solchen liegt bei. (Anlage 4.)

§ 7. Antrag auf gerichtliche Entscheidung.

1. Nach § 124, Absatz 1 der Seemannsordnung kann der Angeschuldigte gegen den Strafbescheid innerhalb einer zehntägigen Frist von der Verkündung oder Zustellung ab auf gerichtliche Entscheidung antragen. Der Antrag ist bei dem Konsul schriftlich oder zu Protokoll anzubringen; er kann am Schlusse der mündlichen Verhandlung gestellt werden und ist alsdann in das über die Verhandlung geführte Protokoll aufzunehmen. In dem Falle des § 124, Absatz 2 ist auch die Einlegung des Einspruchs bei dem Kapitän zulässig.

2. Die Prüfung der Rechtzeitigkeit des Antrags auf gerichtliche Entscheidung steht nicht dem Konsul, sondern dem Gerichte zu. Der Konsul hat gemäfs § 15 der Verordnung des Bundesrats den Tag des Eingangs des Antrags auf dem Schriftstücke zu vermerken und sodann die Akten der Staatsanwaltschaft bei dem für die weitere Verhandlung zuständigen Gericht unmittelbar vorzulegen oder, sofern er über dieses Gericht im Zweifel ist, dem Auswärtigen Amte zur weiteren Veranlassung zu übersenden. Die Zuständigkeit ist im § 124, Absatz 3 der Seemannsordnung geregelt.

§ 8. Vollstreckung des Strafbescheides.

1. Lautet der Strafbescheid des Konsuls auf Geldstrafe, so kann diese nach § 125, Absatz 1 der Seemannsordnung noch vor Ablauf der zehntägigen Einspruchsfrist und selbst dann vollstreckt werden, wenn von dem Angeschuldigten bereits auf gerichtliche Entscheidung angetragen ist. Dies wird im Auslande regelmäßig zu geschehen haben, da sonst die Vollstreckung erschwert oder erheblich verzögert werden könnte.

Die Vollstreckung von Freiheitsstrafen und die Einziehung barer Auslagen dürfen erst erfolgen, nachdem die zehntägige Frist abgelaufen ist, ohne daß der Angeschuldigte auf richterliche Entscheidung angetragen hat.

2. Gemäß § 125, Absatz 2 der Seemannsordnung sind die Strafbescheide des Konsuls innerhalb seines Amtsbezirks, soweit angängig, von ihm selbst zu vollstrecken. Bei der Beitreibung der Geldstrafe hat der Kapitän der Anordnungen des Konsuls Folge zu leisten, ihm also insbesondere die rückständige Heuer, soweit dies zulässig ist, auszuzahlen; dabei sind indes die Vorschriften der §§ 811, 850 der Zivilprozeßordnung zu beachten, wonach namentlich die unentbehrlichen Kleidungsstücke, Betten und Wäsche des Angeschuldigten und regelmäßig auch die noch nicht fälligen Heueransprüche der Pfändung nicht unterworfen sind. Die Vollstreckung von Freiheitsstrafen wird der Konsul, sofern er nicht zur Ausübung der Gerichtsbarkeit befugt ist, in seinem Amtsbezirke nur dann bewirken können, wenn der Kapitän oder die Landesbehörden zu entsprechendem Beistande bereit sind. Die Vollstreckung der Strafbescheide durch den Konsul erfolgt nach § 125, Absatz 2 gebührenfrei.

3. Kann der Strafbescheid nicht in dem Amtsbezirke des Konsuls vollstreckt werden, so hat dieser die zuständige deutsche Behörde um die Vollstreckung zu ersuchen. Danach sind die Ersuchen zu richten im Ausland an die Kaiserlichen Konsulate in ihrer Eigenschaft als Seemannsämter, soweit diese zur Vollstreckung in der Lage sind; im Reichsgebiet an die landesgesetzlich zur Vollstreckung der seemannsamtlichen Strafbescheide bestimmten Behörden, in den Schutzgebieten an den Gouverneur oder Landeshauptmann. Ein Verzeichnis der Vollstreckungsbehörden in den Bundessaerstaaten liegt bei. (Anlage 5.)

4. Die Geldstrafen fließen nach § 132 der Seemannsordnung regelmäßig der Seemannskasse und in Ermangelung einer solchen der Ortsarmenkasse des inländischen Heimatshafens oder Registerhafens des Schiffes zu, dem der Täter zur Zeit der Begehung der strafbaren Handlung angehörte. Die Überweisung an diese Stellen wird zweckmäßig durch Vermittlung des Seemannsamts dieses Hafens zu erfolgen haben. Fehlt es an einem inländischen Heimatshafen oder Registerhafen, so ist der Betrag dem Reichskanzler zu überweisen.

§ 9. Schlußbestimmungen.

1. Die auf das seemannsamtliche Strafverfahren sich beziehenden Schriftstücke sind mindestens fünf Jahre nach endgültiger Erledigung der Angelegenheit aufzubewahren.

2. Der Konsul hat über sämtliche Untersuchungsfälle ein Verzeichnis nach dem angeschlossenen Formulare (Anlage 6) zu führen. Die laufenden Nummern dieses Verzeichnisses beginnen mit dem Anfang und schließen mit dem Ende jedes Kalenderjahres. Die Eintragungen beginnen mit der Einleitung des Verfahrens und werden nach Maßgabe des Fortganges der Verhandlungen dergestalt fortgesetzt, daß der Inhalt des Verzeichnisses unausgesetzt mit der jeweiligen Lage dieser Verhandlungen in Übereinstimmung

bleibt. Am Schlusse jedes Kalenderjahres ist dem Reichskanzler Abschrift der Eintragungen über die in diesem Jahre endgültig abgeschlossenen Fälle oder eine entsprechende Fehlanzeige einzureichen.

3. Die Bestimmungen der Allgemeinen Dienstinstruktion zu § 33 des Konsulatsgesetzes vom 8. November 1867, mit Ausnahme der ersten fünf und der letzten fünf Absätze, sowie der Runderlaß vom 29. September 1897, II. 18 522, werden aufgehoben.

Berlin, den 30. Mai 1903.

Der Reichskanzler.
I. A. v. Mühlberg.

— —

Anlage 1 zu No. 2 (vorstehend unter No. 1 abgedruckt).

Anlage 2 zu No. 2.

Beispiel für einen Einleitungsbeschluß nebst Ladung.

1. Der Jungmann Peter N . . . . aus Elbing, von dem deutschen Schiffe „Sophie", Heimatshafen Danzig, Unterscheidungssignal . . . . . , wird beschuldigt,

am 1. Mai 1903, abends gegen 10 Uhr, während er die Wache hatte, auf Deck geschlafen zu haben und betrunken gewesen zu sein.

Übertretung gegen § 96, Absatz 2, No. 1, 7 der Seemannsordnung.

Beweis: Zeugnis des Kapitäns Johann P . . . . . . aus Neufahrwasser und des Steuermanns Ernst Wilhelm O . . . . . . aus Memel.

Die Bestrafung ist beantragt von dem Kapitän Johann P . . . . . .

2. Zur mündlichen Verhandlung vor dem unterzeichneten Seemannsamt in A . . . . . , ... Straße No. . ., ist ein Termin auf den 5. Mai 1903, vormittags 10 Uhr, anberaumt, wozu der Angeschuldigte mit der Aufforderung geladen wird:

die zu seiner Verteidigung dienenden Beweismittel mit zur Stelle zu bringen oder dem Seemannsamte so zeitig anzuzeigen, daß sie zum Termine für die mündliche Verhandlung herbeigeschafft werden können.

Im Falle des unentschuldigten Ausbleibens des Angeschuldigten wird in seiner Abwesenheit gegen ihn verhandelt werden oder seine Vorführung im Wege polizeilichen Zwanges erfolgen.

Etwaigen Anträgen auf Ansetzung eines neuen Termins kann nur auf Grund bescheinigter erheblicher Hindernisse stattgegeben werden.

A . . . . ., den 4. Mai 1903.

Das Seemannsamt.
Kaiserliches Konsulat.
(Unterschrift des Konsuls.)

Beispiel für ein Protokoll über die mündliche Verhandlung.

Verhandelt im Kaiserlichen Konsulat in A . . . ., den 5. Mai 1903.

Vor dem unterzeichneten Seemannsamt erschienen heute in der seemanns-amtlichen Strafsache gegen den Jungmann Peter N . . . . wegen Über-tretung des § 96, Absatz 2, No. 1, 7 der Seemannsordnung

1. der Angeschuldigte,
2. als Zeugen:
   a) der Kapitän P . . . . .,
   b) der Steuermann Ernst Wilhelm O . . . .,
   c) der Matrose Anton Friedrich R . . . .

Der Einleitungsbeschluß vom 4. Mai 1903 wurde verlesen.

Der Angeschuldigte, über seine persönlichen Verhältnisse vernommen und befragt, ob er etwas auf die Anschuldigung erwidern wolle, erklärte:

Ich heiße Peter N . . . ., bin geboren in . . . . am . . . . . ., bin Jung-mann des deutschen Schiffes „Sophie".

Ich bestreite die gegen mich erhobene Anschuldigung und berufe mich auf den Matrosen R . . . ., der bekunden kann, daß ich am Abend des 1. Mai ganz munter gewesen bin.

Es wurden hierauf die Zeugen einzeln und in Abwesenheit der später ab-zuhörenden Zeugen, wie folgt, vernommen:

1. Zeuge P . . . . .

Ich heiße Johann P . . . . . ., bin aus Neufahrwasser, 40 Jahre alt, Führer des im hiesigen Hafen ankernden deutschen Schiffes „Sophie".

Am 2. d. M. meldete mir der Steuermann O . . . . ., daß er den An-geschuldigten am 1. Mai abends gegen 10 Uhr auf Deck schlafend und an-scheinend betrunken angetroffen habe. Da der Angeklagte bereits öfter im Schiffsdienste betrunken und nachlässig gewesen ist, habe ich ihn während drei Tage auf schmale Kost gesetzt, erachte diese Disziplinarstrafe aber nicht als ausreichend.

2. Zeuge O . . . . .,

Ich heiße Ernst Wilhelm O . . . . ., bin aus Memel, 34 Jahre alt, Steuer-mann des deutschen Schiffes „Sophie".

Ich habe den Angeschuldigten zu der angegebenen Zeit, wo er die Wache hatte, an Deck schlafend angetroffen und ihn erst durch mehrmaliges Rütteln am Arm aufwecken können. Ob er betrunken gewesen ist, kann ich nicht mit Bestimmtheit behaupten. Der Angeschuldigte ist aber schon öfter wegen Trunkenheit und Nachlässigkeit im Wachtdienste disziplinarisch bestraft worden.

3. Zeuge R . . . . .

Ich heiße Anton Friedrich R . . . . ., bin aus Wolgast, 27 Jahre alt, Matrose des deutschen Schiffes „Sophie".

Am Abend des 1. Mai habe ich die Wache mit dem Angeschuldigten gehabt und noch um 9 Uhr mit ihm gesprochen. Später habe ich aber, da ich durch meinen Dienst in Anspruch genommen war, nicht weiter auf ihn geachtet.

Aus der von dem Kapitän vorgelegten, von dem Seemannsamt in Danzig unterm 1. April d. Js. ausgestellte Musterrolle wurde festgestellt, daß der Angeschuldigte als Jungmann für die Reise nach A . . . . . und zurück gegen eine Heuer von monatlich 40 Mark angemustert ist.

Die Einsicht des von dem Kapitän gleichfalls mitgebrachten Schiffstagebuchs ergab, daß der Vorfall so, wie er vom Kapitän dargestellt wird, in das Tagebuch eingetragen und dem Angeschuldigten von dem Inhalt der Eintragung unter ausdrücklicher Hinweisung auf die Strafandrohung des § 96 der Seemannsordnung Mitteilung gemacht worden ist, ferner daß der Angeschuldigte bereits am 20. und 24. April Disziplinarstrafen wegen Nachlässigkeit im Wachtdienst erlitten hat.

Dem Angeschuldigten wurde alsdann das Wort zu seinen Ausführungen und Anträgen erteilt. Er beantragte milde Bestrafung.

Vorgelesen. Genehmigt. Unterschrieben.
Unterschrift des Angeschuldigten und der Zeugen.

Es wurde hierauf der Bescheid durch Verlesung des entscheidenden Teiles und durch mündliche Mitteilung des wesentlichen Inhalts der Gründe dahin verkündet:

Der Angeschuldigte wird wegen gröblicher Verletzung seiner Dienstpflichten mit einer Geldstrafe von fünfzehn Mark bestraft, an deren Stelle, falls sie nicht beigetrieben werden kann, eine Haftstrafe von einem Tage tritt. Auch werden dem Angeschuldigten die baren Auslagen des Verfahrens von fünfzig Pfennig auferlegt.

Das Seemannsamt.
Kaiserliches Konsulat.
(Unterschrift des Konsuls.)

Wird ohne vorgängigen Einleitungsbeschluß in die Verhandlung eingetreten, so ist der Eingang des Protokolls etwa folgendermaßen zu fassen:

Verhandelt usw.

Vor dem unterzeichneten Seemannsamt erschien heute der Kapitän Johann F . . . . . ., Führer des im hiesigen Hafen ankerndn deutschen Schiffes „Sophie", und erklärte:

Ich beantrage die Bestrafung des Jungmanns Peter N . . . . . . wegen gröblicher Verletzung seiner Dienstpflichten. Am 2. d. M. meldete mir der Steuermann O . . . . . . usw.

Der Jungmann Peter N . . . . . ., der mit zur Stelle war, wurde darauf über seine persönlichen Verhältnisse vernommen und befragt, ob er etwas auf die Anschuldigung erwidern wolle. Er erklärte: usw.

Es wurden hierauf

 1. der Steuermann Ernst Wilhelm O . . . . .,

 2. der Matrose Anton Friedrich R . . . . . .

einzeln herbeigerufen und als Zeugen, wie folgt, vernommen:

 1. Zeuge O . . . . . . usw.

<u>Anlage 4 zu No. 2.</u>

Beispiel für einen seemännischen Strafbescheid.

In der Strafsache gegen den Jungmann Peter N . . . . . des deutschen Schiffes „Sophie", Heimatshafen Danzig, Unterscheidungssignal . . . ., geboren am . . . . . . in . . . . . ., wegen Übertretung des § 96, Absatz 2, No. 1, 7 der Seemannsordnung, hat das unterzeichnete Seemannsamt in A . . . . am 5. Mai 1908 folgenden Bescheid erlassen:

Der Angeschuldigte wird wegen gröblicher Verletzung seiner Dienstpflichten mit einer Geldstrafe von fünfzehn Mark bestraft, an deren Stelle, falls sie nicht beigetrieben werden kann, eine Haftstrafe von einem Tage tritt. Auch werden dem Angeschuldigten die baren Auslagen des Verfahrens von fünfzig Pfennig auferlegt.

Gründe.

Auf Grund der Aussage des Steuermanns O . . . . . . ist als erwiesen anzunehmen, daß der Angeschuldigte am 1. Mai 1903, abends gegen 10 Uhr, als er die Wache hatte, geschlafen und dadurch eine Nachlässigkeit im Wachtdienste begangen hat. Die Aussage des Matrosen R . . . . . . ist nicht geeignet, das Gegenteil darzutun, da er von 9 Uhr ab auf den Angeschuldigten nicht mehr geachtet hat. Ob dieser gleichzeitig betrunken gewesen ist, kann dahingestellt bleiben, da er sich jedenfalls schon durch die erwiesene Nachlässigkeit im Wachtdienst einer gröblichen Verletzung seiner Dienstpflichten schuldig gemacht hat und deshalb nach § 96, Absatz 2, No. 1 der Seemannsordnung zu bestrafen ist. Bei Abmessung der Strafe kam einerseits in Betracht, daß der Angeschuldigte sich schon früher nachlässig in seiner Pflichterfüllung gezeigt hat, und andererseits, daß er wegen des in Rede stehenden Vorfalls bereits eine Disziplinarbestrafung erlitten hat. Es erschien deshalb eine Geldstrafe von fünfzehn Mark angemessen. Falls diese nicht beigetrieben werden kann, tritt an ihre Stelle nach § 29 des Strafgesetzbuchs eine Haftstrafe von einem Tage.

Die baren Auslagen des Verfahrens von fünfzig Pfennig, die durch Fuhrkosten des Amtsdieners bei Bestellung der Zeugen entstanden sind, hat der Angeschuldigte nach § 13, Absatz 3 der Verordnung des Bundesrats vom 13. März 1903, betreffend das Strafverfahren vor den Seemannsämtern, zu tragen.

Das Seemannsamt.
Kaiserliches Konsulat.
(Unterschrift des Konsuls.)

Ist eine Ausfertigung des Bescheids zu erteilen, so ist unter eine Abschrift zu setzen:

Urkundlich ausgefertigt.

A . . . . . ., den 10. Mai 1903.

Das Seemannsamt.
Kaiserliches Konsulat.
(Siegel.)   (Unterschrift des Konsuls.)

Anlage 5 zu No. 2.

Übersicht über die Behörden der Bundesseestaaten, die für die Vollstreckung von Strafbescheiden der Seemannsämter in Anspruch zu nehmen sind.

Preussen	Mecklen-burg-Schwerin	Oldenburg	Lübeck	Hamburg	Bremen
Die Königlichen Regierungspräsidenten, welche die Vollstreckung durch die zuständige Behörde zu vermitteln haben.	Die Ortspolizeibehörde des Ortes, an dem der Angeschuldigte sich aufhält.	Für das Gebiet des Herzogtums Oldenburg die Grofsherzoglichen Ämter und die Magistrate der Städte 1. Klasse in Oldenburg, Varel und Jever; für die Gebiete der Fürstentümer Lübeck und Birkenfeld die Grofsherzoglichen Regierungen in Eutin und Birkenfeld.	Das Polizeiamt in Lübeck.	Die Polizeibehörde.	Die Polizeidirektion.

Anlage 6 zu No. 2.

Verzeichnis der bei dem Kaiserlichen Konsulat in . . . . . . im Jahre . . . gemäfs § 122 der Seemannsordnung eingeleiteten Untersuchungen.

Lfd. No.	Vor- und Zuname des Angeschuldigten	Wohnort oder Heimat	Name des Schiffes, welchem der Angeschuldigte angehört	Heimatshafen	Gegenstand der Anschuldigung	Gesetzliche Strafbestimmung	Name usw. des Antragstellers

Datum der Entscheidung	Inhalt	Die Vollstreckung der Entscheidung		Ob und wann die Verhandlungen dem Amtsanwalt oder dem Staatsanwalt überwiesen worden sind	Bemerkungen
		hat begonnen am	ist beendet am		

Alphabetisches Sachregister.

Germany. Laws   140423
   Deutsche kolonial-
gesetzgebung

                    ┌─────────────────────
Germany. Laws   │ FL8
   Deutsche kolonial────G3.38
gesetzgebung   │ C7
                       │ 1893
                       │ v.7
                       │
                       ├─────────────────
                       ║ 140423

www.ingramcontent.com/pod-product-compliance
Lightning Source LLC
Chambersburg PA
CBHW021117270326
41929CB00009B/929